HENRI WELSCHINGER

LE PAPE
ET
L'EMPEREUR
1804-1815

PARIS
LIBRAIRIE PLON
PLON-NOURRIT ET Cⁱᵉ, IMPRIMEURS-ÉDITEURS
8, RUE GARANCIÈRE — 6ᵉ
—
1905
Tous droits réservés

LE PAPE
ET
L'EMPEREUR

L'auteur et les éditeurs déclarent réserver leurs droits de reproduction et de traduction en France et dans tous les pays étrangers, y compris la Suède et la Norvège.

Ce volume a été déposé au ministère de l'intérieur (section de la librairie) en janvier 1905.

DU MÊME AUTEUR :

LIBRAIRIE PLON

Le Duc d'Enghien (1772-1804). 1 vol. in-8°, 1889.
Le Divorce de Napoléon. 1 vol. in-18, 1889.
Le Roman de Dumouriez. 1 vol. in-18, 1890.
Le Maréchal Ney (1815). 1 vol. in-8°, avec deux portraits d'après Gérard, 1893.
Aventures de guerre et d'amour du baron de Cormatin (1794-1812). 1 vol. in-18, 1894.
Le Roi de Rome (1811-1832). 1 vol. in-8° avec un portrait d'après Isabey, 1897. (*Couronné par l'Académie française. Grand prix Gobert.*)
La Mission secrète de Mirabeau à Berlin (1786-1787). 1 vol. in-8°, 1900.
  (Le même ouvrage traduit par M. O. de Bieberstein et publié à Leipsig, chez Gunther. 1 vol. in-8°, 1900).

Le Théâtre de la Révolution (1789-1799). Chez Charavay. 1 vol. in-12, 1880. (*Couronné par l'Académie française.*)
Les Bijoux de madame Du Barry. Chez Charavay. 1 vol. in-32 avec gravure, 1881.
La Censure sous le premier Empire. Chez Didier. 1 vol. in-8°, 1882. (*Couronné par l'Académie française.*)
Les Almanachs de la Révolution. A la librairie des Bibliophiles, 1 vol. in-12, 1884.
Bismarck (1815-1898). Chez Alcan. 1 vol. in-18, 1900.
Sainte Odile, *patronne de l'Alsace*. Chez Lecoffre. 1 vol. in-18, 1901.
Strasbourg (Collection des villes d'art célèbres). Chez Laurens. 1 vol. in-4° avec gravures, 1905.

HENRI WELSCHINGER

LE PAPE

ET

L'EMPEREUR

1804-1815

PARIS
LIBRAIRIE PLON
PLON-NOURRIT ET Cie, IMPRIMEURS-ÉDITEURS
8, RUE GARANCIÈRE — 6^e
—
1905
Tous droits réservés

INTRODUCTION

Au congrès international d'Histoire qui se tint en 1900 au Collège de France, j'ai eu l'honneur de lire quelques fragments d'un travail que je commençais alors sur les relations de Pie VII et de Napoléon d'après des recherches nouvelles et des documents inédits. Le très bienveillant accueil que me fit un auditoire, si autorisé en matière historique, encouragea mon dessein et j'achevai le livre que je publie aujourd'hui.

L'honorable comte d'Haussonville qui écrivit, il y a trente-cinq ans, le remarquable ouvrage intitulé *l'Église romaine et le premier Empire*, a constaté, pour la partie concernant le Concile national de 1811, que la communication des actes officiels et des procès-verbaux de ce Concile lui avait été formellement refusée par le maréchal Vaillant. Par cette mesure vexatoire, le ministre de Napoléon III entendait peut-être se conformer à la décision de Napoléon Ier, ainsi relatée dans ses Mémoires : « L'Empereur n'avait jamais voulu qu'on publiât rien de ce qui était relatif aux discussions avec Rome. » On sait que Napoléon à Sainte-Hélène songeait à faire une relation personnelle de ses querelles avec Pie VII pour y expliquer ses desseins en matière religieuse. Il disait au comte de Montholon : « Si le Pape lit ce que je vous dicterai, il regrettera bien de m'avoir arrêté dans tout ce que je voulais faire pour la grandeur de l'Église catholique. » Quelques pages de ses Mémoires, quelques conversations avec Montholon, Bertrand, Las Cases et Gourgaud, voilà tout ce que l'Empereur a laissé sur cet important sujet. Or, l'impression qui se dégage au contraire des propos de Sainte-Hélène, c'est que Napoléon voulait faire de Pie VII le premier de ses évêques et interposer son autorité prépondérante entre le Pape, le clergé et les catholiques.

Le comte d'Haussonville se consola du refus qui lui avait été fait en déclarant que les documents n'auraient rien changé au fond même des choses sur lesquelles il avait les renseignements nécessaires. Je ne conteste point cette déclaration, mais je puis affirmer — et ce livre le démontrera suffisamment — que les documents authentiques, dont j'ai eu connaissance, forment plusieurs dossiers considérables. J'ajoute, pour donner une idée de leur importance, qu'ils traitent en détail non seulement du Concile de 1811, mais encore des diverses relations de la Papauté et de l'Empire, des Commissions ecclésiastiques de 1809 et de 1811 et du Concordat de Fontainebleau. Ils dévoilent, pour une large part, le secret des mesures prises par Napoléon et ses agents contre le Saint-Siège et contre les Églises de France et d'Italie.

Après l'examen attentif de ces nombreuses pièces inédites aux Archives Nationales, j'ai été amené à considérer de près ces deux personnages d'un intérêt si puissant : le Pape et l'Empereur. Voulant leur consacrer une étude spéciale et approfondie, j'ai complété mes recherches en compulsant la correspondance authentique de la Cour de Rome, la Correspondance impériale, les lettres inédites de Napoléon publiées par M. Léon Lecestre en 1897, ainsi que les divers Mémoires et ouvrages, anciens ou récents, qui ont traité d'une façon sérieuse les questions si graves des rapports et des différends de l'Église et de l'État dans les premières années du dix-neuvième siècle.

Ce livre commence au moment solennel où Bonaparte, proclamé Empereur par le Sénatus-Consulte du 28 floréal an XII et par la sanction du peuple, reçoit de la main du Pape l'onction sacrée qui avait touché le front des empereurs et des rois. Me renfermant avec soin dans les limites fixées par le titre même de cet ouvrage, je n'ai pas voulu remonter aux jours où le général Bonaparte, avant et après Tolentino, puis après Marengo, prit l'initiative hardie de réconcilier la France et le Saint-Siège et arriva, non sans efforts, à la conclusion du pacte mémorable, connu sous le nom de Concordat, qui mit fin au schisme constitutionnel, pacifia les consciences, releva l'Église catholique de ses ruines, détruisit les dernières espérances du parti royaliste et contribua, plus que toute autre mesure, à affermir le nouveau gouvernement. Après avoir constaté que le Sacre et le couronnement formaient depuis les négociations avec Rome, comme l'avait entrevu La Fayette, la pensée incessante de celui qui voulait, à l'exemple des monarques légitimes, entourer son nouveau pouvoir « d'une sorte de respect divin », comme il l'a dit lui-même, j'ai cherché à me rendre compte pourquoi la politique de Napoléon, si pondérée jusqu'en 1804, était devenue peu à peu une politique arbitraire et despotique. Il m'a fallu pour cela entrer dans tous les incidents qui ont amené cette surprenante transformation, expliquer les motifs de l'usurpation de Rome et de la réunion des États Pontificaux à l'Empire, écrire l'histoire détaillée et en grande partie inédite des Conseils ecclésiastiques de 1809 et de 1811, du Concile national et de l'Arrangement qu'on appelle le Concordat de Fontainebleau.

La lutte entre le Pape et l'Empereur, au lendemain du

Sacre, est féconde en épisodes dramatiques, faits pour attirer et saisir l'historien. La force et le droit sont en présence. La force semble parfois l'emporter; mais à des cris de colère comme celui-ci : « Ils gardent l'âme et me jettent le cadavre ! » arrachés au despote, on comprend que, même en plein triomphe, celui qui ne craignait pas de marcher sur les rois comme sur les peuples, ne se sentait pas complètement vainqueur de l'Église et de son chef. C'est ce que relevait ainsi, dans une des parties les plus étudiées de son œuvre, l'illustre auteur des *Origines de la France contemporaine* : « Si prodigieux que soit son génie, si persévérante que soit sa volonté, si heureuses que soient ses attaques, il n'a et ne peut avoir contre les nations et les Églises que des succès temporaires. Les grandes forces historiques et morales échappent à ses prises. Il a beau frapper; leur écrasement les ranime, elles se redressent sous sa main (1). » Or, ici même, un vieillard prisonnier et débile, dépourvu de conseillers et de défenseurs, réduit le plus souvent à examiner et à résoudre tout seul des problèmes d'une gravité exceptionnelle, malgré l'exil, malgré la captivité, malgré la maladie, malgré toutes les violences, toutes les ruses et toutes les trahisons, a empêché, par une résistance invincible, la prescription contre la justice et tenu tête à celui qui se disait l'Empereur de Rome, l'Empereur d'Occident, le maître du monde.

Ce sujet émouvant méritait une étude nouvelle que j'ai résolument entreprise, en utilisant des recherches et des découvertes dont je crois qu'on ne contestera pas l'intérêt historique.

H. W.

25 janvier 1903.

(1) H. TAINE. *Le Régime moderne*, t. II, ch. II.

LE PAPE ET L'EMPEREUR

CHAPITRE PREMIER

LE SACRE

Par les sages et habiles manifestations qui précédèrent et suivirent la paix de Tolentino avec le Saint-Siège, par la tolérance pratiquée à l'égard du culte catholique au lendemain de Brumaire, par l'adoption et la promulgation du Concordat, et malgré les Articles organiques qui n'avaient été édictés que pour servir de passeport au traité du 18 germinal an X, Bonaparte avait justement prévu qu'il rallierait à lui tous les catholiques et enlèverait à Louis XVIII sa dernière ressource. Il préparait ainsi son avenir. Il allait bientôt ramasser la couronne et la mettre sur sa tête, ne doutant ni de l'assentiment des pouvoirs publics, ni de l'acquiescement de l'Europe, ni de la consécration de l'Église elle-même. Si, tout en visant au but suprême que justifiaient ses victoires, son prestige et son génie, il avait eu le ferme et constant dessein de respecter les prérogatives essentielles du Saint-Siège, de maintenir les libertés rendues par lui à l'Église, de laisser entre le pouvoir civil et le pouvoir religieux une ligne de démarcation naturelle, sans provoquer une confusion qui devait contribuer tôt ou tard à la ruine de son prodigieux édifice, il eût ajouté à sa gloire, déjà fort grande, un éclat incomparable et assuré les destinées de l'Empire qu'il voulait fonder.

Aux yeux de la plupart des contemporains, il paraissait

sincère et presque désintéressé. Quels que fussent les mobiles secrets de sa conduite, il convient de remarquer qu'il avait montré une singulière audace en agissant comme il avait agi, quelques mois après s'être emparé du pouvoir. Les querelles religieuses étaient loin d'être apaisées. Le clergé constitutionnel ne semblait pas disposé à céder la place au clergé dissident. Les adversaires de l'Église catholique occupaient les plus hautes situations et dominaient dans l'armée et dans les Conseils. Les préjugés et les haines révolutionnaires restaient vivaces. Jusque dans l'entourage de Bonaparte il y avait des ennemis déterminés de la religion catholique; l'ancien évêque d'Autun, devenu ministre des Relations extérieures, et Fouché, ministre de la Police, n'étaient pas les moins acharnés contre elle. Bonaparte le savait et ne s'en inquiétait point. Il allait droit au but qu'il s'était fixé. Rien n'était capable de l'en détourner. Dix fois dans ses Mémoires, Consalvi affirme que, sans Bonaparte, toutes les négociations auraient échoué et que lui seul, parmi les Français, était sincèrement décidé à aboutir. Cette constatation a sa valeur.

Sans doute, le même Consalvi, au cours des négociations, relève des intrigues, des ruses, des perfidies et même des tentatives de violences destinées à tromper ou à effrayer les représentants du Saint-Siège; mais il n'en rend pas moins justice à la volonté, à l'énergie du Premier Consul qui veut à tout prix un traité de paix avec la Cour romaine. Malgré les Articles organiques que le Pape condamne dès leur apparition, parce que ses délégués n'ont pu ni les examiner ni les discuter, Pie VII déclare, lui aussi, que sans le Premier Consul, l'Église de France eût continué d'être livrée au schisme et soumise aux périls les plus graves, au détriment de la société tout entière et peut-être au détriment de l'Europe. Le Pape se rendait parfaitement compte que Bonaparte, en ces graves circonstances, avait obéi à deux impulsions majeures, l'intérêt de la France et son intérêt personnel. Il savait qu'après les scènes tragiques de la Terreur et en face des ineptes violences du Directoire, Bonaparte avait eu la compréhension bien nette de la nécessité de la religion et du culte pour un grand peuple, tel que le peuple français. Pie VII n'avait pas oublié l'allocution du général aux curés de Milan, ni ses déclarations si catégoriques : « Nulle société ne peut vivre sans morale. Il n'y a pas de bonne morale sans religion. Il n'y a donc que la religion qui donne à l'État un appui ferme et durable... Une société sans religion est un navire sans boussole. »

Le Pape savait aussi qu'en opérant la pacification religieuse, le Premier Consul voulait et allait affermir et accroître son pouvoir. Cet homme n'était pas un petit esprit à la façon de Barras ou de La Revellière-Lépeaux, ni un ergoteur subtil à la façon de Siéyès. Les mesures tracassières et tyranniques avaient fait leur temps et il l'avait compris. Un instinct supérieur de la politique l'avait averti que la nation témoignerait la plus haute gratitude à qui la débarrasserait des divisions et des persécutions religieuses et lui accorderait les avantages incomparables d'une pacification attendue, désirée par la presque universalité des citoyens. « La paix et la liberté, » tel était le vœu qui vibrait dans tous les cœurs et celui qui allait être assez avisé pour accorder enfin ce que demandait impatiemment la France, celui-là était assuré de ses suffrages (1). Pie VII savait tout cela par Consalvi, par Caprara, par les agents du Saint-Siège, par les membres du Corps diplomatique, et il n'en voulait pas à Bonaparte d'être un homme de gouvernement. Il n'écoutait pas ceux qui, comme le cardinal Maury au nom de Louis XVIII, essayaient de le mettre en défiance contre le Premier Consul. Il espérait

(1) « Napoléon, qui n'était encore que sur une marche du trône, était trop habile pour ne pas sentir qu'il n'établirait l'autorité dont il avait besoin pour dompter tous les désordres et dissoudre toutes les demi-ambitions qu'en appelant à son aide le grand appui social. Il entreprit la réconciliation du ciel avec la terre. Il s'occupa du Concordat. Malgré l'opposition des petits publicistes de cette époque, malgré des dangers personnels qu'il n'ignorait pas, il voulut donner la plus grande solennité à l'exécution de cet acte habile et hardi, qui l'honore à jamais dans la mémoire des hommes. » (*Discours de Talleyrand au sujet de la mort de Mgr Bourlier, pair de France, évêque d'Évreux, Chambre des Pairs,* 13 novembre 1821.)

au contraire que Bonaparte, en augmentant son pouvoir, s'affranchirait des dernières entraves qu'il avait dû maintenir par précaution, et qu'il accorderait à la Papauté les satisfactions qu'elle persistait à réclamer. Aussi, et dans cette ferme espérance, le Pape était-il disposé à seconder ses ambitions politiques. Il était loin de prévoir que le Premier Consul, devenu empereur et sacré par lui, le traiterait, cinq ans après, comme le Directoire avait traité Pie VI, son infortuné prédécesseur, et répondrait à ses bontés paternelles par les actes les plus indignes et les plus tyranniques.

Avant d'aborder cette lamentable histoire, je voudrais en quelques mots répondre aux doutes qui ont été exprimés par divers écrivains au sujet des réelles intentions de Bonaparte, comme général et comme Premier Consul, en ce qui concerne le rétablissement du culte catholique en France. Ils se sont demandé si le Premier Consul avait été amené par ses dispositions naturelles, ou seulement par ambition et par intérêt, à provoquer la réconciliation de la France et du Saint-Siège. J'ai déjà dit qu'à mon avis Bonaparte avait obéi à ces diverses impulsions, mais il convient, pour plus de sûreté, de demander le secret de ses intentions à lui-même.

A Sainte-Hélène, sur ce roc silencieux où il devait écrire ou dicter les grandes choses qu'il avait faites en quinze années qui furent vraiment, celles-là, « le grand espace de temps » dont parle l'historien romain, il s'exprime en toute liberté sur le Concordat et sur ses desseins, lorsqu'il prépara, conclut et exécuta ce traité. Il avait fait venir de France les ouvrages nouveaux qui s'occupaient de lui et de sa politique. Il les lisait et les commentait; il dictait ses observations, puis il les revoyait lui-même et parfois les corrigeait de son écriture fébrile. A la façon de César et du grand Frédéric, il écrivait à la troisième personne, considérant qu'il était déjà entré dans la postérité... En 1818, il reçoit l'ouvrage de l'archevêque de Pradt sur *les quatre Concordats* et il y prête attention, parce que cet ouvrage contient çà et là des idées dignes d'être méditées. Ce qu'il exprime à ce propos vaut la peine d'être retenu. En voici quelques passages saillants : « Napoléon, dit-il, avait porté en 1796 et 1797, en Italie, une attention particulière aux affaires de religion. Ces connaissances étaient nécessaires au conquérant et au législateur des républiques transpadane, cispadane, etc. ». Au reproche qu'on lui avait fait de divers côtés d'avoir montré en Égypte un certain respect pour la religion de Mahomet, il répondait : « En 1798 et 1799, il dut étudier le Coran. Il fallait qu'il connût les principes de l'islamisme, le gouvernement, les opinions des quatre sectes et leurs rapports avec Constantinople et La Mecque. Il fallait bien qu'il fût habile dans les connaissances de l'une et l'autre religion, car cela contribua à lui captiver l'affection du clergé en Italie et des ulémas en Égypte (1) ». On aperçoit déjà ici clairement sa pensée politique.

Quant au Concordat, il le défendait, en répondant à M. de Pradt, comme son œuvre capitale. « Il ne s'est jamais repenti d'avoir fait le Concordat de 1801 et les propos qu'on lui prête à cette occasion sont faux. Il n'a jamais dit : « Le Concordat fut la plus grande faute de mon règne. » Les discussions qu'il a eues depuis avec Rome proviennent de l'abus que faisait cette Cour du mélange du spirituel et du temporel ». Nous verrons bientôt et en détail ce que vaut cette affirmation.

« Cela peut, ajoute-t-il, lui avoir occasionné quelques moments d'impatience. C'était le lion qui se sentait piqué par des mouches. Mais ils n'ont jamais altéré ses dispositions ni pour les principes de sa religion, ni pour ce grand œuvre qui a eu des résultats si importants... Le Concordat de 1801 était nécessaire à la religion, à la République, au gouvernement. Les temples étaient fermés, les prêtres étaient persécutés; ils étaient divisés en trois sectes.... Le Concordat mit fin à ces divisions et fit sortir de ses ruines l'Église catholique, apostolique, romaine. Napoléon releva les autels, fit cesser les désordres, prescrivit aux fidèles de prier pour la République, dissipa tous les scrupules des acquéreurs de domaines

(1) *Mémoires pour servir à l'histoire de France sous Napoléon*, (t. Ier, Firmin-Didot, 1823), p. 114, 115.

nationaux et rompit le dernier fil par lequel l'ancienne dynastie communiquait encore avec le pays ».

A ceux qui faisaient cette objection qu'ils croyaient décisive : « Napoléon eût dû ne pas se mêler des affaires religieuses, mais tolérer la religion en protégeant le culte, en lui restituant ses temples, » il disait : « Protéger le culte? Mais lequel? Restituer les temples? Mais à qui? Aux constitutionnels, au clergé, ou aux vicaires papistes à la solde de l'Angleterre? » A d'autres qui le blâmaient de n'avoir pas obtenu alors une restriction au droit du Pape d'instituer les évêques, il répondait que le Pape avait fait de grandes concessions et que, même dans l'intérêt de la République, il ne fallait pas exiger de stipulations nouvelles. Il avouait enfin avoir dit dans l'une des conférences préalables : « Si le Pape n'avait pas existé, il eût fallu le créer pour cette occasion, comme les consuls romains faisaient un dictateur dans les circonstances difficiles. »

Fox, causant avec lui après le traité d'Amiens, s'étonnait qu'il n'eût pas exigé le mariage des prêtres et s'attirait cette réponse fort judicieuse : « J'avais et j'ai besoin de pacifier. C'est avec de l'eau et non avec de l'huile que l'on calme les volcans théologiques. » Pourquoi Bonaparte n'a-t-il pas conservé cette attitude si politique, si prudente? Pourquoi faut-il qu'après l'avoir loué de la conduite habile qui, des pourparlers de Tolentino, l'avait amené aux négociations et à la conclusion du Concordat, nous le voyions troubler lui-même peu à peu une paix dont il était l'auteur, inquiéter et frapper ceux qu'il avait rassurés, bouleverser les consciences, empiéter sur le domaine spirituel et vouloir le soumettre à ses vues ambitieuses?

Mais ces tristes années ne sont pas encore venues. Pour le moment, de part et d'autre, il semble qu'on ne veuille se témoigner que les plus grands égards et les meilleures marques d'une courtoisie presque voisine de l'amitié. Le mot d'ordre à Rome est de ne pas contrarier le Premier Consul. On en espère des avantages semblables à ceux qui vinrent spontanément de Charlemagne. Bonaparte, alléguant la puissance et l'étendue de la France, réclame tout à coup cinq nouveaux cardinaux, et le fin Cacault, qui dirige avec adresse la légation française à Rome, ne se refuse point à soutenir cette demande. Il remarque seulement que l'admission au partage des chapeaux de Cour est comme une agrégation dans la famille des vieux monarques de l'Europe. Il semble que le citoyen Cacault ait deviné jusqu'où veut aller l'ambition de Bonaparte, et cette perspicacité dont il a, sans insistance, fait part à Talleyrand, lui vaudra bientôt la perte de sa légation. Pie VII n'hésite pas à nommer quatre cardinaux français : M. de Belloy, archevêque de Paris; Fesch, archevêque de Lyon et oncle de Bonaparte; de Boisgelin, archevêque de Tours; Cambacérès, archevêque de Rouen, et *in petto* l'abbé Bernier (1). Il consent même que tous les cardinaux adressent au Premier Consul, à l'occasion des fêtes de Noël, les mêmes lettres de félicitations qu'ils adressent aux Rois.

A ces marques d'estime particulière et à ces faveurs signalées, Bonaparte répond par le présent considérable de deux bricks de guerre, le *Saint-Pierre* et le *Saint-Paul*, par la restitution du duché de Bénévent et de la principauté de Ponte-Corvo, par la liberté accordée au Pape de désigner lui-même le grand-maître de l'ordre de Malte, par l'érection dans la cathédrale de Valence d'un monument à la mémoire de Pie VI, par la protection officielle accordée aux Sœurs de charité et aux Missions étrangères, par la remise du Saint-Sépulcre et des chrétiens d'Orient sous le protectorat de la France, par l'intervention du gouvernement français en faveur du Pape auprès du gouvernement des Deux-Siciles. De plus, il a soin de traiter en France avec la déférence la plus grande les évêques et le clergé; il donne ordre de conserver les églises et les presbytères non compris dans la nouvelle circonscription des paroisses, interdit la vente d'aucune église, laisse publier l'annonce du jubilé qui va suivre le Concordat, rend leurs

(1) Bernier n'obtint en fin de compte que la mitre de l'évêque et non le chapeau de cardinal.

biens aux collèges religieux des Irlandais, des Anglais et des Écossais, intervient en Allemagne et en Suisse pour défendre les intérêts des catholiques, invite les préfets et l'administration à la tolérance et au respect des membres du clergé et du culte catholique, accorde enfin pleins pouvoirs au cardinal-légat pour achever l'œuvre de la pacification.

C'est au moment où presque tous les nuages ont disparu que le Premier Consul pense à rappeler Cacault. Dès qu'il a connaissance de ce dessein, Consalvi s'émeut. Il prie Caprara de s'interposer, de voir Talleyrand, d'implorer Bonaparte. Vaines démarches. Le Premier Consul, qui paraissait céder aux conseils du ministre des Relations extérieures, ne faisait que suivre en réalité son plan personnel. La franchise et la finesse de Cacault l'importunaient. Il savait que le loyal Breton avait osé dire de lui en 1802 : « J'aime Bonaparte. J'aime le général. Cet affublement d'un nom de Premier Consul est ridicule. Il a pris cela de Rome où cependant il n'a jamais été... Il devient une manière d'Henri VIII. Il aime et blesse tour à tour le Saint-Siège. Mais que d'autres sources de gloire peuvent se tarir pour lui, s'il fait le Henri VIII à faux! » Bonaparte estimait les prédictions, mais d'un autre genre que celles-là. Il avait en tête les ambitions les plus hautes et il se demandait ce que Cacault aurait dit, lui auquel déplaisait déjà le titre de Premier Consul, s'il avait été informé de ses nouveaux desseins, c'est-à-dire le remplacement du Consulat par l'Empire et le voyage du Saint-Père à Paris pour le sacre de l'Empereur?

Bonaparte, sans tenir compte des observations de Consalvi, qui faisait valoir que peu de diplomates avaient autant que Cacault les manières parfaites et la profonde raison, fit dire à celui-ci par Talleyrand que les circonstances nouvelles exigeaient pour la légation de Rome le même apparat qu'elle avait eu avant la Révolution. En conséquence, il avait décidé qu'elle serait dirigée par un cardinal français. Le ministre des Relations extérieures indiquait le nom du titulaire : c'était le cardinal Fesch. Il priait Cacault de faire remarquer à la cour de Rome combien ce choix était flatteur pour elle, puisque ce cardinal était l'oncle même du Premier Consul. Talleyrand ajoutait, pour consoler Cacault d'une réelle disgrâce, que son traitement lui serait maintenu jusqu'à l'attribution d'un nouveau poste ou son entrée au Sénat. Il déguisait l'amertume du procédé sous les banalités ordinaires, vantant les talents, les qualités, la prudence et l'habileté d'un agent dont son département ne saurait se passer. Cette nouvelle émut profondément Pie VII, qui chargea Consalvi de porter l'expression de ses plus vifs regrets à Cacault, lequel prit vaillamment la chose et remercia Talleyrand de ses éloges. Il invoqua la faiblesse de sa santé pour décliner une autre mission diplomatique et dit qu'il préférait entrer au Sénat.

En se félicitant d'être remplacé par le cardinal Fesch, Cacault priait le ministre de maintenir au secrétariat le citoyen Artaud, qui lui paraissait mériter une entière confiance. Il prévenait en même temps Talleyrand que la dignité de cardinal l'emportant à Rome sur tous les autres titres, Fesch n'avait pas à porter le titre d'ambassadeur. Celui-ci avait d'ailleurs à recevoir le chapeau et les honneurs, après lesquels il remettrait ses lettres de créance comme cardinal, ministre de France. Cacault quitta ensuite Rome au milieu des témoignages les plus affectueux de la Cour pontificale. Son départ arracha des larmes à Pie VII et à Consalvi. Lui-même était fort ému. « Si vous avez voulu voir un Breton pleurer, dit-il, vous avez été satisfaits. » Le successeur de Cacault allait-il mériter l'éloge sincère que Pie VII en avait fait ainsi : « Il a beaucoup contribué de son côté à établir et à resserrer entre le Saint-Siège et le gouvernement français les liens d'une véritable amitié et d'une parfaite intelligence. » Non certes, et il ne fallait pas s'y tromper : avec le départ de Cacault, c'était la fin de la politique consulaire, c'est-à-dire la fin des mesures prudentes et modératrices.

Ancien archidiacre d'Ajaccio, commissaire des guerres sous la Révolution et partisan des idées nouvelles, puis rentré dans l'Église après le 18 Brumaire, Joseph Fesch était devenu rapidement archevêque de Lyon et cardinal. Pendant dix ans, sa vie avait été assez orageuse et le souci des biens temporels l'avait préoccupé beaucoup plus que le reste. Une fois en possession des honneurs ecclésiastiques, il s'était astreint à des mœurs plus modestes et à un train de vie plus austère, quoiqu'il fût arrivé, par le cumul de divers traitements, à plus de 100,000 francs de revenu. Si son intelligence n'avait rien d'étendu, sa vanité dépassait au contraire toutes limites. Le Premier Consul crut bien faire en choisissant pour secrétaire de l'ambassade un écrivain déjà célèbre, M. de Chateaubriand, qui, sur le conseil de Fontanes, lui avait dédié *le Génie du Christianisme* dans les termes les plus flatteurs, ainsi qu'on en peut juger par les lignes suivantes : « Vous avez bien voulu prendre sous votre protection cette édition du *Génie du Christianisme*. C'est un nouveau témoignage de la faveur que vous accordez à l'auguste cause qui triomphe à l'abri de votre puissance. On ne peut s'empêcher de reconnaître dans vos destinées la main de la Providence qui vous avait marqué de loin pour l'accomplissement de ses desseins prodigieux. Les peuples vous regardent. La France, agrandie par vos victoires, a placé en vous son espérance, depuis que vous appuyez sur la religion les bases de l'État et de vos prospérités. »

Chateaubriand avait paru accepter le poste de secrétaire de l'ambassade de Rome, surtout dans l'espoir de sauver Mme de Beaumont, son intime amie, gravement malade de la poitrine. La vérité est qu'il fut enchanté de cette mission, dans la certitude de jouer un rôle prépondérant à Rome auprès d'un cardinal dont il raillait déjà l'avarice et le peu d'élégance. Fesch avait exigé un traitement annuel de cent cinquante mille francs, alors que Cacault s'était contenté de soixante mille francs. Avant de se rendre à son poste, Fesch voulait aller consulter les dépêches de la légation aux Affaires étrangères. Mais le Premier Consul, qui avait hâte de le voir à Rome, lui dit brusquement : « Ne lisez rien. Partez et ayez du tact. » Cependant, il eut soin de lui faire remettre par

Talleyrand des instructions qui lui prescrivaient de protéger les établissements français, de veiller au progrès de l'école des Beaux-Arts et à la prospérité de notre commerce, de rendre compte au gouvernement des agissements de la Cour de Sardaigne qui se trouvait à Rome, enfin de ne rien négliger de ce qui pouvait se passer dans une capitale devenue l'un des centres de la politique européenne. Il était facile de prévoir que le cardinal et son nouveau secrétaire ne feraient pas longtemps bon ménage. Cacault l'avait bien compris et en avait averti ainsi le ministre des Relations extérieures : « M. de Chateaubriand est un grand auteur, un homme d'un grand mérite. Cependant, c'est gâter le bon effet que doit produire la légation de M. le cardinal Fesch que de le faire arriver avec un auteur célèbre, dans les livres duquel on ira chercher quelle est la doctrine et quelle est la théologie du cardinal. » Fesch parvint à Rome le 2 juillet et fut reçu avec les honneurs d'usage. On s'aperçut bientôt qu'il n'inspirait pas au Pape et à Consalvi la sympathie que leur avait causée dès son arrivée l'honnête et franc Cacault. « Où trouverons-nous un bon conseil! » dit Pie VII, attristé et inquiet, à l'ancien ministre, et Consalvi ajouta : « Nous ne pourrons plus confier si sûrement nos autres affaires de Russie et d'Autriche sur lesquelles nous causions avec vous en toute satisfaction. »

Six semaines après, le cardinal Fesch, qui manifestait l'humeur la plus brouillonne et voulait se donner à tout prix de l'importance, informait le ministre des Relations extérieures d'une conspiration qui se tramait dans les États du Saint-Siège. Il en croyait de fausses dénonciations. Il jetait feu et flammes pour défendre un contrebandier français et se faisait rappeler à la modération par Talleyrand lui-même. Deux émigrés français au service de Russie, MM. de Vernègues et de la Maisonfort, ayant suivi à Rome M. d'Avaray, ministre de Louis XVIII, Fesch fut invité à demander leur extradition. Ce fut toute une affaire. La Maisonfort averti quitta Rome au plus vite. Quant à Vernègues, la Cour romaine refusa d'abord de l'extrader. Le cardinal fit preuve en cette circonstance d'une brusquerie peu diplomatique et dénonça son secrétaire qui avait, à son avis, montré trop de modération. La vérité, c'est que Chateaubriand, ayant découvert la médiocrité d'esprit du cardinal, ne s'était pas gêné pour s'en moquer et pour afficher devant témoins sa propre supériorité. Un jour, il allait présenter ses galants hommages à la princesse Borghèse; un autre jour, il conduisait lui-même des Français au Saint-Père. Fesch l'accusait d'avoir dit que le secrétaire du ministre près le Pape avait une mission spéciale, des attributions séparées de celles du cardinal et le droit de traiter directement avec Pie VII. Il lui en voulait de la haute réputation que lui avait faite *le Génie du Christianisme*, lui reprochait force intrigues et lui prêtait l'intention de devenir le réorganisateur de la religion en France et de vouloir entamer directement des négociations « entre la clique de certains religionnaires et le Saint-Siège ». De son côté, Chateaubriand prêtait le flanc à ces attaques en écrivant secrètement au Premier Consul que le cardinal ne comprenait pas du tout l'importance de sa mission. N'aurait-il pas dû, par exemple, faire consister sa politique dans la grandeur des manières et la splendeur de la vie? Sa façon de vivre au contraire, qui resserrait la table, le domestique et les équipages l'exposait aux propos des valets et à la risée publique. Chateaubriand reprochait enfin à Fesch de se laisser embarrasser l'esprit d'une foule de conspirations imaginaires, de ne pas voir les grandes intrigues, d'ignorer les véritables partis qui divisaient Rome, de se faire diriger naïvement par le secrétaire d'État et de ne former aucune liaison avec le Corps diplomatique. A M. de Fontanes il écrivait avec plus de vivacité encore : « L'envie que cet homme me porte et son petit amour-propre révolté sont des ressorts qu'on met en jeu pour me perdre. Le secrétaire d'État Consalvi est entré dans la cabale. Son plus grand désir est de m'écarter, à cause de l'autorité que je porte malgré eux, et avec moi, afin de dominer entièrement notre imbécile. Je crois bien que celui-ci finira par fatiguer Talleyrand de ses dépêches et de ses bêtises (1) ».

Chateaubriand, qui ne se sentait pas à sa place, car il se disait d'une race bonne à employer seulement sur le premier plan, demandait un poste qui ne fût que sous la dépendance directe du ministre des Relations extérieures, ou la liberté pour achever ses études en Grèce. On allait, à sa demande, le rappeler de Rome et l'envoyer comme ministre dans le Valais, avec promesse, tôt ou tard, de quelque grande ambassade comme celle de Constantinople. Tout entier à sa personne et à ses intérêts, Chateaubriand ne s'était pas douté que le Premier Consul, méditant déjà le concours de Rome dans la transformation du Consulat en Empire, aimait mieux avoir auprès du Pape et de Consalvi un personnage moins brillant que lui, mais plus dévoué et plus sûr. Il avait eu le tort de se lier avec quelques prêtres émigrés, de s'afficher avec Mme de Beaumont, de manifester des égards pour la cause des princes déchus, de blâmer ouvertement les exigences du gouvernement français. Le cardinal Fesch fut donc très heureux d'être débarrassé d'un secrétaire orgueilleux, qui s'obstinait à ne pas vouloir vivre dans son ombre. Voulant prouver que son autorité avait à l'étranger autant de portée qu'en France, le Premier Consul persistait à demander à la Cour pontificale l'extradition de M. de Vernègues. Pie VII s'y refusait, pour ne pas devenir l'auteur de divisions qui allaient peut-être s'élever en Russie entre le gouvernement et les catholiques, s'il abandonnait, par une condescendance regrettable, les devoirs de l'hospitalité. Le cardinal Fesch insista. Consalvi objecta que Vernègues devait être considéré comme sujet russe et qu'une mesure dirigée contre lui amènerait fatalement des complications. Mais le Premier Consul, repoussant avec la dernière énergie la juridiction de la Russie sur des sujets français, réclama plus vivement que jamais l'extradition de Vernègues qu'il accusait d'être l'agent du

(1) VILLEMAIN, *M. de Chateaubriand*, p. 117.

comte de Lille. La note menaçante, envoyée à ce sujet par Talleyrand à Consalvi, était arrivée à Rome quelque temps après la nouvelle du meurtre du duc d'Enghien. Le ministre des Relations extérieures faisait audacieusement valoir comme argument que l'Angleterre n'ayant pas protesté contre la saisie d'émigrés hostiles à la France sur le territoire de l'Electeur de Bade, la Russie ne pouvait mettre plus d'ardeur que l'Angleterre à défendre un Français révolté résidant en Italie, tel que Vernègues. Il fallait donc que la Cour de Rome cédât aux désirs du Premier Consul. Lorsque le cardinal Fesch, vint annoncer officiellement le jugement et l'exécution du duc d'Enghien, le Saint-Père versa d'abondantes larmes et dit qu'elles coulaient autant sur la mort de l'un que sur l'attentat de l'autre. Les explications que Fesch essaya de lui donner ne le convainquirent point. Il déplorait amèrement le meurtre du prince; il déplorait encore plus amèrement que Bonaparte en eût assumé la responsabilité. Mais cet acte de violence eut un effet très regrettable sur la Cour de Rome. Effrayée, elle céda au sujet de Vernègues et autorisa son extradition. C'était une faute grave. Tout porte à croire que le Premier Consul n'aurait peut-être pas osé aller si loin, si le Pape eût plus ouvertement manifesté dans l'affaire du duc d'Enghien ses sentiments de réprobation.

Devant la soumission de Rome au sujet de l'affaire Vernègues, Bonaparte comprit qu'on n'oserait plus rien lui refuser et il en profita. Il donna ses ordres à Fesch et celui-ci s'empressa de les exécuter. Il s'ouvrit d'abord à Consalvi des intentions du futur Empereur relatives au Sacre, et il le fit avec un empressement hautain. La rapidité avec laquelle il était arrivé aux plus hautes dignités ecclésiastiques l'avait quelque peu étourdi et grisé sur son mérite. Il avait cru que ses titres de cardinal, de ministre de France, d'archevêque de Lyon et sa parenté avec le Premier Consul allaient éblouir les Romains. Mais son espérance à cet égard fut trompée et son orgueil déçu. Ne pouvant s'imposer par sa personne et par ses mérites, il prit les allures despotiques de son maître.

J'ai dit ailleurs (1) quelle transformation s'opéra dans le gouvernement consulaire après le 21 mars 1804 et comment, à ce coup terrible, on devina la prochaine venue de César. J'ai montré que pour arriver au souverain pouvoir, le Premier Consul avait dû se charger d'un crime personnel, comme ceux qui avaient voté en 1793 la mort du Roi, et j'ai établi comment il avait cherché à transformer en complices tous ceux qui s'étaient par ambition attachés à sa fortune. Le crime accompli et le bénéfice du crime recueilli, c'est-à-dire l'Empire consenti par les timides qui redoutaient la colère du maître, s'ils manifestaient la moindre opposition, par les ambitieux qui voulaient tirer bénéfice du nouvel ordre de choses et par les violents qui n'avaient plus de Monk à redouter en Bonaparte, que fallait-il faire? Effacer la tache de sang sous l'huile de la sainte Ampoule et appeler le Pape à Paris pour sacrer le nouveau César. L'entreprise était audacieuse. Pie VII consentirait-il jamais à venir sacrer celui qui avait fait répandre le sang d'un Bourbon? Napoléon ne doutait pas de cette acceptation. Est-ce l'intérêt personnel du Pape qui l'y décida? Non certes, car il n'y eut jamais de pontife plus humble et plus désintéressé. Alors quels motifs ont pu l'amener à une telle condescendance? L'intérêt seul de l'Église et la crainte, par un refus, de l'exposer à des maux irrémédiables. Ces maux auxquels la Cour de Rome croyait échapper en faisant les concessions demandées, elle ne les retarda que pour quelque temps. Étant donné les circonstances et le caractère du nouveau despote, il lui était impossible de les éviter.

Quels obstacles pouvaient se dresser devant Bonaparte devenu Napoléon? Il ne doutait plus de rien. De général devenu Consul, puis Consul à vie, puis Empereur, où donc allait s'arrêter son étonnante fortune? Le silence ou l'acquiescement de l'Europe le justifiaient de tout à ses propres yeux. Habitué à voir les hommes et les ... nces céder à ses volontés, il n'admettait pas que le chef de la Chrétienté fût

---

(1) *Le duc d'Enghien*, librairie Plon, 1888.

plus rebelle que les autres. Napoléon allait promettre d'ailleurs au Pape, en échange de son voyage à Paris, des avantages considérables pour la religion, quitte à n'en accorder qu'une partie, une fois le Sacre accompli. Voyons rapidement ce que les négociateurs de cette importante affaire firent espérer à Rome.

Sept jours avant le vote du sénatus-consulte qui devait établir l'Empire, le Premier Consul confia à Caprara que toutes les autorités lui conseillaient de se faire sacrer et couronner par le Pape, dans l'intérêt de sa gloire et dans celui de la religion (1). Bonaparte croyait que nulle puissance n'y ferait la moindre opposition et il le chargeait de pressentir à cet égard la Cour de Rome, avant d'entamer les démarches officielles. Il citait avec force détails l'exemple de Pépin le Bref, premier roi d'une race nouvelle, sacré à Saint-Denis par le pape Zacharie et il en parlait avec une gravité qui imposait. (2) Par son intervention personnelle, le Pape assurerait efficacement la succession héréditaire dans la famille de l'homme qui venait de restaurer en France le culte catholique. Le cardinal Caprara, rapportant cet entretien, pensait que le couronnement aurait lieu à Paris et il suppliait le Saint-Père de condescendre aux désirs de Bonaparte, car celui qui allait être l'Empereur des Français regarderait toute hésitation comme injurieuse pour lui. Aucune excuse, même approuvée par le cardinal Fesch, aucune difficulté, aucune temporisation ne seraient admises par un souverain aussi exigeant. Le temporel des États du Saint-Siège ne pourrait que s'en bien trouver; les frais du voyage seraient mis à la charge de l'Empire. Une fois sur les lieux, on obtiendrait facilement ce que l'on n'ob-

---

(1) Le tribun Curée avait émis l'idée de faire couronner l'Empereur à Aix-la-Chapelle, où l'on gardait encore la couronne de Charlemagne. Napoléon préféra Paris.

(2) Dans une note officielle du 25 juin, le cardinal-légat répondit à ce sujet que Pépin n'avait point été sacré par Zacharie. Il l'avait été déjà à Soissons, par saint Boniface, archevêque de Mayence, quand le successeur de Zacharie, Étienne II, venu en France pour implorer le secours de Pépin en faveur de l'Église romaine contre Astolphe, roi des Lombards, le couronna sur sa demande.

tiendrait pas, si on l'invoquait de loin comme un droit. Caprara écrivait cela presque sous la dictée de Bonaparte, et engageait Consalvi à affirmer que le Saint-Père se rendrait avec empressement à de tels désirs. Ainsi, la réponse était indiquée d'avance. Il était même spécifié qu'elle devait être écrite sur une feuille séparée, afin que tout ce qu'il y aurait d'obligeant et de tendre dans la lettre officielle ne pût être attribué qu'au Pape lui-même. Ce ne fut pas sans une surprise et une gêne réelles que la demande officieuse fut accueillie au Vatican. Le 25 mai, le cardinal Consalvi commença par répondre au cardinal Caprara que le Pape attendait, pour féliciter l'Empereur, que les formalités du changement de la République française en monarchie eussent été accomplies. Quelques jours après, Pie VII lui-même se félicitait d'être l'un des premiers à saluer le nouvel Empereur, mais il ajoutait en même temps qu'il était grandement ému par la gravité de la demande du Sacre. « En dix-huit siècles en effet, il n'y avait pas eu un seul exemple d'un aussi long voyage entrepris par un Pape pour un motif purement humain. » Sans doute il savait que, lorsqu'il s'agissait de consolider une dynastie nouvelle et à la veille peut-être d'autres événements considérables, il était difficile au nouveau souverain de quitter le centre de la monarchie. Mais il fallait au Pape un motif religieux des plus décisifs qui fût de nature à justifier pour lui-même l'abandon de sa résidence et la stagnation momentanée des affaires ecclésiastiques en Europe.

Le 5 juin, Consalvi commença à entretenir Caprara des conditions auxquelles le Pape pourrait se rendre à Paris, sans se préoccuper d'ailleurs de telles ou telles critiques. Cette remarque visait un propos malséant attribué à un membre du Corps diplomatique qui aurait appelé Pie VII « le chapelain de l'Empereur », parce que Napoléon se permettait de faire venir le Saint-Père à Paris. Ce que Pie VII redoutait, plus que les fatigues d'un voyage aussi pénible, c'étaient des demandes insidieuses faites tout à coup sur des points délicats, tels que le règlement des affaires d'Allemagne. Il avait consulté le Sacré

Collège et sur vingt cardinaux, il avait obtenu quinze voix favorables au voyage, mais sous réserve des conditions (1).

Une des plus graves difficultés à résoudre était la question du serment que devait prêter Napoléon de respecter et de faire respecter les lois du Concordat, c'est-à-dire le traité lui-même avec les Articles organiques. Le Pape paraissait inexorable à cet égard. Il ne voulait accepter comme « lois du Concordat » que les dix-sept articles du traité et il déclarait au cardinal Fesch que si l'on entendait autre chose, il quitterait aussitôt la cathédrale. Il n'admettait comme serment que celui prescrit par le *Pontifical* et point d'autre. Il redoutait enfin une absence de plusieurs mois au détriment des affaires entamées avec les différentes Cours et il exigeait tout au moins qu'il fût bien entendu que voyage était motivé par les intérêts mêmes de la religion, et que la lettre d'invitation lui fût apportée par deux évêques. Il voulait en outre que certains Articles organiques fussent modifiés et que les évêques constitutionnels fissent devant lui la rétractation nécessaire de leurs erreurs. A ces conditions, il ajoutait ces quelques mots qui devaient produire une impression flatteuse sur l'esprit du souverain : « Si le Saint-Père arrivait à Paris en novembre, le Sacre pourrait avoir lieu le jour de la Nativité de Notre-Seigneur, jour où eut lieu le couronnement de Charlemagne, dont le nouvel Empereur égale la gloire. »

C'était de la part de Pie VII une bien grande concession. Outre qu'il eût préféré que le Sacre se fît, comme pour Charlemagne, à Rome même, il n'était pas sans avoir de graves préoccupations au sujet de la jalousie de certaines Cours et de certains princes de l'Europe, de l'empereur d'Allemagne et des Bourbons, de la possibilité de nouvelles exigences de Napoléon, du peu de résultat qui pourrait résulter, malgré toutes les promesses, de sa condescendance. On lui avait fait peur aussi de l'accueil de la France qu'on disait encore sous le joug des idées révolutionnaires. Là on le trompait, car

(1) Voir sur les observations des cardinaux, le mémoire du cardinal Fesch dans la *Vie de Pie VII*, par Artaud (t. Ier, chap. xxxv).

l'accueil des Français allait dépasser en marques de respect et d'affection tout ce que Pie VII pouvait espérer. Consalvi avait prescrit à Caprara, le 5 juin, de faire connaître nettement à l'Empereur que Sa Sainteté, pour venir à Paris, devait non seulement y être invitée par un motif de religion, mais encore pour obtenir les avantages souhaités en faveur de la religion elle-même. Les cardinaux auraient désiré que la déclaration relative à la liberté des cultes, limitant cette liberté à une tolérance purement civile, fût faite par le Sénat et eût la même publicité que celle du serment. Enfin, sur leurs instances, le Saint-Père réclamait une lettre officielle où l'Empereur ferait lui-même cette déclaration. Le cardinal Fesch supplia Napoléon de satisfaire le Pape et le Sacré-Collège par une note officielle. Il croyait qu'il était bon de répondre favorablement aux conditions qui se résumaient ainsi : « Utilité démontrée du voyage du Pape dans l'intérêt de la religion. — Nécessité de réformer quelques Articles organiques qui outrepassaient les libertés de l'Église gallicane. — Observation intégrale des cérémonies habituelles du Sacre. — Refus par le Pape de recevoir les évêques constitutionnels qui n'auraient pas adhéré aux décisions de Sa Sainteté sur les affaires ecclésiastiques de France. — Refus par le Pape de recevoir Mme de Talleyrand dont Sa Sainteté ne reconnaîtrait jamais le mariage (1). — Ajournement du voyage au commencement de l'automne. » Au sujet du serment relatif au respect de la liberté des cultes, le cardinal Fesch fut chargé de répondre que ce serment n'était simplement que le mode de l'exécution de la tolérance civile, et que le Sénat n'avait pas voulu obliger un Empereur catholique à jurer autre chose. Napoléon lui-même n'entendait par là respecter que la permission donnée aux cultes autorisés de s'exercer librement en France. Quant aux autres conditions, l'évêque d'Orléans, Bernier, avait eu à

(1) Talleyrand n'obtint, par le bref du 29 juin 1802, que la permission de porter des habits laïques, d'exercer des emplois civils et de cesser toutes fonctions épiscopales. Jamais il ne fut autorisé à se marier. Il épousa, comme on le sait, la dame Grand, Américaine divorcée, et la cérémonie fut purement civile.

les examiner et il s'en exprimait ainsi : « La concession de la liberté des cultes n'était nullement l'approbation de leurs dogmes. » Pour les Articles organiques, il était plus évasif et se bornait à renvoyer l'examen de cette affaire à l'arrivée du Pape à Paris. Cependant, il disait avec une certaine franchise : « On mêle avec nos libertés beaucoup trop de maximes des anciens Parlements. On les donne pour le palladium de l'Église gallicane, tandis qu'elles ne sont que les prétentions de quelques présidents et avocats jansénistes ou plutôt indépendants, qui voulaient frauder l'autorité de l'Église et du monarque par des maximes nouvelles. C'est à ces maximes outrées que nous devons et les murmures de Rome et les mécontentements de l'intérieur en matière ecclésiastique. » Bernier regrettait aussi que quatre évêques constitutionnels, Lecoz, Lacombe, Raymond et Saurine n'eussent pas observé les convenances de leur état et eussent osé démentir leur rétractation, ce qui avait justement offensé le Saint-Père.

Mais déjà le voyage ne semblait plus faire question. En effet, le cardinal-légat s'étant rendu le 20 juin à Saint-Cloud, l'impératrice Joséphine lui dit gracieusement : « Eh bien, nous aurons donc le Saint-Père à Paris pour sacrer l'Empereur?... Nous savons que les affaires sont arrangées. » Caprara osa répondre que la certitude de la venue de Pie VII n'était pas encore aussi assurée. Mais le ministre des Relations extérieures intervint et dit avec autorité : « Oui, les choses sont arrangées ; le Pape viendra couronner l'Empereur. » Le légat s'inclina. Quelques jours après, il constatait l'impression considérable produite par la nouvelle du Sacre, puis l'irritation des protestants et des philosophes qui traitaient cette cérémonie de surannée et condamnaient l'ambition ridicule de Napoléon.

Talleyrand, mêlé par sa situation de ministre des Relations extérieures à ces délicates négociations, relevait dans un rapport du 13 juillet à l'Empereur les difficultés soulevées par la Cour romaine, « l'une, disait-il, de pure susceptibilité ultramontaine contre les évêques constitutionnels; l'autre dogmatique, relative au serment de l'Empereur. » Il reconnaissait que les évêques qui avaient manqué aux bienséances et au respect dus au Saint-Siège devraient être repris. Quant à la partie du serment relative au Concordat, il faisait observer que par ces mots « lois du Concordat », il ne fallait entendre que le texte des dix-sept articles de la Convention de 1802 et non les Articles organiques. « Le serment, disait-il, prescrit l'obéissance aux lois du Concordat, parce que, en langage de droit public, les stipulations de deux puissances sont des lois que les publicistes appellent *lois de la lettre*. Les lois organiques sont des lois d'une autre nature. Le prince ne peut pas jurer de les faire observer, parce qu'elles peuvent être changées, et s'il avait été dans l'intention du législateur de le prescrire, il n'aurait pas dit *les lois du Concordat*, mais *les lois organiques du Concordat*. » Pour l'autre partie du serment, qui concernait la liberté des cultes, cette liberté n'était qu'une tolérance semblable à celle qui régnait en Allemagne. C'était un devoir politique qui n'affectait en rien la catholicité des souverains et de leurs États. Cette liberté était distincte d'ailleurs de l'essence même des cultes et de leur constitution. « Maintenir l'une, remarquait-il, n'est pas approuver l'autre. Charles-Quint autorisa, en 1529, dans la diète de Spire, la liberté du culte luthérien en Allemagne jusqu'au Concile général, qui n'était pas encore indiqué, et Clément VII ne lui objecta jamais cette tolérance. Charles fut couronné par le Pontife le 24 février de l'année suivante. Il est des mesures que la sagesse indique et que les circonstances commandent. » Talleyrand avait soin en outre de rappeler les titres exceptionnels de l'Empereur à la bienveillance du Saint-Père : les temples rouverts, les autels relevés, le culte rétabli, les chapitres dotés, les séminaires fondés, les missions étrangères rétablies, la possession des États pontificaux assurée. Enfin, considérant la question du voyage de Pie VII en France, le ministre des Relations extérieures ne croyait pas qu'il pût inspirer aux Cours étrangères la moindre inquiétude. La France n'avait pas hésité à reconnaître le Pape Pie VII, quoique son élection eût été faite dans les États d'un souverain étranger (1). Dès lors, comment les puissances pourraient-elles se plaindre que le Père commun des fidèles honorât de sa présence un vaste empire rendu à la religion? Est-ce que le cabinet de Versailles avait jadis reproché à Pie VI son voyage à Vienne? Enfin, que pouvait craindre des Français le Pape actuel? Tout en étant certain que « les cœurs unis voleraient au-devant de lui », le ministre déclarait que les ordres les plus précis avaient été donnés pour que la réception du Pape fût digne de la grandeur du souverain qui l'invitait et de la majesté du chef de l'Église. Enfin, Talleyrand ajoutait que toutes les affaires ecclésiastiques et temporelles seraient traitées à Paris, et d'un commun accord, dans les conseils mutuels de Sa Majesté et du Souverain Pontife.

Le 2 août, Pie VII félicitait officiellement Napoléon de son avènement et le conjurait, puisqu'il était arrivé à la toute-puissance, de protéger les choses de Dieu, de défendre son Église et d'éloigner tout ce qui pourrait nuire à son éclat et à sa liberté. Le Saint-Siège laissait entendre en même temps que le cabinet russe, après avoir invité le nonce à quitter Saint-Pétersbourg, à cause de l'extradition de Vernègues, allait se livrer à d'autres actes d'hostilité. Napoléon répondit que le cabinet russe était inconséquent et se précipitait dans des démarches qu'il ne tarderait pas à rétracter. Mais l'Empereur se faisait fort d'empêcher sur le continent tout trouble qui eût quelque gravité. Quant au Concordat italien qui avait paru inquiéter le Saint-Siège, il promettait d'en écarter tout ce qui pourrait porter atteinte à ce qui avait été convenu avec la Cour de Rome. A ces assurances pacifiques, le ministre des Relations extérieures en ajoutait d'autres, affirmant que la présence du Pape achèverait en France l'heureux changement que Sa Majesté y avait commencé. Le culte avait repris sa pompe extérieure et les institutions civiles étaient replacées

(1) Talleyrand avait cependant essayé d'en contester la valeur, mais sans succès. (Voir *Le conclave de Venise*, par le P. van Duerm, 1896.)

sous le sceau de la religion. Aussi, tous les esprits se ralliaient à ce système qui offrait plus de repos à la conscience et plus de consolations au malheur.

Le Pape se déclara satisfait de l'explication donnée à l'expression de « lois du Concordat » insérée dans le serment, mais il continua à désirer une déclaration précise qui montrât que par « liberté des cultes » on entendait « tolérance des cultes ». Il espérait enfin que la lettre d'invitation ferait mention des grands intérêts de la religion en même temps que du couronnement. Le 2 septembre, il voulut bien reconnaître que les notes successives du cardinal Fesch lui avaient donné satisfaction. Le 15, il reçut la lettre d'invitation par laquelle Napoléon lui demandait de montrer une nouvelle preuve de l'intérêt qu'il portait à ses destinées et à celles d'une grande nation. L'Empereur priait le Saint-Père de donner à la cérémonie de son sacre et de son couronnement le caractère auguste de la religion. Cette cérémonie faite par Sa Sainteté attirerait sur le souverain et sur son peuple la bénédiction de Dieu, dont les décrets règlent à sa volonté le sort des familles et des empires. « Votre Sainteté, disait Napoléon, connaît les sentiments affectueux que je lui porte depuis longtemps et par là, elle doit juger du plaisir que m'offrira cette circonstance de lui en donner de nouvelles preuves. » Cette dernière phrase, d'allure toute diplomatique, ne parut pas suffisante à la Cour de Rome. Elle ne visait point d'une manière assez précise les intérêts religieux, et sa rédaction contraria Pie VII, qui aurait désiré quelque chose de plus explicite et de plus formel. Toutefois, après de nouvelles assurances de Fesch conformes à ses désirs, il n'insista pas et, se fiant à la Providence, il promit d'arriver à la fin de novembre à Paris. Le cardinal-légat informa alors le cardinal secrétaire d'État que le ministre des Relations extérieures se porterait à la rencontre du Saint-Père. « M. de Talleyrand, disait Caprara avec une assurance un peu excessive, est au mieux avec l'Empereur. Son influence en tout est immense. Il fait, à vrai dire, la pluie et le beau temps. » Ce qui est plus vrai, c'est que Talleyrand réglait sa température sur celle de Napoléon et qu'il soufflait à sa volonté, mais à sa volonté seule, le froid et le chaud.

Pie VII aurait pu exiger davantage. Il consulta le Sacré Collège et, d'accord avec lui pour éviter tout ce qui serait de nature à nuire aux intérêts religieux, non seulement de la France mais des autres pays catholiques, il fit ce qu'il allait faire toute sa vie : il passa par-dessus tous les obstacles pour remplir ce qu'il croyait sincèrement être son devoir de chef de l'Église universelle. Il n'écouta pas les conseils timides de ceux qui s'effrayaient pour lui de la longueur du voyage et des rigueurs de la saison, aussi bien que des intentions perfides de Napoléon et de ses courtisans. Il ne se laissa pas détourner de ses intentions par les anciens évêques réfugiés à Londres qui avaient refusé de démissionner, malgré le Concordat. Il ne s'émut pas davantage de la protestation solennelle du prétendant contre le nouvel Empire, où Louis XVIII déclarait que, loin de reconnaître le titre que Bonaparte venait de se faire déférer illégalement, il s'élevait contre ce titre et contre tous les actes auxquels il pourrait donner lieu. Le cardinal Maury avait été chargé par Louis XVIII de remettre cette protestation au Saint-Père. Un mois après, le même cardinal écrivait à Napoléon pour donner son adhésion pleine et entière au vœu national qui l'avait appelé à la suprême puissance. La lettre louangeuse de Maury fut insérée au *Moniteur* et l'auteur invité à assister au sacre de Napoléon à Paris, comme il avait assisté, en 1792, au sacre du dernier empereur, roi des Romains, à Francfort-sur-le-Mein. Il eut le bon goût de rester en son diocèse de Montefiascone, se réservant de déployer bientôt en faveur de l'Empire un zèle au moins aussi grand que le zèle témoigné par lui à la monarchie tombée. Il allait faire oublier par une détestable ambition le courage et le dévouement témoignés pour la cause de l'ordre et de la liberté sous la Révolution. Cacault aurait voulu que Consalvi accompagnât Pie VII à Paris, car sa connaissance parfaite des affaires de l'Église lui paraissait de la plus grande utilité pour le Pape, au cas où l'on traiterait de grandes questions après le Sacre. Mais, de crainte que, sous un prétexte quelconque, on ne retînt Pie VII en France, Consalvi préféra rester à Rome, où sa présence pouvait peut-être prévenir ou résoudre de graves difficultés.

Il ne faut pas oublier ici de noter qu'une opposition plus ou moins hardie s'était manifestée à Paris contre le Sacre. Les protestants considéraient que cet acte solennel donnerait à la religion catholique le caractère de religion dominante, et ils s'en plaignaient. Les philosophes trouvaient que cette cérémonie allait rappeler des idées surannées, contraires aux principes de la Révolution et du siècle nouveau. Au Conseil d'État, certains esprits inquiets craignaient que le Sacre ne relevât tout à coup les prétentions du clergé et fît croire que l'Empereur tenait sa couronne non du peuple et de l'armée, mais du Souverain Pontife. Napoléon ne s'arrêta pas à ces craintes. Néanmoins, il resta en lui quelque chose des objections faites. Et c'est une des raisons pour lesquelles, le jour du Sacre, il prit la couronne et se la posa lui-même sur la tête, contrairement aux règles du *Pontifical,* aux anciens usages et à la note de Consalvi en date du 30 août 1804 (1). Un instant même, Napoléon avait eu la pensée, sur le conseil de Talleyrand, de diviser en deux parties distinctes la cérémonie du Sacre et du couronnement. Le Sacre aurait eu lieu à Notre-Dame, par les mains du Pape, le couronnement aux Invalides, par un cardinal français.

Mais Consalvi, au nom de Pie VII, s'opposa à ce projet et rappela, d'après les précédents, que le couronnement avait toujours été partie inséparable du Sacre. Le secrétaire d'État ajoutait qu'aux yeux du peuple le couronnement paraîtrait plus auguste que le Sacre lui-même et que le Pape, réduit à une partie de la cérémonie, perdrait beaucoup de sa dignité. Napoléon n'insista pas. Mais ses exigences avaient été fort remarquées en Europe et spécialement à Vienne. Aussi, l'em-

---

(1) Voir THEINER, *Les Deux Concordats,* t. II, p. 167.

pereur d'Allemagne, François II, voulut-il établir également la dignité héréditaire dans sa maison et prit-il le nom de François Ier, comme premier empereur d'Autriche, avec l'assentiment de Pie VII, le 1er septembre 1804. Napoléon daigna y ajouter, le 23 septembre, ses félicitations et le souhait d'un long règne et d'une paix perpétuelle, comme s'il n'avait pas à prévoir une rupture qui allait tôt ou tard les diviser et susciter des guerres redoutables.

L'omission des intérêts de la religion dans la lettre d'invitation, adressée par Napoléon à Pie VII, avait tellement surpris le Pape qu'il fit demander un nouveau message qui annonçât catégoriquement ce motif, afin de justifier aux yeux des fidèles de Rome son absence et l'interruption provisoire des affaires ecclésiastiques. Le cardinal Fesch chercha à se tirer de cette difficulté en déclarant, le 2 octobre, que la lettre du 18 juillet, de Talleyrand à Caprara, contenait les propres sentiments de l'Empereur. Il rappela la promesse du ministre relative à la discussion future des grands intérêts de la religion entre l'Empereur et le Pape. Si Napoléon ne l'avait pas lui-même exprimé, c'était une omission inconsciente. Mais il était loisible à Sa Sainteté de reproduire, dans son allocution au Sacré Collège, la déclaration même de M. de Talleyrand et la confirmation de cette déclaration répétée par le cardinal Fesch. En face d'assurances aussi formelles, Pie VII n'insista plus. Consalvi eut soin d'informer les divers nonces apostoliques, par une circulaire officielle du 6 octobre, que Sa Majesté Impériale avait fait connaître au Souverain Pontife que son voyage n'aurait pas seulement pour but la cérémonie du Sacre, mais surtout les grands intérêts de l'Église. Il n'hésitait pas à déclarer que, parmi les dispositions prises par Sa Sainteté, se trouvait l'obligation de pourvoir immédiatement à son remplacement à Rome, au cas où sa mort surviendrait pendant son absence.

Le 29 octobre, le Pape réunit le Sacré Collège. Il lui rappela les heureux changements opérés en France par le Concordat, le bien qu'en avait retiré déjà la religion catholique et la reconnaissance que cette œuvre admirable avait excitée en son âme et dans celle de ses vénérables frères. Il constata que le puissant prince, qui avait si bien mérité de l'Église et de la Papauté, désirait vivement recevoir de ses mains l'onction sainte et la couronne impériale, afin que la religion imprimât à cette cérémonie le caractère le plus sacré et attirât sur l'Empereur et sur la France d'abondantes bénédictions. Pie VII, répétant presque les termes de la lettre impériale du 15 septembre, y découvrait une preuve authentique de la foi de Napoléon et de sa piété filiale envers le Saint-Siège. Il ajoutait que, d'après des déclarations positives, il savait que l'Empereur avait la ferme volonté de protéger de plus en plus l'Église catholique dont il avait relevé les ruines. Aussi, le Pape s'était-il résolu à entreprendre un si long voyage pour le bien de la religion, et par un sentiment de gratitude envers le prince qui témoignait un si grand désir de contribuer au développement et à la gloire du culte catholique. Il donnait, en son absence, au cardinal Consalvi tous pouvoirs pour régler les affaires spirituelles et temporelles, avec faculté de se faire suppléer par le cardinal Joseph Doria.

Ces précautions prises, Pie VII partit, le 2 novembre, avec les cardinaux Antonelli, de Bayane, Borgia, Braschi, Caselli, et Di Pietro; avec les prélats Bertazzoli, Devoti, Festa, Menocchio, Fenajia, le Père Fontana et un certain nombre de camériers (1). Le Saint-Père traversa l'Italie au milieu des témoignages de respect et d'affection les plus émouvants. A Turin, il reçut une lettre de Napoléon qui lui offrait, avec ses vœux, l'expression de sa reconnaissance en des termes qui touchèrent grandement Pie VII. Il y répondit affectueusement en insistant sur ce fait que son voyage était inspiré par le vif désir de connaître personnellement l'Empereur, et surtout de

(1) Pendant le voyage de Turin à Paris, le cortège du Pape comprenait 251 chevaux et 44 voitures, dont une berline à 8 chevaux et 3 postillons pour Sa Sainteté et 22 berlines à 6 chevaux et 2 postillons pour les cardinaux et leur suite. Un fonds de 400,000 francs avait été mis à la disposition du grand écuyer pour le voyage du Saint-Père (Archives Nationales. — Voir les *Fournisseurs de Napoléon Ier* par MAZE-SENCIER.)

procurer à la religion et à l'Église des avantages dont le souvenir formerait une date glorieuse pour l'Empire et pour la Papauté. Le 19 novembre, Pie VII arrivait à Lyon, et toute la population de cette ville se précipitait à sa rencontre, couvrant sur une grande étendue les deux rives du fleuve et demandant à grands cris la bénédiction pontificale. Ces démonstrations, si spontanées et si religieuses, donnaient un démenti absolu aux craintes de certains cardinaux qui avaient prédit un tout autre accueil.

Le 25 novembre, le Pape pénétrait dans la forêt de Fontainebleau au moment où l'Empereur y suivait une chasse à courre. Averti par une estafette, Napoléon poussa son cheval vers le carrosse du Saint-Père, au carrefour de la Croix de Saint-Hérem. Il parut avoir été surpris par une arrivée si subite, mais il n'en était rien. Par cette attitude, il voulait prouver à son peuple qu'il tenait à se montrer supérieur à tous les souverains et qu'il ne devait pas aller officiellement, comme tout le lui aurait d'ailleurs commandé, au-devant du plus illustre et du plus vénérable des hôtes. Avant et après le Sacre, une idée constante domine son esprit orgueilleux : c'est de ne point faire de démarches ou de promesses qui puissent faire croire à la prédominance du chef de l'Église sur le pouvoir intangible de César.

Sans remarquer ce défaut de convenances, le Pape descend de sa voiture, pendant que l'Empereur, sautant à bas de son cheval, vient à lui et l'embrasse. Les piqueurs font avancer le carrosse impérial dont les portières sont ouvertes en même temps. Les deux souverains y montent ensemble. On les ramène au palais de Fontainebleau où l'Impératrice, les membres de la famille impériale, les généraux et la Cour attendaient respectueusement le Saint-Père au pied du grand escalier de la Cour du Cheval Blanc. Napoléon monte triomphalement les degrés avec le Pape et le conduit à ses appartements où il va le laisser quelque temps pour se reposer des fatigues d'un pénible voyage. En ce moment, et comme pour effacer sa morgue officielle, l'Empereur prodigue à Pie VII des marques de déférence et d'affection qui touchent le cœur du généreux Pontife. Trois jours après, Pie VII était aux Tuileries. Le 30 novembre, il recevait les présidents du Sénat, du Corps législatif, du Tribunat et du Conseil d'État qui le haranguèrent avec éloquence, pendant que le peuple de Paris, qui entourait le palais, sollicitait sa présence et sa bénédiction. Et c'est du balcon du pavillon de Flore, c'est du haut de ces mêmes Tuileries qui avaient vu le 20 juin et le 10 août, que le Pape, accompagné de l'Empereur, bénit la foule agenouillée devant lui... Qui aurait cru que douze ans après, dans cette même capitale qui avait proscrit le culte catholique pour lui substituer le culte de la déesse Raison, décapité le Roi et la Reine, chassé ou égorgé les prêtres, qui aurait cru que, dans ce même palais, témoin des violences les plus terribles et des massacres les plus hideux, on verrait le Pape, oui le Pape lui-même, traité avec les plus grands honneurs et salué à tout instant par une multitude recueillie? Dans ce même palais où les Jacobins avaient d'abord imposé à un roi faible et débonnaire l'ignominie du bonnet rouge, puis étaient venus le chercher pour le conduire à l'Assemblée Législative et de là à la prison du Temple, vestibule de l'échafaud, un Empereur, se disant la Révolution incarnée, apparaissait là et se tenait respectueusement à côté du Pape, contemplant tout un peuple à ses pieds? Quel penseur, quel philosophe, quel historien auraient jamais osé prédire un tel revirement, un tel spectacle?

Pie VII retrouva aux Tuileries ses appartements de Monte-Cavallo et du Vatican, reproduits habilement avec ses objets familiers. Cette attention délicate le toucha beaucoup et il fit part en termes affectueux à la reine d'Étrurie de la joie qu'il éprouvait pour les prévenances extraordinaires de l'Empereur et de l'Impératrice. Un événement — le mot n'est pas trop fort — que Napoléon aurait dû prévoir se produisit la veille du Sacre et faillit faire ajourner la cérémonie. Je l'ai raconté tout au long, et en donnant les pièces à l'appui, dans un autre ouvrage (1). Je ne veux que le résumer très sommairement ici. Joséphine, que les intrigues de la Cour et des frères de l'Empereur menaçaient du divorce, tremblait pour sa situation d'épouse et d'impératrice et, d'autre part, était tourmentée par des scrupules religieux. La veille même du Sacre, elle alla demander audience au Pape et lui confia qu'elle n'avait point été mariée par un prêtre. Pie VII l'accueillit avec bonté et lui déclara — ce qu'elle avait prévu — qu'il ne pourrait sacrer l'Empereur ni elle-même si, conformément aux lois de l'Église, l'un et l'autre n'avaient auparavant régularisé leur situation. Il tint à répéter lui-même cette déclaration à l'Empereur et il le fit de façon à lui prouver qu'à cet égard sa résolution était inébranlable. Napoléon manifesta à Joséphine l'irritation la plus vive, mais, forcé par la nécessité, se décida à recevoir la bénédiction nuptiale. Le cardinal Fesch, qui était le grand aumônier de la maison impériale, fut prévenu et alla demander au Pape les dispenses et les pouvoirs nécessaires pour remplir les devoirs de sa charge et les obtint tous. Quoique cette question ait donné lieu à de fréquentes controverses, il ne peut plus y avoir, après les documents authentiques que j'ai publiés, le moindre doute à cet égard. Le Pape a été dûment averti par l'Impératrice et il a donné, en connaissance de cause, au cardinal Fesch toutes les dispenses et tous les pouvoirs, ainsi qu'il en avait le droit.

Le mariage impérial se fit devant Fesch, sans témoins et sans la présence du propre curé. Napoléon, qui était furieux d'être obligé de recevoir une bénédiction qu'il aurait voulu esquiver — car déjà son intention secrète était de se séparer tôt ou tard de Joséphine en alléguant qu'il n'y avait entre eux qu'un lien civil facile à rompre, — Napoléon crut que l'absence de ces formalités permettrait un jour la rupture canonique de son mariage. Il eut soin d'insister sur la non-présence des témoins et d'en informer le cardinal Fesch. Mais celui-ci, qui, comme je l'ai dit, avait obtenu du Pape toutes

---

(1) *Le divorce de Napoléon*, librairie Plon, 1889.

les dispenses, procéda légalement au mariage religieux, cérémonie dont il remit lui-même, quelques jours après, le certificat à Joséphine, sur sa demande formelle. Et quelle qu'eût été l'adresse de l'Empereur, malgré ses précautions et ses habiletés, le mariage du 1ᵉʳ décembre 1804 fut un mariage irréprochable, parce qu'il avait été fait dans toutes les règles. C'est en vain qu'en 1810 l'Empereur obtint une sentence de rupture par l'Officialité de Paris. Cette sentence fut illégale. L'Officialité n'avait pas le droit de casser le mariage, et ses raisons, contradictoires d'ailleurs, n'ont, comme je l'ai démontré, aucune valeur. Des détails que j'ai donnés d'après les pièces elles-mêmes dans l'histoire du Divorce, il faut conclure que l'Empereur, qui n'a été ni surpris ni violenté dans son consentement au mariage du 1ᵉʳ décembre 1804, a été servi plus tard par des hommes complaisants, d'abord au Sénat qui n'avait pas le droit, en vertu de la loi du 30 ventôse an XI et du statut de la famille impériale, de dissoudre le lien civil, puis à l'Officialité qui ne pouvait, pour les motifs invoqués, briser le lien religieux. La parole du légiste Cambacérès à Napoléon s'était réalisée dans toute son étendue : « Sire, il dépendra de vos gens d'affaires de dire à ce sujet tout ce qu'il vous plaira. » Les gens de l'Empereur ont dit en effet tout ce qu'il a plu à leur maître de leur faire dire, et des juges prévaricateurs ont obéi. Aux sénateurs qui étaient venus lui apporter les résultats du plébiscite consacrant l'Empire et l'hérédité de la dignité impériale dans sa famille, Napoléon répondit qu'il montait au trône où l'avaient appelé d'un vœu unanime le Sénat, l'armée et le peuple. Il fit ces deux affirmations solennelles : « Mes descendants conserveront longtemps ce trône ; » puis : « Vous, Sénateurs, dont les conseils et l'appui ne m'ont jamais manqué dans les circonstances les plus difficiles, votre esprit se transmettra à vos successeurs. » Dix ans après, son fils était emmené en Autriche où il devait succomber en pleine jeunesse, et ces mêmes sénateurs, qui avaient juré d'être les soutiens du trône, se ruaient à la déchéance comme ils s'étaient rués à l'avènement de l'Empire.

Mais le jour désiré, le 2 décembre 1804, est venu. Le canon tonne. Les cloches de toutes les églises et le bourdon de Notre-Dame résonnent. Des drapeaux brillent à toutes les fenêtres. Un peuple immense se précipite de toutes parts vers la vieille cathédrale; chacun veut voir passer le nouvel Empereur et son prodigieux cortège. Devant le grand portail est placé un arc de triomphe formé de quatre grands arcs gothiques sur lesquels se dressent les statues des trente-six villes dont les représentants sont appelés au Sacre. Sur les deux principaux piliers apparaissent les images de Clovis et de Charlemagne, fondateurs de la monarchie française. Les armes impériales ornent le fronton de l'arc de triomphe avec les insignes de la Légion d'honneur. Sur les tours de la cathédrale flotte l'oriflamme aux trois couleurs. L'arc est décoré à l'intérieur de lourdes draperies de velours vert avec abeilles d'or et de somptueuses tapisseries des Gobelins. Les salves d'artillerie se multiplient, le bourdon accentue ses volées, et voici que dans la métropole tendue de draperies de soie et de pourpre, parsemées, elles aussi, d'abeilles d'or, entre lentement le Pape après avoir reçu l'eau bénite et l'encens des mains du cardinal archevêque de Paris, précédé de la croix pontificale et de ses camériers et chapelains, des thuriféraires, des évêques, des archevêques et des cardinaux. A sa vue, sénateurs, députés, conseillers, magistrats, généraux, grands officiers, préfets, ambassadeurs et princes étrangers se lèvent et s'inclinent au chant solennel du *Tu es Petrus*, exécuté par cinq cents chanteurs et musiciens. A pas majestueux, le Souverain Pontife traverse la nef, puis va s'agenouiller devant l'autel du chœur. Il monte ensuite sur le trône qui lui a été préparé à la droite de l'autel, et là tous les cardinaux, archevêques et évêques viennent se mettre à ses pieds et baiser son étole. Après une attente que le hasard sans doute rendit un peu trop longue, des acclamations enthousiastes annoncent l'arrivée de l'Empereur. Il apparaît, revêtu d'un costume du seizième siècle dessiné par David et tenant le sceptre, précédé de pages et de hérauts d'armes. Sur son front pâle brille le laurier d'or des Césars, et cet ornement donne à sa face romaine l'apparence d'une médaille antique. Il entre, suivi de l'Impératrice, des princesses et des dames d'honneur, puis des maréchaux qui portent la couronne, le sceptre, l'épée de Charlemagne, le collier, l'anneau, le globe impérial. Une marche triomphale éclate et salue sa venue, pendant que le canon tonne de nouveau sur les rives de la Seine. L'immense assistance émue semble retenir son souffle et regarde passer le héros sous un dais porté par les chanoines du chapitre métropolitain. Il va droit à l'autel, puis aux fauteuils préparés pour lui et pour l'Impératrice. Le cardinal archevêque vient lui offrir l'encens, et l'auguste cérémonie commence.

Après le chant du *Veni Creator*, exécuté sous la direction de Paesiello, et pendant que les maréchaux vont porter sur l'autel les ornements impériaux, le Pape demande à l'Empereur agenouillé au milieu du chœur, s'il fait la promesse devant Dieu de faire observer la loi, la justice et la paix pour l'Église ainsi que pour son peuple, et de veiller à ce que les Pontifes de l'Église jouissent du respect et des honneurs qui leur sont dus. L'Empereur, la main sur les Évangiles, répond : « Je le promets. » Aussitôt le Pape, avec les évêques, dit les prières du cérémonial et cette invocation répétée trois fois : « Nous vous prions, ô Dieu, de bénir cet Empereur que nous allons couronner, ainsi que sa compagne. » Puis, Napoléon et Joséphine s'avancent vers l'autel pour y recevoir les onctions saintes sur le front et les deux mains, tandis que les chœurs chantent le *Vivat in æternum!* Le Pape supplie le Seigneur de rendre l'Empereur juste, fort, fidèle, prévoyant et infatigable défenseur de l'Église et de son peuple, protecteur de la justice, rémunérateur des mérites et soutien de la foi chrétienne pour la gloire de son saint nom.

La cérémonie des onctions terminée, une seconde fois retentit le *Vivat in æternum*, puis l'Empereur et l'Impératrice sont reconduits solennellement à leurs places, et à ce moment le Pape commence la messe. A l'Introït, il bénit l'épée, les manteaux, les anneaux, les couronnes et le globe. Il demande au Ciel que l'épée de l'Empereur lui serve pour la défense de l'Église, des veuves, des orphelins, des serviteurs de Dieu et impose la terreur à ses ennemis. Il demande encore que le manteau impérial devienne le signe de la puissance et que ceux qui le porteront vivent longtemps, règnent pacifiquement et soient revêtus de gloire dans les cieux. Ces prières et ces supplications faites, l'Empereur est conduit au pied de l'autel et la musique impériale exécute le motet : *Prospere, procede et regna!* Le Pape, en lui remettant les anneaux, lui dit que c'est là le signe de la foi, la marque de la puissance et de la solidité de l'Empire ; puis en lui donnant l'épée : « Mets à ton côté, homme tout-puissant, ce glaive pris sur l'autel et daigne te souvenir qu'il t'a été donné pour le lever au nom de l'équité, pour détruire la force de l'injustice, pour protéger l'Église de Dieu et les fidèles, pour chasser les ennemis du nom chrétien, pour défendre les veuves et les orphelins, pour réparer ce qui était tombé en ruines, pour conserver l'ordre, pour venger la justice et, couvert de gloire, pour mériter de régner éternellement avec le Christ. » En lui présentant le manteau que le grand chambellan et le grand écuyer attachent sur ses épaules, le Pape dit à l'Empereur : « Que Dieu te revête de sa force et pendant que tu brilleras aux yeux des hommes par l'éclat de ce vêtement, qu'il fasse briller encore plus en toi l'éclat des vertus, car à Dieu n'échappent ni le passé, ni l'avenir, à Dieu qui fait régner les rois et auquel les législateurs rendent hommage au nom de la Trinité sainte! » Puis le Pape prend le globe et l'offre à l'Empereur qui, après l'avoir tenu un instant dans sa main, le passe au maréchal Berthier. Pie VII lui remet alors la main de justice, puis le sceptre en lui disant : « Reçois le sceptre insigne de la puissance impériale, sceptre de l'Empire, sceptre de la vertu. Qu'il t'apprenne à te bien gouverner toi-même, à défendre la sainte Église et le peuple chrétien contre les méchants, à donner la paix aux bons, à les diriger dans la voie droite, afin de parvenir avec le secours de Dieu d'un règne temporel au règne éternel. »

Enfin, le Pape se tourne vers l'autel et attend que les grands officiers lui apportent la couronne qu'il doit placer sur la tête de l'Empereur. Le moment solennel est venu. Toute l'assistance debout regarde avec une attention émue la scène grandiose qui va se passer. Napoléon, qui observait tous les mouvements du Souverain Pontife et connaissait les moindres détails de la cérémonie, remet la main de justice à l'archichancelier, le sceptre à l'architrésorier, monte droit à l'autel, s'empare de la couronne et se la pose lui-même sur la tête. Un mouvement de surprise court dans tous les rangs des spectateurs. Pie VII demeure un instant étonné par cet acte audacieux qui, contrairement aux promesses faites, violait les règles du cérémonial, puis il se reprend, s'avance vers l'Empereur, le bénit et lui dit : « Que Dieu ceigne ton front de gloire, de justice, de force et d'honneur, afin que par notre bénédiction tu obtiennes, grâce à une foi sincère et par les nombreux fruits de bonnes œuvres, le couronnement d'un règne perpétuel. » L'Impératrice s'agenouille à son tour au pied de l'autel et, après les prières qui accompagnent la remise de l'anneau et du manteau impérial, l'Empereur prend l'autre couronne et la lui place sur la tête. Instant inoubliable !... Qui ne se rappellerait ici le tableau superbe de David par lequel a été immortalisée l'une des scènes les plus émouvantes de nos annales? Qui ne revoit l'Empereur descendant lentement les degrés de l'autel pour aller déposer, avec une tendresse infinie, la couronne sur le front de l'Impératrice tremblante et inclinée, pendant que les sœurs de Napoléon soutiennent à regret le manteau de celle qu'elles auraient voulu voir répudiée et jettent comme un regard de reproche à leur frère? Qui ne revoit le Pape assis au pied de l'autel, levant la main pour bénir et contemplant avec douceur cette scène solennelle et touchante, tandis que les cardinaux, les évêques, le vice-roi d'Italie, le roi de Naples, la princesse Borghèse, la reine d'Espagne, Madame Mère, les princes, les chambellans, les grands officiers sont en proie, malgré eux, à une émotion dont le perfide sourire de Talleyrand trouble seulement l'impression saisissante. Toutes les tristesses, toutes les angoisses, toutes les douleurs que Joséphine avait endurées depuis deux ans, la menace affreuse du divorce constamment suspendue sur elle, les perfidies et les intrigues acharnées des courtisans, les calomnies des sœurs et des frères de l'Empereur, le réseau de méchancetés et de vilenies dans lequel on cherchait à l'envelopper et à l'étouffer, tout cela disparaît, tout cela s'efface, lorsque descend sur son front la couronne impériale, déposée comme une caresse par Napoléon, dont elle vient de sentir, par une intuition de femme aimante, renaître la tendresse et l'amour.

L'Empereur et l'Impératrice retournent à leur place. La musique commence un air de triomphe et le cortège impérial se reforme majestueusement. Précédé des pages et des hérauts d'armes, des princes, des maréchaux et des grands dignitaires, l'Empereur et l'Impératrice sortent du chœur et se dirigent vers le trône placé au fond de l'église derrière le grand portail. L'Empereur se place devant le trône et le Pape vient à lui avec les évêques et les cardinaux, le baise sur la joue droite et dit à haute voix les paroles attendues : *Vivat Imperator in æternum!* L'assistance tout entière répète ce cri et l'accompagne d'acclamations enthousiastes, puis l'orchestre et les chœurs exécutent le *Vivat in æternum,* pendant que le canon fait éclater au dehors des salves puissantes. Le Pape est reconduit à son trône et entonne le *Te Deum.* Après l'hymne solennel d'actions de grâces, le Pape dit cette oraison magnifique : « O Dieu, auteur ineffable du monde, fondateur du genre humain, toi qui gouvernes et confirmes les Empires, qui as fait sortir du sein d'Abraham le roi destiné aux siècles futurs, comble de ta bénédiction cet Empereur ici présent, sa compagne et son armée, et affermis la stabilité de son règne... Que leurs peuples leur soient fidèles, que leurs magistrats vivent dans la paix, aiment la charité, propagent la justice, gardent la vérité et que la nation croisse et s'étende sous leur empire! Qu'ils voient sur eux planer ta bénédiction dans la paix et dans la victoire!... » C'est ainsi que parlait le

Souverain Pontife dont les prières et les vœux étaient bien sincères et qui, par sa tenue majestueuse et par la douce piété qui éclatait en toute sa personne, relevait encore davantage l'éclat d'une cérémonie déjà grandiose par elle-même.

La messe reprend ensuite, et lorsqu'elle est terminée, au pied du trône impérial se présentent le grand aumônier, le grand-maître des cérémonies et le grand électeur, puis les présidents du Sénat, du Conseil d'État, du Corps législatif et du Tribunat. Le grand-maître des cérémonies ouvre le livre des Évangiles, et l'Empereur s'étant assis, la couronne en tête, prononce le serment constitutionnel : « Je jure de maintenir l'intégrité du territoire de la République, de respecter et de faire respecter les lois du Concordat et la liberté des cultes, de respecter et de faire respecter l'égalité des droits, la liberté publique et civile, l'irrévocabilité des ventes des biens nationaux, de ne lever aucun impôt, de n'établir aucune taxe qu'en vertu de la loi, de maintenir l'institution de la Légion d'honneur, de gouverner dans la seule vue de l'intérêt du bonheur et de la gloire du peuple français. » Après le serment, le chef des hérauts d'armes s'avance sur le haut des marches du trône et dit d'une voix forte : « Le très glorieux et très auguste empereur Napoléon, empereur des Français, est couronné et intronisé. Vive l'Empereur! » Et à ces paroles toute l'assistance répond par le même cri de « Vive l'Empereur! » qui retentit sous les voûtes de la cathédrale. En même temps, le canon tonne et annonce au peuple de Paris que le Sacre est terminé. Puis l'Empereur reprend le sceptre et la main de justice et descend du trône, précédé des pages, des hérauts et des maîtres des cérémonies, et suivi par les princes, les dignitaires et les grands officiers pour se rendre à l'archevêché. Lorsqu'il fut sorti de la cathédrale, le Pape fut à son tour conduit au palais archiépiscopal, pendant que la musique impériale répétait le *Tu es Petrus!* (1).

La splendeur et la majesté de la cérémonie du Sacre avaient

(1) Voir *Cérémonies et fêtes du Sacre et du Couronnement*, 1805, in-4°, et *le Sacre de Napoléon*, par ISABEY et FONTAINE.

grandement impressionné tous ceux qui avaient pu y assister et le bruit s'en répandit dans Paris, dans la province et dans toute l'Europe. Mais les républicains, encore nombreux, les idéologues, les philosophes ou les sceptiques ne se gênèrent point pour blâmer le retour à ces fastueuses et vaines manifestations de l'ancien régime. Certains catholiques à Vienne, à Naples et ailleurs accusèrent le Pape de faiblesse et même de prévarication, allant jusqu'à lui reprocher d'avoir, par une basse condescendance, été jusqu'à l'apostasie. Chez ces hommes-là, ce n'était pas la foi qui parlait, c'était la politique intransigeante qui condamnait un sacre dont le roi de France seul leur semblait digne. Les royalistes, réfugiés en Angleterre, criblèrent d'épigrammes un général qui s'amusait à jouer au monarque, ne prévoyant pas que, moins de six ans après, ils se précipiteraient à l'envi dans ses antichambres pour solliciter, par l'entremise de Talleyrand et de Fouché, l'un prince de Bénévent, l'autre duc d'Otrante, des places d'écuyers et de chambellans, à la grande satisfaction de l'Empereur qui répondait à leurs demandes : « Il n'y a encore que ces gens-là qui sachent servir! » Pour le moment, il dédaignait les railleries et savait bien qu'en France et en Europe le Sacre avait produit la plus haute et la plus utile impression. Il fit connaître d'ailleurs ses sentiments, quelques jours après, dans l'exposé de la situation de l'Empire, le 27 décembre, au Corps législatif : « Le peuple français a manifesté sa volonté libre et indépendante. Il a voulu l'hérédité de la dignité impériale dans la descendance directe, légitime et adoptive de Napoléon Bonaparte... Dès ce moment, Napoléon a été au plus juste titre empereur des Français. Nul autre acte n'était nécessaire pour constater ses droits et consacrer son autorité. Mais il a voulu rendre à la France ses formes antiques, rappeler parmi nous ces institutions que la Divinité semble avoir inspirées et imprimer au commencement de son règne le sceau de la religion même. Pour donner aux Français une preuve éclatante de sa tendresse paternelle, le chef de l'Église a voulu prêter son ministère à cette auguste cérémonie.

Quelles impressions profondes et durables elle a laissées dans l'âme de l'Empereur et dans le souvenir de la nation! Quels entretiens pour les races futures et quel sujet d'admiration pour l'Europe! »

Et le document officiel distribué au Corps législatif, au Sénat, au Conseil d'État et aux grandes administrations de l'Empire appelait l'attention de tous sur cette scène émouvante : « Napoléon prosterné au pied des autels qu'il vient de relever; le Souverain Pontife implorant sur la France et sur lui les bénédictions célestes et dans ses vœux pour la félicité d'une nation embrassant la félicité de toutes les nations! » Le rédacteur de l'exposé de la situation de l'Empire, continuant à écrire sur ce ton emphatique, se réjouissait de voir Napoléon prononçant, sous les regards de l'Éternel, le serment immuable qui devait assurer l'intégrité de l'Empire, la stabilité des propriétés, la perpétuité des institutions, le respect des lois et le bonheur des Français… Combien de temps cet âge d'or allait-il durer?

Est-il vrai que Pie VII ait eu des humiliations à subir pendant ses quatre mois de séjour à Paris? Est-il vrai, comme certains l'ont dit, qu'il ait eu à souffrir d'un manque d'égards pour sa personne et pour sa dignité? Il est facile de répondre que cela n'est pas. Soutenir en effet que le Pape a été l'objet d'outrages ou de violences quelconques à ce moment, serait le contraire de la vérité. Mais ce qui est certain, c'est que les espérances qu'avaient fait naître les assurances de Fesch et de Caprara, confirmées au nom de l'Empereur par Talleyrand, ne se réalisèrent point, et que les déceptions qui en résultèrent furent pour le Pape une amère souffrance. Ses premiers rapports avec Napoléon avaient été d'une cordialité et d'un charme réels. L'Empereur avait mis en effet une sorte de coquetterie à se montrer prévenant, affable et respectueux pour le Saint-Père. Mais, lorsque Pie VII commença à aborder les graves sujets qui obsédaient son esprit, Napoléon se déroba avec une habileté suprême et fit comprendre bientôt que le voyage, auquel il avait donné pour but spécial les intérêts moraux de l'Église et certains intérêts temporels de la Papauté, n'aboutirait qu'à de simples promesses (1). Sur l'ordre de Pie VII, le cardinal Antonelli, qui remplaçait Consalvi auprès de lui, rédigea un Mémoire qui fut remis à Portalis et où la Cour de Rome faisait un rappel motivé de ses demandes. Pour les justifier, le Saint-Père résumait les charges si importantes qui lui incombaient : l'entretien du culte, les dépenses nécessaires pour les évêques, les missionnaires et les congrégations, l'instruction des élèves de la Propagande, le traitement des cardinaux, des nonces et des légats. Or, les moyens de subvenir à ces charges avaient diminué. On avait en effet enlevé au Saint-Siège les duchés de Parme et de Plaisance, la Romagne et d'autres provinces qui fournissaient des recettes assez considérables. N'était-il pas juste de rendre ses domaines à un prince qui n'avait d'autres armes défensives que sa faiblesse temporelle et sa dignité spirituelle? Napoléon ne devait-il pas imiter la sagesse et la générosité de Charlemagne qui avait soutenu et même étendu les prérogatives et les droits du Saint-Siège?

Talleyrand répondit au nom de l'Empereur. Le ministre des Relations extérieures qu'on avait préféré à Portalis, parce qu'il fallait ici plus de finesse que de franchise, déclara que le souverain avait lu avec le plus vif intérêt le mémoire du Saint-Père. Napoléon reconnaissait qu'il fallait, dans l'utilité même de la religion, que Pie VII fût respecté non seulement comme chef de l'Église, « mais encore comme monarque indépendant ». Il considérait même de son devoir de garantir ses États et d'assurer sa tranquillité au cas où des guerres viendraient encore diviser les États chrétiens. Talleyrand ajoutait, avec une feinte douceur, que si des atteintes fâcheuses avaient été portées à la puissance temporelle et à la puissance spirituelle du Saint-Siège, l'Empereur avait, par le crédit de son exemple, arrêté le danger de leur extension et restitué au culte catholique toute sa liberté. Il rendait hommage à la

(1) Voir pour plus de détails les ouvrages du P. Theiner, *Histoire des Concordats*, et du comte d'Haussonville, *l'Église romaine et le premier Empire*.

piété et au désintéressement de Pie VII, qui avait été plus utile à la Papauté et à l'Église par l'exercice de ses paisibles vertus que ses prédécesseurs les plus puissants par leurs exigences et leur autorité. Il aimait à espérer que le Pape continuerait à montrer une modération dont les intérêts qui lui étaient chers n'auraient qu'à bénéficier. Il assurait que l'Empereur seconderait une politique aussi sage et ne demanderait qu'à saisir l'occasion d'accroître le pouvoir temporel du Pape. « Mais, se hâtait-il de dire, il n'est pas permis de tirer cette circonstance du cours des événements passés qui ne sont au pouvoir de personne, auxquels l'Empereur n'a pris aucune part, et que Dieu a permis avant son avènement au trône. » Et ici Talleyrand justifiait la confiance que Napoléon avait placée en son adresse diplomatique. « En l'investissant du suprême pouvoir, remarquait-il, les lois divines et humaines en ont prescrit la mesure. Il doit respecter les limites tracées, et il est également engagé dans cette circonstance par les constitutions de l'État et par la sainteté du serment solennel qu'il a prêté... Si Dieu accorde à l'Empereur la durée de la vie commune à tous les hommes, il espère trouver des circonstances où il lui sera donné de pouvoir améliorer et étendre le domaine du Saint-Père. En toute occasion, il lui prêtera assistance et appui. Il est disposé à seconder les efforts que le Saint-Père fera pour sortir du chaos et des embarras de tout genre où le Saint-Siège a été entraîné par les crises de la guerre passée... » Ce n'étaient là, en réalité, que de belles paroles. L'Empereur, par son ministre, se bornait à dire qu'il resterait un des fermes soutiens de la Papauté, mais il ne s'engageait nullement à lui rendre les domaines usurpés et à renforcer son pouvoir spirituel. Il verrait, il examinerait, il espérait trouver plus tard des occasions, des circonstances où il pourrait être favorable à ses désirs. Autant de mots, autant de banalités sonores. Talleyrand y excellait.

Quant aux affaires religieuses, Pie VII n'obtint pas beaucoup plus. Il avait demandé dans le même Mémoire la réforme de certaines lois contraires aux intérêts de l'Église de France, la suppression du divorce, l'abolition de quelques Articles organiques et de l'enseignement obligatoire de la déclaration de 1682, l'attribution aux évêques de la surveillance des clercs, l'augmentation des traitements du clergé, le renouvellement des anciennes lois pour l'observation des dimanches et fêtes, le rétablissement ou la tolérance des congrégations religieuses d'hommes et la reconnaissance de la religion catholique comme religion dominante. A ces diverses demandes, ce fut Portalis qui répondit avec une extrême modération. Il fit constater d'abord que l'Empereur accordait l'établissement des congrégations de Saint-Lazare, des Missions étrangères, du Saint-Esprit, des Écoles chrétiennes et des sœurs de Saint-Vincent-de-Paul, des communautés des Dames de la Sagesse et des religieuses de Nancy, l'autorisation aux évêques d'exercer un pouvoir disciplinaire sur leur clergé, l'amélioration de la condition des ecclésiastiques pauvres et la restitution de l'église Sainte-Geneviève au culte, l'attribution d'aumôniers aux troupes de terre et de mer ainsi qu'aux hôpitaux militaires, le contrôle par les évêques de l'éducation religieuse dans les lycées. Ceci établi, il laissa à la conscience des citoyens la question du repos dominical ; il repoussa la demande de suppression du divorce, tout en permettant au clergé de refuser la bénédiction nuptiale à des époux qui se remarieraient après un divorce avant que le premier mariage fut dissous par la mort de l'un des conjoints. Il ne put admettre la suppression de l'enseignement de la déclaration de 1682, ni de quelques Articles organiques qui d'ailleurs n'étaient, suivant lui, qu'un abrégé des franchises gallicanes et des maximes de l'ancien épiscopat.

Pie VII fut très ému par ces réponses qui ne lui accordaient que le minimum de ses requêtes et il fit sentir ses regrets dans la note qu'il adressa au cardinal Consalvi, le 15 mars, en vue de son retour. Le cardinal Antonelli avertit, par ses ordres, le secrétaire d'État que le Saint-Père reviendrait par Florence, n'ayant pas obtenu la restitution des Légations sur laquelle il avait compté, puis par l'état toscan. Il ne s'arrêterait pas à Bologne, marquant ainsi sa profonde affliction de n'avoir pas obtenu la reprise de provinces qu'on lui avait laissé espérer et n'emportant que de vagues promesses pour l'avenir (1). L'accueil enthousiaste que le Pape reçut d'innombrables et pieux fidèles à Paris, dans les églises de Notre-Dame, de Saint-Louis, de Sainte-Madeleine, de Saint-Sulpice, de Saint-Thomas d'Aquin, de Saint-Germain des Prés, de Saint-Étienne du Mont et autres églises paroissiales le consola un peu de toutes ces amertumes. Il retrouvait dans la capitale de la France la foi des anciens jours et il pouvait dire que le Concordat, dont il avait assuré la promulgation et l'exécution par sa profonde sagesse, avait donné les plus consolants résultats. Après avoir baptisé à Saint-Cloud Napoléon-Louis, fils de Louis Bonaparte et d'Hortense de Beauharnais, il prit congé de l'Empereur et de l'Impératrice et quitta Paris, le 4 avril 1805, escorté par une foule immense, empressée à lui offrir ses témoignages de vénération. Il ne s'en allait pas, comme l'affirme Thiers, « satisfait pour avoir occupé enfin en France une place digne des plus grandes époques de l'Église. » Comment aurait-il pu être ainsi satisfait? On lui avait officiellement promis que les résultats de ses entretiens avec l'Empereur seraient aussi utiles aux intérêts de la religion qu'à ceux de l'État. On l'avait assuré qu'aucune demande de sa part, compatible avec les droits du monarque et le bien des Français, ne serait rejetée. L'Empereur devait reconnaitre d'une manière éclatante le mérite et le prix de son voyage. « Sa Sainteté, l'Église et l'État, avait écrit le ministre des Relations extérieures, en recueilleront les plus heureux fruits. Jamais circonstances ne concoururent à rendre ce voyage et plus glorieux et plus utile que celles qui existent, et je puis avancer sans crainte qu'à l'exception des ennemis de l'Église, l'Europe entière y applaudira. » Or, tout ce que Pie VII

(1) Quant aux présents faits par Napoléon au Pape et aux cardinaux, ils consistèrent en une tiare magnifique, en rochets de dentelles, tabatières avec diamants, tapisseries des Gobelins, etc.

obtint, ce fut des promesses que l'avenir ne devait point ratifier. L'avenir au contraire allait entre le Pape et l'Empereur aggraver les différends, et les rapports de l'État avec l'Église devaient aller jusqu'à l'hostilité la plus déplorable. Mais pour le moment, Napoléon était personnellement satisfait, car il avait obtenu ce qu'il désirait, c'est-à-dire un rehaussement de dignité aux yeux des Français comme aux yeux des étrangers. Pie VII avait en effet réalisé ce que lui avait écrit le cardinal Fesch : « Cette auguste cérémonie sanctifiera l'établissement de l'Empire et le consacrera au respect de l'Europe et de la postérité. » Nous allons voir bientôt comment celui qui avait hérité du titre de fils aîné de l'Église, allait répondre à la lettre du 2 août 1804 où le Pape lui disait : « Vous nous avez fait déjà concevoir une grande espérance. Nous attendons avec confiance que vous la remplissiez comme Empereur des Français... » En reprenant le chemin de ses États, Pie VII retrouva Napoléon qui se rendait à Milan pour y être couronné comme roi d'Italie et il lui adressa un nouvel adieu, après lui avoir exprimé sa gratitude pour les honneurs qui lui avaient été officiellement rendus et pour les marques éclatantes de respect et de pieuse affection que lui avait témoignées la population française à Paris, à Troyes, à Autun, à Châlon, à Mâcon, à Lyon, à Chambéry.

Le 16 mai, le Pape rentrait à Rome par une route jonchée de rameaux et de fleurs, au milieu de ses fidèles sujets qui se jetaient à genoux sur son passage, joyeux et surpris de voir qu'un si long et pénible voyage n'avait point altéré sa santé. Deux jours après, Pie VII informait Napoléon de son retour, en lui réitérant ses vœux pour la prospérité de son règne. Le 26 juin, dans un consistoire secret, il donna au Sacré Collège les détails et les résultats de son voyage en France. Il se plut à dire aux cardinaux que l'Empereur avait écouté avec un intérêt affectueux les demandes présentées par lui pour le bien de l'Église catholique et la dignité du Saint-Siège. Il rappela qu'il avait obtenu le rétablissement de la Société des Missions étrangères, des prêtres de la Mission et des filles de

Saint-Vincent-de-Paul, les crédits nécessaires à l'exercice du culte et aux réparations des cathédrales, les édifices indispensables pour les séminaires, l'augmentation du traitement des évêques et des chanoines, la reconnaissance du droit des évêques à veiller sur la discipline ecclésiastique, la promesse formelle de l'éducation chrétienne de la jeunesse et la possibilité de donner des secours spirituels aux malades des hôpitaux et aux soldats. « Ce sont, disait-il, comme le gage et les arrhes de ce qui doit se faire encore. » Le Pape se félicitait d'avoir pu constater par lui-même avec quelle piété profonde les Français avaient révéré en sa personne le Pasteur suprême de l'Église. « Le Dieu miséricordieux, ajoutait-il, a daigné combler de tant de bénédictions notre voyage en France que les évêques n'ont pas craint de nous affirmer qu'il avait contribué, au delà de ce qu'on pouvait atteindre, au bien spirituel de ce peuple. » Il se réjouissait enfin de la soumission des derniers prélats rebelles à ses instructions et de leur retour à l'unité catholique. Le vénérable Pontife, en venant sacrer l'Empereur, avait montré aux Français combien était grande et touchante la majesté d'un Pape. Il avait prouvé son désir de tout concilier pour favoriser le nouvel essor de la religion en France.

CHAPITRE II

L'OCCUPATION DE ROME

L'historien de *la Vie de Pie VII*, Artaud, a très judicieusement remarqué que lorsqu'il s'agissait de traiter les affaires religieuses, il y avait deux hommes en Napoléon. « D'abord, dit-il, un esprit juste, prompt, facile, net, sachant demander un conseil sur un genre d'études et de politique qu'il n'a pas examiné, recevant avec bonne grâce une direction salutaire et la suivant de toute la force qui accompagne une intime conviction ; ensuite un esprit inquiet, livré à un fol orgueil, d'une érudition mal assurée, portant envie à la mission des prêtres et se croyant humilié de ce que l'Empereur ne fût pas dans ses loisirs de batailles, le pontife de la nation comme il était le régulateur suprême des opérations de l'armée. » Cette dernière physionomie était celle qu'affectait le plus souvent l'Empereur, car l'habitude de commander en chef depuis huit ans aux armées l'amenait à vouloir commander à tous les hommes, quels qu'ils fussent.

Dans les réclamations adressées au cabinet des Tuileries contre les Articles organiques, Pie VII avait parlé d'une lettre de Louis XIV à Clément XI où le monarque mentionnait l'accommodement qu'il avait fait avec Innocent XII et par lequel il s'était engagé à ne pas donner suite à la déclaration de 1682. Portalis avait répondu que cette lettre avait été arrachée au Roi par le jésuite Letellier, ainsi que l'attestait d'Alembert. Or, cet accommodement remontait à l'an 1693 et n'était pas le fait du P. Letellier. M. de Pradt prétend que Napoléon découvrit la lettre de Louis XIV dans les Archives du Vatican, transportées sur son ordre à Paris, et la jeta au feu en s'écriant : « On ne viendra plus nous troubler avec ses cendres ! » Ceci est faux, car M. Artaud en retrouva l'original au Vatican en 1825. Cette lettre, datée de Versailles le 14 septembre 1693, fut adressée à Innocent XII lors de son exaltation. Pour assurer le nouveau Pape de son respect filial, le Roi lui disait : « Je suis bien aise de faire savoir à votre Sainteté que j'ai donné les ordres nécessaires afin que les choses contenues dans mon édit du 22 mars 1682 touchant la déclaration faite par le clergé de France (à quoi les conjonctures passées m'avaient obligé) ne soient pas observées (1). » C'est en 1693 que Louis XIV avait fait cette déclaration, et non à la fin de ses jours, comme l'avait prétendu Portalis abusé par une erreur de d'Alembert. Or, Napoléon, confiant dans les affirmations de son directeur des Cultes, avait fait entendre à Pie VII que si un Pape, adroit comme Clément XI, avait eu raison d'un roi vieilli et fatigué par de longues guerres, il n'en serait pas de même aujourd'hui. Le Pape se bornait à répondre que la déclaration de Louis XIV avait été faite en 1693, mais il n'insistait pas, de peur d'attirer des désagréments à Portalis dont la conduite à l'égard de l'épiscopat était d'ailleurs irréprochable. Rome défendait ses droits, mais sans âpreté, car elle savait bien qu'elle n'aurait aucun avantage à susciter des querelles ou à les prolonger. Dans son allocution aux cardinaux, Pie VII avait parlé du couronnement de l'Empereur et « de son excellente épouse, Joséphine », qu'il appelait « sa très chère fille en Jésus-Christ ». L'Empereur, qui reçut le texte de l'allocution pontificale, fit effacer le nom de Joséphine, disant avec rudesse : « Dans les lettres et discours du Pape, il ne devrait jamais être question de femmes » ! Ce propos semblerait indiquer un ressentiment implacable de la scène qui avait amené le mariage du 1er décembre et une sorte de dédain, précurseur de la future disgrâce. Malgré cette attitude, le Pape n'en saisissait pas moins

---

(1) Artaud, *Vie de Pie VII*, t. II, chap. Ier.

les occasions de manifester ses bontés envers Joséphine. L'Impératrice lui avait fait adresser de belles gravures rappelant la visite papale à l'Institut des Sourds-Muets. Pie VII l'en remercia avec une effusion vraiment affectueuse et le fit en des termes qui montraient combien il avait été touché de sa résolution et de sa franchise, la veille du Sacre.

Le 8 mai 1805, Napoléon arrivait à Milan précédé du cardinal Caprara. Le couronnement eut lieu le 26 mai, dans la même cathédrale où, cinq ans auparavant, avait retenti le *Te Deum* en l'honneur de la victoire de Marengo. On sait avec quelle énergie le nouveau roi d'Italie répéta, en saisissant la couronne de fer, la parole célèbre des rois lombards : « *Dio me l'ha data, gudi a chi la toccherà!* » Le 8 juin, par son décret sur la réorganisation du clergé régulier et séculier en Italie, Napoléon rétablit de nombreuses congrégations, restitua aux vingt-six évêques du royaume, aux séminaires et aux fabriques leurs anciens revenus. Cependant, ce décret ne satisfit pas entièrement la Cour de Rome, parce qu'il avait été rendu sans sa coopération et parce qu'il comprenait diverses dispositions choquantes, telles que la mise en vigueur du Code Napoléon qui autorisait entre autres le divorce. « La religion catholique, écrivit à ce sujet Pie VII à l'Empereur et roi, cesserait d'être la religion d'État en Italie, si l'État ne protégeait pas ses maximes les plus essentielles et si, par ce Code nouveau, il venait tout à coup imposer des règles qui seraient la négation même de ses droits les plus inviolables ». Napoléon releva ces observations avec une certaine vivacité : « Je l'ai dit quelquefois à Votre Sainteté. La Cour de Rome est trop lente et suit une politique qui, bonne dans des siècles différents, n'est plus adaptée au siècle où nous vivons. » Il faisait remarquer qu'avant son arrivée au pouvoir, les séminaires et les chapitres d'Italie étaient dépouillés de tout, les évêchés dans la misère, les fabriques sans ressources, la plupart des monastères dans une extrême détresse et qu'il avait, lui, remédié à tout cela. Il s'étonnait, après avoir obtenu des remerciements de la part du clergé italien, de subir des critiques de la Cour de Rome. « Je ne mérite qu'un reproche, c'est d'avoir fait cela sans le concours du Saint-Siège. Mais n'ayant trouvé à Milan personne chargé de ses pouvoirs, et sachant par expérience que le Saint-Siège mettrait trois ou quatre ans pour terminer les affaires ecclésiastiques d'Italie et jugeant qu'elles allaient dépérir, si je n'y portais point remède, j'ai cru qu'en faveur du motif Votre Sainteté passerait sur ces circonstances. » Il priait Pie VII d'approuver ses actes et il donnait pleins pouvoirs au cardinal Fesch pour discuter avec les agents du Pape. « Je me prêterai, ajoutait-il, à toutes les modifications qui seront possibles, car ma première volonté est de lui plaire et de ne lui donner aucun sujet de chagrin et de mécontentement... Si j'avais voulu faire du tort à la religion, j'aurais laissé les choses comme elles étaient, et j'aurais dû être convaincu que l'esprit philosophique aurait bientôt dégradé et ruiné tous les établissements religieux. »

Cette lettre est comme la première note du désaccord qui commence et qui bientôt va s'aggraver entre le Pape et l'Empereur. Le 6 septembre, Pie VII répondit que les déclarations de Napoléon relatives à son attachement à l'Église l'avaient rempli de consolation. Il avait appris aussi avec joie que l'Empereur consentait à se prêter à des modifications possibles au sujet des ordonnances sur les affaires ecclésiastiques d'Italie et il acceptait d'en conférer avec le cardinal Fesch. Mais il fallait tout peser avec exactitude et avec maturité. Il y avait des choses opposées aux articles du Concordat français et qui ne pouvaient être établies que d'accord avec la Papauté, sous peine d'attirer sur le Pape les blâmes de l'Église et sur l'Empereur le reproche d'avoir manqué à ses promesses. Pie VII ne désespérait pas de voir Napoléon revenir sur l'application du Code Napoléon en Italie qui autorisait entre autres le divorce et créait au mariage des obstacles ou des facilités que l'Église ne pouvait admettre. La religion catholique était reconnue en Italie comme religion d'État et avait droit à des avantages qu'elle ne pouvait exiger en France. A ce moment, allait surgir un fait grave qui devait amener la division entre le Quirinal et les Tuileries. Après la rupture de la paix d'Amiens, Jérôme Bonaparte, jeté sur les côtes des États-Unis par les hasards d'une croisière aux Antilles, vint à s'éprendre d'Élisabeth Patterson, fille d'un négociant de Baltimore et l'épousa le 24 décembre 1803. Le frère de l'Empereur n'avait alors que dix-neuf ans. Le consul général de France à Washington l'avertit que ce mariage serait invalidé s'il se faisait sans le consentement de sa mère Lœtitia. Jérôme passa outre. Dès que ce mariage fut connu en France, la famille Bonaparte songea à le faire annuler. L'avènement du Premier Consul à l'Empire avait rendu Jérôme sujet du nouveau souverain. Aussi, le 22 février 1805, Madame Mère avait-elle protesté par devant notaire contre le mariage de Jérôme et obtenu de l'Empereur deux décrets qui faisaient défense à tous officiers de l'état civil de recevoir sur leurs registres la transcription de l'acte de célébration de ce prétendu mariage contracté à l'étranger, et aux ministres de tous les cultes de se prêter à une nouvelle célébration de ce mariage. Il est évident que si Jérôme n'avait été qu'un simple particulier, le tribunal de la Seine, saisi régulièrement par Lœtitia Bonaparte d'une demande en nullité, eût légalement invalidé le mariage de Baltimore. Mais Jérôme était devenu prince de la famille impériale et Napoléon avait le droit d'annuler le mariage par un décret émanant de sa propre autorité. L'Empereur voulut davantage. Il demanda au Saint-Siège l'annulation canonique et fit valoir les motifs suivants. Son frère, étant mineur et n'ayant point réclamé l'autorisation de sa mère, s'était marié avec une protestante. « Il me serait facile de le faire casser à Paris, écrivait Napoléon au Pape, l'Église gallicane reconnaissant ces mariages nuls. Il me paraîtrait mieux que ce fût à Rome, ne fût-ce que pour l'exemple des membres des Maisons souveraines qui contracteront un mariage avec une protestante. » Napoléon désirait donc l'envoi d'une bulle qui annulât ce mariage.

Ces raisons n'émurent point le Pape. Peut-être comprit-il qu'il y avait autre chose que l'Empereur ne voulait pas dire, mais qu'il gardait en réserve. Si Pie VII, en effet, annulait le mariage de Jérôme sans pénétrer la matière, sans peser les détails, il s'exposerait un jour à voir le même Empereur l'inviter à intervenir en personne pour casser le mariage du 1er décembre pour lequel, comme on le sait déjà, il avait préparé et voulait invoquer de graves raisons de nullité, ou du moins, telles en apparence. Ce désir ardent de divorcer obsède, il faut bien le remarquer, la pensée de Napoléon, surtout depuis qu'il est arrivé au souverain pouvoir. C'est ainsi qu'après l'affaire de Jérôme, qui poussera la faiblesse jusqu'à oublier les promesses faites et la foi jurée pour accepter un autre mariage et satisfaire des visées ambitieuses, l'Empereur voudra déterminer Lucien à rompre avec sa femme, Mme Jouberthou, et à donner l'exemple d'une seconde rupture. Pourquoi cela? Pour habituer ses sujets à ces dissolutions en apparences légales, et les préparer à admettre la rupture de ses propres liens. Dans le grave incident que va soulever le mariage de Baltimore, ce qu'il faut chercher avant tout, suivant moi, c'est la volonté impériale de créer, avec la complicité du Saint-Père, un précédent dont Napoléon saura profiter tôt ou tard.

Mais ici, et comme toujours, le Pape ne se préoccupe que de ses devoirs. Il se fait exactement renseigner, au point de vue de la célébration du mariage, par un avocat de la famille Patterson, et au point de vue de la publication du décret du Concile de Trente à Baltimore, par les archivistes du Vatican. Ceci fait, il étudie lui-même trois mémoires que Napoléon lui a envoyés et il conclut ainsi : « De quelque manière que nous ayons examiné la chose, il est résulté de notre application que, de tous les motifs qui ont été proposés, il n'en est pas un qui nous permette de contenter Votre Majesté pour déclarer la nullité dudit mariage. » Le Pape faisait observer que les trois mémoires, en invoquant sans discernement des motifs de nullité qui ne s'accordaient pas entre eux, ne pouvaient décider et justifier la rupture d'un mariage contracté et consommé. Quant à la disparité du culte considéré par l'Église comme un empêchement dirimant, cette disparité ne se vérifiait pas entre personnes baptisées, bien que l'une d'elles ne se trouvât pas dans la communion catholique. Cet empêchement n'avait lieu que dans les mariages entre un chrétien et un infidèle. « Les mariages entre protestants et catholiques, quoiqu'ils soient abhorrés par l'Église, disait-il, cependant elle les reconnait valides... » Quant à la clandestinité ou à l'absence du propre curé, ce motif dirimant n'était valable que dans les pays où le décret du Concile de Trente avait été publié. Or, aucune trace de ce décret n'avait été relevé à Baltimore. Le Pape concluait donc à la validité du mariage Bonaparte-Patterson et à l'impossibilité absolue de le dissoudre canoniquement (1).

Napoléon blâma le formalisme étroit de la Cour de Rome. Il obtint, le 6 octobre 1806, de la complaisance de l'Officialité diocésaine de Paris l'annulation du mariage ; ce qui permit, le 22 août 1807, au roi Jérôme d'épouser une princesse protestante, Frédérique-Catherine, fille du roi de Wurtemberg. L'Empereur avait voulu voir dans le refus du Pape une sorte de revanche du refus fait par lui des Légations, puis une coupable protection accordée à la cause du protestantisme en France, comme si l'Église n'avait pas toujours reconnu la validité des mariages entre catholiques et protestants. Et lui qui avait écrit au Pape, le 22 mai 1805 : « Il est important pour la France même qu'il n'y ait pas auprès de moi une fille protestante, » il allait négliger, deux ans après, cet argument qu'il avait cru péremptoire. Mais froissé dans son orgueil par la résistance inattendue de Pie VII, il laissa entendre qu'il se souviendrait de ce regrettable incident. Il saisit le prétexte de mesures nécessitées par la guerre portée en Autriche pour donner ordre au général Gouvion-Saint-Cyr de s'emparer de la ville d'Ancône qu'il avait rendue au Saint-Siège, alléguant que cette ville était voisine de Corfou occupé par les Anglais et que la prudence justifiait cette occupation. Le 13 novembre

---

(1) Voir ARTAUD, *Vie de Pie VII*, t. II, ch. VI.

1805, Pie VII protesta énergiquement contre la violation de sa neutralité et l'oubli des promesses faites par l'Empereur. Il constatait que, depuis son retour à Rome, il n'avait éprouvé de sa part qu'amertumes et chagrins. Aussi réclamait-il l'évacuation d'Ancône, sous peine de rompre toutes relations diplomatiques. Napoléon ne répondit pas immédiatement à cette protestation. Occupé de sa formidable campagne contre les Autrichiens et les Russes, puis enivré par ses victoires, ayant dicté la paix à l'Autriche, supprimé les Bourbons de Naples, fait de l'électeur de Bavière un roi, conclu le mariage d'Eugène avec la princesse Augusta, distribué des couronnes à ses frères, jeté à ses pieds les princes allemands comme autant de vassaux, il se croyait l'arbitre du monde. Tout à coup, il lit la lettre du souverain du plus petit royaume de la terre qui ose le menacer de rompre toutes relations avec son ministre à Rome, et il s'indigne de tant d'audace. Il se décide à lui répondre, le 7 janvier 1806, avec le ton d'un homme qui paraît être plutôt l'offensé que l'offenseur. Il accuse Pie VII d'avoir prêté l'oreille à de mauvais conseils, pendant que les puissances à la solde de l'Angleterre sont coalisées contre lui. L'occupation d'Ancône provenait de la mauvaise organisation militaire du Saint-Siège qui aurait été incapable de défendre cette forteresse contre les menaces des Anglais ou des Turcs. « Je me suis considéré, ajoutait-il superbement, ainsi que mes prédécesseurs de la deuxième et troisième races, comme le fils aîné de l'Église, comme ayant seul l'épée pour la protéger. » Mais il y mettait une condition : « Je serai l'ami de Votre Sainteté, toutes les fois qu'elle ne consultera que son cœur et les vrais amis de la religion. »

Dans une lettre qu'il adressa au cardinal Fesch, en l'invitant à en donner lecture à la Cour de Rome, l'Empereur exhala toute sa colère. Il qualifia la lettre du Pape de « ridicule » et « d'insensée ». Il dit des cardinaux : « Puisque ces imbéciles ne trouvent pas d'inconvénient à ce qu'un protestant puisse occuper le trône de France, je leur enverrai un ambassadeur protestant... Pour le Pape, je suis Charlemagne, parce que, comme Charlemagne, je réunis la couronne de France à celle des Lombards et que mon empire confine avec l'Orient (1). » Se laissant aller à des violences indignes d'un empereur chrétien, il faisait déjà entendre qu'il traiterait Rome en ennemie et réduirait le Pape à n'être que le premier de ses évêques. Ces menaces n'effrayèrent pas Pie VII. Il répondit qu'il n'avait agi que suivant sa conscience et que s'il avait refusé de casser le mariage de Jérôme, c'est que la loi religieuse ne le permettait pas. Il persistait à réclamer l'évacuation d'Ancône et la remise des Trois Légations, parlant à Napoléon avec la même liberté et avec la même franchise qu'il avait employées dans ses lettres à François II, quand ce prince voulait garder les mêmes États (2). Pie VII, fort de son droit, ne redoutait rien. « Si l'état de tribulation, disait-il, auquel Dieu nous a réservé dans notre douloureux pontificat, devait arriver à son comble, si nous devions nous voir ravir l'amitié et la bienveillance de Sa Majesté, le prêtre de Jésus-Christ, qui a la vérité dans le cœur et sur les lèvres, supportera tout avec résignation et sans crainte... »

Mais l'Empereur était trop enorgueilli par ses derniers triomphes pour supporter un langage même aussi modéré. Mal renseigné par Fesch qui se plaisait à dénaturer les faits les plus simples et croyait aux rapports de ses espions sans les contrôler, Napoléon était prêt à rompre toutes relations avec le Saint-Siège. Le 13 février, il enjoignit au Pape de marcher dans la voie droite, car l'Italie tout entière devait être soumise aux lois impériales. Il voulait bien ne pas toucher à l'indépendance de la Papauté, mais il lui adressait l'ultimatum suivant : « Mes conditions doivent être que Votre Sainteté aura pour moi dans le temporel les mêmes égards que je lui porte dans le spirituel et qu'elle cessera des ménagements inutiles envers des hérétiques ennemis de l'Église... Votre Sainteté est souverain de Rome, mais j'en suis l'Empe-

---

(1) *Correspondance de Napoléon*, t. XI, p. 643.
(2) Voir le texte de ces lettres dans le livre de P. VAN DUERM sur le *Conclave de Venise*, p. 355 et 502.

reur. Tous mes ennemis doivent être les siens (1). » Et sur ses ordres, le cardinal Fesch requit l'expulsion des États du Pape de tous les Anglais, Russes et Suédois et de toutes les personnes attachées à la cour de Sardaigne. En prenant cette attitude, Napoléon s'imaginait parler comme Charlemagne qu'il citait à tout propos, oubliant avec quel respect le vieil et auguste empereur parlait au Saint-Père en son nom et en celui de ses peuples qu'il disait « constitués pour le service de Dieu ».

Le 21 mars 1806, après avoir consulté les cardinaux, Pie VII écrivit à Napoléon qu'il voyait combien les desseins manifestes de l'Empereur menaçaient la dignité du Saint-Siège et les droits inaltérables de sa libre souveraineté. Aussi, ne pouvait-il se prêter à des concessions auxquelles répugnaient ses obligations les plus strictes. Chasser de ses États les étrangers qui s'y trouvaient, ce serait faire acte d'hostilité envers des puissances auxquelles il devait comme à d'autres, comme à toutes, la paix sans distinction aucune. Vicaire de Jésus-Christ, il n'avait à s'immiscer dans aucune affaire politique. Il ne s'agissait pas pour lui de repousser une agression injuste ou de défendre la religion en péril. Pourquoi le Pape irait-il provoquer la rupture des relations entre le Saint-Siège et les fidèles qui vivaient sous la protection des puissances étrangères?... Puis, dans un élan de légitime et superbe indignation, Pie VII s'écriait : « Sire, levons le voile! vous dites que vous ne toucherez pas à l'indépendance de l'Église ; vous

---

(1) Corr. Nap. t. XII, p. 47. Cette prétention d'être l'Empereur de Rome ou des Romains, François II l'avait eue bien avant Napoléon. Le titre d'Empereur des Romains, comme celui d'Empereur de Jérusalem, faisait, depuis plusieurs siècles, partie des titres nombreux des empereurs d'Allemagne. François II voulut davantage. Le baron de Thugut, son ministre des Affaires Étrangères, avait essayé de faire prévaloir au Congrès de Rastadt pour son souverain le titre de *Roi de Rome*, le 9 février 1798. Le marquis Ghisilieri, envoyé extraordinaire de l'Autriche auprès de Pie VII, parlait, le 19 juin 1800, deux mois après l'élection du nouveau Pape, « *des droits incontestables de François sur la ville de Rome.* » Plus tard, le 26 mai 1814, Metternich voudra, dans une lettre à lord Castlereagh, justifier les prétentions de François II sur certains États pontificaux, déclarant que « comme *Roi de Rome*, il avait ce droit incontestable sur les États de l'Église et sur Rome, aussi bien qu'en qualité d'empereur héréditaire et chef du Corps germanique. »

dites que nous sommes le souverain de Rome et vous dites dans le même temps que toute l'Italie sera soumise à votre loi... Votre Majesté établit en principe qu'elle est l'Empereur de Rome. Nous répondons, avec la franchise apostolique, que le Souverain Pontife ne reconnaît et n'a jamais reconnu dans ses États une puissance supérieure à la sienne, et qu'aucun Empereur n'a aucun droit sur Rome ! »

C'est, qu'on le remarque bien, au moment même où les peuples, les princes et les rois s'inclinent devant l'autorité dominatrice de Napoléon qu'un vieux Pontife, sans ressources et sans appui, ose tenir tête à ce tout-puissant et orgueilleux despote : « Vous êtes immensément grand, avoue-t-il ; mais vous avez été élu, sacré, couronné Empereur des Français et non de Rome. Il n'existe pas d'Empereur de Rome... Il existe bien un Empereur des Romains, mais c'est un titre électif, purement honorifique, reconnu par toute l'Europe et par Votre Majesté elle-même dans l'Empereur d'Allemagne. Ce titre ne peut appartenir en même temps à deux souverains. Il n'est qu'un titre de dignité et d'honneur, lequel ne diminue en rien l'indépendance réelle et apparente du Saint-Siège. » Du même coup le Pape repoussait les prétentions de François II comme celles de Napoléon, et l'on sait qu'au lendemain même de son élection par le Sacré Collège il avait, à Venise, déconcerté les intrigues du cardinal Herzen et du marquis Ghisilieri, agents entreprenants et audacieux de l'Autriche. Quant à l'allusion à Charlemagne, Pie VII la relevait avec hauteur. « Charlemagne, disait-il, a trouvé Rome dans les mains des Papes. Il a reconnu, il a confirmé sans réserve leurs domaines ; il les a augmentés par de nouvelles donations ; il n'a prétendu aucun droit de domination ni de supériorité sur les Pontifes comme souverains temporels. Il n'a prétendu d'eux ni dépendance ni sujétion. » Pie VII refusait donc formellement à Napoléon le pouvoir d'altérer dans ses moindres parties une possession de cette nature, sous peine de mettre la force à la place de la raison. Il n'admettait pas non plus qu'il dût avoir pour l'Empereur dans le temporel les égards que celui-ci lui devait dans le spirituel, car il ne pouvait y avoir identité et égalité entre les relations spirituelles d'un souverain catholique avec le chef de la hiérarchie et les relations de ce souverain temporel avec un autre souverain. Quant aux ennemis de Napoléon, il refusait de les considérer comme les siens, parce qu'une telle attitude répugnait au caractère de la divine mission dont il était chargé. Le Pape terminait ainsi sa lettre : « Si nous étions assez malheureux pour que le cœur de Votre Majesté ne fût pas ému par nos paroles, nous souffririons avec une résignation évangélique tous les désastres... nous affronterions toutes les adversités, plutôt que de nous rendre indigne de notre ministère en déviant de la ligne que notre conscience nous a tracée. »

Cette lettre, empreinte de tant de noblesse et de courage, Pie VII l'adressait directement à Napoléon, en l'informant qu'il ne l'avait communiquée à personne, car son désir le plus vif était de garder le secret sur un différend aussi douloureux pour son cœur. Mais ce délicat procédé ne toucha pas l'âme altière de l'Empereur. Il demeurait inébranlable dans son orgueil comme le Pape dans sa majestueuse résignation. Le cardinal Fesch aurait pu s'employer à apaiser ces regrettables dissentiments, mais son esprit étroit se plaisait au contraire à les aggraver. Brouillé avec Consalvi et avec la plupart des cardinaux, il ajoutait foi aux rapports de bas espions et accusait le secrétaire d'État de s'entendre contre l'Empire avec ses pires ennemis, tels que le ministre d'Angleterre, Jackson. Irrité par ces dénonciations, Napoléon invitait Fesch à requérir l'arrestation de ce ministre et l'expulsion des Anglais, des Russes et des Suédois, en même temps que la démission de Consalvi et la fermeture des ports romains aux bâtiments étrangers. Consalvi inquiet crut devoir s'adresser à M. de Talleyrand pour lui faire connaître les perfides intentions de Fesch à son égard et le chagrin que sa conduite et les ordres dont il avait été chargé causaient au Saint-Père. Il rappelait que, sans la volonté du secrétaire d'État tant incriminé, jamais le Concordat n'eût été signé et que jamais Pie VII ne se fût décidé à aller à Paris. Talleyrand fut naturellement moins brutal que Fesch. Il réclama seulement des mesures de surveillance telles que les ennemis de la France ne pussent rien tramer impunément contre son chef et contre l'Empire. Mais il laissait entendre que les conséquences qui résulteraient de la bonne ou de la mauvaise conduite de Rome seraient absolument étrangères aux intérêts de la religion. L'Empereur, moins patient et moins réservé, tint à donner une leçon sévère au Saint-Siège. Il rappela de Rome le cardinal Fesch qu'il remplaça par Alquier, l'ancien ministre de la République à Naples, puis il fit occuper Civita-Vecchia et annoncer par le *Moniteur* qu'il avait disposé de la principauté de Bénévent en faveur de Talleyrand et de celle de Ponte-Corvo en faveur de Bernadotte. Dans cette dernière mesure il y avait encore plus de duplicité que de violence. Tout en voulant montrer au Pape qu'il pouvait disposer à sa guise du territoire pontifical, Napoléon cherchait à compromettre Talleyrand auprès des Bourbons et du Saint-Siège en le liant par une faveur insigne, et Bernadotte en prouvant à tous que celui qui affectait des allures républicaines ne demandait pas mieux que d'être prince et duc. L'ancien évêque d'Autun donnait cours en ce moment à sa rancune contre le Saint-Siège et, profitant d'une spoliation qui lui assurait un beau titre et de nouveaux revenus, se vengeait du refus de la cour de Rome à lui rendre toute liberté. Certes, il en avait bien obtenu la réconciliation avec l'Église, mais non la permission de se marier, et cette opposition lui était restée comme un trait dans le cœur. Aussi oublia-t-il toute dignité et toute prudence pour se jeter, comme l'avide Bernadotte, sur un lambeau du territoire pontifical. Et cela plaisait à l'Empereur, qui croyait tenir ainsi plus étroitement en laisse ces deux êtres rapaces, prêts cependant à le trahir à la première occasion et à lui reprocher cyniquement ses violences envers le Saint-Père.

A son audience de départ, Fesch entendit le Pape lui dire devant Alquier : « Répétez à l'Empereur que s'il nous fait violence, nous protesterons à la face de l'Europe et que nous ferons usage des moyens temporels et spirituels que Dieu a mis entre nos mains. » Ces fières paroles surprirent Alquier qui s'en plaignit et qui reçut de Pie VII cette réponse : « Nous voyons dans des lettres particulières de Sa Majesté qu'on ne nous regardera plus comme souverain, si nous n'accédons au système fédératif et si nous ne consentons pas à être compris dans l'enclave de l'Empire. On inculpe à tort le cardinal Consalvi. Il paraît qu'on croit à Paris que nous avons la faiblesse de nous laisser diriger par sa volonté et que nous ne sommes qu'un vrai *fantoccino*. Nous lui donnerons un successeur et notre opinion ne variera pas... Nous vous prévenons que si l'on veut s'emparer de Rome, nous refuserons l'entrée du château Saint-Ange. Nous ne ferons aucune résistance, mais vos soldats devront briser les portes à coups de canon. L'Europe verra comme on nous traite et nous aurons du moins prouvé que nous avons agi conformément à notre honneur et à notre conscience. Si l'on nous ôte la vie, la tombe nous honorera et nous serons justifié aux yeux de Dieu et dans la mémoire des hommes. »

Cette réponse énergique déconcerta Alquier. Quel était le prince, autre que le Pape, qui aurait osé, dans l'Europe de 1806, tenir ainsi tête à Napoléon ? Alquier n'en voyait pas et il comprenait déjà que rien ne viendrait à bout d'une fermeté aussi accentuée. Cependant, Consalvi, qui voulait montrer combien son dévouement à la Papauté était absolu, crut devoir se sacrifier. Pour apaiser le courroux de l'Empereur et ramener des relations possibles entre Rome et Paris, il renonça, le 17 juin, à ses fonctions de secrétaire d'État et fut remplacé par le cardinal Casoni. Mais ce sacrifice ne satisfit pas Napoléon qui, tout entier à sa rancune, frappa à tort et à travers. Ainsi, il fit envoyer à Fénestrelles, à Ivrée, aux îles Sainte-Marguerite tous les prêtres qui lui paraissaient « avoir des idées ultramontaines ou dangereuses pour l'autorité ». Il donna ordre à l'évêque de Poitiers de se rendre dans son diocèse avec des instructions de nature à « changer l'esprit de ce diocèse, le plus mauvais de France ». Il allait entamer contre le clergé français, contre le clergé italien et contre le Pape une lutte de tous les instants, portée sur tous les points et sur toutes les questions; une lutte âpre, incessante, inexorable. Et c'était le même homme qui, le 21 juin 1805, avait écrit au prince Eugène : « Dans les choses que je déteste le plus, les querelles et les tracasseries de religion sont au premier rang. » Lui qui avait tant à faire avec l'administration de la France et des nouveaux pays conquis, avec l'organisation de ses armées et les mille détails qu'elle entraînait, se mêlait maintenant des moindres choses qui concernaient le culte catholique et l'Église. Il blâmait tels ou tels sermons, il s'occupait des séminaires, il imposait des grades universitaires pour l'obtention des hautes dignités ecclésiastiques, il réunissait tous les journaux religieux en un seul qu'il faisait appeler le *Journal des Curés*, quitte à critiquer, peu de temps après, le mauvais esprit de ce journal; il créait deux fêtes nouvelles, la Saint-Napoléon (de saint Neapolis, martyr sous Dioclétien), à la date du 15 août, et la fête du couronnement, pour le dimanche qui suivrait le jour correspondant au 11 frimaire. Il décrétait pour toutes les écoles de l'Empire, malgré l'opposition de Rome, l'usage d'un catéchisme où l'on faisait une obligation aux chrétiens de témoigner amour, respect, obéissance et fidélité à l'Empereur (1).

Au lendemain du départ de Consalvi, Napoléon croit que le Saint-Siège se montrera plus conciliant et fait renouveler la demande de la fermeture des ports romains aux vaisseaux anglais. Pie VII réitère son refus et Alquier est forcé d'écrire à Talleyrand : « On s'est étrangement trompé sur le caractère de ce souverain, si l'on a pensé que sa flexibilité apparente cédait à tous les mouvements qu'on voulait lui imprimer. » Alquier était convaincu qu'on ne viendrait jamais à bout d'un pontife qui avait la conviction que les malheurs de l'Église devaient nécessairement amener des temps plus prospères et des jours de triomphe. Mais ces avis si sages, rapportés à

---

(1) Voir pour les détails de ce catéchisme le II⁰ volume (ch. xxvi) de l'ouvrage du comte D'HAUSSONVILLE.

l'Empereur par son ministre, ne produisaient aucun effet utile. Enivré par de prodigieux succès remportés en quelques semaines, Napoléon ne pouvait comprendre qu'un faible monarque tentât contre lui une résistance à laquelle renonçaient les plus puissants souverains. Il invitait le légat Caprara à conseiller à son maître une prompte soumission, sous peine de voir le reste de l'État pontifical divisé et partagé en autant de duchés et de principautés qu'il lui semblerait bon. Un Sénat serait établi à Rome et la capitale du monde chrétien deviendrait une ville ordinaire de son Empire. Tel était l'effet des succès de la force sur un grand esprit. Qui donc, à côté de l'Empereur, aurait osé prédire que le Pape pourrait, sans défaillance aucune, résister à ses volontés? Et qui donc eût été assez hardi pour lui démontrer que la force n'a qu'un temps et qu'il n'y a pas de prescription contre le droit? Il n'avait que des flatteurs ou des agents perfides autour de lui, et tel qui, plus tard, se vante effrontément dans ses *Mémoires* de lui avoir tenu tête et d'avoir essayé de lui faire connaître la vérité, se taisait alors ou approuvait bassement.

Mais aucune menace n'épouvantait le Pape. « Nous sommes disposé, répétait-il à Alquier, à tout faire pour qu'il existe une bonne correspondance et concorde à l'avenir, pourvu qu'on maintienne l'intégrité des principes à l'égard desquels nous sommes irréconciliable. Il y va de notre conscience et sur cela l'on n'obtiendra rien de nous, *ancorche ci scorticassero*. » Il remettait sa cause entre les mains de Dieu et disait avec une conviction saisissante : « Au-dessus de tous les monarques règne un Dieu vengeur de la justice et de l'humanité devant lequel doit fléchir toute puissance humaine. » Si la persécution se déchaînait contre l'Église et contre la Papauté, il trouverait consolation et force dans la parole divine : « Heureux ceux qui souffrent persécution pour la justice! » Mais Napoléon ne comprenait pas la sincérité et la spontanéité d'une aussi légitime résistance. Il persistait à penser que Pie VII obéissait aux conseils pernicieux de quelques méchants cardinaux et il disait : « S'il ne passe point par où je veux, je lui ôterai certainement le domaine temporel de Rome, mais je le respecterai toujours comme le chef de l'Église. Il n'y a aucune nécessité à ce que le Pape soit souverain de Rome... Je mettrai à Rome un roi ou un sénateur et je partagerai son État en autant de duchés. » C'était, comme je l'ai rappelé, le langage qu'avait tenu, au congrès de Rastadt, le baron de Thugut qui évoquait les droits de François II sur Rome et prévoyait la spoliation du domaine pontifical. Après le succès décisif de Friedland, après la paix de Tilsit, Napoléon résolut de mettre son plan à exécution. Il savait que personne en Europe n'oserait s'y opposer.

La grave question du refus de l'institution canonique, qui va devenir l'un des points principaux de la querelle entre le Pape et l'Empereur, a commencé en septembre 1806. Des sièges épiscopaux étaient vacants dans le duché de Milan et dans les provinces vénitiennes. Conformément à l'article 4 du Concordat italien en date du 16 septembre 1803, Napoléon avait proposé pour l'institution canonique des évêques nommés par lui. Le cardinal Casoni avait répondu que l'institution ne serait accordée que lorsque l'Empereur aurait cessé de violer les immunités garanties à l'Église catholique, et contre la violation desquelles Pie VII avait tant de fois protesté.

On a dit que la décision de la cour de Rome était peu adroite et qu'elle décelait plutôt le ressentiment du Souverain Pontife que les droits incontestables du chef de l'Église. Ceux qui pensent ainsi se trompent. Jamais Pie VII n'a été dirigé par ses intérêts ou par ses passions. Jamais il n'a obéi à des sentiments personnels. Dans toute la durée de son Pontificat, il n'a eu en vue que le bien et les intérêts de l'Église, dont il était le Pasteur suprême. En défendant les droits de la Papauté, il défendait les droits de l'Église même. Il est possible que sa décision ait paru réjouir sur le moment Napoléon, mais ce n'était qu'une fausse joie. « Le Pape, s'était-il écrié, ne veut donc plus que j'aie des évêques en Italie? A la bonne heure! Si c'est là servir la religion, comment doivent donc faire ceux qui veulent la détruire? » Ce n'était là qu'un sophisme. Est-ce que, entre Pie VII et Napoléon, un traité solennel n'avait pas été conclu? Est-ce que ce traité n'était pas violé? Le gouvernement impérial se refusant à exécuter certaines de ses dispositions, le Pape n'avait-il pas le droit d'en ajourner d'autres? En défendant ses prérogatives, manifestait-il de l'indifférence pour les âmes? Certes non, puisqu'il allait, par un sentiment de bonté paternelle, jusqu'à déclarer au prince Eugène que, si son devoir ne lui permettait pas de pourvoir les Églises vacantes, en exécution de l'art. 4 du Concordat italien, pendant que les autres articles de ce Concordat étaient violés ou inexécutés, il ne refusait pas d'assigner à ces Églises les pasteurs choisis par l'Empereur. Il conférerait l'institution canonique, lorsqu'il se serait assuré que ces prélats avaient bien les qualités exigées par les règles ecclésiastiques. Ce n'était donc qu'un ajournement. Le moment viendra où, prisonnier à Savone, le Pape émettra, suivant son droit absolu, un refus formel que ni les menaces impériales, ni les subtilités des Conseils ecclésiastiques et du Concile de 1811, ni les manœuvres habiles des agents de Napoléon ne pourront vaincre.

On connaît la lettre fougueuse que l'Empereur écrivit de Dresde au vice-roi d'Italie, en date du 22 juillet 1807, et où il prétendait que les droits du trône étaient aussi sacrés aux yeux de Dieu que les droits de la tiare. Jamais l'orgueil humain n'avait atteint de telles hauteurs. « Il n'y a pas un coin du monde, disait Napoléon, où je n'aie fait encore plus de bien à la religion que le Pape n'y fait de mal... Le Pape qui me dénoncerait à la chrétienté cesserait d'être Pape à mes yeux. Je ne le considérerais que comme l'Antéchrist envoyé pour bouleverser le monde et faire du mal aux hommes, et je remercierais Dieu de son impuissance... Peut-être le temps n'est-il pas éloigné où je ne reconnaîtrai le Pape que comme évêque de Rome, comme égal et au même rang que les évêques de mes États. Je ne craindrai pas de réunir les Églises gallicane, italienne, allemande, polonaise pour faire mes affaires sans le Pape. » Et s'emportant et s'exaltant : « Je serai toujours Charlemagne pour la cour de Rome, et jamais Louis le Débonnaire ! » De son côté, le prince Eugène croyait devoir faire certaines remontrances à Pie VII : « Est-ce ainsi qu'en agissaient avec Cyrus le patriarche de Jérusalem et avec Charlemagne les pontifes qui siégeaient à Rome en son temps ? » Détail curieux ; après avoir adressé en ces termes à Pie VII la lettre brutale de l'Empereur, Eugène priait Sa Sainteté de lui accorder sa bénédiction apostolique. Mais qu'importaient au Pape ces objurgations accompagnées de formules polies ? Il se borna à déclarer qu'aucun de ses prédécesseurs n'avait encore été exposé à recevoir de semblables missives et que sa dignité lui défendait de discuter des propositions inacceptables. Tout ce qu'il pouvait accorder, afin de montrer une fois de plus ses sentiments de conciliation, c'était d'envoyer à Paris le cardinal Litta avec mission d'apaiser le différend. On préféra le cardinal de Bayane dont les opinions paraissaient plus favorables à l'Empire. Pie VII y daigna consentir encore.

Sur ces entrefaites (août 1807), le comte de Champagny remplaça aux Affaires étrangères le prince de Bénévent, nommé vice-grand électeur, titre considérable, mais ne s'appliquant qu'à des fonctions de parade. Est-il vrai, comme beaucoup l'ont dit, que Talleyrand ait été enchanté de quitter le ministère à cette époque et ait conseillé à l'Empereur de lui donner Champagny pour successeur ? Peut-être a-t-il fait lui-même cette désignation, croyant qu'avec un tel sous-ordre il continuerait à diriger les Affaires étrangères ? En cela il se trompait. Mais quant à être parti spontanément, cela n'est pas exact. Les plaintes portées contre lui par divers princes allemands au sujet de ses perpétuelles exigences pécuniaires, sa prétention de conduire en maître les affaires diplomatiques, ses indiscrétions voulues avaient excité le ressentiment et la défiance de l'Empereur qui lui retira brusquement le portefeuille. Je sais bien que Talleyrand a dit et a fait dire, entre autres par Villemain, qu'il avait lui-même donné sa démission « comme un avertissement sincère et utile, comme une première protestation contre la politique d'envahissement » qui allait tôt ou tard être néfaste à l'Empire et à la France (1). Napoléon ne reçut pas la démission de Talleyrand. Il la lui infligea. Mais, comme il le savait désolé d'avoir vu attribuer à Berthier la dignité de vice-connétable, il lui accorda, à titre de consolation, la dignité de vice grand-électeur. Le prince, qui était de plus grand chambellan, se retirait en apparence comblé de faveurs. En réalité, il était furieux de sa disgrâce et il allait dans l'ombre méditer quelque méchant coup, comme sa trahison à Erfurt. Napoléon, auquel il attribue ce mot ironique sur M. de Champagny : « Il arrivait tous les matins avec son zèle pour excuser ses gaucheries de la veille, » eut le tort, un an après, d'oublier ses perfidies et de l'inviter à venir à Erfurt pour y suivre les négociations avec Alexandre. Talleyrand y alla et se mit secrètement d'accord avec le tsar pour tromper l'Empereur, pour sauver l'Autriche et empêcher l'alliance intime entre la France et la Russie. Il est vrai qu'il s'en vantera plus tard comme « du dernier service qu'il avait pu rendre à l'Europe » sous le règne de Napoléon.

Le bruit avait couru que Napoléon avait l'intention de venir à Rome, et Pie VII, toujours indulgent, avait cru devoir écrire : « Le palais du Vatican, que nous ferons arranger pour le mieux, sera destiné à recevoir Votre Majesté et sa suite. Toutes les affaires ayant été conciliées à Paris, nous pourrons à Rome travailler à faire jouir la religion catholique, dont Votre Majesté doit être le défenseur, de tous les biens qu'elle lui a promis. » Pour toute réponse, Napoléon donna ordre au général Lemarois de s'emparer du duché d'Urbino, de la province de Macerata, de Fermo et de Spoleta, de retenir le cardinal de Bayane à Milan jusqu'à ce que le prince Eugène eût appris de lui s'il croyait réellement avoir tous les pouvoirs nécessaires pour apaiser le différend entre Rome et Paris. Il fallait que le Pape marchât dans le système de la France, sinon l'Empereur en appellerait à un Concile général « seul

(1) Voir un *Jugement de Villemain sur le prince de Talleyrand*. — Fragment inédit des *Mémoires*, publié par moi dans *la Nouvelle Revue* du 15 novembre 1894.

organe de l'Église infaillible et arbitre souverain de toutes les contestations religieuses ».

Comment Pie VII pouvait-il faire encore des concessions, lorsque son territoire était violé et ses villes occupées? Aussi, à la nouvelle de la prise d'Ancône et des trois provinces, il suspendit les pouvoirs donnés au cardinal de Bayane et lui ordonna de rentrer à Rome. Devant une attitude aussi énergique, Napoléon perdit tout sang-froid. Le 10 janvier 1808, il enjoignit au prince Eugène de diriger le général Miollis sur Rome avec une brigade. Miollis devait occuper le château Saint-Ange, arrêter les agents du roi Ferdinand et les Anglais qui se trouvaient dans la ville. Napoléon entendait qu'à la première bulle d'excommunication lancée par le Pape contre lui, la donation de Charlemagne fût révoquée et les États de l'Église réunis au royaume d'Italie. A la moindre révolte, Miollis devait répondre par de la mitraille et sévir sans pitié contre les révoltés. L'attentat prescrit eut lieu le 2 février. Ce jour-là, les troupes françaises s'emparèrent du château Saint-Ange et investirent le Quirinal. Sans manifester le moindre trouble, Pie VII célébra solennellement la fête de la Purification de la Sainte-Vierge, et ce fut avec confiance qu'il prononça au moment de la bénédiction ces paroles de l'Antienne : « *Exsurge, Domine, adjuva nos et libera nos propter nomen tuum.* » Il savait bien que rien ne pourrait éteindre la Lumière apparue en ce monde pour éclairer toutes les nations, et il avait foi, comme le vieillard Siméon, dans la réalisation des promesses éternelles. Suivant l'antique usage, il bénit les cierges qui devaient être offerts aux souverains, en exceptant celui qui avait été destiné à Napoléon.

Dans la nuit, il fit afficher une protestation contre l'envahissement de sa capitale, déclarant qu'il ne manquerait jamais à l'obligation de garantir les droits de la souveraineté pontificale et qu'il remettait sa cause entre les mains de Dieu. Il adressa, en même temps, au Corps diplomatique une note où il établissait que les violences dont il était victime avaient été préméditées et que l'occupation de Rome était une atteinte au droit des gens. Il remplaça ensuite à la secrétairerie d'État le cardinal Casoni, tombé malade, par le cardinal Joseph Doria. Miollis expulsa ce cardinal comme étant génois. Sans s'émouvoir, Pie VII lui donna pour successeur le cardinal Gabrielli. L'Empereur, qui ne trouvait pas Alquier assez sévère dans ses rapports avec le Saint-Siège, le rappela et ordonna à Eugène de partager les États pontificaux en deux gouvernements. Le général Lemarois devait diriger le pays entre les Apennins et l'Adriatique, et le général Miollis Rome et les provinces entre les Apennins et la Méditerranée. La garde pontificale fut incorporée de force dans l'armée française, et l'ancien gouverneur de Rome, Mgr Cavalchini, expulsé. L'Empereur était entré dans la voie néfaste de la violence. Rien ne pouvait l'arrêter. Qu'avait-il à craindre dans l'instant? Tout semblait s'incliner devant sa domination. Les courtisans approuvaient hautement ses mesures arbitraires; les lâches se taisaient ou faisaient mine d'approuver. Les ministres étrangers baissaient la tête ou se dérobaient. Au milieu de l'universelle bassesse, un vieillard et quelques prêtres seuls osaient résister. « A quoi bon cette résistance ridicule? » disaient les gens avisés. A quoi bon? A empêcher la faillite de l'honneur.

Aux accusations portées contre son gouvernement, Pie VII fit répondre, le 25 février, par une note énergique, où il prouvait qu'il n'y avait eu aucun complot contre l'Empire, machiné dans ses États par des étrangers. Il déclarait que, tant que Rome serait envahie, il se refuserait à toute espèce de négociations. Sans tenir compte de cette note, Napoléon prescrivit d'expulser *manu militari* les cardinaux napolitains qu'il supposait être en relations avec la reine Caroline, et de remplacer le directeur de la Poste romaine par un agent français, enfin de s'emparer de toutes les imprimeries. A ces nouvelles violences, le Pape riposta par de nouvelles protestations et attesta que les procédés les plus hostiles ne viendraient jamais à bout de sa résignation et de sa patience. Mais cette noble attitude n'impressionnait pas l'Empereur qui, en proie à une sorte de frénésie, continuait à commander les mesures les plus rigoureuses et les plus indignes. Tout lui était suspect à Rome et il se défiait de tout. Des rapports de police lui avaient appris que Lucien se montrait plus Romain que le Pape, et ajoutant foi à ces rapports, il donnait à Joseph l'ordre d'inviter son frère à quitter Rome. « S'il se refuse à ce parti, écrivait-il, je n'attends que votre réponse pour le faire enlever... Je ne souffrirai pas qu'un Français, un de mes frères, soit le premier à conspirer et à agir contre moi avec la prêtraille. » Ainsi parlait le nouveau Cyrus, le nouveau Charlemagne! Napoléon traitait Rome comme une ville prise d'assaut. Le 16 mars, il mandait à Eugène de mettre en surveillance les cardinaux qui, expulsés de Rome, ne voudraient pas rester à Naples. Dans un langage des plus grossiers, il ajoutait : « Le courrier du Pape n'a apporté que des bêtises, car il n'y a rien de bête comme ces gens-là! » Et prescrivant minutieusement l'organisation des provinces romaines en préfectures et sous-préfectures, il disait : « Il faut en finir avec ces bêtes (1)! » Sur l'ordre du Pape, quinze cardinaux refusèrent d'obéir aux exigences du général Miollis et furent conduits à Naples ou à Modène par la force armée. Pie VII savait que ces cardinaux supporteraient avec patience cet odieux traitement et ne feraient qu'accroître ainsi la réputation du Sacré Collège. Il en fit juge le Corps diplomatique, attestant que jamais prince séculier, qui protégeait la religion catholique, n'était allé jusqu'à obliger les cardinaux à rentrer dans leur propre pays sous prétexte qu'ils étaient sujets de ces États. Dans le consistoire du 16 mars, Pie VII déclara qu'au nom de sa conscience et de sa dignité, il persisterait à repousser les prétentions arbitraires de l'Empereur sur le domaine pontifical. Les charges de Souverain Pontife, de Pasteur universel, de Père commun de tous les fidèles lui interdisaient de reconnaître la souveraineté impériale sur le Pape et ses États. Il ne pouvait agir comme les princes purement temporels et contracter avec

(1) Lettres inédites, t. Ier, p. 103 et 107.

Napoléon un traité d'alliance perpétuelle qui l'exposât à se déclarer l'ennemi des rois et de leurs sujets, car la neutralité absolue lui était commandée par la religion et par les simples convenances. Mais ni ces raisons, ni ces exhortations, ni ces prières même n'avaient pu persuader l'Empereur. Pie VII, sans se lasser, renouvelait ses protestations et ses adjurations. Il suppliait Napoléon de revenir aux sentiments qui avaient signalé le début de son règne. Il lui rappelait que Dieu était au-dessus de lui, que sa puissance n'exceptait personne et ne respectait la grandeur de qui que ce fût; qu'elle saurait se manifester d'une manière terrible « parce que, suivant le livre de la Sagesse, ceux qui commandent aux autres seront jugés avec une extrême rigueur ».

Mais rien encore une fois ne pouvait fléchir l'orgueil de Napoléon. Il redoublait ses violences, comme si le Pape eût été l'un de ses plus redoutables ennemis. Il ordonnait à Miollis de désarmer les gardes pontificaux qui portaient une autre cocarde et un autre uniforme que ceux de ses soldats « et de faire passer par les armes tout distributeur de cocardes, fût-ce même un cardinal (1) » ! Il blâmait le général d'avoir fait tirer le canon pour le jour anniversaire de la naissance de Pie VII. « Puisque le Pape se comporte si mal envers lui, disait-il, le général doit lui rendre mauvais traitement pour mauvais traitement. » Il invitait Miollis à tenir ses troupes bien en main et à réprimer sans pitié la moindre émeute. Il faisait adresser au cardinal Caprara une note comminatoire par laquelle il informait le légat que, si le Pape ne voulait pas adhérer à une ligne défensive et offensive formée par l'Italie tout entière, il considérerait ce refus comme une déclaration de guerre. « Or, le premier résultat de la guerre est la conquête, et le premier résultat de la conquête est le changement de gouvernement. » Quant à la note pontificale qui annonçait la cessation des pouvoirs du Légat et la demande de ses passeports, le ministre des Affaires étran-

---

(1) Lettres inédites, t. 1ᵉʳ, p. 171.

gères lui reprochait sa forme insolite, et cela en des termes étranges. Champagny se permettait en effet de remarquer qu'une note pareille n'aurait pas dû être notifiée à la veille de la Semaine Sainte, « temps où la Cour de Rome, si elle avait été encore animée d'un véritable esprit évangélique, aurait cru devoir multiplier ses secours spirituels et prêcher par son exemple l'union entre tous les fidèles. » Ainsi, c'est au Saint-Siège qui avait donné pendant si longtemps l'exemple d'une patience inouïe, qui était victime des procédés les plus iniques et les plus brutaux, c'est à lui que Champagny adressait de tels reproches! Puis, allant au-devant des mesures que le Pape pourrait être appelé à prendre, il disait que les lumières du siècle en arrêteraient l'effet, car le temporel et le spirituel n'étaient plus confondus. « La dignité royale, consacrée par Dieu même, est au-dessus de toute atteinte. » C'était avouer par là même que Napoléon s'attendait à une sentence d'excommunication et qu'il la redoutait plus qu'il ne voulait le dire.

Mettant ses menaces à exécution, l'Empereur réunit à son royaume d'Italie, par décret en date du 2 avril, les provinces d'Urbino, d'Ancône, de Macerata et de Camerino. Il motiva cette spoliation en ces termes qui indiquaient une mentalité singulière : « Considérant que le souverain actuel de Rome *a constamment refusé de faire la guerre aux Anglais* et de se coaliser avec les rois d'Italie et de Naples pour la défense de la presqu'île d'Italie; que l'intérêt des deux royaumes et de l'armée d'Italie et de Naples exige que leurs communications ne soient pas interrompues; que la donation de Charlemagne, notre illustre prédécesseur, des pays composant l'État du Pape fut faite au profit de la chrétienté et non à l'avantage des ennemis de notre sainte religion, etc. (1) ». C'est Napoléon qui osait reprocher au Pape d'être le prince de la paix et qui le rappelait à l'observation de ses devoirs religieux; c'est Napoléon qui interprétait à sa façon la donation de Charle-

---

(1) *Correspondance authentique de la cour de Rome*, p. 25.

magne et prétendait, par une spoliation audacieuse, continuer les traditions de son illustre prédécesseur. Mais telle était la puissance, tel était le prestige de l'Empereur que les considérants de ce décret qui auraient dû le couvrir de ridicule, ne furent pas relevés en Europe comme ils auraient pu l'être.

Pie VII ne tarda pas à répondre que la mesure dirigée contre lui atteignait en même temps l'Église romaine, le Siège apostolique et le patrimoine du prince des Apôtres. L'iniquité se doublait d'un mensonge. Comment, en effet, pouvait-on accuser d'hostilité le vicaire du Christ, tenu par sa propre mission de remplir les devoirs d'un Père commun et de témoigner un amour égal à tous les fidèles? Quant à s'autoriser de Charlemagne pour justifier l'usurpation, c'était pousser bien loin l'audace. En quoi la donation de Charlemagne concernait-elle les domaines usurpés de la Marche d'Ancône? « Plût à Dieu, s'écriait Pie VII, que l'Empereur des Français se montrât le successeur de Charlemagne tel qu'il se vante de l'être! Car le Saint-Siège ne serait pas en proie aux inquiétudes affreuses qu'il est forcé de supporter... » S'adressant ensuite directement à Napoléon, Pie VII lui rappelait toutes les faveurs dont il avait comblé l'Église gallicane et ses sujets, depuis son élévation au suprême Pontificat. Il rappelait aussi les tristesses que l'Empereur lui avait causées en retour de tant de faveurs : le vote inattendu des Articles organiques, l'usurpation de ses États et de sa capitale, la proscription des cardinaux, les mesures violentes dirigées contre certains membres du clergé, les atteintes de toute sorte portées aux prérogatives et aux droits du Saint-Siège... Toutes ces plaintes, tous ces griefs si justes laissaient l'Empereur insensible. Loin de vouloir faire oublier le passé, il s'apprêtait à ordonner de nouveaux attentats. Le 7 avril, il lance sur le Quirinal un détachement français qui désarme la garde noble et arrête le capitaine des Suisses. Le cardinal Gabrielli proteste énergiquement, mais on ne l'écoute pas. Quelques jours après, d'autres officiers pontificaux sont arrêtés aussi illégalement et conduits à Mantoue. Ces événements, connus à Paris, produisirent une certaine émotion. Le *Journal de l'Empire* (ancien *Journal des Débats*) publia des articles sur ce qui se passait à Rome et cette publication irrita l'Empereur. « Le *Journal de l'Empire*, écrit-il à Fouché, continue à se mal comporter. Les articles de Rome n'ont pas le sens commun et sont dans un mauvais esprit. Faites venir le rédacteur (c'était Étienne) et engagez-le à se taire, puisque *le Moniteur* ne dit rien. Ce jeune homme est influencé par les vieux coquins (les frères Bertin) qui étaient accoutumés à faire de ce journal un brandon de discorde dans l'État. Les affaires de Rome ne regardent aucun journal. Quand il y aura quelque chose, *le Moniteur* le dira. » Puis deux jours après, il ajoutait : « J'avais également défendu aux journaux de parler des prêtres, des sermons et de la religion... N'est-il pas ridicule et contraire aux choses saintes de les voir compromises dans des feuilles qui contiennent tant d'inutilités et de choses fausses? (1) » La vérité, c'est que l'Empereur voulait qu'on gardât le silence sur ses actes à Rome comme ailleurs. La seule prose permise alors était la prose officielle du *Moniteur*.

Multipliant comme à plaisir les offenses à l'autorité du Souverain Pontife, Napoléon avait prescrit de créer dans les États romains des compagnies de gardes civiques pour maintenir l'ordre et il leur avait imposé la cocarde tricolore. Le secrétaire d'État Gabrielli protesta contre une création faite sans le consentement du Pape, mais on ne l'écouta pas plus sur ce sujet que sur les autres. Malgré le dédain qui accueillait les notes de son ministre, Pie VII ne se décourageait pas et continuait à affirmer en toute occasion l'incontestable légitimité de ses droits. Le 23 mai, il faisait adresser aux évêques des provinces papales réunies au royaume d'Italie une instruction solennelle, la plus importante qui fût encore sortie de sa plume. Pie VII leur rappelait l'origine de la souveraineté pontificale, son caractère unique au monde, ses droits supérieurs, la liaison étroite de cette souveraineté avec les

---

(1) Lettres inédites, t. Ier, p. 180, 181.

intérêts de la religion catholique, la nécessité pour le Père commun des fidèles d'être indépendant pour exercer librement la puissance spirituelle que Dieu lui avait donnée sur le monde entier. Il leur rappelait encore que les Papes ne pouvaient préjudicier ou renoncer à leur pouvoir temporel sans devenir eux-mêmes complices et coopérateurs sacrilèges des dommages et des injures qui en résulteraient pour l'Église. Or, dans les circonstances actuelles, on voulait substituer au gouvernement pontifical « un gouvernement notoirement envahisseur de la puissance spirituelle et protecteur de toutes les sectes ». En conséquence, Pie VII interdisait à ses sujets de prêter à ce gouvernement serment de fidélité et d'obéissance, sous peine de sacrilège. Il leur interdisait d'accepter et d'exercer des emplois qui auraient pour but de reconnaître et de consolider ce même gouvernement. Le seul serment que Pie VII tolérait était celui de ne prendre part à aucune conjuration contre le gouvernement impérial et de lui être soumis dans tout ce qui ne serait point contraire aux lois de Dieu et de l'Église. Le Pape munissait les évêques de pleins pouvoirs pour parer aux difficultés qui pourraient surgir au sujet des monastères, des religieux et du clergé séculier. Il les invitait à redoubler de zèle et de prudence dans le moment actuel pour préserver leurs troupeaux des maximes perverses et de la corruption des mœurs.

Ces instructions, répandues par les évêques dans les campagnes si catholiques des Marches et de l'Ombrie, devaient sans aucun doute produire une profonde impression. Certains historiens trouvent que Pie VII avait fait par là une provocation imprudente. Pour eux, ce Pape laissé à ses propres impressions, surexcité par la solitude, entêté à démontrer qu'on n'obtiendrait rien de lui par la violence, n'ayant que des conseillers âgés et sans force, ou trop jeunes et trop passionnés, ce Pape aurait agi avec une impétuosité regrettable. C'est bien mal connaître Pie VII que de l'accuser d'orgueil, de personnalité et de précipitation en de telles circonstances. On est étonné de voir que le Corps diplomatique d'alors eût exprimé quelques regrets au sujet d'une attitude aussi ferme et aussi noble. Mais on comprend la cause de ces regrets, quand on réfléchit que la fermeté de Pie VII mettait en relief la pusillanimité des ministres étrangers. C'est ce qui explique pourquoi le chevalier de Lebzeltern, ministre de l'empereur d'Autriche, s'est permis de trouver impolitiques les instructions du Pape aux évêques des provinces spoliées. Ce ministre pensait que la lettre pontificale n'était pas « conforme aux lumières du siècle ». Quelles étaient donc les lumières qui éclairaient M. de Lebzeltern, puisqu'il ne savait pas distinguer de quel côté étaient le droit et la vérité? Il est vrai qu'il regrettait timidement qu'une conciliation, si désirable entre la Cour de France et la Cour de Rome, parût devenir tout à fait problématique. Mais était-ce la faciliter que d'amener le Pape à se soumettre humblement aux injonctions menaçantes de l'Empereur et à reconnaître la légitimité de l'occupation et de l'annexion du domaine pontifical? Qu'aurait-on dit s'il avait cédé sans la moindre résistance aux volontés et aux caprices de Napoléon?

Dès que le général Miollis eut connaissance des instructions du Pape aux évêques, il prévit la colère de l'Empereur et résolut de l'apaiser par un acte énergique. Sur son ordre, le 11 juin, deux officiers pénètrent de force dans les appartements du cardinal secrétaire d'État Gabrielli, mettent les scellés sur son portefeuille et lui donnent deux jours pour retourner à son évêché de Sinigaglia. Gabrielli avise aussitôt de cette nouvelle violence Pie VII, qui manifeste la plus vive indignation. Si le domicile d'un ambassadeur était considéré comme sacré, que penser de la violence exercée contre le ministre particulier d'un souverain sur le territoire même de ce souverain, et dans son propre palais? Après avoir informé les ministres étrangers de cet attentat sans nom et avoir protesté au nom du droit des gens, le Pape pria le cardinal Pacca de remplacer Gabrielli à la secrétairerie d'État. « C'est au milieu de cette effrayante situation des affaires, écrit Pacca, que l'on m'offrit le portefeuille de premier ministre. Je fus d'abord atterré et je priai le Seigneur d'éloigner de moi le calice d'amertume. » Mais pensant ensuite que son refus serait taxé de faiblesse, Pacca prononça le « oui » fatal et, dès ce moment, il se sentit pénétré de ce courage extraordinaire qui ne l'abandonna jamais au milieu des plus cruelles épreuves (1).

Dès son arrivée aux affaires, le nouveau secrétaire d'État eut à protester contre des arrestations illicites opérées par des soldats français à Rome et dans les provinces pontificales. Il le fit avec tact, mais avec résolution. Les procédés, édictés par Napoléon à l'égard du Pape et de ses agents, étaient tels que le cardinal Fesch lui-même, délivré, il est vrai, de tout lien et de toute ambition diplomatique, crut devoir conseiller à son impérial neveu plus de modération. Voici comment Napoléon lui répondit de Bayonne, à l'heure où les événements d'Espagne commençaient à l'agiter : « J'ai reçu votre longue lettre du 21 juin. J'y ai vu trois choses :

« 1° Une lettre que vous avez écrite et que vous n'aviez pas le droit d'écrire au ministre des Cultes, et à laquelle il n'aurait pas dû répondre ;

« 2° L'éloge de l'abbé Proyart, que je me suis contenté d'exiler à Arras et que j'aurais dû tenir toute sa vie à Bicêtre pour le libelle séditieux qu'il a osé publier contre la nation et le gouvernement ;

« 3° L'éloge de je ne sais quel missionnaire que la police a fait arrêter à cause de son mauvais esprit. »

Et morigénant son oncle avec une extrême rudesse, Napoléon ajoutait : « Je vous prie, lorsque vous m'écrirez, de prendre garde à ce que vous dites ou de vous dispenser de m'écrire, et de rester bien convaincu que tous les mauvais sujets je les ferai poursuivre, s'ils sont prêtres, avec plus de rigueur que les autres citoyens, parce qu'ils sont plus instruits et que leur caractère est plus saint. » Et comme le cardinal avait fait allusion aux calamités que la politique anti-papale pourrait faire tomber sur l'Empire, Napoléon disait ironique-

(1) *Mémoires*, t. 1, p. 34.

ment : « Quant au reste de votre lettre, je n'y ai vu que l'effet d'une imagination en délire, et je conseille à vous et à ceux qui se créent ainsi des monstres qui n'existent que dans leur imagination de prendre des bains froids (1) ». Puis, pour prouver qu'il ne songeait pas à modérer sa politique, il répondait au prince Eugène, qui l'avait avisé de la circulaire de Pie VII relative au serment : « La manière la plus simple dans ces matières, c'est de commencer par confisquer le temporel de tous ceux qui ne prêteront pas serment. Ainsi, donnez ordre aux préfets que si les évêques n'ont pas prêté le serment à telle époque, ils fassent percevoir les revenus de leurs biens au profit de la Caisse publique. » Si le cardinal Gabrielli exilé à Milan refusait le serment, Napoléon prescrivait de l'enfermer dans un cloître et de séquestrer ses biens.

Ces mesures affligeaient, mais n'abattaient ni le Pape ni le cardinal Pacca. Ils continuaient à protester hautement contre les procédés arbitraires et violents dont le Saint-Siège, les fonctionnaires pontificaux, le clergé et les amis de la Papauté étaient à tout instant victimes. La situation devint tellement critique que Pie VII réunit les cardinaux et prononça, dans le consistoire du 11 juillet, une allocution énergique, connue sous le nom de *Nova vulnera*. « Nous sommes forcé, dit-il, de vous faire connaître et de déplorer en même temps avec vous les nouvelles blessures, toujours plus profondes, qu'on vient de faire et qu'on renouvelle chaque jour à l'autorité apostolique, aux droits de l'Église, à la sainteté de la religion et à nous-même. » Il rappelait l'enlèvement de dix nouveaux cardinaux, la réunion illégale d'Ancône, de Macerata, de Fermo, de Sinigaglia et de Camerino à l'Empire, la violation des donations faites par Charlemagne, donations sacrées et reconnues telles jusqu'alors; les injures, les calomnies et les opprobres dirigés contre le Souverain Pontife; la prise de Rome, les provinces papales mises sous le joug impérial, puis démembrées; l'intention manifestée par Napo-

---

(1) Lettres inédites, t. 1ᵉʳ, p. 208.

léon de détruire la puissance spirituelle et la puissance temporelle de l'Église. « Nous avons protesté devant Dieu et nous le faisons aujourd'hui à la face de l'univers contre tous ces crimes, toutes ces entreprises dont on ne pourrait trouver rien qui pût approcher en remontant même aux temps où les hommes ont commencé à se former en nations... Toutefois ne perdons pas courage, car pendant que le ciel et la terre passent, les paroles de la divine Promesse ne passeront point (1). »

Cette allocution ne fit qu'accroître l'irritation de l'Empereur. Mais, comme dit le Pape en citant *l'Ecclésiaste* : « Il y a temps de se taire et temps de parler », et Pie VII estimait que le temps de parler haut était venu. Il dénonçait, sans se lasser, les entreprises iniques dirigées contre lui et son autorité, telles que l'arrestation de divers officiers pontificaux, la création d'un journal en opposition avec la politique du Saint-Siège, la formation d'une garde civique indépendante. Le Corps diplomatique était avisé journellement de tous ces procédés indignes, mais il se bornait à les enregistrer et gardait un prudent silence. Ainsi, pendant que l'Europe demeurait honteusement muette, Pie VII et Pacca élevaient seuls la voix contre les actes d'une abominable tyrannie.

Exaspéré par l'énergie du cardinal Pacca, le général Miollis veut se débarrasser de lui, comme il l'a fait du cardinal Gabrielli. Le 6 septembre, le major Muzio, accompagné d'un officier et d'un sergent, vient lui ordonner de partir immédiatement pour Bénévent sa patrie, sous la conduite de quelques soldats. Pacca informe Pie VII de cette menace et le Pape descend aussitôt dans l'appartement du secrétaire d'État. Il invite lui-même le major Muzio à aller dire à Miollis qu'il est las de souffrir tant d'outrages de la part d'un prince qui ose encore se dire catholique. On veut, en le séparant peu à peu de tous ses fidèles conseillers, le mettre hors d'état d'exercer son ministère apostolique et de défendre les droits

(1) Complément de la *Correspondance de la cour de Rome avec Buonaparte*, p. 48 à 81.

de sa souveraineté temporelle. Mais il ne le tolérera pas. « J'ordonne, dit-il avec force, à mon ministre de ne point obéir aux ordres d'une autorité illégitime et de me suivre dans mes appartements pour y partager ma captivité. » Puis il prend Pacca par la main et l'emmène sous les yeux de Muzio stupéfait. Il informe ensuite le Corps diplomatique de la nouvelle violence qui vient de lui être faite, ainsi que de ses résolutions. En attendant qu'il se porte contre le secrétaire d'État et contre le Saint-Père lui-même à des actes de violence inouïs, le général Miollis furieux fait enlever par des dragons le cardinal Antonelli, doyen du Sacré Collège, ainsi que Mgr Arezzo, pro-gouverneur de Rome, et les fait conduire hors de la ville. Plusieurs gouverneurs des provinces sont également arrêtés et le Quirinal est étroitement bloqué par la troupe. Pendant ce temps, des bandits, sûrs de toute impunité, troublent les fêtes religieuses et se livrent aux plus regrettables excès. Une circulaire de Pacca aux ministres étrangers, en date du 30 novembre, dénonce la conduite de l'Empereur des Français. Il leur montre « l'Église asservie et devenue esclave de la puissance séculière; son chef visible, enfermé depuis dix mois dans une étroite prison, en proie aux outrages et aux insultes de toute espèce, séparé et privé de ses ministres, et paralysé dans l'exercice apostolique de ses fonctions ». Aux reproches qui avaient été adressés à l'incapacité de l'administration pontificale, Pacca répond : « Un seul regard jeté sur les Mémoires ecclésiastiques suffira pour montrer une suite illustre de pontifes romains qui furent de grands souverains et qui contribuèrent plus efficacement que les autres princes à dissiper les ténèbres de la barbarie, à favoriser les sciences et les arts et à établir la prospérité des peuples (1). » Quelque temps après, il proteste également, au nom du Saint-Père, contre les mascarades, les courses de chevaux, les bals et les autres divertissements publics que le général Miollis avait prescrits pour le prochain carnaval. Il désapprouve ces

---

(1) *Correspondance authentique de la cour de Rome*, t. Ier, p. 87.

signes indécents de la joie publique au moment où le chef de l'Église était privé de sa liberté et l'Église en proie à tous les outrages.

Or, Napoléon savait tout cela et l'approuvait. Il descendait, lui si grand, à de véritables petitesses. Qu'on en juge par cette lettre du 1er janvier 1809 adressée de Benavente (Espagne) à M. de Champagny : « Le Pape est dans l'usage de donner des cierges aux différentes puissances. Vous écrirez à mon agent à Rome que je n'en veux pas. Le roi d'Espagne n'en veut pas non plus. Écrivez à Naples et en Hollande pour qu'on les refuse. Il ne faut pas en recevoir, parce qu'on a eu l'insolence de n'en pas donner l'année dernière. » Ainsi, l'Empereur aurait voulu que le jour même de l'entrée des troupes françaises à Rome, le Pape l'eût honoré d'une marque d'estime particulière. La fin de la lettre n'est pas plus digne de l'Empereur que le commencement : « Il peut y avoir, disait-elle, en enfer, des Papes et des curés. Ainsi le cierge béni par mon curé peut être une chose aussi bonne que celui du Pape. » Donc, Napoléon refusait un cierge que Pie VII ne pensait pas à lui offrir dans les circonstances douloureuses où il se trouvait. Le cardinal Pacca fit semblant de croire que cette lettre était apocryphe et ne voulut point en parler au Pape.

Le 20 janvier, Pie VII adressa aux cardinaux et aux évêques qui avaient refusé le serment à l'Empire et avaient été proscrits, une lettre touchante où il célébrait leur éclatant exemple de fidélité. Il les exhortait en termes paternels à demeurer inébranlables et à défendre, sans se lasser, la cause de Dieu, source unique d'espoir et de consolation. Cette attitude énergique acheva d'exaspérer l'Empereur qui, momentanément rassuré sur les événements d'Espagne, vainqueur des Autrichiens à Ratisbonne et sûr de son triomphe définitif, signa, le 17 mai 1809, du camp impérial de Vienne, les décrets qui réunissaient définitivement les États du Pape à l'Empire français, déclaraient Rome ville impériale et libre, portaient les revenus du Pape à deux millions de francs, assuraient des immunités spéciales aux propriétés et palais pontificaux et créaient une Consulte extraordinaire pour prendre, en son nom, possession des États romains et les faire passer sans secousse de l'état actuel à l'état constitutionnel. Le premier décret rappelait, dans ses considérants, que Charlemagne, l'auguste prédécesseur de Napoléon, n'avait donné plusieurs comtés aux évêques de Rome qu'à titre de fiefs et pour le bien de ses États, sans que Rome eût cessé pour cela de faire partie de son empire. Il ajoutait que, depuis ce temps, l'union des deux pouvoirs spirituel et temporel avait été une source de continuelles discordes; que les Souverains Pontifes s'étaient trop souvent servis de l'influence de l'un pour soutenir les prétentions de l'autre, et que, par ce motif, les affaires spirituelles, qui sont immuables, se trouvaient confondues avec les affaires temporelles, qui changent suivant les circonstances et la politique des temps. Il constatait enfin que l'Empereur avait vainement essayé de concilier la sûreté de ses armées, la tranquillité et le bien-être de ses peuples, la dignité et l'intégrité de son Empire avec les prétentions temporelles du Pape.

A ces fausses assertions et à ces décrets arbitraires, Pie VII répondit par ce cri de douleur qui retentit dans toute l'Italie : « Ils sont enfin accomplis, les desseins ténébreux des ennemis du Siège apostolique! Après le violent et injuste envahissement de la plus belle et de la plus considérable partie de nos domaines, nous nous voyons dépouillé, sous d'indignes prétextes et avec la plus grande injustice, de notre souveraineté temporelle avec laquelle notre indépendance spirituelle est étroitement liée. Au milieu de cette barbare persécution, nous sommes consolé et soutenu par la pensée que nous ne nous sommes point exposé à tomber dans un si grand désastre par aucune offense faite à l'Empereur des Français ou à la France, qui a toujours été l'objet de nos tendres et paternelles sollicitudes, ni par aucune intrigue d'une politique mondaine, mais pour n'avoir point voulu trahir nos devoirs ni notre conscience. » Se sachant tenu envers Dieu et l'Église de transmettre à ses successeurs ses droits intacts et entiers, Pie VII protestait hautement contre cette spoliation nouvelle, déclarait nulle l'occupation du domaine pontifical, repoussait avec énergie toute rente ou toute pension offerte par Napoléon, car pour lui ce serait se couvrir d'opprobre que de consentir à tirer sa subsistance des mains de l'usurpateur. Le Pape s'abandonnait ensuite à la Providence et à la piété des fidèles, en se félicitant de terminer dans la pauvreté le reste de ses pénibles jours. Après avoir fait tout ce que commandaient ses devoirs, il exhortait ses sujets à conserver leur foi intacte et à s'unir à lui « pour conjurer Dieu de daigner changer les conseils pervers qui dirigeaient ses persécuteurs (1) ».

Mais des événements, beaucoup plus graves encore, se préparaient. A l'excommunication de l'Empereur qui allait être affichée sur les murs de Rome devaient répondre l'envahissement du Quirinal et l'enlèvement du Saint-Père.

(1) *Correspondance authentique de la cour de Rome*, t. Ier, p. 105.

CHAPITRE III

LE CONSEIL ECCLÉSIASTIQUE DE 1809

Napoléon avait choisi son beau-frère Murat, le roi de Naples, pour diriger l'occupation des États pontificaux. Celui-ci, loin de décourager l'Empereur, lui avait déclaré que les mesures projetées contre le Saint-Siège seraient fort bien accueillies à Rome et dans son propre royaume, où il aurait personnellement plus d'action sur le clergé, en raison de l'amoindrissement de l'influence du Pape. Les troupes de Murat étaient donc disposées à seconder celles de Miollis. La Consulte extraordinaire, sous la présidence de ce général, avait pris la résolution de forcer les portes du Quirinal et de procéder à l'enlèvement de Pie VII. Or, depuis l'année 1806, date de la première invasion des États pontificaux, une congrégation de cardinaux avait prévu le cas où Napoléon disperserait le Sacré-Collège. Une bulle de dérogation aux diverses constitutions sur l'élection des Papes avait été préparée en cas de vacance du Saint-Siège. De plus, le cardinal Di Pietro, dans l'hypothèse de menaces et de mesures plus violentes encore, avait rédigé une bulle d'excommunication contre ceux qui se livreraient à ces violences. Les événements de 1808 décidèrent Pie VII à revoir cette dernière bulle et à en faire préparer des copies.

Le 11 juin, au bruit des salves d'artillerie, le drapeau tricolore fut amené sur le château Saint-Ange et remplaça le drapeau pontifical, pendant qu'on lisait dans les rues de Rome le décret impérial qui réunissait la capitale et les États du Pape à l'Empire. Aussitôt Pie VII signa les copies de la bulle d'excommunication et la fit afficher au Monte-Citorio, aux portes de Saint-Pierre, de Sainte-Marie-Majeure, de Saint-Jean de Latran et des diverses églises à l'heure des vêpres. Elle y fut lue par de nombreux fidèles et causa la plus vive émotion. Dans cette bulle désormais fameuse, le Pape disait que, depuis l'envahissement de 1808, il avait compris que les ennemis du Saint-Siège avaient résolu d'en assurer la ruine pour entraîner celle de l'Église. Un instant, Pie VII avait espéré que le gouvernement français, revenant à de meilleures intentions et se souvenant de ses promesses, rendrait à la religion son libre exercice et s'en montrerait le loyal protecteur. Mais des mesures arbitraires avaient bientôt démontré la faiblesse de cette espérance. Les Articles organiques transformés en loi et annexés au texte du Concordat sans l'assentiment de la Papauté, la violation de certaines clauses des deux Concordats, puis les procédés arbitraires qui suivirent, mille attentats inouïs contre la liberté, l'indépendance et les doctrines de l'Église, telles étaient les preuves éclatantes du zèle pour la religion catholique que l'Empire n'avait cessé de promettre solennellement à diverses reprises.

Aussi, pour le Souverain Pontife le temps de la douceur et de la clémence semblait-il passé. Rappelant alors les terribles sentences que tant de Souverains Pontifes avaient rendues contre des princes et des rois rebelles, Pie VII se demandait s'il ne serait pas accusé de lenteur et d'inertie coupables, au cas où il hésiterait à frapper ceux qui portaient atteinte à sa puissance temporelle. « A ces causes, disait-il majestueusement, par l'autorité de Dieu tout-puissant, par celle des saints apôtres Pierre et Paul et par la nôtre, nous déclarons que tous ceux qui, après l'invasion de Rome et du territoire ecclésiastique, après la violation sacrilège du patrimoine de saint Pierre par les troupes françaises, ont commis à Rome et dans les États de l'Église contre les immunités ecclésiastiques, contre les droits même temporels de l'Église et du Saint-Siège les attentats, ou quelques-uns des attentats qui ont excité nos justes plaintes dans les deux allocutions consistoriales des 16 mars et 11 juillet 1808, dans plusieurs protestations et réclamations publiées par nos ordres; tous leurs commettants, fauteurs, conseillers ou adhérents; tous ceux enfin qui ont facilité l'exécution de ces violences ou les ont exécutées par eux-mêmes, ont encouru l'excommunication majeure et autres censures et peines ecclésiastiques portées par les saints Canons et Constitutions quelconques, par les décrets des Conciles généraux et notamment du saint Concile de Trente; et au besoin, nous les excommunions et anathématisons de nouveau, les déclarant par là même déchus de tous privilèges, et indults accordés de quelque manière que ce soit, tant par nous que par nos prédécesseurs (1)... »

Toutefois, adoucissant dans la mesure du possible la gravité de cette sentence, le Pape défendait expressément à tous les peuples chrétiens et à ses sujets de causer le moindre tort à ceux que regardaient les présentes censures, soit dans leurs biens, soit dans leurs droits. Car, tout en leur infligeant le genre de châtiment que Dieu avait mis en son pouvoir, le Pape gardait encore l'espoir de ramener les rebelles à lui. Notification officielle de l'excommunication fut faite par le Pape à l'Empereur, ainsi que le prouve le bref suivant daté du 12 juin :

« Pie VII, serviteur des serviteurs de Dieu, à tous les fidèles qui liront ces présentes, salut et bénédiction apostolique :

« Forcés de nous servir de l'autorité que le Père céleste, qui nous a établi pour gouverner l'Église, nous a accordée;

« Par ces présentes par nous dressées et signées et scellées de l'anneau du Pêcheur,

« Nous déclarons que Napoléon Ier, empereur des Français, et tous ses adhérents, fauteurs et conseillers, ont encouru l'excommunication dont nous l'avons autrefois menacé lui-même et plus particulièrement dans notre dernière protestation, pour avoir par son décret du 17 mai dernier, ordonné l'envahissement de la ville de Rome;

(1) *Mémoires du cardinal Pacca*, t. Ier, p. 152, et *Correspondance authentique de la cour de Rome*, t. Ier, p. 127.

« Nous déclarons que la susdite excommunication sera encourue *ipso facto* par tous ceux qui, par la force ou par tout autre moyen, s'opposeraient à la publication des présentes.

« Sont compris dans la même excommunication tous les membres de notre Collège apostolique, évêques, prélats, prêtres tant séculiers que réguliers qui, par quelque motif que ce soit et respect humain, refuseraient de se conformer à ce qui, avec l'assistance du Père des Lumières, a été statué par Nous dans nos décrets des 10 et 11 du mois de juin courant (1). »

Informé de la sentence que Pie VII avait rendue contre lui, Napoléon écrivit de Schœnbrunn au roi de Naples, le 20 juin :

« Je reçois à l'instant la nouvelle que le Pape nous a tous excommuniés. C'est une excommunication qu'il a portée contre lui-même. Plus de ménagements ! C'est un fou furieux qu'il faut renfermer. Faites arrêter le cardinal Pacca et autres adhérents du Pape (2). » La veille, l'Empereur avait adressé cet ordre formel à Murat : « Si le Pape, contre l'esprit de son état et de l'Évangile, prêche la révolte et veut se servir de l'immunité de sa Maison pour faire imprimer des circulaires, on doit l'arrêter. » Il rappelait, à ce propos, que Philippe le Bel avait fait saisir Boniface et que Charles-Quint avait longtemps gardé en prison Clément VIII, lesquels avaient été moins audacieux que Pie VII. L'ordre, ainsi donné, allait être rigoureusement exécuté.

Le général Étienne Radet, qui passait pour un homme de la plus grande énergie, fut appelé de Toscane où il se trouvait pour se rendre sans retard à Rome. Ancien lieutenant de la maréchaussée du Clermontois, il avait, en 1791, essayé, à ses risques et périls, avec MM. de Damas et de Choiseul, de sauver le roi à Varennes où il possédait une propriété et où il était garde général des forêts. Traduit en janvier 1794 au tribunal révolutionnaire de Saint-Mihiel, il avait échappé mira-

(1) *Recueil des pièces officielles*, par Frédéric Schoell, t. Ier.
(2) *Lettres inédites*, t. I, p. 317.

culeusement à une condamnation capitale. De là, Radet était rentré dans l'armée, devenu général de brigade, puis chef de légion de gendarmerie à Avignon, puis avait été envoyé en Toscane où l'attendait une mission qui devait lui être fatale. Le général Miollis lui ordonnait, au nom de l'Empereur, de venir arrêter le cardinal Pacca et, en cas de résistance de la part du Saint-Père, d'arrêter également Pie VII. Quoiqu'il en ait dit plus tard, quoiqu'il ait déclaré s'être vu dans la cruelle alternative « ou de franchir les droits les plus sacrés, ou de violer ses serments par la désobéissance », il ne discuta pas sur le moment. Il affirma, comme il le dit au Pape lui-même, que « ses serments et ses devoirs sacrés lui imposaient de remplir une mission douloureusement sévère (1) ».

D'après les relations exactes de témoins contemporains (2), un détachement considérable de la garnison romaine se porta en silence vers le Quirinal et l'investit de toutes parts dans la nuit du 5 au 6 juillet, vers deux heures et demie du matin, tandis que des agents escaladaient les murs du jardin ou pénétraient dans la partie du palais occupée par les serviteurs du Pape. Après une heure de tentatives violentes, assaut, rupture des portes et désarmement des gardes suisses, les soldats, guidés par un traître, entrent au Quirinal, ayant le général Radet à leur tête. Ils montent précipitamment à l'appartement du Pape. Radet pénètre avec des officiers dans la chambre où Pie VII se tenait calme et patient, sans paraître effrayé par le tumulte de la soldatesque ni par le bruit des haches et des crosses de fusil qui défonçaient les portes. Revêtu du camail, du rochet et de l'étole, ayant au doigt l'anneau du Pêcheur, le Pape était assis à son bureau. Auprès de lui se trouvaient le cardinal Pacca et le cardinal Despuig.

---

(1) *Relation du baron Radet au Pape Pie VII*, le 12 septembre 1814. — Il répète ainsi cette assertion dans ses *Mémoires* : « Il est pour le militaire comme pour le fonctionnaire public des devoirs rigoureux, si pénibles à remplir qu'il est tenté parfois de les éluder. Mais l'homme de bien est maintenu dans l'obéissance par la foi jurée et par l'honneur » (p. 171).

(2) *Correspondance authentique de la cour de Rome*, t. Ier, p. 142 et p. 100.

Radet s'approche, ôte son chapeau et veut, non sans un trouble évident, faire signer à Pie VII le papier qui contenait la levée de l'excommunication et l'acceptation d'une pension annuelle de deux millions. Le Pape l'écarte d'un geste. « Pourquoi venez-vous me troubler dans ma demeure, demande-t-il, et que me voulez-vous? » A ces mots, les officiers et soldats, qui étaient restés couverts, ôtent leurs chapeaux. Radet répond à Pie VII que s'il veut accepter les propositions du gouvernement français, il pourra rester à Rome. Sinon, il devra le suivre. Le Saint-Père, levant les yeux au ciel et le montrant de la main, lui dit : « Je n'ai agi en tout qu'après avoir consulté l'Esprit-Saint et vous me taillerez plutôt en pièces que de me faire rétracter ce que j'ai fait... *Mi taglierete piu testo in pezzeti!* — En ce cas, réplique Radet, j'ai ordre de vous emmener loin de Rome! » Alors Pie VII se lève, et, sans prendre autre chose que son bréviaire qu'il met sous son bras, s'avance vers la porte en donnant la main au cardinal Pacca. Radet, très ému, s'incline et baise l'anneau papal. Pie VII sort de son appartement. Au milieu des débris des portes brisées, il descend lentement les grands escaliers et arrive à la cour d'honneur où se trouvait le reste du détachement. Là, le Pape donne une dernière bénédiction à la ville de Rome, puis monte dans une berline qui l'attendait, pendant que les soldats, impressionnés par cette majestueuse tranquillité, lui présentent les armes. Pacca s'assied à côté de lui. On ferme à clef les portières, puis les persiennes de la voiture, et l'on sort par la porte Salara pour se diriger vers la porte du Peuple. A cet endroit, des chevaux de poste sont attelés à la voiture. On part au galop avec une escorte de gendarmes. Il est quatre heures du matin; pas un Romain n'a assisté au douloureux enlèvement. Arrivés à la Sterta, le premier relai, les postillons se jettent aux pieds du Saint-Père et implorent sa bénédiction. « *Corragio e orazione!* » dit Pie VII en les bénissant avec bonté. Les témoins de cette scène touchante ne peuvent retenir leurs larmes, et Radet, qui craint un mouvement, fait refermer les persiennes de la voiture, malgré la chaleur, et précipite l'ordre du départ (1). Que de fois, pendant le long et pénible trajet de Rome à Savone, le Saint-Père n'a-t-il pas revu par la pensée la triste image de son courageux prédécesseur, arraché, lui aussi, de son palais par des soldats français et traîné de ville en ville, au delà des monts, de Rome à Grenoble! Que de fois dans ses longues journées et ses nuits sans sommeil, n'a-t-il pas cru entendre les soupirs de l'illustre vieillard pleurant, non sur lui-même, mais sur ses enfants criminels et ingrats? Mais il a dû se rappeler aussi les paroles de Pie VI au marquis de Labrador : « Tous les monarques de la terre ne me feraient pas agir contre ma conscience. Pour plaire aux hommes, je ne veux pas offenser Dieu. » Il a retenu aussi et répété sa réponse à Berthier : « Je n'ai pas besoin de pension. Un sac et une pierre suffisent à un vieillard qui veut finir ses jours dans la pénitence. Détruisez les monuments de la religion! L'Église existera après vous, comme elle existait auparavant. Elle subsistera jusqu'à la fin des siècles! » Enfin, il a gardé et pratiqué le dernier vœu de Pie VI : « Recommandez à mon successeur de pardonner aux Français, comme je leur pardonne du fond de mon cœur. »

Et cependant, tant de vertu, tant de courage ont été méconnus. Il a été dit que Pie VII allait soutenir à contre-cœur une longue et terrible épreuve. Un illustre écrivain a même été plus loin et s'est oublié jusqu'à traiter l'infortuné Pontife de « Polichinelle sans conséquence » et à le mépriser plus qu'Alexandre Borgia (2). Voilà à quelles détestables appréciations mène l'esprit de parti. Mais les faits, supérieurs aux critiques — et ils sont irrécusables, — ont suffisamment démontré l'abnégation, le dévouement et l'héroïsme de Pie VII dans son exil. C'est cependant avec complaisance que le général Radet se félicitait de sa prouesse. « J'attaquai, écrit-il au général Miollis, le Quirinal à trois heures du matin, du 6 courant, et à quatre heures le Pape et le cardinal étaient

---

(1) *Correspondance authentique de la Cour de Rome*, p. 142 à 150.
(2) *Correspondance de* J. DE MAISTRE, t. Ier, p. 188.

dans une voiture sans coup férir, sans désordre ni pillage, ni une égratignure... Rome, ses États et presque toute l'Italie sont dans l'étonnement et la stupéfaction. L'esprit de vertige est tué. Les prêtres et leur parti sont atterrés *et tout marche*. Les cris de « Vive l'Empereur! » retentissent de toutes parts et l'Empereur règne vraiment depuis le départ du Pape (1). » Or, c'est le même général, baron de l'Empire, qui, le 12 septembre 1814, fit présenter à Pie VII, par Mgr de Pressigny, ambassadeur de Louis XVIII, une lettre suppliante où il demanda au Pape de venir au secours de l'honneur de l'un de ses enfants « qui avait eu le bonheur de contempler de près une vertu plus qu'humaine »! Et il se disait alors le fils et serviteur très humble, très soumis et très obéissant de celui qu'il avait si délibérément emmené en exil (2).

Dans la nuit qui suivit l'enlèvement, les amis du Pape placardèrent sur les murs de Rome une affiche dont la teneur avait été dictée par Pie VII lui-même, qui avait prévu les violences dont il devait être victime. Cette affiche était un touchant appel à la miséricorde divine et au conseil donné à ses loyaux sujets pour les inviter à suivre l'exemple des fidèles du premier siècle, tandis que le Chef des Apôtres était enfermé dans une étroite prison. Quoi qu'en eût dit le général Radet, ces violences avaient jeté la consternation dans Rome et dans toute l'Italie. Chacun déplorait un enlèvement odieux, fait en secret aux premières lueurs de l'aube, et en toute hâte, sans laisser au Pape le temps de prendre les moindres dispositions,

---

(1) Voir *Notice sur le comte Bigot de Préameneu*, par Nougarède DE FAYET, *Pièces justificatives*, p. 67.

(2) Le général Radet qui, aux Cent Jours, avait repris du service, fut chargé par Napoléon d'arrêter le duc d'Angoulême à Pont-Saint-Esprit et de le conduire hors de France, ce qu'il fit très courtoisement. Puis il prit part à la bataille de Waterloo et, l'Empire définitivement tombé, rentra à Varennes. Il y fut arrêté le 5 janvier 1816 et conduit à la prison de Besançon. Le 25 juin, le conseil de guerre le condamna à neuf ans de détention. Mais le duc d'Angoulême demanda sa grâce le 4 janvier 1819. Quant à Pie VII, pour toute vengeance, il avait fait savoir, dès son retour à Rome, au général Radet que la propriété de San Pastor, achetée par lui dans les États romains et où s'était installée une communauté religieuse, lui était restituée. Radet mourut, oublié de tous, à Varennes, le 28 septembre 1825.

comme s'il se fût agi d'un malfaiteur. On blâmait cette précipitation inouïe, cette façon brutale de se jeter avec la lie de la population sur le Quirinal, au mépris du droit des gens et de la foi des catholiques du monde entier. Mais telle était la terreur qu'imposaient la puissance de Napoléon et ses derniers succès en Autriche que, sauf quelques protestations verbales, personne ne bougea ni en Italie ni ailleurs. Ceux qui connaissaient l'histoire de l'Église s'affligeaient évidemment de la politique néfaste de l'Empereur et prévoyaient des jours plus mauvais encore. Mais ils se disaient que la Papauté avait subi bien d'autres excès et que toujours elle avait survécu à ses persécuteurs.

Les annales des Papes n'abondaient-elles pas en exemples nombreux de violences dirigées contre leurs personnes sacrées et contre leur autorité suprême? Avait-on pu oublier les menaces, les traitements odieux, les séditions, les usurpations de toute sorte dont furent tour à tour victimes Étienne II, Léon III, Jean XIII, Grégoire V, Urbain II, Pascal II, Gélase II, Innocent II, Eugène III, Alexandre III, Innocent IV, Boniface VIII, Eugène IV, qui eurent à lutter avec les étrangers, les seigneurs, les empereurs, les rois et les Romains eux-mêmes? Mais ces tristes souvenirs n'étaient pas de nature à effrayer Pie VII. Il savait que beaucoup de Papes avaient été chassés de Rome par la violence et cependant y étaient rentrés en pleine possession de leur pouvoir. Et d'ailleurs, quand même un sort plus rigoureux lui serait réservé, quand même il devrait mourir en exil comme son prédécesseur, qui pouvait l'empêcher de croire invinciblement que la Papauté, comme l'histoire l'avait tant de fois prouvé, triompherait tôt ou tard de ses ennemis? Ce qui consolait le Pape, au cours même des épreuves cruelles qu'il subissait, c'étaient les pieuses et ardentes démonstrations des fidèles. A tous les relais, les populations tombaient à genoux sur son passage et s'écriaient : « *E incredibile! Dio lo permette! Cosa grande! Pazienza!* » Telles étaient les expressions qui, d'après une relation exacte de l'enlèvement et du voyage de Pie VII, retentissaient sur toute la route de Rome à Alexandrie.

Il n'entre pas dans le cadre de cet ouvrage de faire la peinture intégrale des angoisses et des souffrances que le Pape, malade et affligé, endura du 6 juillet au 20 août, jour de son arrivée à Savone où il allait rester enfermé jusqu'au 9 juin 1812. Qu'il suffise de rappeler qu'on a entraîné en toute hâte, dans une mauvaise voiture, le noble captif, sans tenir compte de son déplorable état de santé, aux frontières de la Toscane, à Sienne, à la Chartreuse de Florence, à Turin, au Mont-Cenis, à Montmélian, à Grenoble. Là on lui permit de demeurer quelques jours seulement. Mais là aussi, on le sépara brutalement de son conseiller et ami, le cardinal Pacca, que des soldats emmenèrent à la citadelle de Fénestrelles, devenue prison d'État (1). On ne laissa même pas au cardinal le temps de faire ses adieux à son vénérable maître et, le même jour, on dirigea le Pape sur Avignon, puis sur Aix et Nice. Sur le parcours de cette route, comme à Grenoble, le Saint-Père eut la consolation de voir le peuple accourir à lui et implorer sa bénédiction. Ce fut au milieu des acclamations d'une foule enthousiaste que Pie VII se rendit à Savone où il fut reçu chez le maire, puis chez l'évêque et enfin conduit à la préfecture qui devait constituer sa demeure définitive. Là, il se contenta d'une simple chambre et refusa de s'asseoir à une table somptueusement servie, se bornant à de très modestes repas pris chez lui (2). Plus d'une fois, pendant son douloureux voyage, il aurait pu se soustraire à cette captivité, car entre autres à Poggibonsi, les fidèles, irrités de la violence commise sur sa personne, auraient, s'il l'avait voulu, dispersé son escorte et lui auraient rendu la liberté. Mais le Pape, qui attendait de la Providence seule son salut, n'y consentit pas.

(1) Voir *Mémoires de Pacca*, t. Ier, p. 288, et sur le voyage du Pape voir *ibid.*, p. 243 à 287. — Comte d'Haussonville, *l'Église romaine et le premier Empire*, t. III.

(2) Voir pour les détails le livre de M. Chotard, *Le pape Pie VII à Savone*, Plon, 1887.

Comme dans toutes les circonstances où le zèle de ses agents avait paru outrepasser ses instructions, l'Empereur affecta de n'avoir point ordonné l'enlèvement de Pie VII et manda à Fouché qu'il n'avait désiré que l'enlèvement de Pacca (1). Quant à ce cardinal, il le faisait prévenir à Fénestrelles, que si à Rome un seul Français était assassiné par l'effet de ses instigations, il payerait ce crime de sa tête. Il l'appelait grossièrement « un coquin, ennemi de la France » et il disait du Pape : « C'est un homme bon, mais ignorant et fanatisé. » Il ordonnait d'expulser de Rome tous les généraux d'ordres monastiques et se répandait en menaces contre ceux qui paraissaient déplorer sa politique antireligieuse. Il pensait déjà, à cette époque, à installer le Pape à Fontainebleau ou même à Paris. « Je ferais, disait-il, venir les cardinaux, qui sont mes sujets d'Italie et de France, à Paris où je les laisserais en liberté. Il serait avantageux d'avoir le chef de l'Église à Paris où il ne peut être d'aucun inconvénient. S'il fait sensation, ce sera de nouveauté. A Fontainebleau, je le ferai servir et traiter par mes gens. Son fanatisme insensiblement aura là une fin (2) ». Dans l'état de fureur perpétuelle où le mettait la résistance de certains membres du clergé, il allait jusqu'à menacer son oncle lui-même, qui avait omis de faire précéder de la lettre impériale le *Te Deum* prescrit pour célébrer la victoire de Wagram. « Ou ma lettre, disait-il, est contre la religion, ou elle ne l'est pas, et appartient-il à un évêque de changer le caractère que je lui ai donné? Je suis théologien autant et plus qu'eux. Je ne sortirai pas de la ligne, mais je ne souffrirai pas que personne en sorte! (3) »

Fouché ayant répondu qu'il lui paraissait préférable de maintenir le Pape à Savone, Napoléon prescrivit de lui donner une garde de cinquante cavaliers, d'approvisionner

---

(1) Voir ses explications confuses dans les Notes sur l'ouvrage de M. DE PRADT, les quatre Concordats. (*Mémoires pour servir à l'histoire de France sous Napoléon*, t. Ier, p. 122 à 126.)
(2) *Lettres inédites*, p. 341.
(3) *Ibid.*, p. 343.

la citadelle, d'y mettre une garnison de quatre cents hommes et d'envoyer à Savone sept ou huit brigades de gendarmerie avec un colonel. « On laissera, disait-il dans un style peu impérial, le Pape donner des bénédictions tant qu'il voudra, en ayant soin toutefois d'empêcher toute communication extraordinaire, soit avec Gênes, soit avec d'autres pays. » Il ordonnait en outre de faire ouvrir les lettres papales à Turin, ainsi que celles qui seraient adressées à Pie VII, afin de voir si elles ne contiendraient rien de contraire à l'État (1). Dans une autre lettre, il recommandait de surveiller les nouveaux arrivants et la correspondance de la suite pontificale, de faire arrêter l'ancien confesseur du Pape qui était « un scélérat ». Mais il ne fallait pas ébruiter ces mesures; il allait s'arranger « pour que l'on n'en parlât pas dans les gazettes ». S'adressant ensuite au ministre des *** , Bigot de Préameneu, il l'informait qu'il destinait a somme mensuelle de 200,000 francs à l'entretien de la Maison du Pape et à celle des cardinaux arrivés en France. Deux mois après, il prescrira au prince Borghèse, gouverneur des départements au-delà des Alpes, de faire de fortes économies sur la somme affectée à l'entretien du Pape. C'était le commencement des indignes procédés que l'Empereur laissera employer à l'égard de son illustre prisonnier. Et pourtant, à Sainte-Hélène, il déclarera qu'il avait montré en ces circonstances « plus de patience que ne comportaient sa position et son caractère; que si, dans sa correspondance avec le Pape, il employa parfois le sarcasme, il y fut toujours provoqué par le style sacré de la Chancellerie romaine qui s'exprimait comme au temps de Louis le Débonnaire, style d'autant plus déplacé qu'il était adressé à un homme éminemment instruit des guerres et des affaires d'Italie, qui savait par cœur toutes les campagnes, toutes les ligues, toutes les intrigues temporelles des Papes (2). » Mais si le Saint-Père avait par hasard répondu à

(1) *Lettres inédites*, t. Ier, p. 344.
(2) *Mémoires pour servir à l'histoire de France sous Napoléon*, t. Ier, p. 122 à 136.

l'Empereur sur le ton que celui-ci osait prendre à son égard, qu'aurait dit Napoléon?

Le ministre des Cultes, Bigot de Préameneu, qui avait été choisi pour succéder à Portalis, était heureusement un homme grave, paisible, instruit, pondéré. Ancien avocat au Parlement de Paris et ancien député à l'Assemblée législative, il avait été nommé commissaire du gouvernement près le tribunal de Cassation; il avait été l'un des trois rédacteurs du projet du Code civil, puis était devenu président de section au Conseil d'État. Sa conduite sous la Révolution avait montré en lui un esprit ferme, conciliant et courageux. Il avait défendu, au 10 août, la famille royale et avait failli être l'une des victimes du tribunal révolutionnaire. Sa science juridique et ses mérites incontestés l'avaient fait élire membre de l'Institut. La haute probité de son caractère et ses amples connaissances le signalèrent au choix de Napoléon pour la succession de Portalis. Il fallait du courage pour accepter la place de ministre des Cultes à l'époque où tout faisait prévoir les plus redoutables événements. Fort de sa conscience et résolu à tempérer, autant qu'il serait en lui, les mesures prescrites par l'Empereur, Bigot de Préameneu accepta. Il est permis de dire que cette acceptation fut heureuse, car elle préserva l'Église de coups encore plus graves que ceux qui allaient lui être portés. Sans se faire l'apologiste du nouveau ministre, et tout en le plaignant d'avoir eu à exécuter des ordres rigoureux et injustes, il convient de reconnaitre qu'avec lui ces ordres furent parfois adoucis dans la mesure du possible. Bigot de Préameneu était certainement un gallican convaincu, ayant comme ses anciens collègues du Parlement la crainte exagérée des empiétements du clergé et l'horreur innée des menées ultramontaines. Mais ses tendances naturelles le portaient vers la modération et il en donna des preuves, chaque fois qu'il le pût sans craindre d'irriter un maître impérieux.

L'Empereur voulut le consulter sans retard sur la Bulle du 10 juin. Quel compte fallait-il tenir de l'excommunication? Quelle importance avait-elle? Quelle était réellement sa portée? L'appréciation était délicate pour le nouveau ministre des Cultes, et il fallait une singulière adresse pour la formuler nettement. Bigot de Préameneu examine immédiatement la Bulle dans ses conclusions (1). Pour rassurer Napoléon que cette Bulle inquiétait fort, il prend tout d'abord le passage où Pie VII dit que s'il est forcé d'employer le glaive de la sévérité, il ne peut oublier qu'il tient sur terre la place du Dieu des miséricordes et déclare en conséquence qu'il défend aux peuples chrétiens, et surtout à ses sujets, de causer le moindre tort et le moindre dommage à ceux que regardent les présentes censures, soit dans leurs biens, soit dans leurs prérogatives. Bigot de Préameneu veut voir de la subtilité et des prétentions là où le Pape n'avait mis que de la rémission et de l'indulgence. Il blâme Pie VII d'avoir cherché à peindre avec les couleurs les plus exagérées tout ce qu'il nomme usurpation, vexations et mauvais traitements. Il fait observer que la Bulle n'a soulevé nulle part des troubles ou des inquiétudes et qu'elle peut être considérée « comme une inutile protestation », du genre de celles que l'Empereur avait laissé tomber d'elles-mêmes. D'ailleurs, que fallait-il redouter au point de vue des censures ecclésiastiques? Des effets extérieurs? Aucuns. Napoléon n'était nommé nulle part. Or, il était de règle que l'Église ne voulait pas « comprendre les souverains dans les peines prononcées pour entreprises de seigneurs temporels, lorsqu'elle ne les y avait pas nommés en termes exprès ». A cette objection, il est permis de répondre que Pie VII avait adressé à Napoléon, le 12 juin, une lettre de notification en termes formels, ce que Bigot de Préameneu ignorait.

Examinant ensuite les peines de l'excommunication prononcées par le Concile de Trente, le ministre reconnaissait que la peine principale était de ne pas être admis à la communion des fidèles. Mais comment pouvait-on éloigner celui contre lequel il n'y avait pas de titre de condamnation? Donc

(1) Comte D'HAUSSONVILLE, t. III. — *Pièces justificatives*, p. 307.

cette Bulle, que le Pape ne chargeait personne d'exécuter, n'avait aucun effet extérieur. Il y avait là encore une erreur. Pie VII avait déclaré formellement qu'il ordonnait à tous juges ordinaires ou délégués, aux auditeurs des causes de son palais apostolique, aux cardinaux, aux légats, aux nonces du Saint-Siège et à tous autres, de quelque pouvoir qu'ils fussent revêtus, de s'y conformer dans leurs décisions et jugements. Allant d'ailleurs à l'avance contre toute objection, le Pape disait : « Ces lettres apostoliques ne pourront sous aucun prétexte, couleur ou motif, être considérées comme entachées du vice de subreption, d'obreption, de nullité et de défaut d'intention de notre part ou de la part de ceux qui y ont intérêt. »

C'est donc en vain que Bigot de Préameneu considérait la Bulle du 10 juin comme une insignifiante protestation. Il disait encore qu'il lui paraissait inutile d'en saisir le Conseil d'État, parce que le Conseil ne pourrait qu'en empêcher la publication. Or, nulle autorité ne songeait à la publier. Enfin, l'annulation officielle de la Bulle aurait l'inconvénient d'attirer l'attention publique et servirait les malveillants. Telles furent les observations du ministre qui essaya, avec quelques arguties peu dignes de son esprit habituel, de se tirer d'un mauvais pas. Tout en restant préoccupé de l'excommunication lancée contre lui, Napoléon parut trouver cette réponse satisfaisante et consentit à ne pas attacher officiellement de l'importance à la Bulle du 10 juin. Toutefois, il donna les ordres les plus sévères pour empêcher qu'elle ne fût connue. Sa vengeance tomba sur le cardinal Pacca, qu'il soupçonnait d'être l'auteur réel de la Bulle, et pendant quatre ans il le tint sous les lourds verrous de Fénestrelles. Il frappa aussi les missions et les congrégations qui auraient pu propager la Bulle, puis interdit à Saint-Sulpice les conférences de M. de Frayssinous qui lui paraissaient suspectes. Tout cela démontrait bien que la sentence du Pape l'avait profondément atteint et qu'il se sentait personnellement désigné. Il s'y attendait si peu qu'au moment où ses agents interprétaient ses pensées ou exécutaient ses ordres en enlevant le Pape, il faisait présenter par le ministre des Cultes une sorte de proposition d'arrangement au sujet de l'institution canonique des évêques qu'il avait nommés aux sièges vacants en Italie. Il fit ensuite écrire par le cardinal Fesch, par le cardinal Caprara, par le cardinal Maury, par les évêques de Nantes et de Casale à Pie VII pour lui demander, au nom du ministre des Cultes, l'institution des évêques, afin d'éviter des troubles et un schisme dans l'Église. Le Pape répondit de Savone, le 26 août, au cardinal Caprara qu'il ne saurait accorder de bulles d'institution à la requête du ministre et des prélats, car ils représentaient évidemment Napoléon lui-même. Or, après les attentats commis par l'Empereur sur sa personne, sur le cardinal Pacca et d'autres cardinaux, il ne pouvait reconnaître à Napoléon le droit de nomination des évêques ni la faculté d'exercer ce droit, sans se rendre coupable de prévarication. Il n'avait même pas pour l'assister ses conseillers naturels, les cardinaux, et il était décidé à ne pas trahir sa conscience.

Ici se place un fait des plus graves et dont il a été peu parlé jusqu'à ce moment.

Dans ses *Mémoires* (1), Napoléon déclare qu'il fit proposer à Pie VII que désormais les bulles ne fussent plus demandées directement par lui au Pape, mais par le ministre des Cultes, et qu'en conséquence il ne fût plus fait mention de son nom dans les bulles d'institution... « Le Pape, dit-il, comprit le piège. Cela n'avait pour but que de faire descendre le Saint-Siège en le faisant correspondre avec un ministre comme les autres évêques. Il se refusa d'adopter cet expédient qui empirait sa position. Il fit fort bien. Dans l'état de splendeur où était le trône impérial, le Pape ne pouvait faire rejaillir rien sur lui, tandis que l'étiquette du palais impérial, les communications directes avec le Souverain distinguaient l'évêque de Rome et maintenaient sa splendeur et son rang. » Ce qu'il faut retenir de cette note, c'est l'aveu d'un piège indigne

---

(1) Tome Ier, p. 163, Didot, 1823.

tendu au Saint-Père qui refusa d'y tomber, non pour perdre l'éclat que lui assuraient des communications directes avec l'Empereur, mais pour maintenir intactes les clauses du Concordat. Napoléon ajoute encore dans cette note — et c'est un autre aveu qu'il est bon de retenir également, — que si le Pape avait accepté une autre proposition par laquelle l'Empereur offrait de renoncer à nommer les évêques, pourvu que l'institution canonique leur fût donnée par le Synode métropolitain, *le Saint-Siège eût réellement perdu toute intervention dans l'église de France.* Rien ne peut mieux expliquer et justifier la résistance opiniâtre du Pape.

Quel spectacle réconfortant, au milieu de la lâcheté universelle, offre ce vieillard énergique! Il est seul, privé de tout conseil et de tout appui, et il ne se trouble pas. Malgré les marques de déférence qu'on semble encore lui témoigner, il ne veut ni faveurs, ni honneurs. Il habite une sorte de cellule qui donne sur les murs de Savone et il y redevient l'humble moine qui goûtait jadis les joies de la solitude et du silence. Ses gardiens, le comte de Chabrol, fonctionnaire zélé et rusé, le comte Salmatoris, courtisan piémontais, le général César Berthier, rude soldat impérial, essaient vainement de l'amener à adoucir son intransigeance. Pie VII ne cède en rien. Il ne sortira de sa petite chambre que pour faire quelques pas dans un étroit jardin; jamais il ne consentira à se promener dans Savone. Le préfet, l'intendant et le maire du palais en sont pour leurs offres et leurs harangues insinuantes. Fort de ses droits, sûr d'être soutenu par tous les catholiques dont il vient d'apprécier la tendresse et la piété ardentes, le Pape ne s'inclinera pas devant l'Empereur. Celui-ci a cru briser son pouvoir et sa force en annexant ses États à l'Empire et en l'arrachant brutalement à la ville sainte, sa capitale. Il s'est trompé. A Savone, Pie VII a autant, si ce n'est plus, d'autorité qu'à Rome. C'est donc en vain que Napoléon se targue de sa puissance et de ses victoires; le Pontife, même réduit à l'état le plus précaire, brave cette puissance et tout cet orgueil. Aussi ceux qui le voient, demeurent-ils frappés de sa simplicité et de sa majesté.

A l'occasion de la victoire de Wagram, l'Empereur avait adressé une circulaire aux évêques pour prescrire un *Te Deum* et pour s'expliquer sur sa politique à l'égard du Saint-Siège. Il avait jugé nécessaire au bien de ses peuples et aux intérêts politiques de sa couronne de gouverner directement les parties de l'Empire que Charlemagne, « son auguste prédécesseur, » avait confiées aux évêques de Rome, à titre de fiefs, dans l'intérêt de la foi et non dans celui des hérétiques. Il disait avec superbe : « Tenant notre trône de Dieu, nous ne sommes comptables qu'à lui de nos actions. Tout ce que nous avons fait, nous l'avons fait pour la gloire et le bien de nos peuples, et aussi pour le plus grand bien de la religion qui tire toujours sa force de la simplicité, de la charité et de la vérité de la foi, et non des choses qui lui sont étrangères, ce que Jésus-Christ aurait pu et n'a pas voulu établir. » Résumant alors en quelques mots sa politique religieuse, il s'exprimait ainsi : « Lorsque, sur le champ de bataille de Marengo, nous conçûmes la volonté de rétablir les autels renversés de nos pères, ce fut bien loin de nous de reconnaître ces prétentions monstrueuses et contraires aux principes de la religion, qui ont donné à ses ennemis le moyen de la calomnier... Nous avons entendu rétablir la doctrine que l'École de Paris, la Sorbonne et le clergé de France, surtout dans sa déclaration de 1682, ont pris pour base. » Il concluait de la sorte : « Nous regarderons avec pitié ceux qui, imbus d'une fausse doctrine, méconnaîtraient le commandement de Jésus-Christ qui ordonnait de rendre à César ce qui appartient à César, et qui ne permettait pas de soumettre la direction des consciences et les intérêts spirituels à des considérations temporelles. Ce qu'un homme a fait, un homme peut le défaire; ce que Dieu a fait est seul immuable (1). »

Je sais bien que sur les conseils de Bigot de Préameneu, Napoléon retira, après coup, ces considérations de la circulaire envoyée aux évêques, mais retirées ou non, elles

---

(1) *Lettres inédites de Napoléon*, t. 1er, p. 376.

expliquent nettement sa politique en 1809. Il ne veut relever que de Dieu seul. Il n'admet pas d'intermédiaire entre lui et Dieu, lui qui cependant s'était dit au Pape « le respectueux et dévot fils ». Il veut que le Pape soit simplement l'évêque de Rome. Il veut que les donations de Charlemagne ne soient que des fiefs confiés à la Papauté. Il veut que le pouvoir temporel cesse d'être une réalité. Il veut, en somme, faire du Pape le vassal de l'Empereur. Et qui accuse-t-il de faire prévaloir les intérêts temporels sur les intérêts spirituels? Pie VII, c'est-à-dire le Pape qui a donné, avant et depuis son élévation au Pontificat, comme son infortuné prédécesseur, l'exemple de l'abnégation et du désintéressement le plus absolu des biens et des jouissances de la terre. Bigot de Préameneu a eu raison de conseiller le retrait de ce passage de la circulaire impériale, car il eût fait encore plus d'incrédules que de révoltés. Mais à la première occasion, l'Empereur répètera ces accusations indignes contre le Pape qui s'est volontairement réduit, non par orgueil, mais pour la défense des droits irréfragables de la Papauté, à la situation la plus humble et la plus pénible.

Eh bien, l'Europe sait cela et, chose lamentable, sur laquelle on ne doit pas craindre d'insister, l'Europe se tait. L'Autriche, qui vient d'être battue et qui frissonne encore de sa défaite ; la Russie, la Prusse et les petits États allemands, que les coups portés à l'Église catholique laissent indifférents ; l'Espagne et le royaume de Naples, qui sont en proie à la tyrannie impériale, tous gardent le silence. L'Angleterre, sans se prononcer pour la cause du Souverain Pontife, et le Portugal, qui seul déplore ce qui se passe, sont en guerre avec Napoléon. Tout porte à croire que si un arrangement eût eu lieu entre ces États et l'Empire, ils auraient fait et approuvé comme les autres. Le clergé catholique des différentes nations se tait prudemment. Seuls, les évêques de Dalmatie élèvent la voix en faveur de Pie VII, mais que peut cette faible voix ? Et cependant, l'Europe et le clergé du monde entier étaient intéressés dans la question. Ne voyaient-ils pas que l'occupation de Rome et des États romains était une menace pour tous les catholiques ?

Ne voyaient-ils pas que la main-mise sur la Papauté, sur le Sacré Collège, sur le Chef de l'Église étaient l'indice des plus redoutables ambitions? Un despote capable d'opprimer ainsi toutes les consciences catholiques n'allait-il pas s'imposer avec le titre déjà fameux d'Empereur d'Occident!... « Les nations, a dit Pacca, frémirent à la nouvelle de la déportation violente de Pie VI et de Pie VII, et cependant aucune réclamation ne se fit entendre ; pas une voix protectrice ne descendit des trônes catholiques en faveur de ces illustres captifs. Dieu l'a permis, comme pour faire toucher du doigt aux incrédules que la conservation et la prospérité de l'Église sont uniquement l'... age de sa Providence, et pour rendre à jamais mémorable la leçon que les Papes lisent si souvent dans les Saintes Écritures, de ne point mettre leur confiance dans les princes de la terre. (1) »

Mais ce qui causa une réelle affliction au Pape, au début de sa captivité à Savone, ce fut l'arrivée des délégués de la noblesse romaine aux Tuileries. Les flatteries de ces courtisans, qui ne représentaient, en réalité, que la partie ambitieuse et flottante des patriciens de Rome, étaient d'une bassesse révoltante. Ils avaient en effet, comparé Napoléon à Scipion, à Camille, à César; ils avaient dit que le Tibre, témoin des antiques exploits, levait son front glorieux vers un nouveau génie tutélaire. Ils avaient même osé ajouter, tant l'adulation leur était naturelle : « Le Tibre, sous votre heureuse domination, espère voir renaître sur ses rives un troisième siècle, non pas seulement égal, mais supérieur à ceux des Auguste et des Léon X. » Napoléon ne se sentit pas choqué par tant de flatteries. « La première fois, dit-il, que je passerai les Alpes, je veux demeurer quelque temps dans votre ville... Vous avez besoin d'une main puissante et j'éprouve une véritable satisfaction à être votre bienfaiteur. » En dépit de son désir et de sa promesse, lui qui avait voulu être César et monter au Capitole, il ne devait jamais entrer

(1) *Mémoires*, t. 1er, p. 226.

dans cette Rome dont il avait chassé le souverain légitime (1).

Napoléon crut qu'avec une sage administration, à laquelle il préposa le comte de Tournon, il ramènerait à lui le peuple romain resté fidèle à Pie VII. Mais si intelligents et si modérés que fussent ses délégués, ils n'étaient point préparés à mener de front les affaires spirituelles et temporelles et à se tirer des difficultés inextricables où ils allaient tomber. Les anciens administrateurs pontificaux ne pouvaient et ne devaient pas, en vertu de la bulle d'excommunication, s'entendre avec les envahisseurs et les intrus, sous peine de sacrilège. Les divers employés du Quirinal imitaient leurs chefs et refusaient d'obéir à Miollis et à ses agents. Le général était fort embarrassé. Comment se prononcer dans des affaires qu'il ignorait absolument? Comment, entre autres, forcer les théologiens romains à enseigner la déclaration de 1682? Comment créer, sans le concours du Pape, une nouvelle circonscription des diocèses? Miollis attendait des instructions précises de l'Empereur; mais celui-ci, agacé, irrité par des résistances inattendues, sabra, tailla, démolit au lieu d'organiser et de rééditier. Aux plaintes et aux griefs les plus légitimes, il répondait par des confiscations, des exils, des arrestations. Son mariage avec la fille de l'empereur d'Autriche devait accroître encore son orgueil et le pousser aux dernières extrémités.

Napoléon trouva pour cette union une Autriche complaisante qui, n'envisageant que ses propres intérêts, ferma sciem-

(1) Napoléon avait fait choix du Quirinal comme palais impérial. Il en confia l'aménagement à l'architecte Stern, qui abattit des cloisons et des murs, transforma en galeries superbes les petits logements des serviteurs du Pape, partagea le premier étage en appartements somptueux pour l'Empereur, l'Impératrice et le futur roi de Rome et créa d'autres appartements pour le grand maréchal, les dames d'honneur, les chambellans, les écuyers, les aides de camp. « Napoléon; dit M. Louis Madelin auquel j'emprunte ces détails, avait compté venir présenter le roi de Rome en 1811, puis en 1812. Mais comme il voulait que cette présentation fût sans nuages, il lui fallut attendre que la résistance de Pie VII et de ses anciens sujets tombât; or, elle ne tomba jamais... En 1814, Pie VII se réinstalla au Quirinal. Il retrouvait son vieux palais, naguère délabré, tout reluisant de peintures, marbres, bronzes dorés, acajou et cuivres ouvragés. C'est ainsi que pour passer de Fontainebleau au *Monte-Cavallo*, le Saint-Père n'en continua pas moins d'être l'hôte de son illustre persécuteur. »

ment les yeux sur les irrégularités tangibles de la sentence rendue par l'Officialité. Ni elle, ni personne ne firent la moindre allusion à la bulle d'excommunication du 10 juin 1809. L'archevêque de Vienne voulut seulement exiger quelques renseignements précis et voir la sentence de l'Officialité pour dissiper certains doutes qui préoccupaient son esprit. On le fit taire et l'on se contenta de la parole d'honneur de l'ambassadeur de France à Vienne, qui se porta garant de la régularité de la sentence, comme je l'ai rapporté dans mon étude sur le *Divorce de Napoléon*. Quant aux treize cardinaux italiens qui refusèrent d'assister à la cérémonie nuptiale du 2 avril 1810, j'ai montré aussi, dans le même ouvrage, comment ils encoururent la colère de Napoléon, furent dépouillés de leurs insignes et de leurs traitements, menacés des peines les plus graves et finalement exilés. Napoléon s'était jeté en pleine illégalité et s'y complaisait. La loi, c'était lui. Il se disait orgueilleusement le droit et la force ; il affirmait qu'il avait la nation pour lui, et il ne comprenait pas que de pauvres prêtres eussent l'audace de l'inviter à respecter des prescriptions qu'il avait décrétées et qu'il croyait pouvoir abroger d'un seul mot.

Cependant, malgré ses affirmations et le sentiment de son omnipotence, il se trouvait, en matière religieuse, aux prises avec des difficultés et des embarras fort graves. Fidèle à sa méthode, qui était de rejeter sur ses agents toute sa responsabilité, il avait eu l'idée, en l'absence du Pape retenu captif à Savone, de créer un Conseil ecclésiastique qui donnerait son avis sur les matières en litige et l'aiderait à prêter une apparence légale à ses décisions. Donc, en novembre 1809, il avait constitué un Conseil composé, sous la présidence du cardinal Fesch, du cardinal Maury, du comte de Barral, archevêque de Tours, de M. Duvoisin, évêque de Nantes, de M. Bourlier, évêque d'Évreux, de M. Mannay, évêque de Trèves, de M. Canaveri, évêque de Verceil, de l'abbé Émery, supérieur de Saint-Sulpice et du Père Fontana, général des Barnabites de la province de Milan (1).

---

(1) Napoléon dit dans ses *Mémoires*, t. Ier, p. 121, que sa correspondance

Il convient de déclarer que le cardinal Fesch, qui devait à sa parenté avec l'Empereur la présidence de ce Conseil, montra une impartialité louable et chercha à réparer les torts de sa conduite à Rome, pendant son ambassade. Il ne cachait à personne que les violences dont souffrait le Pape, excitaient sa réprobation. Il avait même dit au ministre des Cultes, le 7 août 1809, que le clergé et les catholiques de Grenoble avaient été « plus frappés des mauvais procédés d'un conseiller de préfecture envers le Pape que de l'apparition de Sa Sainteté au milieu d'eux », et il s'était délibérément exposé, comme nous l'avons vu, aux reproches et aux bourrades de son terrible neveu. « Ce n'est pas une des moindres singularités de l'histoire de Napoléon, remarque à bon droit le chancelier Pasquier dans ses *Mémoires* (1), que la résistance qu'il a presque toujours rencontrée, pour l'exécution de ses projets relativement au clergé et au Saint-Siège, dans l'homme qui semblait devoir lui être le plus dévoué... En vain, l'Empereur l'attaqua-t-il par tous les moyens et sous toutes les formes que peut fournir le langage, même celles des plaisanteries les plus dures, faisant allusion aux mœurs de sa jeunesse et à sa conduite dans les jours qui avaient précédé son retour aux pratiques religieuses, il demeura toujours inébranlable et repoussa les plaisanteries en alléguant ses devoirs et en se retranchant derrière la profonde conviction à laquelle il avait eu le bonheur de revenir. Sa conduite, toujours parfaitement régulière, fut en toutes circonstances aussi mesurée que ferme. » L'évêque de Nantes, M. Duvoisin, prélat très

---

avec Rome qui, de 1803 à 1809, roulait sur les affaires temporelles, entra dans la spiritualité quand le Pape prétendit troubler l'exercice des vicaires capitulaires, pendant la vacance des sièges épiscopaux. « Alors Napoléon, dit-il, sentit le besoin d'un Conseil et de l'intervention du clergé. Il établit un conseil de théologiens. Le choix qu'il fit fut heureux. L'évêque de Nantes, qui était depuis un demi-siècle un des oracles de la chrétienté, en était l'âme. » Il y a là encore une erreur. Les lettres du Pape concernant les vicaires capitulaires et adressées à l'archidiacre Corboli à Florence et à l'abbé d'Astros sont de novembre et décembre 1810. Le Conseil ecclésiastique a été formé en novembre 1809 pour résoudre d'abord les difficultés religieuses survenues en Italie, puis en France.

(1) Tome Ier, p. 440.

impérialiste, se distinguait par une facilité d'élocution et un tour d'esprit des plus habiles. Il avait de l'ascendant sur l'Empereur, mais, chose curieuse, moins que le supérieur de Saint-Sulpice, le vénérable abbé Émery. Celui-ci, par sa science et par sa conscience, par sa dignité et sa fermeté, par la simplicité et la douceur de ses mœurs, avait frappé Napoléon. Il l'avouait en des termes qui montrent bien ce que des conseillers sages, francs et résolus auraient pu obtenir de lui. « C'est un homme, disait-il, qui me ferait faire tout ce qu'il voudrait et peut-être plus que je ne voudrais ! »

Dans un entretien familier qu'il eut avec M. Émery à Fontainebleau, il lui dit que s'il respectait la puissance spirituelle du Pape, il n'en pouvait faire autant de sa puissance temporelle qui ne venait pas de Jésus-Christ, mais de Charlemagne. M. Émery objecta que l'Empereur aurait dû au moins ne pas toucher aux premiers biens temporels qui étaient déjà très considérables au cinquième siècle. Sans insister à cet égard, Napoléon déclara que s'il lui était donné de parler un quart d'heure avec le Pape, il accommoderait bien tous leurs différends. « Pourquoi alors, répliqua M. Émery, Votre Majesté ne laisserait-elle pas venir le Pape à Fontainebleau? — C'est ce que j'ai dessein de faire. — Mais dans quel état le ferez-vous venir? — Je n'entends pas le faire arriver comme un captif. Je veux qu'on lui rende les mêmes honneurs que quand il est venu me sacrer... » Puis, brusquant l'entretien, il s'étonna que M. Émery et les évêques n'eussent pas encore trouvé un moyen canonique qui lui permît de s'arranger avec le Saint-Père. Il ajouta, en parlant de lui-même, que s'il avait étudié la théologie pendant six mois, il aurait bien vite débrouillé toutes choses, parce que Dieu lui avait accordé l'intelligence. « Je ne parlerais pas latin si bien que le Pape. Mon latin serait un latin de cuisine, mais bientôt j'aurais éclairci tous les difficultés. » La conversation dura encore quelques minutes et se termina par les paroles les plus bienveillantes pour M. Émery auquel il n'en voulait pas de lui avoir conseillé de se réconcilier avec Pie VII (1).

Les autres membres du Conseil ecclésiastique avaient moins de valeur que M. Émery. Cependant, M. de Barral, archevêque de Tours, ancien prélat émigré, se signalait par une piété exemplaire, des mœurs très pures, une science théologique consommée, mais aussi par une complaisance exagérée envers l'auteur du Concordat. M. Bourlier, évêque d'Évreux, était ami de Talleyrand et élevé à son école de prudence et de concescessions. M. Mannay, évêque de Trèves, et le cardinal Maury, qui avait juré à Louis XVIII de lui être fidèle *usque ad effusionem sanguinis*, n'étaient que de fidèles échos de la parole impériale. Quant au Père Fontana, qui avait accompagné Pie VII à Paris au moment du Sacre, c'était un religieux instruit, dévoué à l'Église et à la Papauté. Il n'assista qu'aux premières séances du Conseil de 1809 et eut l'honneur d'être arrêté en 1810 et incarcéré jusqu'en 1814 pour avoir paru suspect au despote et à ses courtisans.

Le ministre des Cultes réunit le Conseil ecclésiastique à la fin de novembre 1809 et lui proposa, au nom du gouvernement, trois séries de questions : la première sur ce qui intéressait les affaires de la chrétienté en général; la seconde celles de la France en particulier, et la troisième, les Églises d'Allemagne, d'Italie et la bulle du 10 juin. Chacune de ces séries se subdivisait en plusieurs questions. Le Conseil se mit aussitôt à l'œuvre et répondit à toutes les questions posées par le gouvernement. Mais il y plaça un préambule sur lequel il convient d'attirer l'attention. « Nous ne séparons pas, disait le Conseil à l'Empereur, de l'hommage que nous rendons à Votre Majesté le tribut d'intérêt, de zèle et d'amour que nous commande la situation actuelle du Souverain Pontife... Tout le bien spirituel que nous pouvons attendre du résultat de nos délibérations est donc uniquement entre les mains de Votre Majesté et nous osons espérer qu'elle jouira

(1) Voir Artaud, *Vie de Pie VII*, t. II.

bientôt de cette gloire, si elle daigne seconder nos vœux en accélérant une réunion si désirable entre Votre Majesté et le Souverain Pontife, par l'entière liberté du Pape, environné de ses conseillers naturels, sans lesquels il ne peut ni communiquer avec les Églises confiées à sa sollicitude ni résoudre aucune grande question, ni pourvoir aux besoins de la catholicité (1). » On peut affirmer que cette protestation, toute empreinte de respect et de fidélité envers le Pape, a été proposée par le cardinal Fesch et appuyée par M. Émery et par le Père Fontana. Elle dut surprendre Napoléon, autant que le surprendra, en 1811, le serment d'obéissance à Pie VII, prêté par tous les membres du Concile national. La requête du Conseil ecclésiastique en faveur de la liberté absolue du Saint-Père et du rappel des cardinaux doit donc être considérée comme un véritable acte de courage qui mérite d'être approuvé.

A cette question : « Le gouvernement de l'Église est-il arbitraire ? » le Conseil répondit négativement. Le gouvernement appartenait spécialement au successeur de saint Pierre, qui en était le chef, mais aussi aux évêques, successeurs des apôtres. L'autorité éminente de la Chaire apostolique était réglée dans son exercice par les lois communes de toute l'Église. Enfin les usages, dont les Églises particulières étaient en possession, devaient demeurer intacts. A cette autre question : « Le Pape peut-il, pour des motifs d'affaires temporelles, refuser d'intervenir dans les affaires spirituelles ? » le Conseil répondit que si les affaires temporelles n'avaient par elles-mêmes aucun rapport nécessaire avec le spirituel, « et que si elles n'empêchaient pas le chef de l'Église de remplir librement

---

(1) Voir *Mémoires de Talleyrand*, t. II, p. 52 et suiv. — Voir aussi *Fragments relatifs à l'histoire ecclésiastique* par M. DE BARRAL, le tome IV de *l'Église romaine et le premier Empire* par le comte D'HAUSSONVILLE et Archives nationales.

Les réponses du Conseil ont été reproduites par Talleyrand avec quelques abréviations, mais sans altérations et en soulignant les parties principales et les citations.

Quant aux pièces imprimées à Londres et relatives aux discussions entre la Cour des Tuileries et la Cour de Rome, Napoléon a déclaré dans ses *Mémoires*, t. Ier, p. 118, qu'elles étaient apocryphes.

les fonctions de nonce apostolique, le Pape ne pouvait, pour le seul motif des affaires temporelles, refuser son intervention. » Au sujet d'un Concile qui réglerait les affaires en suspens ou en litige, le Conseil déclarait que s'il s'agissait d'un Concile général, il fallait la présence du Pape et que s'il s'agissait d'un Concile national, « l'autorité de ce Concile serait insuffisante pour régler un objet qui intéresserait la catholicité entière. » Cette réponse, irrita l'Empereur, qui s'attendait à une approbation sans réserves des pouvoirs illimités du Concile. Quant à la formation du Sacré Collège, qui devrait être composé de prélats de toutes les nations, le Conseil formait des vœux pour l'exécution de cette mesure. Enfin, pour les prérogatives et droits personnels de l'Empereur, il reconnaissait que Napoléon était fondé à réclamer les prérogatives et droits des souverainetés réunies à l'Empire.

Venant ensuite aux questions qui intéressaient particulièrement la France, le Conseil pensait que le Pape n'avait à se plaindre d'aucune violation essentielle du Concordat. Pour les Articles organiques, dont Pie VII avait cru pouvoir dire qu'un certain nombre étaient contraires au libre exercice de la religion catholique, le Conseil estimait que plusieurs de ces articles étaient des applications ou conséquences des maximes et des usages reçus dans l'Église gallicane. Il reconnaissait cependant que quelques autres articles, comme ceux relatifs à la réception et à l'exécution des bulles et brefs pontificaux, ou le revenu exigé des ecclésiastiques pour être ordonnés par l'évêque et aux pouvoirs des vicaires généraux, renfermaient des dispositions très préjudiciables à l'Église, si elles étaient rigoureusement exécutées; mais il espérait que Sa Majesté daignerait les révoquer ou les modifier de manière à dissiper toutes les inquiétudes (1). Le Conseil se plaisait à reconnaître que l'état du clergé en France s'était bien amélioré depuis le Concordat, et il énumérait alors la dotation des chapitres, les pensions des 30,000 succursales, les bourses des sémi-

(1) Il convient de constater que ces trois dernières demandes furent accordées par le décret du 28 février 1810. (*Mémoires de Talleyrand*, t. II, p. 56).

naires, l'exemption de la conscription pour les étudiants ecclésiastiques, le rétablissement des congrégations vouées à l'enseignement gratuit et au soulagement des pauvres, des malades, etc. Enfin, venait une question grave entre toutes, celle qui allait déchaîner entre le Pape et l'Empereur des hostilités qui devaient durer jusqu'à la chute de l'Empire. « Le Pape pouvait-il arbitrairement refuser l'institution aux archevêques et aux évêques nommés? » Le Conseil répondait ainsi : « Le droit réservé au Pape ne doit pas être exercé arbitrairement. Le Concordat est un contrat synallagmatique entre le chef de l'État et le chef de l'Église, par lequel chacun d'eux s'oblige envers l'autre. C'est aussi un traité public où chacune des parties contractantes acquiert des droits et s'impose des obligations. » Pie VII était donc aussi lié par le Concordat de 1802 que Léon X l'avait été par celui de 1516. Le Conseil, examinant ensuite la réponse de Pie VII au cardinal Caprara, remarquait que, pour refuser l'institution canonique, le Pape rappelait avec blâme les innovations religieuses introduites en France depuis le Concordat et le décret de 1809 qui portait réunion de l'État romain à l'Empire. Pour le premier motif, le Conseil estimait que les innovations connues avaient été en France des bienfaits pour la religion. Quant au refus basé sur le motif politique, le Conseil répondait : « La religion nous apprend à ne pas confondre l'ordre spirituel et l'ordre temporel. Or, la juridiction que le Pape exerce essentiellement de droit divin est celle que saint Pierre a reçue de Jésus-Christ, et celle-ci est purement spirituelle. » Et il ajoutait : « La souveraineté temporelle n'est pour les Papes qu'un accessoire étranger à leur autorité. »

Si le Conseil ecclésiastique avait tenu ce langage au Pape lui-même, il en eût été repris sévèrement. Pie VII aurait en effet eu soin de redire au cardinal Fesch et aux autres que, dans la bulle du 10 juin 1809, il avait déclaré qu'il lui était défendu de livrer un héritage aussi sacré que celui du domaine pontifical, car c'était cesser de garantir la liberté du Siège apostolique, si intimement liée avec la liberté et les intérêts de l'Église universelle. « Les événements présents, avait-il dit, démontrent assez combien cette principauté temporelle était convenable et même nécessaire au chef suprême de l'Église pour lui assurer l'exercice libre et paisible de cette autorité spirituelle dont Dieu l'a investi par toute la terre. » Pie VII aurait aussi rappelé que la peine de l'excommunication majeure avait frappé ceux qui, depuis le 2 février 1809, avaient envahi Rome et le territoire pontifical, violé le patrimoine de saint Pierre et les immunités ecclésiastiques.

Mais, dans son désir d'apaiser le différend, le Conseil allait plus loin. Il affirmait que l'invasion de Rome n'était pas une violation du Concordat, qui n'avait d'ailleurs rien stipulé, rien garanti au sujet du temporel. Alors, en vertu de cet aphorisme, l'Empereur, après la paix de Vienne, aurait pu envahir de nouveau la capitale de l'Autriche sans violer ses engagements. Or, le Concordat était non seulement une convention portant organisation du culte, mais c'était encore un traité de paix. Et comment la paix était-elle respectée, quand l'un des auteurs de la convention traitait l'autre en ennemi? Cependant, le Conseil admettait bien que le Pape aurait eu raison de défendre, avec toute la force de ses moyens, le patrimoine de l'Église, mais le refus des bulles pouvait-il être un de ces moyens? Cette réponse douteuse du Conseil n'avait qu'une valeur médiocre. En effet, le Pape, à défaut d'armes matérielles pour défendre tous ses droits, devait employer les armes spirituelles. Le refus des bulles au prince qui les sollicitait pour exécuter une des clauses du Concordat était légitime, car Pie VII ne pouvait reconnaître à Napoléon violateur et usurpateur de son territoire, c'est-à-dire en état d'hostilité vis-à-vis de lui, des droits qu'il lui avait reconnus comme pacificateur et signataire d'un traité de paix.

On voit que la réponse du Conseil au deuxième motif du refus de Pie VII n'était point fondée. Quant au troisième motif : la séparation du Pape d'avec les cardinaux, ses conseillers naturels, le Conseil, très embarrassé pour s'expliquer à ce sujet, se bornait à mettre ce motif sous les yeux de l'Em-

pereur « qui en sentira, disait-il, toute la force et la justice ».
Les prélats essayaient ainsi de racheter les concessions faites
par eux au sujet des premier et second motifs. Le gouvernement avait ensuite demandé au Conseil ce qu'il faudrait faire
pour le bien de la religion, au cas où le Pape, persistant dans
son refus, l'Empereur considérerait le Concordat comme
abrogé. Ici le Conseil voulait bien reconnaître que, devant le
refus de l'exécution du Concordat, Napoléon pourrait à la
rigueur le regarder abrogé, mais il s'empressait d'ajouter :
« Le Concordat n'est pas une transaction purement personnelle. C'est un traité qui fait partie de notre droit public, et il
importe d'en réclamer l'exécution, dans la supposition même
où le Souverain Pontife persisterait à la refuser en ce qui le
concerne. » L'ancien évêque d'Autun reconnaît lui-même
que ce raisonnement est subtil et singulier, « car le Conseil,
dit-il, semble n'avoir mis en avant avec assurance un principe que pour reculer plus vite devant les conséquences. Il
semble même s'être étudié à faire renaître la difficulté au
moment où elle paraissait assez nettement résolue (1). » La
vérité, c'est que les membres du Conseil, même avec l'intention de plaire à l'Empereur, hésitaient devant les conséquences
redoutables de l'abrogation du Concordat. En théorie, ils
admettaient bien que, non exécuté, il pouvait être considéré
comme abrogé, mais en principe ils ne voulaient pas aller
aussi loin. Ils trouvaient bientôt un moyen terme : « le Concordat pourrait être regardé comme suspendu. » Ceci est le
triomphe de la casuistique et le dernier mot de la subtilité.

Mais, que le Concordat fût abrogé ou suspendu, que fallait-il faire pour le bien de la religion? Le Conseil, dans la crainte
d'un schisme ou de l'intrusion de l'autorité laïque dans le
domaine ecclésiastique, commençait par rappeler ainsi les
principes qui régissent l'Église :

« Tous les pouvoirs des ministres de l'Église étant d'un
ordre spirituel, c'est à l'Église seule à les conférer.

---

(1) *Mémoires de Talleyrand*, t. II, p. 61.

« Les évêques ont des pouvoirs d'ordre et des pouvoirs de juridiction.

« Dans les trois premiers siècles de persécution, il a bien fallu que l'Église seule investit les pasteurs de ces pouvoirs et elle n'a pas pu perdre ce droit, quand les rois se sont faits ses enfants.

« L'Église n'a jamais reconnu d'évêques que ceux qu'elle avait institués. »

Le Conseil ajoutait que la manière de procéder à l'élection, puis de conférer l'institution, n'avait pas toujours été la même. Dans les premiers temps, le clergé de la ville élisait l'évêque et soumettait son choix à l'assentiment du peuple. Au IV° siècle, l'élu devait être confirmé par le métropolitain et les évêques de la province. Au VI° siècle, le roi de France avait le droit de confirmer l'élu. A partir du X° siècle, lorsque les évêques furent devenus seigneurs temporels, l'élection était remplacée par la nomination du roi de France. C'est par exception que certains monarques, comme Louis le Débonnaire, laissaient aux Églises le choix de leurs pasteurs. A la suite de la querelle des Investitures, l'élection de l'évêque fut remise au peuple de la ville. Au XII° siècle, l'élection devint la prérogative du chapitre de la cathédrale, avec obligation du consentement du prince qui représentait le peuple. Talleyrand fait observer que les Papes jusqu'au XIII° siècle n'avaient été pour rien ni dans l'élection ni dans l'installation. Il soutient que depuis ils s'attribuèrent quelquefois l'élection et la confirmation par les réserves et autres principes puisés dans les fausses Décrétales (1). La Pragmatique Sanction de 1438, conformément aux décrets du Con-

---

(1) A la collection des Décrétales ou *Epistolæ decretales*, lettres des Papes relatives à la discipline et à l'administration ecclésiastiques, formée vers l'an 500 par Denys le Petit, vint s'ajouter une autre collection formée en Espagne au VII° siècle et appelée *Hispana*. Vers le IX° siècle apparait une collection attribuée à Isidorus Mercator et qui aurait été fabriquée au Mans. Elle comprend des lettres des Papes et des Décrétales qui sont inventées, d'où le titre de *Fausses Décrétales*. Le but d'Isidorus Mercator était de protéger les évêques contre les métropolitains et contre le pouvoir civil et de reconnaitre au Pape seul le droit de juger des causes graves des évêques. Mais l'auteur des Fausses Décrétales ne

cile de Bâle, décida que l'élection de l'évêque par le peuple et par le chapitre serait confirmée par le métropolitain ou par le Concile provincial. Enfin, le Concordat de 1516 entre Léon X et François Ier réserva uniquement l'élection au Roi et l'institution au Pape à la place du métropolitain et du Concile provincial.

Prévoyant alors de graves modifications à cette méthode consentie par l'Église, les membres du Conseil ecclésiastique, qui ne veulent pas encourir une dangereuse responsabilité par des innovations audacieuses et arbitraires, déclarent que, même si l'on revenait aux coutumes des siècles précédents, l'approbation de l'Église serait indispensable. Ils ont soin de rappeler les vices capitaux de la Constitution civile du clergé, votée par une assemblée politique et incompétente : « Ainsi, disent-ils formellement, dans la supposition où, par la persévérance du refus des bulles, le Concordat serait regardé comme suspendu ou abrogé, on ne serait pas autorisé à faire revivre la Pragmatique Sanction, à moins que l'autorité ecclésiastique n'intervînt dans son rétablissement. Sans cela, elle deviendrait la source de troubles semblables à ceux qu'a excités dans toute la France la Constitution civile du clergé en 1791. » Puis revenant à la question du gouvernement : « Que conviendrait-il de faire alors pour le bien de la religion? » le Conseil répond « qu'il n'a pas l'autorité nécessaire pour indiquer des mesures propres à remplacer l'intervention du Pape dans la confirmation des évêques ». Toutefois, n'osant demeurer sur une réponse indécise, les membres du Conseil ecclésiastique estiment qu'il serait sage de convoquer un Concile national qui tâcherait de prévenir les inconvénients résultant du refus des bulles (1).

---

faisait que consacrer une situation déjà existante. C'est pourquoi le Pape Nicolas Ier s'en réclama pour déposer l'évêque de Soissons en 864. La vérité sur la valeur réelle de ce recueil ne fut connue définitivement que lorsque parut, en 1523, la *Collectio conciliorum* de Merlin. Les Fausses Décrétales n'ont maintenant autorité que sur les points formulés depuis par d'autres décisions des Papes ou des Conciles.

(1) En 1687, à l'occasion d'un refus identique fait par Innocent XI, le Parlement de Paris avait supplié Louis XIV de convoquer les Conciles provinciaux ou un Concile national.

Ces réponses, où perçait l'embarras des prélats qui s'efforçaient de se dérober à une lourde responsabilité, déplurent fort à Napoléon qui aurait voulu quelque chose de catégorique, répondant à ses idées personnelles. Suivant lui, l'Église gallicane avait toute autorité pour prononcer le rétablissement des anciens usages, sinon il y aurait une lacune dans la législation de l'Église. Il fit rédiger par l'évêque de Nantes une note péremptoire à cet égard et le Conseil, obligé de reprendre une seconde fois la question, déclara de nouveau que la seule voie canonique, pour arriver au but désiré, était la convocation d'un Concile national. Ce Concile devrait adresser au Pape des remontrances respectueuses sur les suites regrettables d'un refus prolongé et lui exposer la nécessité pour l'Empereur et le clergé de pourvoir à la conservation de la religion et à la perpétuité de l'épiscopat. Si, malgré cette démarche, le Pape maintenait son refus, le Concile aurait à se demander s'il était compétent ou non pour rétablir ou renouveler un mode d'institution canonique qui remplaçât le mode fixé par le Concordat. Si le Concile se jugeait compétent, il arrêterait, « sous le bon plaisir de Sa Majesté », un règlement provisoire de discipline avec l'intention de revenir le plus tôt possible au Concordat. S'il se jugeait au contraire incompétent, il réclamerait le recours à un Concile général qui lui paraissait « la seule autorité dans l'Église qui soit au-dessus du Pape (1) ».

---

(1) Ici le Conseil ecclésiastique de 1809 commettait une très grave erreur. Les Conciles, n'étant que des pouvoirs intermittents, ne peuvent en effet l'emporter sur les Papes qui ont le pouvoir perpétuel. Les Conciles généraux ne peuvent être que « les États généraux de l'Église » rassemblés par l'autorité et sous la présidence du Souverain ; mais au Souverain Pontife appartient seul le droit de les convoquer. Comment, dès lors, convoqués par lui, pourraient-ils être supérieurs à lui ? La seule vérité de cette définition : « Le Concile universel est au-dessus du Pape » est que le Pape *seul* ne peut revenir sur un dogme décidé par lui et par les Évêques réunis en Concile général. Mais pour que le Concile général ait l'autorité souveraine, il *faut* que le Pape le convoque et le préside. Joseph de Maistre cite avec raison l'opinion du théologien Thomassin ainsi formulée : « Ne nous battons plus pour savoir si le Concile œcuménique est au-dessus ou au-dessous du Pape ; contentons-nous de savoir que le Pape, au milieu du Concile, est au-dessus de lui-même, et que le Concile, décapité de son chef, est au-dessous

Enfin, si ce recours devenait impossible, le Concile national pourrait décider, vu le danger imminent dont l'Église était menacée, que l'institution donnée par le métropolitain à ses suffragants, ou par le plus ancien évêque de la province au métropolitain, tiendrait lieu des bulles pontificales, jusqu'à ce que le Pape ou ses successeurs consentissent à la pleine exécution du Concordat. C'est la solution à laquelle on va arriver après bien des débats et des différends, et encore cette solution, un instant approuvée par Pie VII, sera-t-elle bientôt rejetée par lui, lorsqu'il aura retrouvé, avec l'appui de quelques conseillers fidèles, un peu de force et de liberté.

Talleyrand s'étonne ici — et il a raison — que le Conseil ecclésiastique, avant d'aboutir à une solution radicale, n'ait pas, pour faire cesser le refus opiniâtre de Pie VII, supplié l'Empereur de rendre au Pape la liberté nécessaire pour l'expédition des bulles. « Au lieu de cela, remarque-t-il, le Conseil restait toujours dans la supposition que le Pape ne refusait les bulles que pour des motifs purement temporels et à cause surtout de l'invasion de Rome, tandis que le Pape avait formellement déclaré que c'était parce qu'on l'avait privé de sa liberté, de son Conseil et même de son secrétaire qu'il se refusait à faire expédier les bulles (1) ». Le refus de Pie VII était réellement motivé par trois faits : l'invasion de Rome, la spoliation des États romains, la perte de sa liberté. Il faut avoir soin de ne séparer aucun de ces griefs, et Talleyrand s'avance trop quand il croit que le Pape, remis simplement en liberté, aurait accordé les bulles d'institution. Mais là où il est tout à fait logique, c'est quand il dit que si la liberté est une condition indispensable pour valider les actes du plus simple citoyen, à plus forte raison ceux du chef de l'Église. Il se demande si le Conseil ecclésiastique a fait preuve de complaisance ou de pusillanimité. Les deux reproches sont fondés. Talleyrand dit encore : « Que le Conseil n'ait pas engagé

de lui-même. » (THOMASSIN, *in dissert. de Conc. Chalced.*, n° XIV, cité dans *le Pape*, p. 44.)

(1) *Mémoires*, t. II, p. 66.

l'Empereur à rendre Rome, cela se conçoit. Il n'était pas appelé à traiter cette question politique. » Il l'était incidemment, car la liberté demandée par le Pape était le retour à Rome, c'est-à-dire dans la capitale restituée librement au Souverain Pontife. Talleyrand, en reprochant au Conseil de n'avoir pas sollicité la mise en liberté de Pie VII, dit que c'était une inconséquence, car on paraissait vouloir prolonger la rupture, « lorsqu'il ne fallait peut-être qu'un mot pour la faire cesser. Le Pape, affirme-t-il, n'aurait pas osé dire qu'il lui fallait avant tout Rome et le patrimoine de saint Pierre. Cela eût été trop évidemment faux, quelque naturel qu'il fût qu'il désirât ardemment cette restitution et qu'il ne cessât de protester contre la violence qui lui avait ravi ses États. Il se serait réduit sans doute à demander un certain nombre de ses cardinaux, son secrétaire, ses papiers... S'il eût demandé plus, ou que, ayant obtenu les objets de sa première demande, il eût continué à refuser les bulles, alors les réponses du Conseil eussent offert au public l'expression d'opinions justes et convenables. » Ici Talleyrand s'avance singulièrement. Pie VII, et il l'a prouvé, ne se serait pas contenté d'une liberté factice ou provisoire. Il lui eût fallu une liberté complète et la remise de ses biens et de ses États. Ce qu'il avait dit solennellement dans la bulle du 10 juin 1809, il le redisait sans cesse au nom de la dignité du Saint-Siège et se considérait comme responsable vis-à-vis de l'Église et de ses successeurs.

Interrogé ensuite sur les plaintes de l'Église d'Allemagne, le Conseil répondit par de simples vœux à l'Empereur qu'il qualifiait dans ses notes « de suzerain de l'Allemagne, d'héritier de Charlemagne, de véritable Empereur d'Occident et de fils aîné de l'Église ». Il espérait que le protecteur de la Confédération du Rhin arriverait à s'entendre avec le Souverain Pontife pour remédier aux maux de l'Église allemande. Talleyrand reconnaît, et encore avec raison, qu'il y avait bien de la mauvaise foi de la part de Napoléon à imputer, dans ce moment-là, les troubles religieux de l'Allemagne à l'abandon dans lequel le Pape aurait laissé cette Église depuis dix ans. Quant à une nouvelle circonscription d'évêchés à faire en Toscane, le Conseil ecclésiastique estimait que, « lorsque le Pape serait entouré de ses conseils, Sa Sainteté y donnerait une attention active et soutenue. »

Enfin, la dernière question indiquait chez l'Empereur un trouble, une inquiétude qu'il avait voulu vainement dissimuler et que la note si indulgente de Bigot de Préameneu n'avait pu entièrement dissiper. « La bulle d'excommunication du 10 juin 1809 étant contraire à la charité chrétienne, ainsi qu'à l'indépendance et à l'honneur du trône, disait Napoléon, quel parti prendre pour que, dans des temps de trouble et de calamités, les Papes ne se portent pas à de tels excès de pouvoir? » Le Conseil, ainsi interrogé, rappelle d'abord que le Pape n'avait nommé personne (1). Il déclare ensuite que les bulles de Boniface VIII contre Philippe le Bel, de Jules II contre Louis XII, de Sixte-Quint contre Henri IV n'ont jamais eu de force ni d'effet en France. Pourquoi? Parce que les évêques de France ont refusé de les admettre et de les publier. Par la même raison, la bulle *In Cœna Domini* a toujours été regardée en France comme non avenue. Si la bulle du 10 juin 1809 avait été adressée aux évêques de France, le Conseil pensait que les évêques l'auraient déclarée contraire à la discipline de l'Église gallicane et à l'autorité du souverain, en s'appuyant sur l'exemple des évêques qui, en 1591, déclarèrent que les lettres monitoriales lancées par Grégoire XIV contre Henri IV ne pouvaient lier ni obliger la conscience. Il ne doutait pas que le Concile national réuni n'interjetât appel, tant de cette bulle que des bulles semblables, au Concile général ou au Pape mieux informé. Enfin, le Conseil ecclésiastique concluait en citant le premier article de la Déclaration de 1682 par lequel le clergé de France déclarait que Dieu n'avait donné ni à saint Pierre ni à ses successeurs aucune puissance directe ni indirecte sur les

(1) Le Conseil ignorait ou voulait ignorer le bref du 12 juin 1809. (Voir p. 84.)

choses temporelles. Telles étaient les concessions faites par le Conseil ecclésiastique aux exigences de Napoléon. Il paraît, d'après Talleyrand, que M. Mannay, évêque de Trèves, fut chargé de préparer les réponses aux questions sur le gouvernement de l'Église; l'évêque de Nantes aux questions sur l'Église de France et le Concordat; l'archevêque de Tours aux questions sur les Églises d'Allemagne et d'Italie et sur la bulle d'excommunication. Le Père Fontana n'assista pas aux premières séances du Conseil. M. Émery, qui voyait dans les moyens de conciliation demandés par Napoléon un parti pris de sa part pour imposer aux simples et un masque pour couvrir sa tyrannie, y vint rarement et refusa de signer les réponses qui furent remises à l'Empereur le 11 janvier 1810 (1).

L'ancien évêque d'Autun, résumant les travaux du Conseil ecclésiastique de 1809, comprend les ménagements de ce Conseil qui ne voulait pas accroître l'irritation de Napoléon et le pousser à des mesures encore plus violentes, c'est-à-dire à une rupture complète avec le Pape, rupture qui eût amené le schisme dans l'Église de France. Il se borne seulement à regretter qu'il n'ait pas essayé, avec plus de persistance, de convaincre l'Empereur que, pour être en droit d'imputer les torts au Pape, il fallait du moins lui accorder le genre de liberté qu'il jugerait lui-même nécessaire au chef du Saint-Siège. Or, c'était, comme je l'ai dit, la liberté tout entière, et cette liberté-là, l'Empereur ne voulait pas l'accorder (2).

A Rome, les anciens serviteurs du Pape montraient la même constance que leur auguste maître. Ils refusaient les avances et les présents du général Miollis; ils se tenaient sur une réserve qui étonnait et irritait le gouverneur de Rome. Informé de cette résistance, Napoléon donna l'ordre de faire

---

(1) « Tout ce que je peux vous dire, écrivait quelque temps après, M. Emery à M. Nagot, c'est que je suis sorti de là sans avoir aucun reproche à me faire; je crois que Dieu m'a donné l'esprit de conseil en cette affaire, et l'esprit de force par sa miséricorde. »

(2) *Mémoires de Talleyrand*, t. II, p. 71 et Archives nationales.

partir de Rome, et dans les vingt-quatre heures, tous les cardinaux qui s'y trouvaient encore, puis de faire emballer toutes les Archives du Saint-Siège et de les envoyer en France sous bonne escorte ainsi que les services de la Daterie et de la Pénitencerie, voulant montrer par là que le règne des Papes à Rome était terminé. Le général Radet se prêtait volontiers à tous ces ordres, disant avec conviction : « Si le Saint-Père est le vicaire de Jésus-Christ, le grand Napoléon est le vicaire de Dieu ! »

L'année 1810 devait voir s'aggraver les violences contre le Saint-Siège. Le 17 février, avait paru le sénatus-consulte qui proclamait la réunion des États de Rome à l'Empire. L'exposé des motifs disait que les circonstances avaient forcé l'Empereur à faire la conquête du sol romain, puis à régler l'usage de cette conquête. Il accusait la Papauté d'être la cause volontaire de cette révolution et félicitait Napoléon de placer une seconde fois sur sa tête la couronne de Charlemagne. Puis, il dévoilait la pensée maîtresse du souverain : « Il veut que l'héritier de cette couronne porte le titre de roi de Rome, qu'un prince y tienne la Cour impériale, y exerce un pouvoir protecteur, y répande ses bienfaits en y renouvelant la splendeur des arts. » Aussi, l'article 7 du sénatus-consulte, que le Sénat vota avec empressement, était-il libellé ainsi : « Le prince impérial porte le titre et reçoit les honneurs de Roi de Rome. » J'ai dit ailleurs (1) ce qu'il fallait penser de cet acte qui, plusieurs semaines avant le mariage autrichien et de longs mois avant la naissance du fils, décrétait solennellement que Napoléon aurait un héritier et que cet héritier occuperait dans la ville des Papes le trône royal et en recevrait les honneurs. J'ai rappelé que, malgré l'article 10 qui décidait que les empereurs, après avoir été couronnés à Notre-Dame de Paris, le seraient également à Rome avant la dixième année de leur règne, le roi de Rome ayant à peine atteint l'âge de quatre ans n'eut plus de couronne et ne fut

---

(1) Voir *le Roi de Rome*, p. 1 à 4, 233, 235.

plus pour l'Europe qu'un prince autrichien. C'est en vain que le superbe Empereur avait donné au titre II du sénatus-consulte cette rédaction hautaine : « De l'indépendance du trône impérial de toute autorité sur la terre, » la Providence allait lui montrer, dans un court espace de temps, que le trône impérial n'était, comme il l'avoua lui-même dans les derniers jours de 1813, « qu'un assemblage de quelques pièces de bois recouvertes de velours! »

Résolu de toute façon à agir avec la dernière rigueur et comme s'il n'y avait plus de Pape, Napoléon avait demandé à son ministre des Cultes d'étudier les mesures propres à faire marcher l'Église à son gré. Une fois marié et délivré des difficultés que son mariage aurait pu lui causer avec une puissance moins faible que l'Autriche, il donne ordre de chasser de Rome tous les prêtres ou religieux étrangers à la ville, de faire prêter serment à tous les évêques, de proscrire ceux qui le refuseraient et de confisquer leurs biens, de supprimer toutes les congrégations religieuses dans les départements de Rome et de Trasimène, de réduire le nombre des évêchés et paroisses d'Italie. Il veut mettre à profit la paix générale pour finir toutes ces affaires.

Dès la fin de 1809, l'Empereur avait pensé à réunir un Concile général et à en informer les souverains qui avaient des catholiques dans leurs États; mais il y renonça, sur des objections sérieuses présentées par le Conseil ecclésiastique. Au sujet de l'institution canonique, question majeure qui ne cessait de préoccuper Napoléon, le rusé cardinal Maury eut l'idée de rappeler que Louis XIV, en lutte avec la Papauté, avait fait administrer les diocèses vacants par les évêques non institués. Ainsi, c'était celui qui, à l'Assemblée Constituante, avait si clairement dénoncé les dangers de la Constitution civile du clergé, c'était le même homme qui allait faire adopter par Napoléon une mesure qui, elle aussi pourtant, devait jeter l'Église de France dans des agitations néfastes et causer au Pape la plus grande douleur. Consulté à cet égard, Bigot de Préameneu répondit que la règle était que les évêques nommés ne fussent ni sacrés, ni installés avant d'avoir reçu leurs bulles. Jusqu'à cette époque, les grands vicaires administraient les diocèses mais sans remplir les fonctions de l'évêque, telles que l'ordination et la confirmation. En attendant leur institution, les évêques se bornaient à correspondre avec leurs grands vicaires, sans aller dans leurs diocèses. Le ministre avouait à l'Empereur qu'il avait conseillé aux évêques nommés, puisque l'obtention de leurs bulles était retardée, de se rendre dans leurs diocèses. Mais les évêques témoignaient à ce sujet « une répugnance extrême ». Ils préféraient se conformer à l'usage et diriger leurs diocèses par correspondance. Bigot de Préameneu avait été amené à trouver leurs raisons péremptoires, parce que le chapitre de Liège avait refusé de donner les pouvoirs à M. Léjéas, évêque nommé, sous prétexte qu'il n'était plus dans les délais fixés pour exercer ses droits. Redoutant un conflit, le ministre hésitait à inviter de nouveau les évêques à se rendre dans leurs diocèses. D'autre part, le cardinal Fesch, qui s'était contenté jusqu'alors d'accepter l'administration du diocèse de Paris, en attendant que Napoléon eût fait choix d'un autre titulaire, ne voulut pas être assimilé à un simple grand vicaire et, en conséquence, ne crut pas pouvoir, malgré son invitation pressante, aller prendre possession de l'archevêché de Paris.

Le cardinal Fesch s'indignait d'une politique aussi brutale et aussi maladroite. Il ne comprenait pas que l'Empereur traitât le Pape comme il aurait traité un des petits rois qui lui faisaient humblement cortège. Il ne craignit donc pas de lui montrer sa désapprobation en refusant de céder à ses injonctions. C'était un exemple, mais il ne fut pas suivi. Aussi Bigot de Préameneu finissait-il par reconnaître que si Napoléon persistait à croire que les évêques nommés devaient aller dans leurs diocèses, ces évêques n'hésiteraient pas à lui obéir et à lui donner ainsi une preuve de leur dévouement (1). Le ministre des Cultes ne s'avançait pas trop, car malheureuse-

(1) Rapport de Bigot de Préameneu à l'Empereur. — Voir *l'Église romaine et le premier Empire* par le comte D'HAUSSONVILLE, t. III, p. 507.

ment bien des prélats donnèrent alors à l'Empereur des marques de leur servilité.

On aurait pu croire que François II, profitant de l'alliance inespérée qu'il avait contractée avec Napoléon, interviendrait en faveur de Pie VII. Cette intervention eut lieu, mais de façon à ne pas compromettre l'Autriche dans une négociation délicate et à en laisser toute la responsabilité à l'Empereur des Français. On sait que M. de Metternich, envoyé en France au moment du mariage de Napoléon et de Marie-Louise, fut reçu à Compiègne par l'Empereur avec les marques les plus flatteuses d'empressement et de considération. Après lui avoir témoigné sa joie de l'heureuse conclusion de son mariage, Napoléon en vint rapidement à sa querelle avec le Saint-Père et laissa entendre qu'il accepterait volontiers l'intervention de l'Autriche en cette affaire. Metternich comprit aussitôt qu'il y aurait intérêt pour la monarchie autrichienne à intervenir auprès du Pape, et il écrivit en ce sens à Vienne. Le diplomate autrichien agréé fut le chevalier de Lebzeltern. Celui-ci avait un moment encouru le ressentiment de Napoléon pour avoir protesté contre l'arrestation du ministre d'Espagne par le général Miollis, et avait été conduit comme prisonnier à Munich. Remis en liberté pendant les négociations d'Altenbourg, il avait, après la paix de Vienne, manifesté des sentiments amicaux pour la France et assisté à la demande en mariage de l'archiduchesse Marie-Louise par le prince de Neufchâtel. Il avait accompagné à Paris M. de Metternich qui répondait de lui à Napoléon en ces termes : « Vous ne pouvez mieux choisir que M. de Lebzeltern. Il accomplira sa mission avec zèle et loyauté. Il vous servira sans desservir Sa Sainteté. » Nous connaissons aujourd'hui par M. de Metternich lui-même les détails exacts de cette mission (1).

M. de Lebzeltern devait partir le 28 avril 1810, sous le prétexte de traiter avec le Saint-Père d'affaires qui regardaient l'Autriche. Il allait entamer les questions générales « de

(1) *Mémoires de Metternich*, t. II, p. 333 à 355.

manière à ne pas jeter l'odieux du refus sur le Pape, dans le cas malheureusement trop possible, écrivait Metternich à l'Empereur François, où il ne voudrait pas accéder à des arrangements... Je crois, ajoutait Metternich, qu'il ne serait pas impossible à un Souverain Pontife habile de rentrer à Rome sous certaines modifications, en sauvant les droits essentiels et imprescriptibles de sa dignité. Malheureusement, le Pape s'est prononcé sur plusieurs points de manière à être obligé de se rétracter, et son attitude est par là même infiniment compliquée. » Il est bien évident que Pie VII ne pouvait, comme l'empereur François l'avait fait au sujet du mariage franco-autrichien, fermer les yeux sur les plus graves irrégularités et accepter des conditions draconiennes, en se promettant, à son exemple, de ne pas tenir sa parole. Mais Metternich se souciait médiocrement des intérêts réels de la Papauté : « Si la tentative ne réussit pas, concluait-il, Votre Majesté Impériale n'en aura pas moins joué le beau rôle, le rôle le plus digne du premier prince de la chrétienté (1) ». Metternich obtint, non sans peine, un mémoire où l'Empereur exposait ses desseins au sujet des affaires du Pape et de l'Église. Mais l'ambassadeur eut soin de déclarer à l'avance qu'il ne considérerait les termes du mémoire que comme « des notions préliminaires ». Ce n'était pas d'une négociation en règle, mais simplement de pourparlers préalables qu'il était chargé.

Napoléon, « décidé à rester lié à la religion de saint Louis, » s'engageait à ne soulever aucun schisme pour des questions spirituelles. Il reconnaissait que, tout en conservant la dénomination d'Église romaine et l'évêché de Rome au Pape, il serait préférable de faire résider le Pape à Paris, où il serait plus près de Madrid, de Vienne et de Lisbonne. Ce qui prouvait que telle était sa pensée, c'était la réunion des cardinaux et des archives de Rome, de la Daterie et de la Pénitencerie à Paris, la réunion de Rome à l'Empire. Au cours de ses

(1) *Mémoires de Metternich*, ibid.

observations sur la situation nouvelle faite à Pie VII, Napoléon disait avec une sorte de dédain : « L'Empereur ne cherche plus le Pape. Il a obtenu ce qu'il voulait. Son clergé s'est réuni autour de sa doctrine, qui est celle de l'Église gallicane. Ses évêques lui sont dévoués. » Une certaine partie du clergé et des évêques paraissaient en effet appuyer la politique impériale, mais une honorable majorité était opposée aux violences dont la cour des Tuileries usait envers le Quirinal.

Cependant, Napoléon avouait qu'il y avait une sérieuse difficulté : le refus de l'institution des évêques. « On sait, disait-il, que l'Empereur Napoléon a fait réunir un conseil de quinze des principaux docteurs de l'Église qui ont déclaré que, si le Pape continuait à refuser l'institution des évêques, l'Empereur pourrait réunir un Concile qui pourvoirait à l'institution. » On a vu ce que le Conseil ecclésiastique avait timidement proposé. L'Empereur tirait de ses conclusions des conséquences hardies et fort inattendues. Toutefois, il se défendait de vouloir, par ce moyen, diminuer les prérogatives papales. Que lui importait, en effet, par qui étaient administrés les diocèses, pourvu qu'ils le fussent ? D'après les Canons et les usages de l'Église, les chapitres nommaient des vicaires généraux pour remplir les fonctions de l'évêque (certaines fonctions seulement) et cette nomination était soumise à l'Empereur. Or, comme les chapitres et les vicaires paraissaient en majorité dévoués à sa politique, l'Empereur, par ce moyen, avouait obtenir le double avantage de nommer l'évêque et d'influer sur la nomination des vicaires capitulaires. Cet état de choses pouvait durer très longtemps. « Seul, le système papal, affirmait Napoléon, était appelé à en souffrir, » et un sentiment de mécontentement envers le Pape, et non la nécessité, serait de nature à amener la réunion d'un Concile. « L'Empereur, ajoutait le mémoire remis à Metternich, n'a point de démarches à faire auprès du Pape. Il n'a pas besoin de lui. Tout est d'accord pour s'en passer... (1) »

(1) Le jour même (6 mai 1810) où Metternich adressait son rapport à François II, Napoléon donnait une audience à Bréda, en Hollande, aux autorités

L'Empereur se vantait d'avoir une nouvelle organisation religieuse toute prête et déclarait que le Pape avait besoin de lui, qui seul pouvait étendre ou affaiblir son influence. « Il doit faire cette démarche, disait-il, en réparation du tort et aussi du ridicule qu'il s'est donné, lorsqu'il a essayé d'excommunier l'Empereur, et de quelle manière ? Par un acte qui invitait presque à l'assassinat ? » On n'a qu'à relire la bulle du 10 juin 1809 pour voir au contraire avec quelle modération Pie VII avait appliqué à l'Empereur les censures ecclésiastiques. Mais Napoléon croyait avoir en cette affaire « tout le mérite de la générosité et des bons procédés » et il le disait hautement. « Par ce qu'ont fait Charles-Quint et d'autres princes en pareilles circonstances, qu'on juge de ce que j'aurais pu faire ! »

L'Empereur se demandait encore quel était l'intérêt de l'Autriche et des autres puissances catholiques ? « C'était, disait-il, de s'affranchir de l'autorité du Pape en se servant de leur

et aux deux clergés, protestant et catholique. Il avait à côté de lui l'impératrice Marie-Louise, le roi et la reine de Westphalie, le prince de Neufchâtel et les grands dignitaires. Après avoir écouté favorablement la harangue des pasteurs, Napoléon apostropha grossièrement les prêtres catholiques et leur dit (c'est le pasteur Villegois qui assistait à l'audience et rapporte ces propos) : « Imbéciles ! Prenez exemple sur ce monsieur (il leur montrait du doigt le pasteur Ten Oven). Connaissez-vous bien l'Évangile ? Pouvez-vous bien m'expliquer un texte ? Savez-vous lire ? Vous avez calomnié les protestants, en les représentant comme des hommes qui enseignent des principes contraires au droit du souverain. J'ai trouvé dans les protestants des fidèles sujets ; j'en ai 6,000 à Paris et 600,000 dans mon Empire, et il n'y en a aucun dont j'aie jamais eu raison de me plaindre. Je m'en sers dans mon palais et je leur en permets l'entrée ; et ici une poignée de Brabançons fanatiques voudraient s'opposer à mes desseins ! Imbéciles que vous êtes ! » Puis s'exaltant davantage : « ... Je n'ai pas besoin de vos prières, s'écria-t-il. Quand je prie, je m'adresse moi-même à Dieu. Vous voulez être désobéissants ? Oh ! j'en porte les papiers en poche (il frappait sur sa poche), et si vous persistez dans de telles maximes, vous serez malheureux ici-bas et damnés dans l'autre monde !... C'est Dieu qui m'a placé sur mon trône, et vous, vermisseaux de terre, voudriez-vous vous y opposer ? Je ne dois rendre compte de ma conduite qu'à Dieu et à Jésus-Christ et non pas à un Pape. Croyez-vous que je suis un homme à baiser la mule d'un Pape ? Bigots ! si cela dépendait de vous, vous me couperiez les oreilles, vous me couperiez les cheveux, vous me tondriez, vous me jetteriez dans un couvent, comme Louis le Débonnaire, ou vous me reléguériez en Afrique !... » [Communication faite par un savant hollandais au comité des Travaux historiques.] — Voir aussi F. Schoell, *Recueil de pièces officielles*, t. IV, p. 247.

Église, ou de réclamer d'une manière ferme et loyale un accommodement entre l'Empereur et le Pape. » Si l'Autriche préférait ce dernier parti, elle devait faire connaître à Pie VII la véritable situation des affaires de France et l'amener à un arrangement dans l'intérêt de la chrétienté. Voulait-il revenir à Rome? En ce cas, il lui fallait renoncer d'esprit et de cœur à son ancienne souveraineté et reconnaître sincèrement la réunion de cette ville à l'Empire. Si cette reconnaissance blessait son orgueil et sa délicatesse, il pouvait se rendre à Avignon. Là, il serait traité comme Souverain spirituel et d'une manière conforme à sa dignité, pourvu qu'il ne fît aucun acte contraire à la possession de la France. On règlerait le sort de la Propagande et des cardinaux et les correspondances du Pape avec les Cours étrangères. Metternich, commentant ce singulier Mémoire, disait qu'il avait été à même de juger l'embarras très réel dans lequel se trouvait Napoléon, et de son désir de sortir d'une querelle que sa durée même envenimait. Il était convaincu que si Pie VII accédait à certains arrangements, la querelle s'apaiserait. Mais il considérait que ces arrangements seraient impossibles, si le Pape ne consentait pas à des modifications apportées « à sa puissance purement temporelle ».

La connaissance que l'ambassadeur d'Autriche avait du Sacré Collège, l'isolement et la fermeté du Saint-Père, tout le portait à craindre l'insuccès de l'entreprise qu'on allait tenter à Savone. Mais si l'on ne réussissait pas, l'empereur d'Autriche n'en serait pas moins appelé à jouir des efforts faits pour le rétablissement des rapports du Saint-Siège avec les puissances catholiques. Metternich avait confié au chevalier de Lebzeltern que Napoléon s'était mis dans une situation difficile. « La force morale, lui dit-il, a de nouveau soutenu ses droits contre la force matérielle. Le Saint-Père, en résistant aux volontés de Napoléon, a sacrifié des avantages précaires. Il s'est retiré dans des retranchements inexpugnables, et la discussion entre les parties adverses a nécessairement dû cesser, dès que la violence ouverte, exercée contre sa personne, a placé le Pape dans une attitude entièrement passive. » L'intervention d'un tiers pouvait seule aplanir le différend. D'ailleurs, Napoléon désirait un arrangement. « Il est à supposer, ajoutait Metternich, que s'il en avait encore le choix, il n'entreprendrait plus ce qui, après l'expérience qu'il vient de faire, doit ne pas lui laisser de doute sur l'existence d'obstacles insurmontables. » Cependant, suivant le ministre, tout n'était pas perdu. Un Souverain Pontife habile, propre à saisir le faible de la position de son adversaire sans lui en faire honte, parviendrait sans doute à remettre bien des choses dans la bonne voie. Lebzeltern devait donc s'attacher à faire entrevoir cette possibilité à Pie VII et à lui montrer les avantages qui résulteraient pour lui de son rétablissement sur le siège de Rome dans un état de possession « même modifié sous les rapports temporels ». L'Autriche conseillait cet arrangement pour remédier aux maux pressants de l'Église, sans lier pour cela sa politique à celle de Napoléon. Ici, elle était médiatrice et non alliée. Mais de toute façon, la mission de Lebzeltern était très délicate. L'ambassadeur devait comprendre que les résultats attendus par le Saint-Père ne s'obtiendraient que par une conduite adroite et souple. Or, Pie VII ne pouvait pas se livrer à des complaisances ingénieusement calculées, ni chercher par des manières habiles à découvrir et à saisir le faible de son adversaire. Malgré son désir de prévenir ou d'arranger toutes les difficultés, le Pape était dans l'impossibilité, sous peine de trahir la cause de l'Église, « de s'arrêter à l'idée qu'en de grands moments de crise politique, il faut accorder beaucoup. » Ce « beaucoup » était trop.

Le chevalier de Lebzeltern se rendit donc à Savone et obtint, le 14 mai, une audience de Pie VII. Le 15, il en rendit compte à Metternich (1). Le Pape le reçut avec une cordialité non équivoque. Il témoigna quelque surprise de la complaisance de Napoléon à le laisser venir auprès de lui, et sur l'assurance que l'Empereur n'empêcherait pas les fidèles de lui adresser

(1) *Mémoires de Metternich*, t. II, p. 344. — Cf. avec ANTAUD. *Histoire de Pie VII*, t. II.

leur recours, il eut un mouvement de joie réelle, et s'écria :
« *E in sua mano, ravvicinandosi della Chiesa, di fare tutto il bene per la Religione.* » Lebzeltern ne cacha point que Pie VII avait ressenti et ressentait encore « la plus grande partialité pour l'Empereur personnellement. Combien de fois, ajoute-t-il dans son rapport — cette phrase a disparu du texte publié par Metternich — n'ai-je pas relevé que cette partialité se manifestait bien plus sensiblement pour Napoléon que pour notre souverain? Il a fallu toutes les amertumes dont le Pape a été abreuvé pour l'obliger à adopter un système qui, au fond, répugnait évidemment à son cœur. (1) » Lorsque Lebzeltern parla au Pape des dangers qui menaceraient l'Église, s'il ne cherchait à sortir de l'état d'inactivité et de nullité où il se trouvait : « Nous les avons bien pressentis, répondit Pie VII, et c'est la seule pensée qui nous occupe. Cette interruption de toutes relations avec les clergés étrangers, la difficulté de nos communications avec les évêques français même, sont le sujet de notre profond chagrin... Aussi, n'avons-nous cessé de nous plaindre de notre situation sous ce rapport. C'est un vrai schisme établi par le fait. » Et le vénérable pontife disait avec une émotion sincère : « Nous ne demandons rien pour nous à l'Empereur. Nous n'avons rien à perdre. Nous avons tout sacrifié à nos devoirs. Nous sommes vieux et sans besoins... Nous ne voulons pas de pension. Nous ne voulons pas d'honneurs; les aumônes des fidèles nous suffiront... » Mais ce qu'il demandait avec instance, c'est qu'on fît cesser son isolement. Pie VII n'avait comme secrétaire qu'un domestique. Et c'est avec un tel aide qu'il avait dû expédier plus de cinq cents dispenses et répondre aux instances nombreuses des évêques français, alors que déjà les forces physiques lui manquaient! Et comme Lebzeltern conseillait de s'adresser à Napoléon, le Pape répondait tristement : « Il sait notre isolement parfait. Nos plaintes, nos instances réitérées, adressées au préfet et au

---

(1) Pie VII ne pouvait oublier la conduite de François II et de ses agents, le cardinal Herzan et le marquis Ghisilieri, lors de son élection à Venise, ni les prétentions de l'Autriche sur les États en 1800.

général, doivent lui être connues. » Le diplomate autrichien saisit l'occasion pour lui représenter que Napoléon lui accorderait toute liberté pour s'acquitter de son ministère. Le Pape sourit avec une certaine incrédulité, puis parla du chagrin que lui causait la détention à Fénestrelles de son neveu et du cardinal Pacca, qu'il appela « l'innocente victime », car c'était lui, le Pape (et non le cardinal), qui écrivait lui-même ses protestations. Il déplora aussi l'absence de Mgr Minocchio, son confesseur, de Mgr Devotis, secrétaire des brefs, et d'autres prélats de sa maison. Arrivant ensuite à la question du pouvoir temporel, il dit avec une singulière force, et je tiens à reproduire ses paroles, telles qu'elles ont été prononcées : « *Quando le opinioni sono fondate sopra la voce della coscienza e sul sentimento dei proprii doveri, diventano irremovibili, e non vi e forza fisica al mundo che possa, alla lunga, lottere con una forza morale di questa natura!* Quand les opinions sont fondées sur la conscience et le sentiment du devoir, ces opinions sont inébranlables. Il n'y a pas de force physique au monde qui puisse l'emporter sur une force morale de cette nature. »

En s'exprimant avec tant d'énergie, le Pape ne mettait cependant aucune aigreur dans ses propos. Il avait un peu vieilli, mais il était souriant et calme. Lebzeltern, qui remarquait la fermeté de ses opinions, affirmait que sur certaines, c'est-à-dire sur les principales, il ne reviendrait jamais et ne pourrait jamais revenir. Toute conversation n'aboutirait qu'à de longues discussions théologiques inutiles. Lebzeltern terminait son rapport en souhaitant que Napoléon délivrât le cardinal Pacca et quelques autres personnes de la Cour romaine. Cet acte de clémence produirait une profonde impression sur le cœur et l'esprit de Pie VII, qui était déjà touché de l'envoi d'un diplomate autrichien auprès de lui. Metternich fit part à François II de la mission de Lebzeltern et la résuma ainsi : il résultait du rapport de l'ambassadeur à Savone que le Saint-Père, qui ne s'attendait pas à la démarche de la Cour d'Autriche, avait quelque espoir que le gouvernement français reviendrait à des principes plus conformes aux intérêts de la chrétienté. Le Saint-Père insistait pour avoir auprès de lui un Conseil et n'était pas éloigné de se vouer, « dans un lieu quelconque, au plein exercice de ses fonctions spirituelles, » si Napoléon lui en fournissait les plus indispensables moyens, et surtout s'il n'exigeait pas sa renonciation à ses droits temporels.

Cette analyse n'était pas tout à fait exacte, car le rapport ne disait mot du séjour à Avignon ni à Paris. Metternich parlait ensuite d'une très longue conversation qu'il avait eue à Saint-Cloud avec l'Empereur. Napoléon, peu disposé à entrer dans les vues conciliantes de François II, lui avait dit que le Pape, depuis l'arrivée de Lebzeltern, avait adressé au cardinal Fesch une lettre de menaces contre lui et ne cessait d'exciter le peuple des États romains à la résistance. Metternich en témoigna quelque surprise. Il crut pouvoir assurer à l'Empereur que Pie VII avait, au contraire, exprimé le vœu de s'entendre avec lui. Il ajouta qu'il demandait un Conseil pour pouvoir répondre efficacement à toutes les ouvertures qui lui seraient faites. « Comment voulez-vous, dit Napoléon, que j'accorde au Saint-Père un Conseil dont il se prévaudra contre moi? — J'ai prévu l'objection, répliqua Metternich. Pour éviter à Votre Majesté l'initiative, nous lui demandons ce Conseil comme puissance amie des deux parties. » Napoléon ne trouva rien à objecter à cette proposition qui lui permettait de croire qu'un Conseil, dont les membres seraient choisis par une puissance adverse, ne pourrait jamais arriver à satisfaire toutes les intentions du Pape. Metternich pensait avoir joué ainsi le rôle le plus digne d'un représentant de l'Autriche. Si, comme il n'était que trop à craindre, Napoléon persistait dans ses vues destructives de toute organisation ecclésiastique, François II n'aurait pas lieu de regretter d'avoir employé ses bons offices dans une cause qui n'était compromettante que pour celui qui attaquait l'Église. Metternich ajoutait, et ceci est à souligner : « M. de Lebzeltern a pu se convaincre de l'impression que produisaient en Italie tous les bouleversements qu'y introduit l'Empereur des Français et surtout la conduite qu'il observe vis-à-vis du Saint-Père. Tous les regards sont tournés vers nous, et l'arrivée d'un diplomate autrichien à Savone a fait sensation et a réveillé des espérances générales. Si, comme il n'y a que trop à parier, elles ne s'accomplissent pas, beaucoup d'esprits s'élèveront encore davantage contre le gouvernement oppressif sous lequel gémit ce malheureux pays. » Ainsi, la conduite aussi impolitique que brutale de Napoléon portait déjà ses fruits. Mécontentement en Italie, joie en Autriche et espérance d'en tirer profit. Il est vrai que, malgré le redoublement de violences dont le Saint-Père va souffrir, ce ne sera seulement qu'après l'abdication de Napoléon que François II pensera à témoigner quelque sympathie au Saint-Siège. Et nous verrons plus tard la conduite hypocrite que l'Autriche tiendra à son égard au Congrès de Vienne, où pourtant elle était souveraine.

Les Mémoires de Metternich contiennent encore la lettre du 21 mai que Pie VII avait adressé à l'ambassadeur Lebzeltern. Le Pape y renouvelait les assurances de sa constance à repousser toute combinaison qui porterait atteinte à la dignité de l'Église et du vicaire de Jésus-Christ. « Nous avons pris la résolution immuable, disait-il, de ne devenir en aucune façon infidèle aux devoirs de notre mission, dont nous aurons à rendre compte devant le tribunal du Juge suprême (1). »

C'était en quelque sorte le résumé des dernières paroles de Pie VII à Lebzeltern, à l'audience du 20 mai : « Je ne vous autorise, dans les explications soit verbales, soit écrites que vous allez fournir à Paris, qu'à exprimer uniquement ce qui suit : Que vous m'avez trouvé résigné aux décrets de la divine Providence entre les mains de laquelle j'ai exclusivement et humblement remis la défense de ma cause, ainsi que ma destinée... Parlez de mon calme et de ma sérénité dans ma prison, de ma conviction que les désordres qui ne menacent que trop l'Église ne seront imputés qu'à leur véritable

---

(1) *Mémoires de Metternich*, t. II, p. 355.

auteur. Dites aussi que mes vœux les plus ardents sont que l'Empereur se rapproche de l'Église; qu'il réfléchisse que les gloires du monde n'assurent pas les biens de l'éternité; qu'il cesse ses persécutions; qu'il me fournisse les moyens de satisfaire aux devoirs sacrés de mon ministère et de communiquer librement avec les fidèles, qu'il ne les prive pas des secours de leur Père commun et qu'il me mette en mesure d'y pourvoir sur le siège de saint Pierre (1). » A de telles paroles, rapportées par une bouche respectueuse et fidèle, l'Empereur des Français eût dû répondre par une modération et une conciliation qui auraient fait son honneur. Mais non, il écartera dédaigneusement la médiation de l'Autriche. « Je vous renvoie, écrit-il à M. Bigot de Préameneu, la lettre du Pape à M. de Metternich. Remettez-la lui en disant que, comme il paraît que le Pape ne veut pas d'arrangement, je ne pense plus à ces affaires-là ! » Or, en refusant une entente encore possible, il compromettra irrémédiablement la gloire et le salut de son Empire.

Pendant que Lebzeltern conférait avec le Saint-Père, Napoléon prescrivait au ministre des Cultes de faire envoyer en France les évêques italiens qui avaient refusé le serment, de séquestrer leurs biens et de diviser les États de Rome en trois ou quatre diocèses. « Je verrai, mandait-il, quel sera l'arrondissement de l'évêché de Rome proprement dit. On ne doit rien changer et il faut laisser la ville de Rome sous la juridiction de l'évêque. *Le Pape serait donc le troisième ou quatrième évêque.* Il est aussi nécessaire de me faire connaître ce qu'on doit conserver du chapitre du Pape comme évêque. Je suppose que ce chapitre est celui de Latran. » En outre, le but de l'Empereur était d'arriver à n'avoir plus de religieux à Rome, de séquestrer les biens des évêques et des chapitres, de faire venir à Paris plusieurs séminaires qui appartenaient à Rome comme capitale de la chrétienté (2). Son ressentiment

---

(1) *Le Pape Pie VII à Savone* par CHOTARD, p. 124. — Extrait des *Mémoires inédits de M. de Lebzeltern.*

(2) *Lettres inédites*, t. II, p. 30.

atteindra aussi bien les congrégations de France que celles d'Italie. « Prenez des mesures, écrit-il à Bigot de Préameneu le 11 juin, pour faire en sorte qu'au mois de juin, la congrégation des Sulpiciens soit dissoute et ce séminaire détruit (1). » C'était sur la dénonciation de quelques jansénistes, qui avaient accusé les Sulpiciens de soutenir le Pape, que Napoléon avait pris cette décision. On a dit que le conseil donné par M. Émery au cardinal Della Somaglia d'obéir à sa conscience qui lui interdisait d'assister au mariage religieux de Napoléon et de Marie-Louise, conseil qui aurait été révélé par le cardinal lui-même, n'avait pas peu contribué à irriter l'Empereur contre le vénérable Supérieur de Saint-Sulpice. Mais ce ne fut pour le moment qu'une menace, car le 24 septembre, M. Émery pouvait écrire à M. Nagot : « Le séminaire a essuyé un grand orage provoqué par le parti janséniste. Par la protection de la Sainte Vierge et de nos saints patrons, il s'est apaisé et les choses sont dans le même état soit à Paris, soit ailleurs... »

Avant de manifester toute sa colère à Savone, l'Empereur crut utile de faire succéder à une mission diplomatique une mission religieuse. Il envoya donc auprès du Pape les anciens négociateurs du Concordat, Spina et Caselli. Ces cardinaux arrivèrent le 5 juillet. Napoléon comptait sur le succès de leurs démarches, car il mandait trois jours après au prince Eugène que, « sous un mois ou deux, il finirait par s'accommoder avec le Pape (2). » Spina et Caselli eurent bientôt une audience de Pie VII, qui se plaignit vivement de la conduite indigne de l'Empereur et réclama de nouveau la présence à ses côtés de deux cardinaux choisis par lui. Il déclara qu'il ne ferait rien sans l'assistance de personnes sûres et expérimentées. Il repoussait la proposition d'aller à Paris ou à Avignon. S'il quittait jamais Savone, ce ne serait que pour retourner à Rome. Averti de cette attitude, l'Empereur ordonna aux évêques d'Asti, de Liège, de Poitiers et de Saint-Flour de se rendre dans leurs diocèses, quoiqu'ils n'eussent pas reçu l'ins-

(1) *Lettres inédites*, t. II, p. 40, et Archives nationales.
(2) *Ibid.*, p. 49.

titution canonique. Il cherchait toutes les occasions de faire connaitre au Pape son ressentiment et il le faisait avec petitesse. Ainsi, ayant appris que les banquiers Barthélemy et Duchesnes avaient à remettre une somme de cinq cents louis à Pie VII, il le leur défendit, sous prétexte que, n'ayant besoin de rien, on ne pouvait lui remettre cet argent que dans un but de malveillance.

Le dépit de voir ce vieillard lui résister obstinément le poussait aux actes les plus détestables. Il frappait tous ceux qui témoignaient la moindre sympathie au Saint-Père, de façon à faire connaitre à Savone ses menaces et ses violences. Ainsi, le 25 juillet, il donnait ordre au prince Eugène de faire arrêter le Père Leonardi de Vérone et le Père Pacetti de Venise. « Prenez, disait-il, dans un langage révoltant, les mesures les plus efficaces pour comprimer les dispositions malveillantes que montrent partout les moines. Mon intention n'est pas de me laisser insulter par cette vermine (1). »

Le cardinal Fesch n'ayant pas voulu, comme je l'ai dit, aller prendre possession de l'archevêché de Paris, auquel le Pape ne l'avait point destiné, Napoléon désigna à sa place le cardinal Maury, évêque consacré de Montefiascone et de Corvetto, qui eut la faiblesse d'accepter. Six jours après, Napoléon nomma M. d'Osmond, évêque de Nancy, à l'archevêché de Florence, puis enjoignit aux deux prélats d'aller occuper leurs sièges, sans tenir compte des prétentions opposées des chapitres. Maury, après avoir informé le Pape, obéit le 1er novembre 1810. M. d'Osmond obéit le 7 janvier 1811. Ces deux décisions allaient singulièrement aggraver le différend entre le Pape et l'Empereur.

Malgré les mesures arbitraires prises par Napoléon contre le Saint-Siège, le clergé italien ne se laissait pas ébranler et manifestait hautement son amour et son dévouement pour le Souverain Pontife. Il refusait en masse le serment impérial et allait au-devant de la persécution. « Je vois, mandait l'Empe-

(1) *Lettres inédites*, t. II, p. 57.

reur à Bigot de Préameneu le 22 août 1810, que vous avez cinq cents curés réfractaires à Parme. Ce sera peut-être trop de monde pour Parme. On pourrait en mettre deux cents à Parme et trois cents à Bologne (1). » Le Pape était averti secrètement de toutes ces mesures, malgré la surveillance étroite du général Berthier et de M. de Chabrol, par de courageux catholiques, tels que les abbés Grégoire et Perreau, par le Père Fontana et Alexis de Noailles, par des femmes et par des jeunes gens pénétrés d'un zèle et d'une bravoure à toute épreuve. Grâce à eux, le cardinal Di Pietro pouvait, dans son exil de Semur, exercer encore les fonctions de délégué apostolique. Informé de l'envoi du cardinal Maury à Paris et de M. d'Osmond à Florence, Pie VII résolut d'agir hautement. Il écrivit d'abord, le 5 novembre 1810, à Maury une lettre où il se plaignait de son installation dans le gouvernement diocésain de Paris. Il lui rappelait le bref du 26 août 1809 au cardinal Caprara, par lequel il avertissait le légat qu'il ne reconnaîtrait pas à l'auteur de tant de violences contre l'Église le droit de nomination des évêques et la faculté de l'exercer. Il redisait que, dans l'état actuel des choses, tout lui faisait un devoir de refuser l'institution canonique aux évêques nommés par l'Empereur. « Nous n'aurions jamais cru, disait-il, que vous eussiez pu recevoir la nomination dont nous avons parlé et que votre joie, en nous l'annonçant, fût telle que c'était pour vous la chose la plus agréable et la plus conforme à vos vœux ! »

Puis apostrophant le cardinal Maury avec une noble indignation : « Est-ce donc ainsi qu'après avoir si courageusement et si éloquemment plaidé la cause de l'Église catholique dans les temps les plus orageux de la Révolution française, vous abandonnez cette même Église, aujourd'hui que vous êtes comblé de ses dignités et de ses bienfaits, et lié étroitement à elle par la religion du serment? Vous ne rougissez pas de prendre parti contre nous dans un procès que nous ne soute-

---

(1) *Lettres inédites*, t. II, p. 63.

nons que pour défendre la dignité de l'Église? » Il l'accusait d'avoir mendié près d'un chapitre l'administration d'un archevêché, puis de s'être chargé de sa propre autorité du gouvernement d'une autre Église, bien loin d'imiter le bel exemple du cardinal Fesch, qui avait refusé d'accepter l'administration spirituelle de cette même Église, malgré l'invitation du chapitre. Le Pape voyait bien que Napoléon voulait introduire dans l'Église un usage aussi nouveau que dangereux, au moyen duquel « la puissance civile pourrait parvenir à n'établir pour l'administration des sièges vacants que des personnes qui lui seront entièrement vendues ». C'était ouvrir la porte au schisme et aux élections invalides. « Mais vous, ajoutait Pie VII, qui vous a dégagé du lien spirituel qui vous unit à l'église de Montefiascone? Qui vous a donné des dispenses pour être élu par un chapitre et vous charger de l'administration d'un autre diocèse? Quittez donc sur-le-champ cette administration! Non seulement nous vous l'ordonnons, mais nous vous en prions, nous vous en conjurons, pressé par la charité paternelle que nous avons pour vous, afin que nous ne soyons pas forcé de procéder, malgré nous et avec le plus grand regret, conformément aux statuts des saints Canons (1)... » Ce bref fut adressé non seulement au cardinal Maury, mais encore à l'abbé d'Astros, vicaire capitulaire du chapitre de Notre-Dame, par l'entremise du cardinal Di Pietro. Il devait être suivi d'un autre bref, daté du 18 décembre, où le Pape informait directement l'abbé d'Astros que, pour enlever tout sujet de doute au chapitre, il ôtait à l'archevêque nommé tout pouvoir et toute juridiction. Cette dernière pièce fut malheureusement interceptée à Savone et fit découvrir à la police impériale l'envoi du bref du 5 novembre, ainsi que les relations entre d'Astros et Pie VII.

Quant à M. d'Osmond, qui avait cru pouvoir accepter le siège archiépiscopal de Florence, le Pape informait, à la date du 4 décembre, le chapitre métropolitain de cette ville qu'il

---

(1) *Correspondance authentique de la cour de Rome*, p. 167.

avait écrit à l'archidiacre Corboli, vicaire capitulaire qui l'avait interrogé sur la conduite à suivre : « Toutes les questions se réduisent à celle-ci : le vénérable Frère, évêque de Nancy, nommé depuis peu à l'archevêché de Florence, peut-il être par le chapitre métropolitain délégué et élu comme vicaire capitulaire ou administrateur de cette église, après votre démission ? Peut-il, en vertu de cette délégation ou élection, être revêtu validement de quelque faculté, pouvoir ou juridiction ? » Alors le Pape citait le célèbre Canon du Concile œcuménique II de Lyon, lequel interdit que celui qui a été choisi pour une Église puisse, avant l'institution canonique, se charger du gouvernement de cette Église sous le nom d'économe ou procureur. A l'appui de sa cause, il invoquait les Décrétales de Boniface VIII et les Constitutions des Souverains Pontifes Alexandre V, Jules II, Clément VII, Jules III et les décrets du Concile de Trente. Il rappelait que ces mêmes officiaux et vicaires, une fois élus, ne dépendent plus des chapitres, mais de l'évêque futur qui, après sa promotion, doit exiger d'eux un compte sincère de leur conduite, juridiction et administration. D'où découlaient deux conséquences évidentes : c'est qu'après l'établissement des officiaux, l'exercice du gouvernement ecclésiastique ne résidait plus dans les mains du chapitre, « et que l'official capitulaire devait être nécessairement une personne distincte de l'évêque qui serait promu. »

En conséquence, l'évêque de Nancy était absolument inhabile aux fonctions de vicaire ou official capitulaire de l'église métropolitaine de Florence, par cela même qu'il avait été nommé archevêque de cette ville. Mais ce qui le rendait encore plus inhabile à cette élection, c'est qu'il avait contracté avec une autre église un mariage spirituel que le Saint-Siège seul pouvait dissoudre. Aussi, le Pape avertissait-il le vicaire capitulaire Corboli qu'il se rendrait coupable d'une très grande faute s'il se démettait de ses fonctions pour ouvrir à un autre une entrée que l'Église lui avait fermée. Toute élection de ce genre, faite par le chapitre, était non seulement blâmable, mais nulle et invalide. Par surcroît de précaution, le Pape la déclarait dès ce moment telle, en vertu de ses pouvoirs, car autrement ce serait détruire les principes de la mission légitime du Souverain Pontife et mépriser son autorité. Pie VII avait adressé, en outre, une copie de ce bref au chanoine Muzzi, théologal de la Métropole, prêtre ardent, zélé et intrépide, qui n'hésita pas à faire connaître dans tout Florence la volonté du Saint-Père et, à cause de son audace, se fit enfermer à Porto-Ferrajo. Deux autres chanoines, qui avaient agi de même, furent envoyés au château de Fénestrelles.

Mais l'orage devait être autrement terrible à Paris. Napoléon allait s'y montrer encore plus rigoureux et plus exigeant que sa sœur, la grande-duchesse Élisa, dans son gouvernement de Florence.

CHAPITRE IV

LE CONSEIL ECCLÉSIASTIQUE DE 1811

Le 28 novembre 1810, le comte de Chabrol, préfet de Montenotte, conversant avec le Saint-Père sur divers sujets, entendit tout à coup Pie VII lui dire : « Dimanche prochain, il y aura six ans que j'étais en France et que je couronnais l'Empereur. — Cette époque, répondit M. de Chabrol, est une des plus glorieuses de l'Église et le bien qui en résulta pour la religion et une partie de la chrétienté a été senti de tout le monde. — Oh! répliqua Pie VII, vous vous trompez étrangement. Cette détermination me coûta beaucoup et je m'y résolus par l'affection que j'avais pour Sa Majesté. Elle occasionna une jalousie immense chez toutes les nations, et à Paris je reçus une foule de libelles dans lesquels l'Empereur était fort maltraité, et moi encore davantage. — On ne peut rien faire de grand sans opposition, dit sentencieusement M. de Chabrol. — Cependant, remarqua le Pape, plusieurs annonçaient des choses analogues à ce qui arrive à présent. — Peut-être, répondit M. de Chabrol, y ont-ils contribué en jetant du louche sur les actions de l'Empereur? — Mais, j'ai été poussé à l'extrémité, dit vivement Pie VII. J'avais de l'eau jusqu'au menton, quand je me suis mis à crier. Encore en ce moment, ma patience est totalement à bout, et je me vois au moment de faire paraître de nouvelles déclarations qui établiront la séparation entre ceux qui veulent suivre la religion et ceux qui voudront s'en éloigner. » Alors M. de Chabrol parut inquiet et dit : « Votre Sainteté n'en viendra pas à cette extrémité. A-t-elle songé au mal qui en résulterait pour la Papauté?

— Pour moi, déclara Pie VII, je suis tranquille : ma cause est sûre, parce que l'Église est impérissable (1). »

M. de Chabrol fit alors observer que l'Église serait livrée à des divisions intestines qui entraîneraient hors de son sein des peuples entiers. Le Pape répliqua que le schisme se déclarait de lui-même. La suppression de la Propagande et la dépendance du Saint-Siège allaient avoir un effet désastreux chez les nations étrangères. Elles redouteraient l'influence française et persécuteraient partout les catholiques. M. de Chabrol objecta que la puissance impériale était assez forte pour parer à tout et protéger les fidèles sous tous les climats. Puis aux doléances du Pape, le préfet répondit par quelques banalités. Il affirma que l'Europe attendait anxieusement l'issue du conflit entre le Saint-Siège et les Tuileries et qu'elle conjurait le Pape de le terminer au nom du bonheur commun. « Mais quel moyen puis-je avoir, s'écria Pie VII, quand il faudrait faire des choses que je ne puis pas faire? » Sur ce, M. de Chabrol l'invita à aller habiter le palais que l'Empereur lui avait fait préparer. « Oh! non, riposta le Pape. J'y ai bien pensé. Je vois que l'Empereur, par ce décret, voudrait me faire faire ce pas et cette démarche, afin de m'engager ensuite vis-à-vis de la chrétienté. Mais à présent, j'ai de l'expérience. Je suis arrivé à soixante-dix ans et je ne me laisse pas entraîner à ces apparences. On peut bien me conduire à Paris. Il m'est indifférent d'être ici ou là. Mais je ne dois pas m'y rendre par un exercice de ma libre volonté, parce que je ne puis l'avoir ici. » Puis il interrompit la conversation et congédia M. de Chabrol, qui se retira pour communiquer aussitôt à la police de Paris ce qu'il venait d'entendre.

Mis au courant des nouvelles déclarations de Pie VII, qui ne faisaient d'ailleurs que corroborer les précédentes, Napoléon s'irrita encore. Attribuant à l'obstination du Saint-Père des causes étrangères, il ordonna de mieux surveiller sa correspondance, de faire acheminer sur Paris les lettres

(1) Lettre du préfet de Montenotte au Maître des Requêtes chargé du 3e arrondissement de la police générale. (Archives nationales, AF^{IV} 1047).

écrites par Pie VII ou adressées à lui. M. de Chabrol avait reçu l'ordre de s'assurer du directeur de la Poste, de faire fouiller les gens suspects, de s'emparer de tous les documents et papiers qui appartenaient à l'évêque de Savone et de prendre les mesures les plus rapides pour empêcher toute protestation. Le Pape, qui était au courant de ces manœuvres, ne se gêna point pour demander à M. de Chabrol s'il lui apportait une réponse du cardinal Maury. Pie VII avoua qu'il lui avait écrit, faisant entendre qu'il allait être forcé de faire une déclaration publique. « Après avoir rempli son devoir, il s'en remettrait à la Providence pour ce qui pourrait en résulter. » Ces paroles inquiétèrent M. de Chabrol qui se promit de redoubler de surveillance. Mais comment empêcher la Chrétienté d'apprendre que le Pape n'avait pu, sans se servir des armes spirituelles qui lui appartenaient, tolérer les nominations de M. d'Osmond et du cardinal Maury, et l'inconvenance des procédés de ces prélats en révolte contre l'autorité du Saint-Père et de l'Église? Florence et Paris, Paris surtout, allaient être agités par les brefs comminatoires de Pie VII.

Le 1ᵉʳ novembre 1810, le cardinal Maury s'était installé à Notre-Dame, tout en protestant devant les chanoines, ses vénérables frères, de son dévouement à la Papauté. L'abbé d'Astros, neveu de l'ancien ministre le comte Portalis, et cousin germain de son fils Portalis, conseiller d'État et directeur de la Librairie, exerçait alors les fonctions de vicaire capitulaire. C'était un prêtre d'une piété exemplaire, d'un esprit cultivé et d'une droiture inébranlable, n'écoutant que la voix de sa conscience et ne redoutant ni menace ni péril. Sa belle physionomie révélait la loyauté et l'énergie de son âme. Le ministre des Cultes avait informé le chapitre de Notre-Dame que, d'après la volonté de l'Empereur, il convenait de donner au cardinal Maury les fonctions d'administrateur du diocèse. Plusieurs chanoines votèrent contre cette demande, mais la grande majorité l'emporta. En sa qualité de président et de vicaire capitulaire, l'abbé d'Astros alla voir Maury. Il l'informa de la décision du chapitre et tint à lui rappeler en même temps l'éloquence et le courage avec lesquels il avait défendu à la Constituante la cause de l'Église et du clergé. Maury protesta ainsi de son dévouement à la Papauté : « Je ne veux monter au trône archiépiscopal que conduit par la main du Saint-Père. » Mais bientôt il voulut assumer tous les pouvoirs, et ce fut là qu'il rencontra l'opposition de l'abbé d'Astros. Ainsi, il avait eu l'intention de sceller les actes archiépiscopaux de ses propres armes, et il fut contraint de prendre celles du chapitre. Il avait fait porter devant lui la croix haute en signe de son autorité, et le vicaire capitulaire avait fait rentrer la croix à la sacristie. Il avait signé ses actes comme « administrateur du diocèse », et le vicaire capitulaire avait rappelé aux journaux que le cardinal Maury n'avait pas droit à ce titre. Il avait prétendu faire agir l'Official au nom de l'archevêque, et le vicaire capitulaire avait obtenu que l'Official n'agit qu'au nom du chapitre. Enfin, partout où Maury essayait de faire prédominer son autorité illégale, apparaissait d'Astros qui remettait d'un air calme, mais résolu, les choses en ordre. Cela ne pouvait durer. L'irritation du cardinal Maury contre un vicaire capitulaire aussi tenace et aussi déterminé s'accentuait de jour en jour, attendant ou cherchant l'occasion d'éclater.

Le 24 décembre, l'abbé d'Astros alla chez son cousin Portalis prendre part à un dîner de famille. Il communiqua secrètement au conseiller d'État la copie du bref du Pape à Maury, qu'il venait de recevoir. Portalis fut épouvanté. Il déclara qu'il empêcherait la circulation d'une pièce aussi dangereuse et supplia son cousin de se taire. Mais celui-ci crut de son devoir de lire le bref à plusieurs chanoines. Quoi d'étonnant à ce que l'on sût bientôt qu'une lettre du Pape contre l'usurpation du siège archiépiscopal par Maury venait d'arriver à Paris? La police en fut avertie aussitôt. Elle avait déjà eu connaissance du bref adressé à l'abbé Corboli, vicaire capitulaire de Florence, et elle savait quelle colère ce document avait causée à l'Empereur. Un bref, en date du 18 décembre et adressé à d'Astros, était d'ailleurs entre ses mains

depuis quelques jours ; il y était question du retrait par le
Pape à Maury de tout pouvoir et de toute juridiction. Ce
document, que d'Astros n'avait point reçu, car les agents
l'avaient intercepté, corroborait l'existence du bref envoyé à
Maury et devenait un acte accusateur contre le vicaire général
capitulaire assez audacieux pour braver les volontés impériales. Napoléon en fut averti et il s'apprêta à punir sévèrement ceux qu'il considérait comme des coupables. Il commença par faire écrire au préfet de Montenotte que la lettre
du Pape au grand vicaire de Paris excitait en secret la discorde et la rébellion. Il donnait ordre de redoubler les mesures
de surveillance et de sévérité en ce qui concernait les cour-
riers et d'empêcher qu'aucune lettre ne fût remise à Pie VII.
Il fallait représenter au Pape qu'il faisait du tort à la religion,
qu'il négligeait *la douceur et les bonnes manières* qui auraient
pu réussir auprès de l'Empereur et que l'Église finirait ainsi
par perdre le reste de son temporel. Il était inutile désormais
que le Pape écrivît. « Moins il fera de besogne, et plus cela
vaudra, » disait Napoléon. Toutes les lettres devaient être
saisies et triées. « Moins il en parviendra et mieux cela vaudra. » Il fallait en outre restreindre l'état de la maison du
Pape et renvoyer les voitures. En quoi ces dernières mesures
pouvaient-elles gêner le Pape qui s'était volontairement réduit
à l'état le plus modeste? « Recommandez au sieur Chabrol,
avait dit Napoléon à Bigot de Préameneu, de ne plus rien dire
qui tende à faire croire au Pape que je désire un accommodement. » L'Empereur voulait seulement que Pie VII sût que les
Français étaient trop éclairés aujourd'hui pour ne pas distinguer la doctrine de Jésus-Christ de celle de Grégoire VII.
Napoléon invitait en même temps le ministre des Cultes à
recommander à la grande duchesse Élisa la plus énergique
fermeté au sujet des chanoines de Florence, menaçant de supprimer leur temporel en cas de rébellion. Quant au vicaire
capitulaire Corboli, il avait déjà reçu l'ordre de se démettre
de ses fonctions. Le même jour, 31 décembre, le cardinal
Maury réunit le chapitre et l'informa qu'il aurait à se rendre

le lendemain, en habit de chœur, aux Tuileries pour présenter ses devoirs à l'Empereur à l'occasion de la nouvelle année.

La scène qui va suivre avait été préparée par un maître. (1) Le compliment de l'archevêque terminé, Napoléon passe devant les chanoines, puis s'arrêtant devant l'abbé d'Astros : « Il y en a, déclare-t-il sévèrement, parmi vous qui sèment le trouble dans les consciences et qui s'élèvent contre l'autorité ! » Et pour que nul ne s'y trompât : « C'est à vous que je m'adresse, monsieur l'abbé ! Sachez qu'il faut soutenir la liberté de l'Église gallicane. Il y a autant de distance de la religion de Bossuet à celle de Grégoire VII que du ciel à l'enfer. » Et mettant la main sur son épée d'un geste menaçant : « Souvenez-vous que ce n'est pas en vain que je la porte ! » A ces mots, les pauvres chanoines tremblent. Seul, d'Astros fait bonne contenance et se retire sans aucun trouble. Il va ensuite avec ses confrères chez l'impératrice Marie-Louise, puis, la réception terminée, il s'apprête à se retirer, quand le cardinal Maury l'invite doucereusement à venir avec lui chez le duc de Rovigo qui désirait l'entretenir de ce qui s'était passé. L'archevêque de Paris va livrer lui-même son vicaire capitulaire au ministre de la police. Celui-ci, qui croit tenir le chef d'une nouvelle conspiration, procède immédiatement à un sévère interrogatoire. Il demande à d'Astros s'il correspond avec le Pape. L'abbé avoue qu'il correspond en effet avec le Pape au sujet des dispenses de mariage. « Ce n'est pas cela, dit Rovigo avec vivacité. Ne correspondez-vous pas sur les affaires du jour? — Non. — Mais vous avez vu un bref du Pape au cardinal Maury? — Oui, je l'avoue. — Qui vous l'a montré? — Je ne peux pas le dire. — Oh! pour terminer, voilà M. l'archevêque (car la scène se passait devant Maury). Donnez votre démission entre ses mains et tout sera fini. — Je ne le peux pas. — Votre refus prouve que vous êtes chef de parti. Donnez votre démission ou vous êtes mon prisonnier? — Je serai votre prisonnier. — Vous voudriez être martyr. Vous

(1) Toute cette affaire est écrite d'après les pièces inédites des Archives nationales, AF" 1048.

ne le serez pas! » Et sur cette dernière parole qu'il veut rendre ironique, le ministre de la police se retire avec le cardinal et laisse le grand vicaire seul jusqu'à la nuit.

Apparaît à ce moment l'homme de toutes les besognes, le policier Réal, qui fait monter l'abbé d'Astros en voiture, le conduit à son domicile et y fait, avec l'agent de police Pasques, une perquisition en règle. Puis il invite à son tour l'abbé à donner sa démission. « Je ne puis, reprend d'Astros, manquer à mon devoir. — Eh bien, déclare Réal après un silence, l'Empereur ne se met plus en peine de votre démission; mais il veut absolument savoir qui vous a remis le bref du Pape au cardinal Maury et si vous ne le dites, vous ne reverrez plus votre famille... ni même peut-être la lumière! — Rien au monde ne pourra me faire manquer à ma conscience! » déclare d'Astros. Réal, dissimulant son dépit, emmène l'abbé au ministère et emporte avec lui trois cartons remplis de papiers, trouvés dans les poches d'une vieille soutane et dans une boîte à chapeau (1). Rovigo les compulse devant Réal et y découvre entre autres une copie du bref incriminé, ainsi qu'une longue instruction du légat du Pape, puis de nombreuses minutes de lettres écrites par d'Astros. Alors le ministre de la police s'avise d'une ruse grossière et, lui présentant le bref, il dit à d'Astros : « Vous l'avez montré à votre cousin. *Il me l'a dit...* » L'abbé aurait dû se méfier avec un homme capable de tout (j'ai dit son rôle détestable dans l'affaire du duc d'Enghien), mais il tombe malheureusement dans le piège. Il croit à la parole du ministre et répond en toute simplicité : « Puisque mon cousin vous l'a dit, je ne le nierai pas. » Rovigo ajoute alors qu'il sait que le bref a été également communiqué à l'abbé Guairard et à l'abbé de La Calprade. D'Astros ne pouvant deviner là un autre mensonge, avoue encore le fait. « Je n'ai appris que plus tard, avec le plus vif regret, dit-il dans un récit ultérieur, les suites fâcheuses de mon aveu... »

(1) Archives nationales AF^IV 1048.

Après avoir fait conduire à Vincennes l'abbé d'Astros, le ministre de la police informa l'Empereur que le vicaire capitulaire avait avoué, en présence de Réal et du sieur Pasques, avoir montré le bref du Pape à M. Portalis, à l'abbé Guairard et à l'abbé de la Calprade, chanoine à Paris. Aussi faisait-il arrêter ce dernier, ainsi que les sieurs Fontana et Gregori, prêtres italiens, et une dame de Montjoie, tous colporteurs des ordres de Savone. En ce qui concernait Portalis, Rovigo rappelait à l'Empereur que le conseiller d'État, se promenant avec lui la veille dans la salle des Maréchaux, lui avait déclaré n'avoir jamais eu connaissance du bref papal. « Je remarquais bien un peu d'indécision en lui, ajoute le ministre, mais je respectais le caractère dont il était revêtu... » Ces insinuations mettent le comble à l'irritation de l'Empereur qui s'apprête à sacrifier brutalement Portalis. Auparavant, Napoléon invite Bigot de Préameneu à garder secrète la lettre du Pape à d'Astros, sauf à en faire usage en temps et lieu. Il charge en même temps le ministre des Cultes d'éclairer le sieur Chabrol sur la mauvaise foi du Pape qui, *avec son air de Sainte-Nitouche*, suscite en secret la division et le trouble. Il donne ensuite l'ordre à Rovigo de faire arrêter à Turin le vicaire général Dani et trois chanoines d'Asti que l'on conduira en poste à Fénestrelles, comme coupables de menées contre la sûreté de l'Empire. On séquestrera leurs biens et on les mettra au secret absolu. Napoléon prie en outre la grande duchesse Élisa de faire arrêter et emprisonner ceux des chanoines de Florence qui auraient reçu des lettres du Pape et de prendre toutes les mesures nécessaires « pour que le feu de la sédition que le Pape souffle partout ne gagne pas la Toscane (1) ». Il demande au prince Eugène de lui faire connaître l'esprit du chapitre de Milan, car l'archevêché étant vacant, le Pape ne voulait pas donner l'institution canonique aux évêques nommés. Le prince doit obtenir du chapitre des pouvoirs pour l'administration.

---

(1) *Lettres inédites*, t. II, p. 97 et Archives nationales, AF^{IV} 1048.

Il se plaint du Pape qui fera tout ce qu'il pourra pour s'y opposer, « car cet homme fait distiller partout le poison et la discorde. » Il invite Eugène à écrire à Élisa que, si les circonstances l'exigent, il lui enverra des troupes par Bologne et Rimini. Il est si peu maître de lui, si exaspéré qu'il traite cette affaire comme s'il avait à diriger une expédition importante contre de nouveaux ennemis. Il enjoint à Rovigo d'expédier des mandats d'arrêt à Florence contre les chanoines Muzzi, Gentili et Berto, l'avocat Valentini, le grand vicaire Corboli. Il veut que le chapitre reconnaisse d'Osmond comme archevêque de Florence, sinon il faut le supprimer et mettre les scellés sur ses biens. Il écrit au prince Borghèse, gouverneur des départements d'au delà des Alpes, pour se plaindre qu'il n'ait mis aucune surveillance autour du Pape. « Je vous ai donné hier et je vous réitère l'ordre, dit-il le 2 janvier 1811, d'ôter au Pape le moyen de correspondre, et si même cela est nécessaire, de le faire enfermer dans la citadelle de Savone (1). » Il ordonne de faire arrêter ceux de ses valets qui seraient connus pour passer ses lettres et l'aider dans le travail « par lequel il prêche le désordre et l'insubordination ». Il faut qu'on remplace les domestiques suspects par des domestiques étrangers. Si le Pape écrit des lettres, elles doivent être envoyées au ministre des Cultes. Le préfet de Montenotte devra dire au Pape « que, puisqu'il abuse de sa liberté pour semer partout le désordre, on ne peut le considérer que comme ennemi de l'État et de l'Empire ». Napoléon est dans un état de colère folle. Dans son égarement, il attribue au bref du Pape une portée et des effets plus considérables qu'il n'en a en réalité. Il craint que ce bref n'ait été répandu partout. Il envoie des ordres au sous-préfet de Marseille pour faire appeler à l'improviste les vicaires généraux d'Aix et leur demander les lettres de Savone et la correspondance qui s'en est suivie. « Qu'on ne se paye pas de leurs raisons, dit-il, et qu'on ne les relâche point que la lettre ne soit remise, puisqu'on est certain qu'ils l'ont reçue (2) ». C'est

(1) *Lettres inédites*, t. II, p. 100.
(2) *Ibid.*, p. 101.

sous l'impression de ces sentiments qu'il se rend au Conseil d'État le matin du 4 janvier.

Il s'assied au fauteuil de la présidence et laisse expédier quelques affaires. Puis, il demande si M. Portalis est là. On lui répond affirmativement. Alors il interpelle le malheureux conseiller. Il lui demande pourquoi il lui a caché l'existence du bref séditieux. Portalis aurait pu répondre qu'il avait informé le préfet de police, M. Pasquier, des tentatives faites pour donner de la publicité à ce bref. Il aurait pu ajouter qu'il avait supplié son cousin d'Astros de tenir la pièce secrète et qu'il l'avait averti qu'il en empêcherait la publication. Mais Napoléon ne lui laisse pas le temps de s'expliquer. Il fond sur lui et l'accable des reproches les plus blessants. Avec une violence qui épouvante tout l'auditoire, il blâme son ingratitude et sa perfidie. Il s'étonne que Portalis ait osé reparaître dans cette enceinte après une pareille trahison. « Quel a pu être votre motif? Seraient-ce vos principes religieux? Mais alors pourquoi vous trouvez-vous ici? Je ne violente la conscience de personne. Vous ai-je pris au collet pour vous faire mon conseiller d'État? C'est une faveur insigne que vous avez sollicitée. Vous êtes ici le plus jeune et, peut-être, le seul qui y soit sans des titres personnels. Je n'ai vu en vous que les services de votre père. Vous m'avez fait serment. Comment vos principes peuvent-ils s'arranger avec la violation manifeste que vous en faites? Toutefois, parlez! Vous êtes ici en famille. Vos collègues vous jugeront (1) » ... Portalis consterné répond qu'il n'avait pu dénoncer l'abbé d'Astros, son parent. Sans lui permettre d'en dire davantage, l'Empereur s'écrie : « Votre faute n'en est que plus grande! Votre parent n'a pu être placé qu'à votre sollicitation. Dès lors, vous en avez pris toute la responsabilité. Quand je regarde quelqu'un comme tout à fait à moi, ainsi que vous ici, ceux qui lui appartiennent, et dont il répond, sont dès cet instant hors de toute police. Voilà mes maximes! Les devoirs d'un conseiller d'État envers moi sont

---

(1) Archives nationales AF⁴ 1048.

immenses. Vous les avez violés. Vous ne l'êtes plus. Sortez! ne reparaissez plus ici!... » Portalis, à bout de forces, ému, confondu, balbutiant des excuses, sort aussitôt de la salle des séances et, dans son trouble et son effroi, oublie à sa place son chapeau et son portefeuille. « J'espère, Messieurs, dit alors l'Empereur aux conseillers stupéfaits, qu'une pareille scène ne se renouvellera jamais. Elle m'a fait trop de mal. Je ne suis pas défiant; je pourrais le devenir. Je me suis entouré de tous les partis. J'ai mis auprès de ma personne jusqu'à des émigrés, des soldats de l'armée de Condé, bien qu'on voulût qu'ils m'eussent assassiné. Je dois être juste. Ils m'ont été fidèles. Depuis que je suis au gouvernement, voilà le premier individu auprès de moi qui m'ait trahi! » Et se tournant vers le secrétaire du Conseil d'État, Locré, qui tenait la plume : « Vous écrirez : trahi, entendez-vous! » Puis d'un geste bref il leva la séance. Tous se retirèrent effrayés, attristés, confus (1).

En disant que Portalis l'avait trahi, Napoléon commettait une nouvelle injustice et en affirmant qu'il était le premier, il savait bien qu'il ne disait pas la vérité. Il aurait pu citer Bernadotte, Fouché, Talleyrand et d'autres, et alors, il eût dit vrai. Pendant que tous les collègues de Portalis se bornaient à plaindre secrètement l'infortuné conseiller et baissaient la tête, un seul homme la releva. Ce fut M. Pasquier, le préfet de police. Le soir même de cette abominable scène, il écrivit à Napoléon pour défendre Portalis et il le fit dans une lettre courageuse dont je veux ici donner les principaux passages. Il affirmait que Portalis était loin d'être aussi coupable qu'il le paraissait, car c'était par lui qu'il avait été informé des tentatives que l'on faisait pour répandre dans Paris la lettre du Pape à l'archevêque. C'est cet avis transmis par M. Pasquier au ministre qui avait mis la police sur la voie. Sans doute, Portalis n'avait pas dit qu'il eût vu cette lettre entre les mains de son cousin, mais il était persuadé que la police, une fois avertie, l'empêcherait de paraître. « Il croyait ainsi concilier

(1) Voir encore à ce sujet mon livre sur *la Censure sous le premier Empire*.

son droit avec le devoir de ne pas perdre son cousin... Que Votre Majesté daigne se rappeler les services du père! Le fils n'est pas moins dévoué. Il doit tant à Votre Majesté! Comment aurait-il pu vouloir la trahir?... Si l'arrêt, que Votre Majesté a prononcé ce matin, pouvait n'être pas irrévocable! Sa sévérité a éclaté sans doute avec justice. Que sa clémence paraisse à présent? Combien elle acquerra de droits à Votre Majesté sur tous les cœurs qui seront témoins de tant de générosité. »
M. Pasquier cherchait à apaiser l'Empereur, en disant qu'il méritait des reproches pour n'avoir pas multiplié les questions et qu'il avait conseillé lui-même à Portalis de venir à la séance du Conseil d'État. « S'il ne se fût pas présenté ainsi devant les yeux de Votre Majesté, peut-être, en échappant aux premiers moment de votre indignation, les coups en auraient-ils été moins terribles. Votre Majesté voit avec quelle confiance j'épanche toute ma pensée dans son sein. Que n'ai-je été dans le cas de lui rendre les services les plus signalés? Je ne lui demanderai pas d'autre prix que la grâce de mon ami. Sire, il est fils, il est époux, il est père. Il ne sait où aller, que devenir, où se cacher. Que de gens malheureux, si Votre Majesté ne daigne pas jeter un regard de pitié sur cette misérable famille! »

Napoléon prit rapidement connaissance de cette lettre suppliante et, rencontrant quelques jours après M. Pasquier, se borna à lui dire qu'il n'avait pas conscience des services d'un conseiller d'État. Portalis, de son côté, écrivit à son ami, le duc de Bassano : « La foudre est tombée sur moi. Je puis tout supporter, hors l'idée d'être condamné comme ingrat. » Et il le suppliait de remettre lui-même à l'Empereur au moment favorable une lettre d'explications. Dans cette lettre, Portalis s'humiliait, s'effondrait. Il protestait de son absolue fidélité. « J'ai entendu, avouait-il, la lecture de ce bref fatal. Je l'ai entendu, et en étant loin de penser que celui qui me le lisait, pût être capable d'entretenir des correspondances contraires aux lois. J'ai cru pouvoir prévenir le mal que la circulation d'un tel écrit pouvait entraîner en avertissant M. le

Préfet de police de son existence. Je n'ai pas nommé l'abbé d'Astros, et c'est en suppliant que j'embrasse les genoux sacrés de Votre Majesté. Mais je ne voyais à redouter que la publicité du bref. Je ne prévoyais rien au delà. Je croyais avoir fait tout ce qu'il fallait pour l'empêcher et mon cœur se refusait à accuser un parent, l'ancien ami de mon enfance. » Il rappelait à l'Empereur les services de son père, ses propres efforts pour le contenter, sa situation de père de famille. Il invoquait sa clémence et l'assurait de sa fidélité, de son dévouement, de son respectueux amour. Il signait son nom au bas de sa lettre, dans un tout petit coin, comme pour se dérober à la colère impériale. Vaine humilité! La lettre fut à peine lue et Portalis dut quitter Paris le soir même (1).

Il sortait, comme l'a dit Mignet, d'une manière trop timide, du Conseil d'État où l'Empereur avait été trop sévère et trop brutal. Napoléon le reconnut plus tard à Sainte-Hélène : « Il y avait quelque chose de trop dans la scène que je fis à Portalis au Conseil d'État. J'eusse dû m'arrêter avant de lui commander de sortir. La scène eut dû finir, puisqu'il ne se justifiait pas, par un simple : *c'est bon!* Il n'eût dû trouver le châtiment qu'en revenant chez lui. Les souverains ont toujours tort de parler en colère. » Mais, le soir même de cette scène déplorable, Napoléon écrivit au duc de Rovigo : « J'ai aujourd'hui chassé de mon Conseil le conseiller d'État Portalis et lui ai donné ordre de quitter Paris dans la nuit. Faites-lui connaître que mon intention est que demain il soit parti. Il ne s'arrêtera qu'à quarante lieues de Paris, dans une ville qu'il choisira et là, il me fera connaître son arrivée. » Ainsi, pour une simple imprudence, Portalis était mis sous la surveillance de la Police générale. L'Empereur voulut informer également le vice-roi d'Italie de son exploit et ajouta : « Je vous mande ceci, afin que l'on soit bien convaincu de mon intention prononcée de faire cesser cette lutte scandaleuse de la prêtraille contre mon autorité (2) ». Mais la colère de Napoléon n'était pas encore

(1) Archives nationales AF10* 8.
(2) Portalis ne rentra en grâce que le 14 décembre 1813. Sur la proposition de

satisfaite. Deux jours après, il écrivit au prince Borghèse une lettre d'une violence inouïe contre Pie VII : « Le Pape, disait-il, a profité de *la liberté que je lui ai laissée à Savone* pour semer parmi mes sujets la rébellion et le désordre. Je m'étais contenté, jusqu'à ce que la grande question de l'institution ait été décidée, que les évêques que j'avais nommés administrassent au nom du chapitre et comme vicaires capitulaires, conformément aux maximes de l'Église et à ce qu'ont fait Louis XIV et d'autres souverains de l'Europe. Cependant le Pape, inspiré par l'esprit de désordre qui le caractérise, a, par des menées sourdes et séditieuses, fait parvenir aux chapitres de Paris, de Florence et d'Asti, des brefs contraires aux lois de l'Empire et du reste de l'Europe, puisque les souverains, sentant la nécessité de se mettre à l'abri des mouvements atrabilaires des Papes, avaient défendu qu'aucune communication eût lieu avec eux sans leur permission. Le Pape a d'autant plus tort dans la question que même, selon l'opinion des ultramontains, il n'a pas le droit de modifier les délibérations du chapitre pendant la vacance des sièges. Cela est bien plus contraire encore aux libertés de l'Église gallicane (1). »

Sur ce, l'Empereur édictait les mesures nouvelles qu'il croyait propres à vaincre la résistance du Pape : « Voulant garantir mes sujets de la rage et de la fureur de ce vieillard ignorant et atrabilaire, je vous ordonne par la présente de lui faire notifier que défense lui est faite de communiquer avec aucune Église, ni avec aucun de mes sujets, sous peine de désobéissance de sa part et de la leur. » En conséquence, il ordonnait de chasser de la maison du Pape tous les individus suspects, de n'y souffrir la visite de personne, d'augmenter la garnison de Savone, d'enlever les papiers, livres et docu-

---

Molé, garde des sceaux, il fut nommé premier Président de la cour d'Angers. Quelques mois après, il put lui-même rendre la liberté à son cousin d'Astros, amené de Vincennes, puis de Saumur à la prison centrale du département du Maine.

(1) *Lettres inédites*, t. II, p. 102.

ments appartenant à Pie VII, de ne lui laisser ni papier, ni plume, ni encre, ni aucun moyen d'écrire. « Si le Pape se portait à des extravagances, vous le feriez enfermer à la citadelle de Savone... Le préfet, ou tout autre, sera chargé de lui dire que je ne le reconnais plus pour Pape et qu'il cesse d'être l'organe de l'Église, celui qui prêche la rébellion et dont l'âme est toute de fiel... Le temps de louvoyer est passé. Puisque rien ne peut rendre le Pape sage, il verra que je suis assez puissant pour faire ce qu'ont fait mes prédécesseurs et déposer un Pape... (1) » Telles étaient les extravagances auxquelles se livrait un grand esprit, troublé tout à coup par le délire d'un immense orgueil. Dès lors, tous lui deviennent suspects. Il ne pense qu'à se débarrasser de ses ennemis. Il en voit partout. L'abbé Reboul, ancien aumônier de Mesdames, a porté le bref du Pape. Il faut saisir ses papiers et l'arrêter. Mme Séguier, femme du premier Président, a lu le bref. Il faut « avoir un œil dans sa maison », parce que chez cette dame on agitait beaucoup de questions relatives aux affaires actuelles du clergé. On peut laisser au Pape son médecin Porta, son jardinier et son cuisinier, mais il faut arrêter le chirurgien Ceccarini, le chapelain Soglia, les valets de chambre Moiraghi et Morelli, le valet de pied Bertoni et le domestique Petroncini. Ces arrestations se feront simultanément à minuit et les individus seront envoyés à Fénestrelles, où ils resteront cinq ou six mois au secret. Le prélat Doria sera expulsé, lui aussi, et ramené à Naples auprès de sa sœur avec recommandation d'être sage, car à la moindre intrigue, il sera sévèrement puni comme les autres qui resteront près du Pape. « Il n'y va rien moins que de la vie. Il faudra ensuite surveiller les abords de Savone et les auberges, s'assurer de toutes les personnes suspectes, observer les lieux où se rendent les domestiques, et s'ils se conduisent mal, les séquestrer tous (2). »

(1) Il avait fait publier par Daunou un livre contre la *Puissance temporelle des Papes*, et il faisait rechercher par Barbier, son bibliothécaire, tous les ouvrages relatifs à la déposition des Papes par des empereurs.
(2) *Lettres inédites*, t. II, p. 105, 106, 108.

On voit que Napoléon attribuait une importance immense à la moindre action, au moindre mot du Pape, et qu'il le traitait comme un ennemi redoutable.

Les agents de l'Empereur obéirent avec un zèle honteux à de telles injonctions. On enleva les papiers du Pape, son écritoire, son papier à lettres, ses plumes, son bréviaire, l'Office de la Sainte-Vierge, une bourse contenant quelques écus d'or et jusqu'à son anneau. Quant à l'affaire de l'abbé d'Astros et à ses complices, Napoléon la fit suivre avec le plus grand soin. On avait trouvé dans les papiers du vicaire capitulaire un manuscrit sur les *Évêques nommés et leur envoi dans les églises vacantes*. Le duc de Rovigo l'avait lu et s'était scandalisé d'y voir que l'abbé d'Astros défendait les droits du Pape et osait rappeler le cardinal Maury à ses véritables devoirs. « Cette pièce, affirmait Rovigo, suffisait pour le présenter comme un factieux fanatique. » Il déclarait en conséquence que ses opinions étaient détestables, qu'il était l'adversaire des évêques nommés et « le centre, le correspondant et même l'oracle ou le directeur d'une multitude d'individus opposés à l'ordre actuel ». Sa culpabilité était incontestable ; on le lui fit bien voir. Rovigo questionna ensuite le Père Fontana, les abbés Grégori et Perreau, arrêtés à la suite de l'examen des papiers de d'Astros. Ces trois prêtres n'eurent pas de peine à démontrer que les soupçons dont ils étaient l'objet n'avaient aucune importance. Mais Rovigo les voulait coupables et les reconnut tels. Aussi, Napoléon en fit les intermédiaires du Pape et les traita comme étant de sa « clique ». Le cardinal Di Pietro fut amené à son tour de Semur au ministère de la Police et, interrogé par Réal, reconnut qu'il transmettait les ordres et instructions de Pie VII au clergé. « *C'était lui qui faisait le Pape!* » s'écria Rovigo indigné, et il ajouta : « C'est ainsi que les ministres du Dieu de paix s'enveloppaient de leur ministère pour troubler l'État et l'intérieur de chaque famille, en alarmant la conscience de l'homme de bien et en encourageant le chancelant agitateur! » Il fallait donc frapper sans pitié les prêtres fanatiques « qui calomnient la religion la nation et le siècle » ! Il fallait punir ces incorrigibles et jusqu'à ces dévotes factieuses qui leur prêtaient appui. Les cardinaux Di Pietro et Gabrielli allèrent rejoindre d'Astros à Vincennes, et la plupart des autres factieux furent envoyés à Fénestrelles (1).

Napoléon se tourna ensuite vers le chapitre de Notre-Dame et voulut voir ce qu'il oserait faire à la suite de l'arrestation du vicaire capitulaire. « J'ai appelé hier, lui avait écrit le ministre des Cultes, à la date du 4 janvier, trois députés du chapitre de Paris. J'ai été parfaitement content de leurs sentiments personnels et de l'assurance qu'ils m'avaient donnée qu'il n'y avait pas dans le chapitre un seul membre qui ne partageât ces sentiments… Il a été convenu qu'ils proposeraient de suite au chapitre de me remettre, par une seconde députation, une adresse à Votre Majesté, pour témoigner de leur douleur de ce qu'un de ses membres avait manqué d'une manière aussi grave à ses devoirs, pour protester de leur dévouement et pour faire une déclaration de leur attachement aux libertés de l'Église gallicane, et notamment au principe suivant lequel aucune autorité ecclésiastique ne peut troubler le chapitre dans l'exercice de nommer des vicaires, le siège vacant. » A ce rapport était joint un extrait de la délibération du chapitre, en date du 3 janvier 1811, par lequel les pouvoirs spirituels du vicaire général, accordés à M. d'Astros par délibération des 10 et 12 juin 1808, étaient révoqués et par laquelle aussi une adresse devait être envoyée à Sa Majesté Impériale et Royale pour lui exprimer les sentiments et les principes du chapitre. Or, cette adresse avait été rédigée par le cardinal Maury, d'accord avec l'Empereur. Elle disait qu'au moment où le chapitre métropolitain déposait aux

---

(1) Archives nationales, AF¹ᵛ 1048.
Par l'article 1ᵉʳ du décret rendu le 23 janvier 1811, Napoléon déclarait rejeter le bref du Pape daté du 4 décembre 1810 comme contraire aux lois de l'Empire et de la discipline ecclésiastique. Par l'article 2, il édictait que ceux qui l'avaient provoqué, transmis ou communiqué seraient poursuivis devant les tribunaux et passibles des peines prévues par les articles 91 et 103 du Code pénal pour crime tendant à troubler l'État par la guerre civile.

pieds de Sa Majesté l'hommage de son respect, de sa fidélité et de son dévouement, les chanoines avaient été pénétrés de l'affliction la plus profonde en entendant les reproches adressés par sa bouche auguste à l'un des membres de leur compagnie et s'étaient fait un devoir de révoquer aussitôt les pouvoirs dont ils l'avaient investi. Ce n'était pas encore assez. Les membres du chapitre avaient cru devoir présenter une adresse au Restaurateur du culte catholique et au Protecteur de l'Église gallicane, pour y exposer leurs principes et les motifs de leur conduite. En conséquence, ils déclaraient adhérer sans réserve à la doctrine ainsi qu'à l'exercice des libertés de l'Église gallicane. Ils adoptaient et juraient de soutenir « jusqu'à la mort » les quatre propositions du Clergé de France proclamées en 1682 et telles que le grand Bossuet les avait rédigées, développées et justifiées (1). Ils affirmaient que l'usage constant de l'Église de France avait concédé aux chapitres le droit de déférer aux évêques nommés tous les pouvoirs capitulaires et n'admettaient pas qu'aucune puissance pût mettre obstacle à cette prérogative. Ils ajoutaient, à titre de précédent, qu'au dix-septième siècle, c'était par le sage conseil de Bossuet à Louis XIV que tous les archevêques et évêques nommés par le Roi avaient été gouverner paisiblement, en vertu des pouvoirs donnés par les chapitres, les églises dont ils étaient destinés à remplir les sièges vacants, sans qu'on leur opposât le moindre empêchement.

Le 6 janvier, aux Tuileries, le cardinal Maury, en présence du chapitre, remit l'adresse au chanoine Jalabert, qui la lut non sans une certaine surprise, car on en avait retranché certains changements demandés par l'abbé Émery, lequel, entre autres avait contesté le conseil donné par Bossuet à Louis XIV (2). Napoléon se déclara satisfait. Il loua la soumission absolue des chanoines et leur fit un grand discours où il critiqua l'intolérance de Pie VII, la trouvant contraire aux

(1) Le 25 février 1810, un décret impérial avait déclaré loi générale de l'Empire l'édit de Louis XIV relatif à la déclaration du 23 mars 1682.
(2) Voir d'Haussonville, t. IV, p. 14, 20, et Archives nationales.

intérêts de l'Église et de la Papauté. Il se dit résolu à maintenir les droits de la couronne et à ne pas se laisser traiter « comme un des rois fainéants et imbéciles que subjugua Grégoire VII ». Il résuma à sa façon le différend qui s'était élevé entre lui et le Pape, et donna naturellement tort à Pie VII. Ceux qui avaient trempé dans des intrigues coupables avaient été punis. Il finit en disant que si le Pape promettait solennellement de ne rien faire contre les quatre articles de 1682, il pourrait retourner à Rome, mais il ajouta ironiquement : « Si saint Pierre revenait au monde, ce n'est pas à Rome qu'il irait ! » Quant à l'institution canonique, puisque Pie VII paraissait obstiné à ne point exécuter le Concordat, lui, l'Empereur pourrait et devait dans les circonstances actuelles y renoncer. Après ce *Quos ego*, il congédia le chapitre, qui se retira honteux et attristé. Napoléon lui avait dit des choses qu'il n'aurait pas dû entendre et fait dire des choses qu'il n'avait pas dites. Le lendemain, Bigot de Préameneu remercia, au nom de l'Empereur, les chanoines de leur humble adresse. Sa Majesté trouvait nécessaire que le chapitre s'étant ainsi expliqué devant l'autorité temporelle, « il exposât aussi au Pape, chef de l'autorité spirituelle, les motifs fondés sur les conquêtes et sur les libertés de l'Église de France qui, tant en ce qui concerne les droits et devoirs du chapitre que sur tous les objets de la discipline ecclésiastique, ont dirigé et dirigeront sa conduite (1). » Mais le cardinal Maury ne put décider les chanoines à transmettre leur adresse au Saint-Père et voici pourquoi. Ils n'avaient pas craint de dire que le droit sacré de gouverner les églises vacantes était confié aux chapitres par le droit public et par la Constitution même de l'Église, ce qui permettait aux souverains d'obliger les chapitres à se défaire à l'occasion de ce droit. Ils avaient invoqué pour cela l'ancien droit et les Conciles généraux. Or, pour n'en citer qu'un seul, le Concile de 1724 était opposé à cette doctrine. Ils avaient invoqué la Pragmatique Sanction qui ne parle pas

(1) Archives nationales. — Voir sur cette adresse d'importants *Commentaires* dans le *Complément de la Correspondance de la cour de Rome*, p. 244.

de la doctrine canonique. Ils avaient cité à tort le Concile de Trente. Ils avaient affirmé que les propositions de 1682 n'avaient pas été censurées, et ils avaient négligé les censures d'Innocent XI, d'Alexandre VIII et de Pie VI.

Napoléon eut alors l'idée de faire juges, entre lui et la Papauté, les divers chapitres de France. Il invita le ministre des Cultes à lui soumettre un projet à cet égard. Bigot de Préameneu lui en présenta un qui commençait par blâmer la conduite de l'abbé d'Astros et celle des Cardinaux Noirs lors du second mariage, ce qui était une maladresse. Napoléon la releva aussitôt : « Il ne faut pas parler de d'Astros ni de son pamphlet, et encore moins du mariage et de la légitimité de l'Enfant; cela est trop absurde! » Il aurait seulement voulu que l'on critiquât le bref du Pape adressé aux chapitres de Paris et de Florence et qu'on insistât sur l'inconséquence de Pie VII qui prétendait ne pouvoir instituer les évêques et cependant écrivait aux chapitres pour prêcher la révolte en France.

Puis il renonce à cette idée pour demander aux sections de Législation et de l'Intérieur au Conseil d'État un rapport sur la bulle incriminée et sur ce qu'il convient de faire à cet égard. Il abandonne bientôt cette idée pour une autre. Il veut saisir de la bulle une commission composée de Regnaud Saint-Jean-d'Angély, Merlin, Boulay de la Meurthe et Cambacérès afin d'édicter des mesures particulières. Enfin, il se décide à consulter les évêques fidèles à sa politique sur la réunion d'un Concile national qui aurait, suivant lui, à examiner les droits du Pape en matière d'excommunication des Souverains et de leurs ministres pour des objets temporels, les moyens d'instituer les évêques sans le recours du Pape et de mettre un terme à des agitations contraires à l'indépendance de la nation, à la dignité du trône et au bien de l'Église.

Dès le mois de janvier 1811, le ministre des Cultes avait formé, sur l'ordre de Napoléon, un nouveau Conseil ecclésiastique ayant Fesch pour président et pour membres les cardinaux Maury et Caselli, l'archevêque de Tours, les évêques de

Gand, d'Évreux, de Nantes, de Trèves et l'abbé Émery (1). Le Père Fontana, qui avait fait partie du Conseil de 1809, était retenu prisonnier à Vincennes. Bigot de Préameneu soumit au Conseil ces deux questions :

« 1° Toute communication entre le Pape et les sujets de l'Empereur étant interrompue quant à présent, à qui faut-il s'adresser pour obtenir les dispenses qu'accordait le Saint-Siège ?

« 2° Quand le Pape refuse persévéramment d'accorder des bulles aux évêques nommés par l'Empereur pour remplir les sièges vacants, quel est le moyen légitime de leur donner l'institution canonique ? » Le nouveau Conseil se réunit et commença par exprimer sa profonde douleur pour l'interruption des communications entre le Saint-Père et les sujets de l'Empereur. Cette déclaration, qui visait implicitement la mise en liberté de Pie VII, était un acte honorable du Conseil qui imitait en cela l'attitude du Conseil de 1809. Mais, comme le remarque justement Talleyrand, il n'aurait pas dû se borner à la placer dans un préambule. « Il fallait y revenir dans ses réponses, sans quoi le Conseil avait l'air de vouloir se débarrasser dans une formule préliminaire, et pour ne plus y revenir, de cette objection qui accusait si fortement Napoléon (2). » Répondant ensuite à la première question, le Conseil pensait que les évêques avaient, dans leurs diocèses, le pouvoir d'accorder aux fidèles les dispenses et absolutions demandées ; que ce pouvoir ne leur avait jamais été retiré ; qu'il était inaliénable et qu'ils étaient naturellement aptes à l'exercer, surtout lorsque le recours au Pape était à peu près impossible.

A la seconde question, le Conseil répondit que le Pape avait continué à refuser les bulles d'institution sans alléguer

---

(1) M. Emery, qui avait été obligé de quitter la direction du séminaire Saint-Sulpice le 16 juin 1810 et de se retirer à Issy, fut, en dépit de sa disgrâce apparente, appelé au Conseil ecclésiastique de 1811 comme Conseiller de l'Université impériale. Il ne se résigna à faire partie de ce nouveau Conseil qu'à la condition de n'y avoir que voix consultative.

(2) *Mémoires*, t. II, p. 79.

aucun motif canonique, malgré les supplications des Églises de France. Il rappela le précédent créé sous Louis XIV des évêques gouvernant leurs diocèses en vertu des pouvoirs accordés par les chapitres, et déclara que Pie VII, en proscrivant ce mode par ses brefs aux chapitres de Paris et de Florence, attaquait l'antique discipline de l'Église gallicane, « ce qui était une triste preuve des préventions qu'on lui avait inspirées (1) ». Mais Napoléon ne voulant plus faire dépendre l'existence de l'épiscopat en France de l'institution canonique du Pape, que fallait-il faire ? Le Conseil reconnaissait d'abord que le Concordat donnait au Pape un avantage très marqué sur le Souverain de France, en ce sens que le prince perdait le droit de nomination si, dans le temps fixé, il ne présentait pas un sujet capable (2). « Pour qu'il y eût eu égalité, dit-il, il eût fallu que, de son côté, le Pape fût obligé à donner l'institution ou à produire un motif canonique de refus dans un temps déterminé ; faute de quoi, il perdrait son droit d'institution qui serait dévolu à qui de droit. Cette clause manque au Concordat. » Napoléon allait s'empresser de retenir cette observation et de la soumettre au Concile national. Il le fit avec d'autant plus de résolution que le Conseil l'y invitait ainsi : « L'Empereur est en ce droit de l'exiger et le Pape doit y consentir ; et s'il n'y consentait pas, il notifierait aux yeux de l'Europe l'entière abolition du Concordat et le recours à un autre moyen de conférer l'institution canonique. » Mais le Conseil ne fut pas unanime dans l'adoption de ces conclusions, car l'évêque de Gand (Maurice de Broglie) et l'abbé Émery les combattirent, sans succès, il est vrai.

Cependant, le Conseil faisait une prudente réserve. « Quelque juste que fût dans la circonstance, remarquait-il, l'entière abolition du Concordat, quelque légitime que pût être le rétablissement de la Pragmatique Sanction ou de tout autre moyen d'institution canonique, il fallait y préparer les

---

(1) Voir *Mémoires de Talleyrand*, t. II, p. 80.
(2) Talleyrand conteste aussi cette décision. « Il ne le perd jamais, dit-il, sans quoi à qui ce droit passerait-il ? »

esprits et avoir convaincu les fidèles qu'il ne restait pas d'autre ressource pour donner des évêques à l'Église de France, sans quoi la position des évêques institués d'après les formes nouvelles serait insoutenable. Ce changement serait assimilé à la Constitution civile du clergé et produirait les mêmes troubles ». Ainsi, d'après le Conseil, les uns prendraient parti pour le Pape contre l'épiscopat français, les autres se sépareraient peut-être beaucoup trop du Saint-Siège et le schisme renaîtrait avec tous ses désordres. On ne pouvait toutefois laisser les choses en l'état. La juridiction accordée par les chapitres aux évêques nommés ne faisait réellement pas jouir les diocèses d'un épiscopat complet. « Si donc le Pape, disait le Conseil, persiste dans son refus sans motif canonique, nous nous permettons d'exprimer le désir que l'on déclare à Sa Sainteté que le Concordat, déjà rompu par son propre fait, sera publiquement aboli par l'Empereur, ou qu'il ne sera conservé qu'à la faveur d'une clause propre à rassurer contre des refus arbitraires qui rendent illusoires les droits que le Concordat assure à nos souverains (1). » C'était, on le voit, une sorte d'ultimatum adressé à Pie VII. Il est permis de croire qu'il avait dû être élaboré en premier lieu dans le cabinet du ministre des Cultes, avant d'être discuté et adopté par le Conseil ecclésiastique.

De ce qui vient d'être exposé, il résulte qu'il fallait, pour sortir d'embarras, admettre l'abolition du Concordat ou sa modification à l'aide d'une clause qui restreindrait les pouvoirs du Pape. N'était-ce pas au contraire soulever de nouveaux obstacles et compliquer les difficultés? En effet, le Conseil allait bien loin. Il reconnaissait que l'Empereur avait raison de vouloir que l'épiscopat français ne dépendît plus de l'institution papale et que le Concordat fût aboli, puisque le Pape ne le respectait pas. Le Conseil se gardait bien de dire un mot de la situation lamentable faite à Pie VII et se croyait délivré de tout scrupule à cet égard, grâce au petit préambule

(1) *Mémoires de Talleyrand*, t. II, p. 84.

où il avait manifesté quelques regrets au sujet des entraves imposées à son indépendance. Mais il ne se gênait pas pour affirmer que ce qui se passait était la faute du Saint-Père. « Or, de là à dire, remarque encore justement l'ancien évêque d'Autun, que l'Empereur pourra faire le reste, ou aviser aux moyens que le reste fût fait, à peine y avait-il un pas. Car, si l'Empereur n'avait pas en lui ou à sa disposition tout ce qu'il fallait pour obtenir qu'une autre institution fût substituée à celle du Pape, à quoi lui eût servi le pouvoir d'abolir le Concordat? Il pouvait se trouver alors, en l'abolissant, tout aussi embarrassé qu'auparavant (1) ». Mais, soit par crainte d'une lourde responsabilité, soit par hésitation ou faiblesse, le Conseil de 1811, comme celui de 1809, n'osa aller jusqu'au bout. Il aboutit, le 4 mars, à la conclusion que l'Empereur avait posée lui-même plusieurs fois déjà : à la nécessité d'un Concile national. Par cet expédient il crut se tirer d'affaire, comme si le Concile national pouvait arriver à créer une nouvelle forme d'institution canonique, à se prononcer avec décision contre l'autorité papale et à encourir résolûment les censures du Saint-Père pour usurpation et prévarication. « J'ai pensé quelquefois, dit Talleyrand qui s'est plu à examiner cette affaire en détail, que si l'Empereur avait fait l'évêque de Nantes ministre des Cultes, on aurait pu se passer d'un Concile qui ne devait qu'embarrasser les questions. Cet évêque si honnête, si habile et si versé dans les connaissances théologiques, en agissant, avec la triple autorité de ministre, d'évêque et de théologien consommé, sur chacun des autres évêques séparément, aurait bien plus aisément obtenu leur consentement pour qu'on substituât une autre institution canonique à celle du Pape, qu'il ne le pouvait dans un Concile où chaque évêque redoutait l'idée de paraître gouverné par plus habile que lui, et où les évêques réunis n'avaient plus de l'Empereur la crainte que chacun d'eux avait en particulier. Peut-être même que le Pape lui-même les aurait tous tirés d'embarras, en

(1) *Mémoires*, t. II, p. 85.

donnant cette fois l'institution, de peur de perdre le droit pour l'avenir. »

Mais, à supposer que l'évêque de Nantes eût obtenu sans violence la résolution que l'Empereur finit, après la dissolution du Concile national, par obtenir des évêques individuellement consultés par Bigot de Préameneu, en quoi cette solution, conquise par la ruse, eût-elle été préférable à la même solution arrachée par la crainte? Et comment serait-il possible d'admettre l'autre hypothèse de Talleyrand, à savoir que le Pape aurait volontairement lui-même sacrifié ses prérogatives, de peur d'en perdre le droit pour l'avenir; alors que le Pape était décidé à les soutenir jusqu'à l'extinction de ses forces? Le Conseil de 1811 avait eu singulièrement tort de présenter l'abolition du Concordat comme une arme propre à effrayer Pie VII. Il aurait dû se borner à en demander quelques modifications et éviter d'émouvoir et d'affliger les consciences. Mais ces modifications elles-mêmes n'auraient pu se faire qu'avec l'adhésion du Pape. Et comment Pie VII se serait-il prêté à des négociations à ce sujet, quand il était littéralement prisonnier et privé de ses Conseils naturels? Dès lors, ce procédé d'apaisement, même dirigé par l'évêque de Nantes, n'eût pas abouti et c'est une chimère de dire avec Talleyrand : « Obtenir cela du Pape, sans lui rendre Rome et ses autres États, eût été un triomphe digne de la fabuleuse destinée de Napoléon. » Mais l'ancien évêque d'Autun lui-même finit par reconnaître que ce triomphe n'était point chose facile, car le Conseil ecclésiastique y avait mis un obstacle, c'est-à-dire la proposition d'un Concile national.

Or, cela ne terminait pas les difficultés. En effet, si le Concile éludait la question au lieu de la résoudre, qu'allait-il arriver? L'excuse du Conseil ecclésiastique, c'est qu'il ne se croyait pas compétent pour proposer une négociation, attendu qu'on ne lui avait rien demandé à cet égard. Ce fut l'évêque de Nantes qui s'en chargea. En effet, M. Duvoisin vint trouver l'Empereur et obtint de lui que trois membres du Conseil seraient autorisés à se rendre auprès de Pie VII pour tenter un dernier effort. Tout en y consentant, Napoléon aurait voulu en avoir d'abord fini avec le Concordat pour en finir avec le Pape. « Le Concordat détruit par un décret, disait-il, il faudrait bien que le Concile, s'il voulait conserver l'épiscopat, préparât nécessairement un autre mode d'institution pour les évêques, puisqu'on ne pourrait plus recourir à un Concordat qui n'existerait plus. » Mais l'évêque de Nantes, qui voulait conserver l'acte pacificateur du 18 avril 1802, parvint à empêcher cette funeste résolution, et amena l'Empereur à consentir à la mission des trois prélats. Cependant, Napoléon, dans les instructions dictées à Bigot de Préameneu, parut beaucoup plus préoccupé du désir d'accroître les difficultés que de les aplanir. « Il eut l'air de chercher lui-même, constate Talleyrand, à faire manquer la négociation. » Ainsi, au lieu de se borner au point important à obtenir, il voulait que les évêques fissent au Saint-Père les demandes les moins admissibles, comme s'il avait cru faire une faveur en maintenant le Concordat avec la clause nouvelle. Il désirait qu'on annonçât à Pie VII, avant toute discussion, la convocation d'un Concile national pour le 9 juin 1811 et qu'on lui exposât les mesures que l'Église de France pourrait être entraînée à prendre. Il déclarait ne consentir à revenir au Concordat que si le Pape instituait d'abord tous les évêques nommés et s'engageait à ce que le métropolitain pût à l'avenir le remplacer au cas où lui, Souverain Pontife, ne les aurait pas institués dans le délai de trois mois. Après ce délai, l'Empereur aurait eu ce qu'il désirait, c'est-à-dire la prééminence sur le Pape et l'institution forcée des évêques nommés par lui. « Il voulait encore — et c'était un ordre formel, — que les négociateurs déclarassent au Pape qu'il ne rentrerait jamais dans Rome comme souverain, mais qu'il lui serait permis d'y retourner comme simple chef de la religion catholique, s'il consentait à ratifier les modifications demandées pour le Concordat. Dans le cas où il ne lui conviendrait plus d'aller à Rome, il pourrait résider à Avignon où il jouirait des honneurs souverains et où il aurait la liberté d'administrer les intérêts spirituels des autres pays de la chrétienté (1)... » Cette proposition n'était autre que la destruction de l'indépendance pontificale ; c'était le Pape, non plus serviteur des serviteurs de Dieu, mais réduit à l'état de serviteur de Napoléon.

Les trois négociateurs étaient M. de Barral, archevêque de Tours, M. Duvoisin, évêque de Nantes, et M. Mannay, évêque de Trèves. On leur avait adjoint M. Buonsignori, évêque de Faënza et patriarche de Venise. Ils s'en allaient à Savone, au nom des cardinaux et des évêques réunis à Paris, et ils emportaient avec eux dix-sept lettres de ces prélats au Saint-Père. « La plus étendue et la plus pressante était celle du cardinal Fesch (2). » Partis de Paris à la fin d'avril 1811, ils arrivèrent à Savone le 9 mai. Pendant ce temps, Napoléon continuait à traiter le clergé italien et français avec une extrême rigueur. Tantôt il prescrivait au ministre des Cultes de faire choisir « les cinquante prêtres les plus mauvais de Parme et les cinquante prêtres les plus mauvais de Plaisance » et de les embarquer pour la Corse où on leur remettrait pour vivre « trente francs par mois ». Tantôt, il reprochait aux archevêques de Turin et de Gênes, et à l'évêque d'Asti, de n'avoir pas encore adhéré à l'adresse du chapitre de Paris. Tantôt, il faisait arrêter le supérieur des sœurs de la Charité d'Amiens qui avait eu connaissance du bref du Pape et il menaçait de retirer sa protection à la Congrégation elle-même. Un autre jour, il se disait prêt à gracier quinze cents *curiali* de Rome non assermentés, s'ils lui demandaient grâce à l'occasion de la naissance du Roi de Rome, et cela plus d'un mois avant cette naissance qu'il avait décrétée comme le reste. Un autre jour encore, il interdisait une brochure contenant la lettre de Pie VII sur les élections capitulaires et faisait rechercher l'auteur du délit ; il arrêtait à la Monnaie la fabrication des pièces à l'effigie du Pape ; il menaçait des plus graves punitions les ecclésiastiques qui n'auraient point prêté serment à la date du 1ᵉʳ mars ; il donnait l'ordre d'emprisonner des prêtres de

(1) *Mémoires de Talleyrand*, t. II, p. 87, 88.
(2) *Ibid*, p. 88.

la Charente-Inférieure comme ennemis de l'État. « Les mesures, disait-il, doivent être prises de manière à les enlever tous à la fois et ne pas en manquer un seul. Autrement, il ne faudrait rien faire (1) ». La résistance impossible de Pie VII lui suggérait toutes ces violences, et nul ne pouvait prévoir où il s'arrêterait.

Ce que Talleyrand ne rapporte pas dans ses *Mémoires*, c'est la séance extraordinaire tenue aux Tuileries, le 16 mars 1811, et où l'Empereur réunit, en présence de Cambacérès et de Talleyrand lui-même, les membres du Conseil ecclésiastique et les membres du Conseil d'État qui étaient habituellement consultés sur les affaires religieuses. Artaud de Montor donne les détails de cette séance, d'après une note trouvée dans les papiers de Consalvi. L'Empereur, entouré de ses dignitaires et de ses principaux officiers, prit la parole et reprocha au Pape d'avoir entrepris contre son autorité une lutte injuste pour soutenir des prétentions temporelles. Il l'accusait de prêcher la guerre civile et de chercher à susciter des Clément, des Ravaillac et des Damiens. Le Pape avait violé le Concordat depuis quatre ans; donc, un contrat synallagmatique étant nul quand un des partis l'avait violé, le Concordat n'existait plus. Napoléon se répand alors en de telles menaces que les membres du Conseil ecclésiastique sont pris de peur et n'osent protester. Il regarde chacun des assistants avec des yeux pleins de colère, et s'adressant à l'abbé Émery qui le contemplait tristement : « Monsieur, lui dit-il tout à coup, que pensez-vous de l'autorité du Pape? — Sire, répond le vénérable prêtre, je ne puis avoir d'autre sentiment que celui qui est contenu dans le catéchisme enseigné par vos ordres dans toutes les églises de l'Empire. — Et que dit-il? — A la demande : Qu'est-ce que le Pape? le catéchisme répond qu'il est le chef de l'Église, le vicaire de Jésus-Christ, à qui tous les chrétiens doivent obéissance. Or un corps peut-il se passer de son chef, de celui à qui, de droit divin, il doit obéir? On nous

(1) *Lettres inédites*, t. II, p. 110 à 124.

oblige, en France, à soutenir les quatre articles de la déclaration du Clergé ; mais il faut en recevoir la doctrine dans son entier. Or, il est dit aussi, dans le préambule de cette déclaration, que le Pape est le chef de l'Église à qui tous les chrétiens doivent l'obéissance, et de plus on ajoute que ces quatre articles, décrétés par l'Assemblée, ne le sont pas tant pour limiter la puissance du Pape, que pour empêcher qu'on ne lui accorde pas ce qui est essentiel. » M. Émery n'hésitait pas à ajouter que si l'on assemblait un Concile, il n'aurait aucune valeur, s'il était disjoint du Pape.

« Je ne vous conteste pas la puissance spirituelle du Pape, répondit Napoléon, puisqu'il l'a reçue de Jésus-Christ ; mais Jésus-Christ ne lui a pas donné la puissance temporelle. C'est Charlemagne qui la lui a donnée, et moi, successeur de Charlemagne, je veux la lui ôter, parce qu'il ne sait pas en user et qu'elle l'empêche d'exercer ses fonctions spirituelles. — Sire, Votre Majesté honore le grand Bossuet et se plaît à le citer souvent. Je ne puis avoir d'autre sentiment que celui de Bossuet dans sa *Défense de la déclaration du Clergé*, qui soutient expressément que l'indépendance et la pleine liberté du chef de la religion sont nécessaires pour le libre exercice de la suprématie spirituelle dans tout l'univers ». Et avec un à-propos admirable, M. Émery cita textuellement de mémoire ce passage de Bossuet : « Nous savons bien que les Pontifes romains et l'ordre sacerdotal ont reçu de la concession des Rois, et possèdent légitimement, des droits, des principautés, comme en possèdent les autres hommes, à très bon droit. Nous savons que ces possessions, en tant que dédiées à Dieu, doivent être sacrées et qu'on ne peut, sans commettre un sacrilège, les envahir, les ravir et les donner à des séculiers... » Or, ceci était dit à haute et ferme voix aux Tuileries, devant l'Empereur, après la spoliation des États romains et devant Talleyrand qui portait le titre de prince de Bénévent, une des principautés enlevées à la Papauté. Tous écoutaient en silence, admirant ou maudissant en secret la franchise courageuse de M. Émery.

« Je ne récuse pas l'autorité de Bossuet, répliqua Napoléon.

Tout cela était vrai de son temps où l'Europe reconnaissant plusieurs maîtres, il n'était pas convenable que le Pape fût assujetti à un souverain particulier. Mais quel inconvénient y a-t-il que le Pape me soit assujetti à moi, maintenant que l'Europe ne connaît pas d'autre maître que moi seul? » Si grande, si immense que fut alors réellement la puissance de l'Empereur, l'orgueil qui faisait prononcer de telles paroles était plus grand, plus immense encore. Voilà où l'adulation universelle avait conduit ce prodigieux esprit !... Et parmi tous ces cardinaux, ces archevêques, ces évêques qui l'écoutaient effrayés et subjugués, combien y en avait-il qui pouvaient se louer de n'avoir pas contribué par leurs flatteries ou leurs complaisances à accroître encore ce fol orgueil?

Mais M. Émery qui, lui, n'a rien à se reprocher, ne tremble point. Il répond : « Sire, vous connaissez aussi bien que moi l'histoire des Révolutions. Ce qui existe maintenant peut ne pas toujours exister. A leur tour, les inconvénients prévus par Bossuet pourraient reparaître. Il ne faut donc pas changer un ordre si sagement établi. » C'était le 16 mars 1811 que M. Émery osait dire : « Ce qui existe maintenant peut ne pas toujours exister. » Trois ans et quelques jours après, Napoléon, abandonné de tous, signera son abdication, et celui dont il a dit : « Je ne le laisserai jamais rentrer à Rome » y rentrera en souverain, malgré lui.

Loin de s'offenser de tant de franchise, Napoléon continue l'entretien, mais il passe à un autre sujet. Il demande à M. Émery s'il croit que le Pape fera le sacrifice proposé par le Conseil ecclésiastique, c'est-à-dire qu'au cas où il ne donnerait pas l'institution canonique dans les six mois, le métropolitain serait autorisé à la donner en son nom. Et sans hésiter, M. Émery répond que le Pape ne fera pas cette concession, parce que ce serait anéantir ses droits. Alors Napoléon se tourne vers les archevêques et évêques et leur dit ironiquement : « Vous vouliez me faire faire un pas de clerc en m'engageant à demander au Pape une chose qu'il ne doit pas m'accorder! » Et s'adressant à l'un d'eux, il l'interroge pour savoir si la définition du catéchisme, citée par M. Émery, était exacte. Le prélat répondit affirmativement. Napoléon se disposait alors à se retirer, lorsque les prélats, inquiets de la franchise de M. Émery, essayèrent de l'excuser auprès de l'Empereur, en alléguant son grand âge. « Vous vous trompez, messieurs, répliqua Napoléon, je ne suis pas irrité contre lui. Il a parlé comme un homme qui sait et possède son sujet. C'est ainsi que j'aime qu'on me parle. » (1) Quelle leçon dans ces derniers mots pour tous ces prélats courtisans? Et combien Napoléon eût évité de fautes et de malheurs, s'il eût toujours voulu entendre ainsi la vérité! Cet entretien fut le dernier que M. Émery eut avec l'Empereur. Le 28 avril 1811, il mourait, à la veille de ce Concile qu'il avait si énergiquement repoussé. Quelques jours auparavant, il avait écrit au supérieur du séminaire sulpicien de Baltimore, M. Nagot : « On va tenir un Concile de tous les évêques de l'Empire français... L'indiscrétion du zèle de quelques particuliers a donné lieu à cette tempête. Nous avons besoin de nous rappeler perpétuellement le *Portæ Inferi* (2). »

L'Empereur regretta sa mort. « C'était un homme sage et un ecclésiastique de rare mérite, dit-il. Je veux qu'il soit enterré au Panthéon. » Mais le cardinal Fesch obtint qu'il serait enterré, comme ses vénérables frères, dans l'humble cimetière des Sulpiciens, à Issy. C'était la seule place qui convînt à ce saint prêtre dont la modestie formait une des principales

(1) Voir Artaud, t. II. — Pacca, *Mémoires*, t. II, p. 90. — Rance-Bourney, *Mémoire inédit de Consalvi sur le Concile de 1811*, p. 17. — D'Haussonville, t. IV, et *Vie de M. Émery*, par l'abbé Gosselin, t. II.

(2) M. Émery n'eut pas la douleur de voir ses vénérables frères dispersés. Malgré des menaces réitérées, l'Empereur n'avait pas exigé formellement la dissolution de la congrégation de Saint-Sulpice. Et c'est ce qui avait fait croire à l'ancien supérieur que son œuvre et sa Compagnie ne seraient pas frappés. Mais cinq mois après la mort de M. Émery, le 8 octobre 1811, Napoléon ordonna à Bigot de Préameneu de sévir sans plus de retard contre elle. Malgré les efforts du cardinal Maury et du cardinal Fesch, la dissolution complète de la congrégation eut lieu le 11 décembre 1811. Le vicaire général Jalabert fut chargé de diriger le séminaire, puis les abbés Tharin et Duclaux lui succédèrent. Les Sulpiciens furent écartés également des séminaires de province. Le 19 avril 1814, le séminaire de Paris revit les Sulpiciens et la congrégation fut rétablie le 3 avril 1816. (*Vie de M. Émery*, par l'abbé Gosselin, t. II et Archives nationales, AF^{IV} 1048.

vertus. Qu'aurait-il d'ailleurs été faire parmi tous ces grands hommes, dont la vie avait été si bruyante, si agitée et si peu occupée des vérités éternelles ? Les lourdes colonnes et les froides murailles d'une nécropole, sans autels et sans prières, eussent accablé et attristé ses restes. Une simple pierre avec une croix suffisaient pour honorer sa mémoire. « Si notre association doit mourir comme nous, écrivait-il à M. Nagot, à à la date du 26 avril, sa mort sera honorable devant Dieu, car nous mourrons dans la foi et dans la simplicité de nos pères. » L'abbé d'Auberive a composé pour la tombe de M. Emery une noble et touchante épitaphe. Elle forme, en vingt lignes d'un latin impeccable, le résumé d'une vie de science, de courage et de foi. C'est à bon droit que l'inscription loue, entre autres vertus, chez ce religieux admirable, la sagacité et la prudence, l'adresse à se tirer d'obstacles en apparence infranchissables, l'art de gouverner, la force invincible dans l'adversité et l'intégrité absolue. « *In consiliis sagax et prudens, in intricatis solers, in regiminis arte præcipuus, in adversis fortis et invictus, in omnibus integer.* » Au sortir de la fameuse séance du 16 mars aux Tuileries, M. de Talleyrand avait fait de M. Emery ce juste éloge : « C'est le seul homme qui ait l'adresse de dire franchement la vérité à l'Empereur sans lui déplaire. »

Quand le comte de Chabrol eût exécuté à la lettre les ordres si rigoureux de l'Empereur contre le Pape, il trouva Pie VII attristé, mais résigné à la volonté de Dieu. Le Saint-Père consentit à entendre le préfet, qui lui renouvela la défense de s'occuper d'aucune affaire. Le Pape répondit qu'il se résignait aux ordres de la Providence; d'ailleurs, il était inutile d'insister, puisqu'on l'avait privé des moyens d'écrire. A l'accusation que sa conduite peu réfléchie avait excité des troubles, révolté le clergé et causé des violences, Pie VII nia avoir engagé des correspondances secrètes et déclara n'avoir fait expédier que des affaires ecclésiastiques. « Je lui ai dit, osait écrire Chabrol à Bigot de Préameneu, que son devoir était désormais de rester tranquille, et puisqu'il se dit arrêté, de se comporter comme tel. » A des paroles aussi impertinentes le Pape se borna à répondre qu'il attendait le temps marqué par Dieu pour reprendre ses communications avec les fidèles. « On peut remarquer, concluait M. de Chabrol, que le Pape ne répond à tout ce qui lui est objecté que par une résignation totale et par une indifférence apparente et extraordinaire sur son sort. » Cependant le préfet de Montenotte, en diligent serviteur, se vantait de faire le possible pour remplir entièrement les ordres de Sa Majesté Impériale (1).

Voyant que le Saint-Père demeurait inébranlable, l'Empereur résolut de le mettre en face du fait accompli. Le 25 avril 1811, il convoqua le Concile national pour le 9 juin prochain, en l'église Notre-Dame de Paris. Le 24, il avait envoyé au ministre des Cultes la lettre de convocation qui devait précéder le dispositif du décret et qui était conçue dans les termes les plus blessants pour le Pape. La voici, telle que la donnent le *Moniteur universel* du 16 mai et les *Mémoires* de Pacca (2) :

« M. l'évêque de...

« Les églises les plus illustres et les plus populaires de l'Empire sont vacantes. Une des parties contractantes du Concordat l'a méconnu. La conduite que l'on a tenue en Allemagne depuis dix ans a presque détruit l'épiscopat dans cette partie de la chrétienté. Il n'y a aujourd'hui que huit évêques. Grand nombre de diocèses sont gouvernés par des vicaires apostoliques. On a troublé les Chapitres dans le droit qu'ils ont de pourvoir, pendant la vacance du siège, à l'administration du diocèse, et l'on a ourdi des manœuvres ténébreuses tendant à exciter le désordre et la sédition parmi nos sujets. Les Chapitres ont rejeté des brefs contraires à leurs droits et aux saints Canons. Cependant les années s'écoulent; de nouveaux sièges viennent à vaquer tous les jours; s'il n'y était pourvu promptement, l'épiscopat s'éteindrait en France et en Italie comme en Allemagne. Voulant prévenir un état de choses si contraire au bien de la religion, aux principes de l'Église gal-

(1) D'Haussonville, t. III (Pièces justificatives), p. 523.
(2) Tome II, p. 344.

licane et aux intérêts de l'État, nous avons résolu de réunir, au 9 juin prochain, dans l'église Notre-Dame de Paris tous les évêques de France et d'Italie en Concile national. Nous désirons donc qu'aussitôt que vous aurez reçu la présente, vous ayiez à vous mettre en route, afin d'être arrivé dans notre bonne ville de Paris dans la première semaine de juin.

« Cette lettre n'étant à d'autre fin, nous prions Dieu qu'il vous ait en sa sainte garde. »

Il y a eu un projet de décret qui devait suivre cette lettre et qui n'a point figuré au *Bulletin des Lois*. Le voici avec son préambule :

« Animé du désir de rétablir l'ordre et la paix dans les Églises catholiques situées dans notre Empire, dans notre royaume d'Italie (et dans les États de la Confédération du Rhin) au moyen d'une discipline conforme aux saints Canons, et les circonstances actuelles exigeant que plusieurs points de cette discipline soient constatés et généralement reconnus, nous avons cru ne pouvoir prendre une voie plus assurée pour atteindre ce but que la convocation d'un Concile auquel seraient appelés tous les archevêques et évêques desdites Églises. En conséquence, nous avons décrété et décrétons ce qui suit :

« Art. 1er. — Tous les archevêques et évêques des Églises de notre Empire, de notre royaume d'Italie (et des États de la Confédération du Rhin) seront convoqués dans notre bonne ville de Paris pour le 9 juin.

« Art. 2. — Les objets que le Gouvernement proposera aux délibérations de l'Assemblée lui seront présentés par des commissaires que nous nommerons à cet effet.

« Art. 3. — Les résolutions de cette Assemblée ne pourront être mises à exécution que de notre consentement.

« Art. 4. — Notre présent décret sera par notre ministre des Cultes adressé à tous les archevêques et évêques des Églises de notre Empire, pour servir à chacun de lettre de convocation.

« Art. 5. — Le même décret sera adressé au ministre des Relations extérieures de notre royaume d'Italie (et aux ministres ou autres agents diplomatiques des Rois et princes de la Confédération du Rhin) afin que les archevêques et évêques desdits États reçoivent l'ordre de se rendre à ladite Assemblée.

« Art. 6. — Il sera pourvu par nous aux frais de route et de séjour pour tous les membres de l'Assemblée sur les états qui nous seront présentés par notre ministre des Cultes (1) ».

« La teneur de cette lettre, écrit Consalvi en parlant de la circulaire impériale, fit horreur à tous les gens de bien. C'était un acte d'accusation contre le Pape, comme si, en refusant de donner des pasteurs à la France et à l'Italie, il cherchait à faire périr l'Épiscopat dans ces régions... Cette accusation n'était pas moins hasardée et invraisemblable contre un Pape, que fausse... Tout le monde vit dans la publication de la lettre de convocation, au temps même du séjour des députés à Savone, l'intention de faire comprendre au Pape, par une preuve de fait, que la convocation du Concile national n'était pas une simple menace, mais une vérité, et ainsi l'intimider et l'amener plus facilement aux concessions que l'on voulait de lui (2). »

Maintenant, la convocation d'un Concile national par l'Empereur était-elle légitime? Avait-il seul le droit de convoquer les évêques et archevêques de France et d'Italie pour remédier à un état de choses qu'il déclarait de sa propre autorité contraire au bien de la religion, aux principes de l'Église gallicane et aux intérêts de l'État? Les précédents étaient-ils en sa faveur? On se rappelle l'abus qui a été fait des Conciles dans les premiers siècles, et comment les empereurs grecs, toujours prêts à les convoquer, cherchaient à en faire les instruments

---

(1) Ce texte, publié par Mgr Ricard, d'après une copie provenant des papiers du cardinal Fesch, n'était évidemment qu'un projet de décret. J'ai établi, dans le *Bulletin critique* du 25 avril 1895, que Mgr Ricard, dans son livre, *le Concile national de 1811*, n'avait apporté à l'histoire proprement dite du Concile national que quelques pièces nouvelles.

(2) *Mémoire inédit de Consalvi sur le Concile de 1811*, publié par l'abbé A. Rance-Bourrey, p. 22.

de leur politique. Un Concile étant, par sa notion même, une assemblée uniquement religieuse, doit avoir pour souverain le Pape et par conséquent être rassemblé par lui, « ce qui n'exclut pas, dit judicieusement J. de Maistre, l'influence modérée et légitime des souverains (1) ». Mais au Pape appartient seul le droit de juger des circonstances qui exigent cette convocation, et c'est à lui que le souverain doit s'adresser pour lui demander s'il lui convient de réunir une assemblée qui relève essentiellement de l'autorité pontificale, la seule compétente en l'espèce. Ici, la convocation était faite par l'Empereur, sans avoir consulté le Pape, sous forme de réquisitoire; par sa nature impérative, par les accusations qu'elle décélait dans ses considérants, elle portait un premier préjudice à l'impartialité des membres du Concile que l'Empereur cherchait à rendre complices de sa politique arbitraire.

Le baron de Gérando, maître des requêtes au Conseil d'État, écrivain connu par ses travaux philosophiques, fut consulté par Bigot de Préameneu sur la mission des prélats à Savone. Il remit, le 28 avril, au ministre des Cultes un rapport confidentiel dont on va saisir l'importance. M. de Gérando exposait les moyens qui lui semblaient les meilleurs pour faire réussir la mission de l'archevêque de Tours et de ses deux collègues d'une manière conforme au but de l'Empereur. Il fallait d'abord prendre habilement le Pape, sous peine de compliquer les choses. « Pie VII, osait dire le conseiller d'État, a un esprit très borné et absolument vide d'idées. Il n'a jamais eu un système en propre. Il se défie beaucoup de ses propres lumières; il reçoit aveuglément les impressions que lui donnent ceux qui lui ont inspiré de la confiance. De mauvais conseillers l'ont précipité dans des mesures désastreuses et absurdes. S'il eût eu auprès de lui un homme sage et contre lequel il ne se fût pas prévenu, on l'eût dans l'origine ramené assez facilement, mais il s'est trouvé sans guide, et dès lors il a persisté opiniâtrement dans les dernières idées qu'on lui

---

(1) *Du Pape*, ch. III, Définition et autorité des Conciles.

avait données... » Pour exprimer un pareil jugement sur le Saint-Père, M. de Gérando devait se fonder sans aucun doute sur les rapports que M. de Chabrol envoyait fréquemment aux ministres des Cultes et de la Police. Que fallait-il donc « pour venir à bout de cet homme borné » ? Il fallait écarter ses préventions et lui donner bonne opinion des négociateurs. « Si les trois évêques, continuait M. de Gérando, arrivent auprès du Pape avant qu'il ne soit convenablement préparé, le but sera manqué. Ils seront mal reçus. Pie VII a si peu d'esprit qu'on ne peut même se flatter de le convaincre si l'on ne peut lui offrir que de bonnes raisons. »

Parmi les moyens que le maître des requêtes conseillait d'employer, il en était de simples qui n'offraient aucun danger. Il fallait se servir de deux théologiens qui avaient grande influence sur le Pape, hommes entièrement sages qui désapprouvaient et déploraient sa conduite. L'un était Mgr Bertazzoli, ancien grand-vicaire de Pie VII, lorsqu'il était encore évêque d'Imola; l'autre le Père Mérinda, dont la correspondance avec l'abbé Marini révélait l'extrême prudence. Voici comment le ministre des Cultes pourrait recourir à leurs bons offices. Il prierait son collègue de Milan de leur donner l'ordre de se rendre à Gênes chez le cardinal Spina, où ils arriveraient en même temps que l'archevêque de Turin. Celui-ci, une fois certain de leurs dispositions, les laisserait aller à Savone sans prévenir le Pape de leur venue. Les deux délégués annonceraient eux-mêmes à Pie VII qu'ils avaient obtenu la permission de le venir voir. « Le Pape, affirmait M. de Gérando, en serait touché et commencerait à soulager avec eux son humeur. Ils le laisseraient dire; ils le verraient venir. Bientôt le Pape les consulterait. Ils se feraient prier. Insensiblement, ils l'amèneraient à sentir les fâcheuses conséquences de sa conduite. Ils l'attendriraient sur les intérêts de l'Église; ils lui laisseraient entrevoir la possibilité de la paix, et lorsque le Pape en serait venu à n'être plus qu'embarrassé à faire les avances, les évêques, qui auraient été secrètement instruits de ses dispositions, paraîtraient et concluraient... Cette marche aurait encore, dans tous les cas, un grand avantage; car les évêques, en abordant le Pape, connaîtraient parfaitement le terrain sur lequel ils devraient marcher. » M. de Gérando conseillait à l'archevêque de Tours de prendre avec lui le Père Altieri comme secrétaire, car personne ne connaissait mieux le caractère du Pape et la manière de diriger ses impressions. Telle était la petite machination qu'avait inventée l'habile maître des requêtes pour prouver son dévouement à l'Empereur. Il déposait ces belles idées « dans le cœur » du ministre qui lui était si bien connu et il terminait son rapport en disant que si Son Excellence avait besoin d'un très bon théologien pour développer partout les vrais principes de l'Église gallicane, il en avait un sous la main (1). On conviendra que ce zélé auxiliaire était bien précieux. Mais un peu trop satisfait de lui-même et de sa valeur philosophique, il avait le tort de considérer Pie VII comme un faible esprit. En effet, les délégués devaient bientôt s'apercevoir que le Pape n'était pas aussi facile à mener que le pensait M. de Gérando.

Il sembla d'ailleurs un peu tard au ministre des Cultes pour suivre les ingénieux conseils qui lui étaient ainsi donnés. Il réserva donc Mgr Bertazzoli pour une autre mission au cas où la première échouerait. Il fit venir aux Tuileries les prélats Barral, Duvoisin et Mannay pour recevoir des instructions spéciales de l'Empereur lui-même, qui les autorisa à signer deux conventions, l'une relative à l'institution des évêques, l'autre à la personne du Pape et aux affaires de la catholicité. Dans la pensée de Napoléon, les évêques devraient désormais être institués comme ils l'avaient été avant le Concordat de François Iᵉʳ, et suivant un mode à établir par le Concile national. Cependant, si le Pape se décidait à instituer tous les évêques nommés et, au cas où il n'aurait pas en personne donné l'institution dans le délai de trois mois, s'il consentait à remettre ce droit au métropolitain, on pourrait revenir au Concordat de 1802.

(1) Archives nationales AFᵥ 1048.

Quant au Pape lui-même, l'Empereur voulait bien lui permettre de revenir à Rome, à la condition de prêter le serment prescrit par le Concordat. Dans l'hypothèse d'un refus, Pie VII pourrait résider à Avignon avec les honneurs souverains, deux millions de revenus et la liberté de communiquer avec les autres Églises, tout en s'engageant à ne rien faire contre les quatre propositions de l'Église gallicane (1). Mais, dans aucun cas, l'Empereur ne rendrait au Pape la souveraineté de Rome. Il invitait aussi les évêques à se servir du Concile comme d'une arme puissante, en ne faisant connaître entièrement leurs desseins que lorsqu'ils verraient Pie VII disposé à traiter. Napoléon, en effet, ne voulait point courir au-devant d'un échec présumable. Enfin, pour donner à la mission nouvelle l'apparence d'une négociation préparée par les représentants de l'Église de France, il fit écrire par de nombreux prélats au Saint-Père des lettres où ceux-ci le suppliaient de renoncer à une résistance qui, suivant eux, était une véritable calamité pour la religion. Ce spectacle de tant d'évêques, une trentaine environ, obéissant aux volontés Impériales par peur ou par faiblesse, était fait pour affliger et pour déconcerter les honnêtes gens et les chrétiens fidèles. Mais le Concile dont l'Empereur a cru se faire un instrument docile va montrer, à ses débuts du moins, plus de courage et plus de dignité que ces prélats courtisans.

La mission envoyée à Savone ne devait être connue que du ministre des Cultes et de M. de Chabrol. Celui-ci avait reçu l'ordre pressant d'agir de toutes ses forces sur l'esprit de l'infortuné Pontife. Les trois négociateurs, suivis de l'évêque de Faënza, arrivèrent à Savone le 9 mai. Le 10, ils obtinrent audience du Pape qui, au vœu exprimé par M. de Chabrol d'une prompte solution des maux de l'Église, avait répondu par un vœu similaire, à la condition qu'on ne lui demandât rien de nature à blesser sa conscience. La députation fut donc favorablement reçue. « Nous avons pensé d'un commun

(1) Voir *Correspondance de Napoléon*, t. XXII, et d'HAUSSONVILLE, t. IV, p. 385.

accord, disait Chabrol, qu'il fallait particulièrement attendrir le Pape et émouvoir son cœur dans la situation où il est placé. Il semble prêt à repousser toute discussion et tout raisonnement, mais il semble accessible à la sensibilité. » Dès les premiers instants, Pie VII parut croire que les délégués étaient venus à Savone pour lui faire connaître le jugement que les évêques réunis à Paris porteraient sur sa conduite. Mais les trois prélats, multipliant les marques de respect, écartèrent aussitôt cette crainte. Ils parlèrent de l'Empereur qui leur avait permis de venir, et le Pape s'exprima à son égard avec une généreuse bonté. Lorsqu'il fut ensuite question du futur Concile, Pie VII fit observer que son concours était absolument nécessaire. Les prélats essayèrent d'établir une distinction entre les Conciles nationaux et les Conciles œcuméniques. Le Saint-Père se borna à affirmer qu'un Concile, dit national, n'aurait pas l'autorité suffisante pour régler à lui seul des questions aussi délicates que celle de l'institution canonique. Il se plaignit de nouveau de l'isolement où il était réduit, et de la privation de son confesseur, de son éloignement de Rome et des violences exercées contre sa personne. La position des trois prélats était très délicate. Ils comprenaient maintenant à quel point l'Empereur avait été odieux, et en voyant de près sa victime, ils n'osaient protester contre ses justes plaintes.

M. de Chabrol leur prêtait tous les secours qu'on était en droit d'attendre d'un fonctionnaire plein de zèle. La surveillance rigoureuse dont il entourait le Pape lui permettait de faire saisir la moindre réflexion que Pie VII pouvait laisser échapper dans ses conversations. A cette besogne policière, il employait le médecin et le commandant du palais. C'est ainsi qu'il apprenait que le Saint-Père ne se déciderait jamais en matière grave sans l'approbation d'un Conseil. Il en prévenait aussitôt les trois prélats et conférait avec eux à ce sujet. Ils prenaient alors la résolution d'employer « toutes les mesures convenables » pour démontrer à Pie VII l'inutilité d'un Conseil. Leur assistance personnelle suffisait, et M. de

Chabrol s'empressait de faire l'éloge des délégués venus à Savone avec l'autorisation du souverain et l'assentiment du clergé de France. Pie VII, moins enthousiaste, fit observer qu'ils avaient signé une déclaration à laquelle M. Émery avait dû refuser son adhésion. Il persista à réclamer l'appui et les lumières d'un Conseil indépendant, ce qui étonna fort M. de Chabrol. Le préfet de Montenotte s'en expliqua avec le médecin du Pape auquel il fit comprendre que si Pie VII ne montrait pas plus de modération, il se mettrait « dans une situation dangereuse ». Puis, il alla converser lui-même avec le Pape et essaya sur lui tous les moyens que son adresse et son ingéniosité pouvaient lui suggérer. A ses habiles interrogations sur l'effet produit par la venue des trois prélats, le Saint-Père répondit qu'il les avait vus avec plaisir, qu'il croyait à la loyauté de leurs intentions, mais qu'il ne pourrait pas se fixer un délai pour donner l'institution canonique, ni s'engager à respecter les quatre articles condamnés par Alexandre VIII. M. de Chabrol objecta que le monde entier lui reprocherait de n'avoir rien fait pour assurer la pacification religieuse et sauvegarder les attributions du Saint-Siège. Son éloquence n'émut point Pie VII qui répliqua que l'opinion était quelque chose sans doute, mais que le jugement des hommes n'était rien à côté de celui de Dieu. Aucune raison ne put venir à bout de sa résistance.

Aussi, le 13 mai, les prélats écrivaient-ils au ministre des Cultes qu'ils n'avaient pu gagner quoi que ce fût au sujet de l'expédition des bulles et des autres objets en litige. Alors M. de Chabrol fit une nouvelle tentative auprès de Pie VII et lui dit que l'habitude de l'Empereur était « de proposer et non d'accéder ». Ce n'était que « par de bonnes manières » et non par des refus obstinés qu'il pourrait s'en faire écouter. Au surplus, Sa Majesté « obtiendrait *de son Concile* plus qu'Elle ne demandait en ce moment ». Ceci dit, le préfet de Montenotte crut pouvoir se vanter d'avoir vivement impressionné le Saint-Père. Si Pie VII résistait encore un peu, c'était par un amour-propre « qui se déguisait sous la forme d'inquiétude de conscience ». Ainsi, dans les sentiments les plus sincères et les plus nobles, M. de Chabrol ne voyait que de l'amour-propre et confondait le mobile d'une âme vulgaire avec le mobile d'une âme haute et impeccable. Il lui parut même que le Pape allait être moins intransigeant sur l'institution canonique et sur une clause additionnelle au Concordat. Les prélats avaient songé à profiter de cet état d'esprit pour remettre à Pie VII une note que le Saint-Père examina attentivement du 15 au 18 mai. Le rapport, présenté par Daunou à Bigot de Préameneu, le 31 mai 1811, contient cette note que l'on peut résumer ainsi.

L'Empereur avait convoqué un Concile des évêques de France et d'Italie pour le 9 juin, parce que le Pape ayant refusé la bulle d'institution aux évêques nommés par le souverain, ce refus faisait considérer le Concordat comme abrogé et déterminait l'Empereur à pourvoir à l'institution canonique par le rétablissement de la Pragmatique Sanction de 1438. Le Conseil ecclésiastique de 1811 ayant demandé la permission d'envoyer à Savone quelques prélats pour exposer au Saint-Père le véritable état de l'Église, Napoléon l'avait accordé, mais à la condition de négocier un traité par lequel Pie VII s'obligerait à instituer les évêques nommés et, en cas de refus, à remettre au métropolitain, après un délai de trois mois, le droit d'instituer ces évêques. Les délégués du Conseil ecclésiastique insistaient sur les motifs suivants :

« 1° C'était par condescendance que Napoléon consentait à revenir au Concordat. Si Pie VII ne facilitait pas ce retour, le Concordat serait aboli, et le Pape et ses successeurs n'auraient plus aucune part dans l'institution des évêques;

« 2° L'Église de France ne se départirait jamais des sentiments de respect et de soumission à l'égard de la Chaire de saint Pierre et du Pontife qui y était assis; mais s'il lui devenait impossible de recourir au Souverain Pontife pour en recevoir la confirmation de ses évêques, l'Église de France se croirait autorisée à faire revivre l'ancienne discipline qui accordait au Concile provincial et au métropolitain le pouvoir de les instituer;

« 3° La convocation du Concile national n'avait d'autre but que le rétablissement de cette partie de l'ancienne discipline;

« 4° La décision du Saint-Père serait reçue avec respect dans toutes les églises de France et d'Italie. »

Aux objections de Pie VII qui invoquait le défaut de Conseils et l'impossibilité de décider seul une affaire d'aussi haute importance, les prélats avaient répondu que les propositions dont ils étaient porteurs ne demandaient pas une longue discussion, et que le chef de l'Église avait non seulement le droit, mais le devoir d'exercer ses prérogatives. Ils se permettaient d'ailleurs d'engager le Pape à faire venir le cardinal Spina, peu éloigné de Savone et conseiller né de Sa Sainteté. Enfin, quant à la clause à ajouter au Concordat pour l'institution canonique, elle leur paraissait nécessaire à la tranquillité de l'Église de France et de l'Empire, et conforme aux intérêts et à la dignité du Saint-Siège.

Les délégués espéraient que ces motifs, dont la gravité n'était qu'apparente, agiraient sur un Pape dont l'esprit était fatigué et troublé par les tristesses et les ennuis d'un exil rigoureux, par l'absence de conseillers sûrs et fidèles, par la multiplicité des objections et des instances qui l'assaillaient de toutes parts, puis par le sentiment d'une effrayante responsabilité. Ils osaient spéculer sur les craintes que devaient nécessairement éveiller en lui la menace de l'opposition du clergé gallican, la possibilité de voir le Concile national tout céder à l'Empereur et l'éclosion d'un schisme à jamais regrettable. Les pièges — il faut bien écrire ce mot, — dont les évêques et le préfet l'avaient entouré, portaient préjudice à sa santé. Était-il loyal de circonvenir, de traquer ainsi un vieillard sans défense, de lui représenter sans cesse l'Église et la société en péril par sa seule faute et de l'amener non pas à signer — car je prouverai qu'il n'a signé aucun acte, — mais à paraître accepter une rédaction équivoque. Il ne faut donc pas ici accuser légèrement, comme on l'a fait trop de fois, l'infortuné Pie VII de contradictions et de faiblesses regrettables. Il faut seulement reconnaître qu'entouré d'hommes perfides, serviteurs et courtisans de l'Empereur, il a failli tomber un instant dans leurs embûches.

L'archevêque de Tours s'était hâté d'envoyer, le 19 mai, à Bigot de Préameneu, en sortant du palais où demeurait le Pape, un double de la note « rédigée, disait-il, dans le cabinet du Pape et acceptée par lui ». Cette note était ainsi conçue : « Sa Sainteté, prenant en considération les besoins et le vœu des Églises de France et d'Italie qui lui ont été présentés par l'archevêque de Tours et par les évêques de Nantes, de Trèves et de Faënza, et voulant donner à ces Églises une nouvelle preuve de son affection paternelle, a déclaré aux archevêques et évêques susdits :

« 1° Qu'elle accorderait l'institution canonique aux sujets nommés, archevêques et évêques, par Sa Majesté Impériale et Royale, dans les formes convenues à l'époque des Concordats de France et d'Italie ;

2° Sa Sainteté se prêtera à étendre les mêmes dispositions aux Églises de la Toscane, de Parme et de Plaisance par un nouveau Concordat ;

3° Sa Sainteté consent qu'il soit inséré dans les Concordats une clause par laquelle elle s'engage à faire expédier des bulles d'institution aux évêques nommés par Sa Majesté dans un temps déterminé, que Sa Sainteté estime ne pouvoir être moindre de six mois ; et dans le cas où Elle différerait plus de six mois pour d'autres raisons que l'indignité personnelle des sujets, elle investit du pouvoir de donner en son nom les bulles, après les six mois expirés, le métropolitain de l'Église vacante, et à son défaut le plus ancien évêque de la province ;

4° Sa Sainteté ne se détermine à ces concessions que dans l'espérance que lui ont fait concevoir les entretiens qu'Elle a eus avec les évêques-députés qu'elles prépareront les voies à des arrangements qui rétabliront l'ordre et la paix de l'Église et qui rendront au Saint-Siège la liberté, l'indépendance et la dignité qui lui conviennent ».

A la lecture attentive de cette note, on s'aperçoit que ce n'est qu'une simple ébauche. En effet, Pie VII aurait-il pu faire en quelques jours les concessions qu'il s'obstinait si justement à refuser depuis si longtemps, et cela dans la fallacieuse espérance que ces immenses concessions « prépareraient les voies à des arrangements pacifiques » ? Ce n'est vraiment pas soutenable.

Quand l'archevêque de Tours écrit en hâte, le 19 mai, à Bigot de Préameneu : « C'est bien plus que nous avions espéré pendant quelques jours ! Puisse Sa Majesté voir dans nos efforts une preuve de notre zèle pour le bien de l'Église et de notre désir de la voir tranquille et protégée par l'Empereur ! », il écrit en agent de Napoléon et non en serviteur de l'Église. De ses désirs il fait des réalités. Rappelons en effet, les pouvoirs que l'Empereur avait donnés aux trois prélats, le jeudi 25 avril, aux Tuileries : « Ils devaient signer deux conventions distinctes, l'une relative aux affaires particulières de l'Église de France, l'autre concernant les affaires générales de la chrétienté et la personne même du Pape. » Les évêques sont-ils revenus à Paris avec les deux conventions signées ? Non. Ils ont rapporté une note qu'ils ont dit être acceptée par Pie VII, mais qui ne portait pas sa signature. Cette note ne portait que sur l'institution canonique des évêques pour le présent et pour l'avenir. Quant à la seconde convention qui devait déterminer le retour du Pape à Rome ou sa résidence à Avignon, ses revenus et la libre administration du Spirituel de la chrétienté, il n'en était pas dit un mot. Par un examen précis des textes et des faits, je veux établir que le Pape n'a point considéré la note du 19 mai comme un texte définitif et qu'il a été victime d'une abominable machination, ourdie par M. de Chabrol d'accord avec l'archevêque de Tours, l'évêque de Nantes et l'évêque de Verceil. Je veux établir, contrairement à la version adoptée jusqu'ici, que Pie VII n'a point été atteint de démence et que, si sa santé a été ébranlée par suite de la séquestration, des anxiétés et des tourments qu'on lui faisait subir, il a cependant gardé assez de force morale pour échapper au dernier moment aux pièges multiples qu'on lui a tendus. Les évêques ont fait croire à Napoléon qu'ils lui apportaient une sorte de traité consenti par le Saint-Père. C'était faux. Ils ne lui apportaient qu'une note non signée — débattue, il est vrai, entre eux et le Pape, du 17 au 19 mai, — mais qui n'était que le prodrome des négociations à venir et non pas un texte définitif.

Les trois prélats s'étaient engagés à revenir à Paris avant le 1ᵉʳ juin pour prendre part au Concile et pour délibérer avec le ministre des Cultes sur la concession qu'ils auraient arrachée au Saint-Père. Partis le 27 avril, ils étaient arrivés à Savone le 9 mai. Ils n'avaient à eux qu'une dizaine de jours pour venir à bout d'une résistance qu'ils savaient opiniâtre. Ils voient le Pape le 10 mai et ils l'entendent dire, avec une énergie surprenante, qu'il ne fera aucune concession sans qu'il ait préalablement recouvré sa liberté et obtenu un Conseil auquel il puisse se confier. On lui parle du cardinal Spina. Il déclare que le cardinal ne peut à lui seul porter la responsabilité des concessions qu'il pourrait faire. Il lui faut l'assentiment de ses cardinaux. La résistance opiniâtre de ce vieillard surprend M. de Chabrol. Il en parle avec le docteur Porta, médecin de Pie VII, et il lui fait comprendre la situation dans laquelle se place son maître, « ainsi que tous ceux qui sont attachés à sa cause (1). » Que veut donc exiger M. de Chabrol du docteur Porta? Une obéissance absolue... « Le docteur, ajoute-t-il, s'est bien imbu de ces principes et paraît disposé à servir immédiatement de tout son pouvoir. » Comment servira-t-il? En écoutant et en répétant au préfet les moindres propos de Pie VII, de façon à mettre les évêques négociateurs sur leur garde et leur donner des facilités spéciales pour prévoir ses désirs et ses objections. Il lui faudra de plus exciter la sensibilité du Pape. M. de Chabrol mande au ministre des Cultes « qu'on fait en sorte de l'émouvoir, soit par les gens qui l'approchent, *soit par tous les moyens qui*

---

(1) Lettre du 13 mai. — D'HAUSSONVILLE, t. IV (pièces justificatives), p. 388.

sont en notre pouvoir (1) ». On se demande avec inquiétude quels sont ces moyens. Or, du 18 au 20, la santé du Pape, qui jusque-là a paru assez bonne, se modifie tout à coup et présente des symptômes bizarres. Le pouls est inégal, l'appétit diminue, le sommeil est rare, le corps est faible, le regard est fixe; le malade se plaint d'être dans l'état d'un homme à moitié ivre..., et le préfet, parlant de son émotion, de son agitation extrême, de ses défiances, de son amour-propre, de ses inquiétudes inexplicables, de la foule des idées qui remplissent et fatiguent sa tête, de ses distractions peu ordinaires, de ses tergiversations continuelles, de son état hypocondriaque, va jusqu'à prononcer le mot très grave « d'aliénation mentale ». Les exigences inouïes qu'on a voulu faire subir au Pape, les menaces qu'on lui a adressées ont pu contribuer à cet état maladif. Mais n'aurait-on pas voulu, par tous les moyens, agir sur le moral de l'infortuné prisonnier en agissant sur le physique? Les termes mystérieux des lettres de M. de Chabrol et la façon dont le docteur a promis « de servir de tout son pouvoir », après les menaces peu déguisées « contre tous ceux qui étaient attachés à la cause du Pape », sont de nature à éveiller de graves soupçons. Que n'a-t-on pas osé pour agir sur le cerveau d'un homme affaibli?

Suivons les faits avec attention. Le 13 mai, M. de Chabrol insiste auprès de Pie VII pour qu'il fasse les concessions demandées au sujet de l'institution canonique. Le Pape répond avec fermeté qu'il ne peut les faire en conscience. Sur l'institution actuelle des évêques nommés on pourrait encore s'entendre avec certains ménagements, mais quant à la clause de l'avenir et à la clause de ne rien faire contre les quatre articles de 1682, il ne peut y accéder. Remarquons que Pie VII est en pleine possession de lui-même, qu'il cite des textes exacts, qu'il parle du concile de Milan, d'Alexandre VIII, etc., tout cela avec une clarté et une

(1) Lettre du 15 mai 1811.
(2) Lettre du 30 mai 1811.

logique parfaites. Il ajoute qu'il ne craint pas le blâme des hommes et qu'il oublie leur jugement pour ne voir que celui de Dieu. M. de Chabrol reconnaît qu'il n'a rien pu gagner « sur cette obstination incroyable ». Le 14, les évêques apportent une note relative à l'institution canonique. Même résistance. Le Pape refuse de recevoir la note. En prenant congé, les prélats la laissent sur la cheminée de son cabinet. Le Pape la leur renvoie, maintenant ainsi son opposition à des accommodements incompatibles avec les droits de la Papauté. Devant une telle résistance, les prélats n'osent encore user des pouvoirs que l'Empereur leur a remis, ni même les déc.. .ver expressément.

Le 15 mai, ils reviennent et discutent l'article relatif à l'institution canonique. Pie VII y apporte des restrictions qu'ils ne veulent pas accepter. Cependant, ils entrevoient de meilleures dispositions, « mais ce n'est, avouent-ils, qu'une lueur légère d'espérance ». Le Pape dit maintenant chaque matin la messe du Saint-Esprit et M. de Chabrol constate que, dans d'autres circonstances où il paraissait ébranlé, il faisait de même.

Le 16, le préfet écrit au ministre des Cultes que le docteur Porta, « qui les a bien servis, » a dit au Pape que toute la population de Savone s'attendait à ce qu'il allait céder et qu'il serait bientôt libre. M. de Chabrol assure que le Pape l'a écouté « avec plaisir ». Cette assurance est vraiment surprenante. Comment le Pape, qui ne voulait rien céder, aurait-il pu entendre avec plaisir, même de la part du docteur Porta, l'affirmation qu'il allait cesser toute résistance? Mais, il y a mieux. M. de Chabrol ajoute que le Pape aurait dit que s'il était libre, il préférerait une ville d'Italie à celle d'Avignon. Or, la seule ville d'Italie que Pie VII voulait, et il l'a répété cent fois, c'était Rome. Hors de Rome, il aimait mieux rester à Savone. Donc, le propos attribué à Pie VII n'est pas exactement rapporté. Mais M. de Chabrol, qui vient de faire un discours pathétique au Saint-Père, affirme encore que celui-ci a paru frappé de ses raisons. Aussi, lui a-t-il découvert plus de sensibilité que de coutume. Tout cela paraît arrangé pour expliquer les scènes qui vont suivre. Le 18, le préfet a trouvé le Pape assombri, et il feint d'attribuer cette tristesse au temps qui était fort mauvais. Cependant, il commence un autre discours pour supplier le Saint-Père de faire des concessions totales, « afin d'obtenir quelque chose de l'Empereur, sans quoi Napoléon s'adressera à son Concile. » Il faut croire que le discours a été éloquent et qu'il a dissipé les nuages, car le Pape a fini par rappeler les évêques, en disant « qu'il voyait bien que ses refus fortifieraient l'Empereur auprès du Concile, etc. (1)... » Voilà un *etc.*, qui en dit long, plus long que n'en a dit certainement le Pape lui-même. Là-dessus, M. de Chabrol s'est imaginé qu'il allait céder, mais qu'il était encore retenu « moins par la conviction que par l'amour-propre ». Ce n'était pas connaître Pie VII. Je sais bien que, dans son rapport au Concile sur la mission des trois prélats envoyés à Savone, M. de Barral a dit que le Pape les avait reçus avec la plus grande bonté et que pendant dix jours, matin et soir — ce qui est exagéré, — il avait discuté avec eux la question de l'institution canonique. Barral a reconnu que le Pape revendiquait son droit de juger si le mode que prendrait le Concile pour remplacer la nomination impériale et les bulles pontificales serait conforme aux règles et Canons de l'Église. L'archevêque de Tours a dit ensuite que les prélats ne lui avaient pas contesté ce droit; mais il a ajouté que le Pape n'avait pas dénié non plus à une grande Église le droit de pourvoir « par des règlements provisoires », et en cas d'urgence, à sa propre conservation. Il a affirmé que Pie VII, de concert avec eux, avait discuté le plan joint à son rapport — la note citée plus haut est donc devenue un plan — et que ce plan avait été rédigé « en quelque sorte » sous sa dictée. Il a ajouté que, le soir du 8 mai, le Pape en avait pris une nouvelle lecture et réclamé une copie mise au net, copie que les prélats lui

(1) D'Haussonville, t. IV, p. 397 (Pièces justificatives).

donnèrent le lendemain. Suivant Barral, Pie VII la relut encore, leur permit d'en emporter un duplicata et garda l'autre comme témoignage de ses concessions. Il faut remarquer que pas une fois Barral n'ose dire que le Pape a signé. Ce plan ou cette note n'était en réalité qu'un nouvel instrument de négociation et pas autre chose.

Alors, les évêques se déclarent satisfaits et partent en toute hâte de Savone le 20, à quatre heures du matin. Cette note qu'ils avaient mise sur la cheminée de la chambre du Pape le 13, et que le Pape leur avait renvoyée, ils l'ont remise sur la même cheminée le 19, et le Pape l'a gardée sans protester. Il paraît céder, et cependant il ne cède pas. Que s'est-il donc réellement passé? Ceci : les évêques, las des atermoiements et des observations de Pie VII, ont discuté avec lui la fameuse note et sont arrivés à une première rédaction qui évidemment devait être suivie d'une autre. Ne pouvant discuter plus longtemps, attendus impatiemment à Paris, voulant remporter quelque chose avec eux pour complaire à l'Empereur qui comptait sur leur intelligence et sur leur zèle, ils ont pris le double de la note non signée. Ils se sont empressés de partir avec elle, craignant de ne pas aboutir du tout, s'ils prolongeaient la discussion.

Peu de temps après, le Pape, qui s'était levé à sept heures, demande au capitaine du palais si les évêques sont partis. Ce détail prouve qu'ils ne lui avaient point indiqué l'heure précise de leur départ. Alors Pie VII fait appeler M. de Chabrol et, en l'attendant, dit très ému au capitaine qu'il n'avait pas fait attention la veille aux dernières lignes de la note qui lui avait été laissée et qu'il ne pouvait y accéder. Ceci démontre bien que la note n'était encore qu'un texte préliminaire. Le Pape reprend la note et y ajoute en marge quelques lignes, et les récrit plusieurs fois, car elles étaient peu lisibles. M. de Chabrol arrive et trouve Pie VII dans un violent état d'émotion. Il cherche à le rassurer sur les excellentes intentions et la loyauté des prélats. Mais le Pape persiste à lui rendre la note et le préfet s'en va avec le docteur Porta déchiffrer l'apostille qui rectifiait les dernières lignes.

Bientôt le Pape le rappelle et l'invite à faire immédiatement prévenir les évêques par courrier. Il conteste le premier article. Il veut le rédiger de telle sorte qu'il y soit dit « qu'il sera pourvu aux évêchés par les personnes nommées par Sa Majesté, et en faisant mention de cette nomination ». M. de Chabrol paraît inquiet de ces variations qui compliquent la situation et il se retire. Il revient une heure après et trouve le Pape plus agité que jamais. Pie VII affirme qu'il n'a pas du tout accédé au dernier article, qu'il s'y rencontre « une tache d'hérésie » et qu'il est nécessaire de la supprimer. Il tient irrévocablement à cette suppression, sinon il fera un éclat pour faire connaître ses intentions. Cette observation du Pape visait naturellement le paragraphe 3 de la note où l'on accordait au métropolitain le droit de donner lui-même l'institution canonique, au cas où le Pape ne l'aurait pas donnée dans les six mois. Ceci répondait bien d'ailleurs aux déclarations que Pie VII avait toujours adressées aux évêques, ne voulant pas qu'on fît le métropolitain juge des refus du Saint-Siège.

M. de Chabrol se plaint alors des défiances et des inquiétudes inexplicables du Pape. Cependant, sommé d'écrire aux évêques, il le fait aussitôt, pensant qu'il est nécessaire de les prévenir à leur arrivée à Paris, de crainte de quelque éclat. Le lendemain, Pie VII répète à M. de Chabrol qu'il n'a rien promis ni rien pu promettre. Il se plaint de n'avoir pas dormi et d'avoir la tête fatiguée. Encore une fois, il veut que l'on sache positivement qu'il n'a considéré la note que comme *une sorte d'ébauche*. Ce n'est pas un traité, c'est une note qui indiquait « le point où l'on pourrait arriver, si l'on tenait d'autres conditions à son égard. »

Désolé de voir ses intrigues échouer, M. de Chabrol veut faire passer le Pape pour un malade, pour un agité. Il écrit à Paris que le docteur Porta soupçonne chez lui une affection hypocondriaque. Il profite de ce que Pie VII lui a dit que s'il a paru s'entendre avec les évêques, cela a été de sa part « une folie », et qu'il fallait qu'il eût été à moitié « dans l'ivresse », afin de faire entendre ainsi que son cerveau est malade. Il insiste sur ces mots échappés au Pape : « qu'il a fait des folies, qu'il s'est trompé » ; il trouve que ses facultés ne sont pas au niveau des grandes affaires qu'il a à traiter. Enfin, il arrive à écrire au ministre des Cultes que les incertitudes du Pape, livré à lui-même, vont jusqu'à altérer sa santé et sa raison. Il relève ses tergiversations, puis son amour-propre qui se déguise sous la forme de dignité. Il faudrait à Pie VII « un Conseil aussi sage que ferme, afin de le maintenir constamment dans la même résolution ».

Mais le Pape sait fort bien ce qu'il fait et ce qu'il dit. Il a nettement conscience des machinations où on a voulu l'entraîner. Quoique fatigué par tous les assauts qu'il vient de supporter, il est décidé à résister. Il déclare qu'il ne fera certainement rien de ce qu'on lui demande et qu'il n'a accordé d'autre concession que celle de pourvoir aux évêchés de France seulement. Laissé à lui-même, délivré des prélats qui l'obsédaient, n'écoutant pas les perfides conseils de Chabrol, il dit qu'il s'est trompé et qu'il a été trompé. Il a parfaitement compris qu'il était entouré d'ennemis et il a fini par pénétrer leurs intrigues. Ce n'est certes là ni de l'hypocondrie ni de la folie. C'est en vain que le préfet veut trouver chez le Pape « un esprit affaibli et une conscience ombrageuse », cet esprit et cette conscience ont assez de force encore pour ne point subir le joug qu'on veut leur imposer. Et quand on annoncera à Pie VII la prochaine réunion du Concile national, il lui échappera un cri de soulagement qui montre à quelles tortures on l'a soumis : « Heureusement, je n'ai rien signé ! » Jamais le Pape n'a eu le moindre accès de folie, et ceux qui avaient intérêt à soutenir une accusation pareille, ont profité d'une agitation, d'une fatigue et d'une indignation bien naturelles pour inventer cette abominable accusation. Si le Pape avait été réellement fou, il eût signé la note perfide qu'on lui avait présentée deux fois. C'est parce qu'il a résisté pendant huit jours, que les prélats sont partis n'emportant qu'une sorte d'avant-projet qu'ils voulaient faire passer pour un traité définitif. C'est parce qu'il a menacé M. de Chabrol le lendemain de leur départ de faire un éclat, et a exigé l'envoi d'un courrier aux évêques que leur machination si habile a échoué (1). Le ministre des Cultes lui-même a été forcé d'avouer que le but de leur mission n'avait pas été rempli. Et malgré cet ordre impérial venu de Rambouillet, le 21 mai : « Il faut recommander au commandant de Savone de redoubler de surveillance, et aussitôt les évêques partis, de ne pas souffrir que le Pape parle à personne et ait aucune communication, » le Pape a parlé.

M. de Talleyrand a cru trop vite, comme M. de Chabrol et les évêques, que la déclaration obtenue de Pie VII et « rédigée en quelque sorte sous sa dictée », fermait tout débat entre le gouvernement français et la Cour de Rome (2). M. de Talleyrand se demandait en effet comment celle-ci pourrait désormais troubler l'ordre en France. « L'institution canonique des évêques, dit-il, était la seule arme par où le refus d'un Pape et son inertie pussent apporter du trouble. Son action n'en apporterait jamais, car elle ne pourrait se produire que par des brefs, des bulles... et la France se maintiendrait toujours dans l'usage de n'en permettre la publication qu'elle ne les eût examinés et jugés comme ne contenant rien de contraire aux lois du pays. Toute volonté hostile du Pape et même toute dissidence qui auraient déplu, seraient par là paralysés. Peu importait ce que le Pape pensait des libertés gallicanes, puisqu'il ne serait pas en son pouvoir d'en arrêter l'effet. Vouloir lui faire signer d'avance quelque promesse à cet égard était donc tout à fait inutile. » M. de Talleyrand reconnait pourtant que sur les prétentions de l'Empereur à nommer à tous les

---

(1) La note indiquée par l'archevêque de Tours à la date du 19 mai parvint à Paris le 30; le ministre des Cultes la transmit aussitôt à l'Empereur et lui apprit que les prélats, partis de Savone le 20, avaient dû s'arrêter à Turin à cause de la difficulté de se procurer des chevaux, tant était considérable à ce moment le nombre des voyageurs. Les prélats étaient encore à Turin le 23 et n'en partirent que le 24. C'est là qu'ils reçurent le courrier porteur de la protestation du Pape.

(2) *Mémoires*, t. II, p. 93 et suiv.

évêchés d'Italie, en ne laissant au Pape que l'institution, Pie VII ne céda jamais et que les évêques français n'eurent rien à lui répliquer sur ce point.

Il ajoute que les évêques retournèrent en France, « convaincus qu'avec sa liberté et de bons conseils, le Saint-Père — si l'on ménageait sa délicatesse — pouvait encore faire de nouvelles concessions sur plusieurs points même assez importants. Mais ils avaient obtenu le principal. Une telle négociation, si bien commencée, aurait dû amener la fin de toutes les contestations ». J'ai démontré plus haut que les évêques n'avaient obtenu qu'un semblant de satisfaction. La note du 19 mai non signée n'avait aucunement la valeur d'un traité. Mais admettons un instant, avec Talleyrand, que le Pape eût cédé sur l'institution canonique dans le présent et pour l'avenir. Tout était-il terminé ainsi ? Non. Que fallait-il donc encore ? « Une seule chose, dit Talleyrand. Ne pas laisser le Concile s'ouvrir et l'ajourner à un mois. Pendant ce temps, Napoléon eût traité avec le Pape sur l'article des bulles et sur la nouvelle clause à ajouter au Concordat, sans y mêler autre chose. Il lui eût rendu quelques conseillers et une liberté suffisante, et le Pape aurait tenu à honneur de ratifier ce qu'il avait promis par le fait d'une conviction intime, du moins en apparence. Ce traité une fois signé, l'Empereur n'avait plus besoin du Concile, et il pouvait être d'autant plus tenté de l'ajourner indéfiniment que sa convocation avait déjà jeté sur lui quelque ridicule. D'ailleurs, ne devait-il pas mieux lui convenir de terminer avec le Pape lui-même, dont il aurait vaincu toutes les répugnances par ses négociateurs, que d'avoir affaire à une Assemblée sûrement tumultueuse et, probablement pour lui, ingouvernable. »

Diplomatiquement, ce plan est bien imaginé, mais historiquement, il n'est pas admissible. En effet, le point de départ, qui facilite tout cet ingénieux arrangement, étant faux, tout s'écroule. Le Pape — il ne faut pas se lasser de le répéter — n'avait rien consenti de définitif. Il avait reçu et examiné une note, débattu les termes, pesé chaque mot, admis certaines phrases, repoussé d'autres et s'attendait à de nouvelles négociations, ne sachant pas si l'on aboutirait tôt ou tard à quelque chose de pratique. M. de Talleyrand suppose que Pie VII a accordé l'institution canonique pour le présent et l'a déférée au métropolitain pour l'avenir, au cas où lui-même ne la donnerait pas dans un délai de six mois. Or, j'ai établi que le Pape n'avait rien consenti de semblable, et qu'il avait prévenu par un courrier extraordinaire les trois prélats que rien de décisif n'était fait à cet égard.

Parlant ensuite de l'influence que M. Duvoisin, évêque de Nantes, et le cardinal Fesch pouvaient avoir sur le Concile, Talleyrand ajoute : « M. Duvoisin était-il bien sûr de diriger à son gré quatre-vingts évêques de France et d'Italie qui, assez souples individuellement, pouvaient se laisser échauffer dans leur réunion? L'Empereur comptait sans doute sur l'influence que pourrait prendre à son profit le cardinal Fesch qui présidait le Concile. Ici, il se trompa comme dans tout ce qu'il avait fait en élevant chacun des membres de sa famille dans la pensée de s'en servir. Son oncle avait à faire oublier son origine et il voulut, comme les frères de Napoléon, tirer sa considération de son opposition à ses volontés, de son rigorisme et non de son crédit sur son neveu. Ni l'Empereur ni même l'évêque de Nantes ne sentirent toute la gravité de la réunion du Concile (1). » Mgr Gazzoli, évêque de Cervia, attribue à Talleyrand une piquante boutade. En apprenant la réunion du Concile national, il aurait dit : « C'est mal ! » puis lors de sa suspension : « C'est pis ! » enfin, après son rappel : « C'est pis encore ! » Quoiqu'il en soit, on ne peut adhérer aux considérations de l'ancien évêque d'Autun sur la note de Savone, puisqu'il la suppose acceptée par le Pape, alors que tout démontre que ce n'était qu'une note préliminaire.

Il ne faut pas reprocher à Napoléon d'avoir persisté à réunir le Concile national et affirmer qu'il a pu reconnaître à quel point, après le retour de la députation de Savone, ce Concile

---

(1) *Mémoires*, t. II, p. 95 à 96.

lui était devenu inutile et combien il allait lui devenir funeste. En effet, les prélats, rentrés à Paris, lui ont bien fait remettre la note dont Pie VII avait admis provisoirement quelques clauses, mais ils lui ont fait dire en même temps qu'un courrier extraordinaire, venu de Savone, leur avait appris que le Pape s'opposait, avec menace de faire un éclat, aux clauses principales. Donc, tout était remis en question. Donc, il était nécessaire de recourir au Concile. Maintenant, que pour le diriger et le faire manœuvrer à son profit Napoléon ait suivi une marche inconséquente et maladroite, je n'en disconviens pas ; mais c'est là un autre point, très important d'ailleurs, qui sera bientôt étudié. « Il n'est pas difficile, écrit Consalvi, de s'imaginer combien grande était la curiosité universelle de savoir quel résultat aurait la députation envoyée à Savone. Ceux qui la composaient remplirent, à leur retour, le public de nouvelles vagues à la vérité, mais favorables à leur dessein... Ils répandirent partout qu'ils avaient obtenu du Pape plus qu'ils n'auraient espéré et que tout allait s'arranger. Mais le public prêtait peu de créance à ces nouvelles, remarquant spécialement que l'on ne détaillait rien et qu'on ne disait rien de positif... Le fait est, en réalité, que l'on sut, de source sûre, qu'en recevant des députés les informations sur les réponses données par le Pape, l'Empereur en fut, au début, très mécontent et se refusa à toute continuation de l'affaire par cette voie. Cependant, on le vit ensuite changer d'idée, mais de manière à ne faire présager aucun bon résultat, parce qu'il parut disposé à renoncer à aller de l'avant dans l'affaire sans le Pape et à faire agir le Concile dans le but de changer la forme de l'institution des évêques... Mais tout espoir de triompher du Pape s'évanouit en naissant, car, avant même qu'arrivât à Pie VII la lettre du cardinal Fesch, celui-ci avait reçu une lettre du Pape lui-même qui lui disait franchement qu'après le départ des députés, il n'avait pas laissé d'éprouver quelques regrets sur quelques-unes des choses auxquelles il s'était, en leur présence, montré disposé, bien que sous certaines conditions ; et, par suite, il déclarait qu'il ne saurait, même sous ces conditions, se décider à les réaliser ni à les revêtir des formes obligées, sans avoir au moins auprès de lui son Conseil avec qui il pourrait les examiner et en conférer. Ce fut en conséquence de cette note, ajoute Consalvi, que l'Empereur, transporté d'un violent dépit, se résolut décidément au parti de se passer du Pape. Dans la pensée qu'il dominerait le Concile et s'assurerait de sa déférence absolue à toutes ses volontés par l'effet de la crainte et de l'intérêt, il fit savoir au public ses intentions et ses desseins dans le fameux rapport de son ministre de l'Intérieur au Corps législatif (1) ».

Le Concile national avait été, le 27 avril, convoqué pour le 9 juin. L'Empereur en recula l'ouverture au 17, à cause du baptême du Roi de Rome. J'ai raconté ailleurs (2) les démonstrations et les transports d'enthousiasme que suscita, en France et dans toute l'Europe, la naissance du fils de Napoléon. J'ai décrit les splendeurs de son baptême et essayé de redire l'émotion de l'assistance d'élite qui remplissait la grande nef de Notre-Dame, lorsque l'Empereur, élevant l'enfant dans ses bras, le présenta comme un trophée aux princes de sa famille, aux ambassadeurs, aux grands officiers, aux maré-

(1) *Mémoire inédit de Consalvi sur le Concile national*, p. 24. — Dans ce rapport, daté du 29 juin, Napoléon faisait dire aux députés qu'il considérait comme abrogé le Concordat de 1802 et celui de Léon X. Il déclarait en propres termes que « s'il était avantageux à l'État et à la religion que le Pape ne fût plus souverain, il était également avantageux à l'Empire que l'évêque de Rome, chef de notre Église, ne fût pas étranger et réunit dans son cœur à l'amour de la religion celui de la patrie qui caractérise les âmes élevées ». L'Empereur ajoutait que vingt-sept évêchés étant vacants depuis longtemps et que le Pape, ayant refusé de 1805 à 1807, puis de 1808 à ce jour, d'exécuter les clauses du Concordat qui l'obligeaient à instituer les évêques nommés, ce refus avait rendu nul le Concordat de 1802. En conséquence, Napoléon avait été obligé de convoquer tous les évêques de l'Empire afin d'aviser aux moyens de pourvoir aux sièges vacants, conformément à ce qui se passait sous Charlemagne, sous saint Louis et dans les siècles qui avaient précédé le Concordat de François Ier et de Léon X, lequel avait cessé d'exister, lui aussi. Mais Napoléon croyait devoir déclarer « pour rassurer les âmes plus timorées », que s'il y avait des divisions entre l'Empereur et le souverain temporel de Rome, il n'en existait aucune entre l'Empereur et le Pape comme chef de la religion. Cette assurance était assez étrange au moment même où le Concile était convoqué pour statuer sur des différends essentiellement religieux.
(2) *Le Roi de Rome*, ch. II.

chaux, aux cardinaux, aux évêques, aux sénateurs, aux députés, à toute une Cour idolâtre. « Comment, ai-je dit, n'aurait-il pas ressenti une joie profonde, comment n'aurait-il pas aveuglément compté sur ses destinées et sur celles de son fils, alors que, dans cette antique cathédrale, la religion avec ses prêtres, la Cour avec ses pompes, la société avec ses directeurs, l'armée avec ses chefs, l'Europe avec ses représentants, tout enfin s'inclinait devant lui? »

L'Empereur s'était persuadé que le cardinal Fesch, grand aumônier qui venait de célébrer le baptême impérial (1), amènerait dans cette même cathédrale tous les évêques de l'Empire à obéir à ses ordres et à enlever au Pape ses prérogatives et ses droits pour le réduire, lui le souverain temporel et spirituel de Rome, à n'être plus que l'évêque de la capitale des États romains réunis à l'Empire français? C'est la pensée hautaine qui apparaît nettement dans le discours au Corps législatif, prononcé la veille même de l'ouverture du Concile. « Si la moitié de l'Europe, dit Napoléon, s'est séparée de l'Église de Rome, on peut l'attribuer spécialement à la contradiction qui n'a cessé d'exister entre les vérités et les principes de la religion qui sont pour tout l'univers, et des prétentions et des intérêts qui ne regardent qu'un très petit coin de l'Italie. J'ai mis fin à ce scandale pour toujours. J'ai réuni Rome à l'Empire. J'ai accordé des palais aux Papes à Rome et à Paris. S'ils ont à cœur les intérêts de la religion, ils voudront séjourner souvent au centre des affaires de la chrétienté. C'est ainsi que saint Pierre préféra Rome au séjour même de la Terre Sainte. » Cette partie du discours impérial fut prononcée d'une voix menaçante et causa une certaine émotion aux sénateurs, aux députés et au Corps diplomatique, mais le Concile national allait réserver à l'Empereur des surprises auxquelles il était loin de s'attendre.

(1) Le cardinal Maury aurait voulu faire lui-même le baptême du Roi de Rome et il en manifesta le désir à l'Empereur qui lui déclara que le cardinal Fesch avait été choisi par lui. « En ce cas, dit Maury vexé, je ne pourrai assister à la cérémonie. — Eh bien! n'y assistez pas, s'écria Napoléon. Nous pouvons bien nous passer de vous! »

CHAPITRE V

LE CONCILE NATIONAL DE 1811

« On possède peu de documents sur le Concile national de 1811, » a pu dire en 1869 le comte d'Haussonville dans son remarquable ouvrage sur l'*Église romaine et le premier Empire* (1). Or, après avoir étudié, aux Archives Nationales, toutes les pièces inédites qui concernent ce Concile, et que le maréchal Vaillant avait eu le tort de refuser à l'éminent historien, après avoir examiné en outre toutes les publications qui ont paru depuis sur ce sujet, je crois être à même de traiter à fond cette question si importante et si compliquée.

Le ministre des Cultes, chargé par le ministre secrétaire d'État de tout ce qui était relatif au Concile national, s'enquit d'abord des formes observées en pareille occasion. Il confia l'exposition des affaires de Rome à la main habile de Daunou, dont il savait le bon esprit et le sûr dévouement. Il l'avait invité à présenter le tableau exact de tout ce que l'Église catholique devait à l'Empereur et de ce que le Pape avait fait de son côté. Quant au discours à préparer pour être prononcé au Concile, Bigot de Préameneu pensait que l'orateur devait se renfermer dans les idées générales sur les intérêts de l'Église et sur la gratitude à rendre au Souverain.

Le choix des membres du Conseil ecclésiastique pour cette importante mission s'était fixé sur l'évêque de Troyes, et le ministre ne croyait pas que l'on pût trouver mieux (2). Il

---

(1) Tome IV, p. 166.
(2) Cet évêque avait écrit au Pape à Savone, au mois de mai, pour lui conseiller

demandait seulement à voir préalablement son manuscrit pour être assuré de n'y rien voir figurer qui pût choquer l'Empereur. Le ministre des Cultes avait convoqué cent cinq évêques de l'Empire et quarante-quatre du royaume d'Italie. Soixante-cinq avaient répondu à la date du 13 mai; cinq s'étaient excusés à cause de leur grand âge. C'étaient les évêques de La Rochelle, de... ac. du Mans, de Sion et de Novi.

Dans une conférence tenue le 12 mai au ministère des Cultes par des membres du Conseil ecclésiastique, il avait été question des évêques des États romains dont les diocèses avaient été supprimés par défaut de serment des titulaires. Le cardinal Fesch proposait de les informer que s'ils voulaient prêter le serment impérial, on les convoquerait au Concile. Cette proposition avait pour but d'éviter que des malveillants ne contestassent la validité du Concile, parce que, dans la règle, tous les évêques y devaient être appelés. L'archevêque de Paris s'y opposa. Son motif était que l'Empereur ayant non seulement supprimé leurs diocèses, mais les ayant encore réunis à d'autres évêchés, il ne pouvait plus reconnaître ces personnages pour évêques ni les convoquer, sans se mettre en désaccord avec son décret. Ces raisons semblaient justes à Bigot de Préameneu, mais il désirait connaître à cet égard l'avis même de Napoléon. « On ne cite, disait-il, l'exemple d'aucun Concile où la question actuelle ait été agitée. » Il concluait ainsi : « Il sera dans l'intérêt même du Concile de ne pas l'agiter. » Maintenant, si l'Empereur trouvait avantage à ce que les prélats insermentés revinssent actuellement à la soumission, Bigot de Préameneu était prêt à exécuter ses ordres. Quant aux cardinaux-évêques qui avaient refusé le serment, tels que Doria, Dugnani, Roverella, Mattei, Gabrielli et Brancadoro, il était entendu qu'il n'en serait pas question. C'était d'accord avec le Conseil ecclésiastique que le ministre des Cultes appelait sur ce sujet l'attention de Napoléon (1).

de mettre fin à une résistance qui ne pouvait que blesser la dignité de Napoléon et sa toute-puissance.

(1) Archives nationales. AF^{IV} 1048.

Invité à donner son avis sur les indemnités de voyage et de séjour aux évêques appelés au Concile, Bigot de Préameneu rappelait que, lors du couronnement, les évêques avaient reçu dix francs par poste, mais aucune indemnité de séjour. Ils n'étaient restés à Paris que très peu de temps. Il leur avait été distribué quelques présents avec le portrait de Sa Majesté. Le ministre proposait pour les membres du Concile dix francs par poste et 1,500 francs ainsi calculés : 600 francs de voitures, 300 francs de logement, 450 francs de nourriture et 150 francs pour menues dépenses. Le Ministre en outre demandait un crédit de 50,000 francs pour achat de fauteuils, bancs, dépenses de bureaux et accessoires du Concile, ce qui lui fut accordé (1).

Le 28 mai, le cardinal Fesch écrivit à l'Empereur, qu'il lui semblait impossible de célébrer le baptême du Roi de Rome et de faire conjointement l'ouverture du Concile national. Comment réunir, le soir du même jour de fête, des prélats qui pour la plupart étaient âgés et infirmes ? Les dispositions du local n'étaient point d'ailleurs les mêmes pour les deux cérémonies, et l'intervalle si court qui se trouverait entre elles ne suffirait point pour faire exécuter les changements nécessaires. En conséquence, l'ouverture fut reportée au lundi 17.

Un bulletin de police, dit *Bulletin des évêques*, informait journellement l'Empereur des moindres détails concernant le Concile. En voici quelques exemples. « Les évêques nommés par l'Empereur, mais pas encore institués, sont fâchés d'avoir été exclus des assemblées qui se tenaient chez le cardinal Fesch (2). Ils observent que dans ces sortes d'assemblées où il n'était question que de conversations préliminaires, les évêques institués ont pris une résolution contre leur intérêt propre en les éloignant, et ils en concluent qu'il n'y a que ceux dont les opinions ne sont pas franches qui peuvent avoir été de cet avis. M. le cardinal Maury avait amené à l'une de

---

(1) Archives nationales. Le ministre évaluait le total des indemnités à 630,000 francs.
(2) Ces réunions avaient lieu à son hôtel de la rue du Mont-Blanc.

ces assemblées l'évêque d'Aix-la-Chapelle qui a été obligé de sortir. En général, ces évêques non institués trouvent que le cardinal Fesch s'effraye trop des dispositions dans lesquelles il croit que sont tous les évêques de France. Son Altesse Éminentissime dit assez volontiers que la grande moitié est opposée. Les évêques ne pensent pas de même et ils prétendent qu'il suffit de manifester cette crainte pour intimider ceux qui n'ont point encore de résolution formée. » Le cardinal Fesch, comme on le verra bientôt, était bien averti. Pour adoucir un peu le reproche qui venait de lui être fait, le *Bulletin* ajoute : « A côté de cela, Son Éminence donne des preuves d'un très grand caractère et d'une très grande résolution. » Quant aux curés de Paris, le *Bulletin* les jugeait ainsi : « Ils sont en général très bien. On ne peut pas en dire autant de leurs prêtres qui ont moins d'intérêt à la tranquillité et plus d'espérances au désordre. Le ministre les fait observer de près et fait former des notes sur une cinquantaine dont les opinions pourraient être de quelque importance (1). »

Un autre bulletin faisait allusion aux craintes de certains prélats au sujet des intentions de leur clergé. « Quelques évêques comme ceux de Bordeaux, de Mende, de Quimper, et Tournai, etc., tiennent une conversation qui laisse croire qu'ils ont de l'inquiétude pour les dispositions d'esprit dans leurs diocèses. » Or, voici le remède que la police avait trouvé à ce fâcheux état d'esprit : « On pense qu'il serait à désirer qu'il régnât parmi eux l'opinion que tout va bien, afin que la correspondance qu'ils sont dans le cas d'avoir avec leurs grands vicaires soit dirigée dans ce sens (2). » D'autre part, les évêques de Metz, de Liège et d'Aix-la-Chapelle, avant de venir à Paris, avaient fait une tournée dans leurs diocèses et avaient été satisfaits, hormis celui de Liège, qui manifestait quelques inquiétudes. Ces évêques s'étaient aperçus que plusieurs ecclésiastiques de leurs diocèses avaient reçu des lettres de prêtres de Paris qui n'étaient

(1) Archives nationales, AFⁿ 1047.
(2) *Ibid.*

pas « dans un fort bon esprit. A leur arrivée à Paris, ajoutait le *Bulletin*, ils s'attendaient à être mis à même de pouvoir démentir les mauvais bruits qu'on avait répandus, mais ils ont été tous trois exclus des assemblées. Ils pensent qu'un incident semblable, connu dans leurs diocèses, achèvera d'y accréditer qu'on ne doit pas les reconnaître comme évêques, et qu'on les mettra ainsi dans l'impossibilité d'y conquérir de la confiance et d'y avoir de la considération. » Il paraît que M. de Boulogne, en émettant son vote contre eux, les aurait ainsi qualifiés : « Eux, dont la présence est déjà un scandale dans leurs diocèses ! » et qu'il n'aurait pas été rappelé à l'ordre (1). De tels incidents connus de l'Empereur devaient naturellement le prédisposer à des actes de malveillance envers certains prélats.

Le 31 mai, les évêques se réunirent chez le cardinal Fesch qui leur annonça le retour de la députation de Savone. « Quoi qu'il ne connût pas, affirmait-il, le résultat de leur mission, il pouvait dire à l'Assemblée qu'il y avait quelque espérance de voir s'ouvrir la voie des négociations. » L'Assemblée s'ajourna au mardi suivant, très impatiente d'apprendre le résultat du voyage des évêques (2). Ces quelques mots empruntés à ce bulletin officiel montrent combien la lettre des trois prélats qui disaient avoir obtenu plus qu'ils n'espéraient, était peu conforme à la réalité des faits. Une lettre du ministre des Cultes à l'Empereur va d'ailleurs nous fixer à cet égard. « Les évêques et le patriarche de Venise, disait-elle, sont arrivés hier au soir, jeudi 30 mai, et sont venus ce matin au ministère. Ils n'ont rien dit de plus que ce qui est dans la correspondance. Ils croient cependant que leur voyage a fait beaucoup d'impression sur l'esprit du Pape et, malgré cette fluctuation d'idées qu'ils voient avec peine s'être accrue depuis leur départ (3), ils pensent qu'il se déci-

---

(1) Archives nationales, AF^{IV} 1047.
(2) *Ibid.*
(3) C'était la seule allusion faite au courrier venu de Savone, porteur du refus formel du Pape d'adhérer à la note du 19 mai.

derait à exécuter les points contenus dans la dernière note, c'est-à-dire l'institution des évêques nommés et la dévolution au métropolitain, faute d'instituer dans un certain temps qu'il désire être de six mois au lieu de trois. » Ainsi, l'affirmation du consentement du Pape est remplacée ici par une supposition. « Le Pape insiste, comme on l'avait prévu, dit encore Bigot de Préameneu, sur ce qu'il n'a pas de Conseil. Les évêques expriment le grand désir qu'il soit envoyé près de lui quelques personnes *ayant de bons principes*, et dans lesquels ils auront confiance. Ils pensent qu'ils parviendraient à fixer ses incertitudes et que tout s'arrangerait. »

Aussi, le ministre des Cultes joint-il à sa lettre l'exposé des faits qui ont donné lieu à la convocation d'un Concile national, avec cette considération, qui mérite d'être soulignée, que c'est un travail fait par Daunou et par lui, « dans l'hypothèse où le voyage des évêques à Savone ne donnerait pas de résultat. » Ceci prouve donc que la mission des prélats avait été infructueuse, contrairement à ce qui avait été dit jusqu'à ce jour.

L'exposé de Daunou et de Bigot de Préameneu formait un rapport d'une quarantaine de pages. Il rappelait tout d'abord que lorsqu'en novembre 1799, Napoléon avait pris le pouvoir, il avait trouvé les autels renversés, le culte aboli, les prêtres désunis quoique persécutés, le schisme divisant les faibles restes d'un clergé proscrit, l'Église méconnue dans l'État, la Papauté outragée et abandonnée. Or, dès la première année de son règne, Napoléon avait restauré le culte catholique, contribué au relèvement de la Papauté, car Pie VII n'entra dans Rome qu'au lendemain de Marengo. A Napoléon seul revenait la première idée d'une négociation avec le Saint-Siège. En des temps difficiles l'intérêt de la religion lui semblait devoir l'emporter sur toutes les considérations politiques, et c'est ainsi que le Concordat fut signé et promulgué. Aussi, Pie VII reconnaissant proclamait-il qu'après Dieu, c'était au magistrat suprême de la France que l'Église devait la renaissance et le triomphe du culte catholique. Le rapport de Bigot de Préameneu énumérait les multiples bienfaits de Napoléon à l'égard du clergé français et de la Papauté, mais il constatait aussi avec regret que, vers la fin de l'an 1803, la Cour de Rome avait commencé à se plaindre des Articles organiques et à attaquer les maximes de l'Église gallicane. Le Pape semblait demander par là une autorité qui ne pût jamais être limitée ni par les pouvoirs évangéliques de l'épiscopat, ni par la puissance civile du souverain. A l'époque « où les vœux impatients de la France appelaient le Premier Consul à l'Empire, Napoléon voulut, pour rendre un nouvel hommage à la religion qui ne donne point les couronnes, mais les bénit, invoquer solennellement les bienfaits de l'Éternel. Dès qu'on lui eût proposé d'inviter le Pape à l'auguste cérémonie du Couronnement, il s'empressa de saisir l'occasion d'honorer le premier des Pontifes et de resserrer les liens qui, depuis le Concordat, unissaient la France et le Saint-Siège... Tout ce que demanda le Saint-Père, tout ce qu'il parut désirer, il l'obtint, à l'exception pourtant de deux objets sur lesquels Sa Majesté ne crut pas devoir le satisfaire : la réunion de la Romagne aux États du Saint-Siège et l'abrogation des quatre articles de 1682 ». Le rapport mentionne la surprise de l'Empereur, quand il apprit qu'à son retour à Rome, Pie VII avait affecté de citer et de recommander comme dogmatique la bulle de Pie VI, *Auctorem fidei,* où les quatre articles étaient réprouvés. C'était un premier grief auquel Napoléon joignit le refus du Pape de fermer les ports romains aux Anglais et son interdiction aux Français de mettre Ancône en état de défense. « Aussi, pourquoi s'être étonné, disait le rapport, de voir le gouvernement français s'emparer de cette place forte pour assurer la sûreté de ses armées et le salut des provinces romaines? Le Pape n'ayant pas voulu prendre parti contre l'Angleterre, l'Empereur fut convaincu que la Cour de Rome ne consentirait jamais à le défendre contre ses ennemis du continent et il résolut alors de réunir au royaume d'Italie les territoires d'Ancône, de Macerata, de Camerino et d'Urbino. Pie VII protesta avec amertume au moment même où Napoléon se préoccupait de protéger le culte et d'honorer les ministres des autels. Les vertus du Pape ne le préservèrent pas de l'imprudence commune à tous les Souverains Pontifes, qui est d'employer leur ministère spirituel au soutien de leurs prétentions terrestres. » C'est ainsi que Pie VII refusa d'instituer, en juillet 1808, l'évêque de Troyes. C'est ainsi qu'il voulut lui-même créer un nouvel évêché à Montauban. Ces infractions au Concordat amenèrent l'Empereur à faire ouvrir à l'armée française les portes de Rome, tout en laissant au Pape ses revenus et les moyens d'exercer les fonctions de premier Pasteur de l'Église. Le rapport, qui donnait aux faits la tournure exigée par Napoléon, accusait ensuite le Pape de s'être enfermé volontairement dans son palais, d'en avoir barricadé les avenues et transformé ses serviteurs et fonctionnaires en séditieux. Après la bulle d'excommunication publiée le 10 juin 1809, après des soulèvements qui menaçaient de jeter la révolte dans Rome, l'enlèvement du Pape eut lieu. « La mesure qu'on jugea nécessaire, dit le rapport, pour prévenir de plus graves malheurs, fut prise, sans qu'il eût été possible de demander les ordres de Sa Majesté que la guerre alors retenait en Espagne. Lorsque Sa Majesté fut informée que le Pape n'était plus à Rome, elle le fit recevoir à Savone avec la plus honorable magnificence. » Or, j'ai rappelé plus haut que c'était sur l'ordre formel de Napoléon que le Quirinal fut envahi et le Pape arrêté et enlevé.

Continuant à attribuer tous les torts au Saint-Père, le rapport de Bigot de Préameneu et de Daunou alléguait que la volonté de Pie VII de ne donner des bulles pour les évêchés de l'Empire que de son propre mouvement constitua un nouveau germe de discordes. Napoléon avait offert de Schœnbrünn de ne plus être nommé dans les bulles d'institution, pourvu que ces bulles ne fussent demandées que par son ministre des Cultes. Le Saint-Père, loin de saisir cette occasion d'augmenter ses prérogatives, répondit qu'il n'instituerait plus d'évêques français « tant qu'on ne satisferait point à ses réclamations politiques ». C'est ainsi que l'on qualifiait l'indépendance et la mise en liberté du Pape. Alors Napoléon dut rechercher les précédents qui avaient permis à l'Église de France d'éviter à la fois le schisme, l'interruption du culte et les usurpations de la Cour de Rome. Sous Louis XIV, depuis 1682 jusqu'en 1693, quand la Cour de Rome refusait des bulles d'institution, les prélats nommés gouvernèrent leurs diocèses en qualité d'administrateurs capitulaires investis de tous pouvoirs par les chapitres eux-mêmes. C'était Bossuet qui, dit-on, avait conseillé « ce tempérament ». D'après Bigot de Préameneu et Daunou, Innocent XI, Alexandre VIII et Innocent XII l'avaient approuvé « au moins par leur silence ». Ce précédent avait été donc repris en 1809.

Le rapport rappelait ensuite les décisions soumises aux Conseils ecclésiastiques de 1809 et 1811 et leurs réponses auxquelles il donnait l'apparence de décisions formelles et impératives. Il cherchait enfin à établir la nécessité que le dernier Conseil avait dû lui-même reconnaître, c'est-à-dire la convocation d'un Concile national appelé à statuer sur cette question : « Dans la circonstance actuelle où les Concordats passés, entre Sa Majesté Impériale et Royale et le Pape Pie VII concernant l'institution des archevêques et évêques nommés par Sa Majesté, cessent d'avoir pour l'avenir leur exécution, quels sont les moyens canoniques de pourvoir à cette institution (1) ? »

Cet exposé fait, comme on vient de le voir, avec la plus évidente partialité, le ministre des Cultes s'occupa du discours d'ouverture du Concile. Le 6 juin, il prit la liberté de soumettre à l'Empereur, « comme un simple renseignement à donner à ceux qu'il chargerait d'annoncer au Concile les motifs de sa réunion, » un projet de discours, dans lequel il avait réuni tout ce qui lui semblait nécessaire à dire, et écarté toute idée de rompre l'unité avec le Saint-Siège. « J'ai

---

(1) Archives nationales, AF^{IV} 1047.

cherché à prouver, disait-il, que l'Église aura elle-même le plus grand avantage à faire cesser une occasion de mésintelligence entre le souverain et le Pape... (1) » Le projet commençait par rappeler les bienfaits de Napoléon à l'égard de la religion et de ses ministres. Outre les avantages accordés à l'Église, le but du souverain avait été de faire cesser les dissensions qui déchiraient le clergé lui-même et de rallier tous ses membres au Saint-Siège. C'est pourquoi il avait passé avec le Pape des Concordats dont les dispositions étaient les mêmes que celle du Concordat de Léon X et de François Ier.

Mais des événements politiques avaient de nouveau troublé cet accord. Le Pape avait, comme prince temporel, suivi de mauvais conseils et rendu nécessaire la réunion des États romains à l'Empire. Ce qui avait le plus affecté l'Empereur, c'est qu'un pontife, si recommandable d'ailleurs par ses éminentes vertus, se fût, depuis plusieurs années, refusé à donner aux prélats nommés l'institution canonique. Malgré les démarches les plus pressantes de Napoléon et d'un grand nombre d'évêques, les principales Églises de l'Empire et du royaume d'Italie restaient vacantes. Il fallait donc remédier à un tel état de choses. « Le flambeau de l'expérience, disait pompeusement le discours, est le seul guide pour juger sainement du mérite des institutions humaines. » A l'époque du Concordat de François Ier et de Léon X, les États généraux, le Parlement, l'Université et le Clergé lui-même exprimaient leurs regrets au sujet de la discipline qui se trouvait intervertie et prévoyaient que l'institution des évêques allait être livrée à la volonté arbitraire des Papes. Le différend actuel ne pouvait altérer l'unité de l'Église. Cependant, il était de nature à inquiéter la classe des citoyens non instruits et à exciter celle des malveillants. Toute occasion de mésintelligence entre le Pape et le souverain était donc pour l'Église le plus dangereux écueil. « On doit admirer ici l'ordre de la Providence, concluait Bigot de Préameneu dans un dis-

(1) Archives nationales AF{IV} 1047.

cours qui finissait comme un sermon. Elle fera tourner au plus grand bien de l'Église les circonstances actuelles qui ont mis Sa Majesté dans la nécessité d'assembler un Concile national (1). » Et le ministre des Cultes reproduisait la question qui terminait l'exposé des motifs cité plus haut, au sujet des moyens de pourvoir à l'institution canonique, en cas d'abolition du Concordat. Ce discours déplut à l'Empereur. Il le voulait plus explicite, plus péremptoire. Il le fit donc composer comme il l'entendait, puis examiner par le cardinal Fesch et par le Conseil ecclésiastique.

Je montrerai bientôt les difficultés que souleva le discours et comment Napoléon fut amené à passer outre. Un autre sujet plus facile à régler fut le cérémonial du Concile national. M. de Pradt, archevêque nommé de Malines, composa à cet égard un majestueux rapport (2). Les Conciles étant les actes publics les plus solennels de la religion chrétienne, M. de Pradt remarquait que leur forme devait présenter tout ce qui était propre à faire sentir la sainteté de ces assemblées et à inspirer le respect de leurs décisions. C'était dans les sources pures du passé qu'il fallait chercher les éléments du cérémonial. Les Conciles de Bâle, de Constance, de Trente, d'Embrun et les Assemblées du clergé de France suffisaient pour indiquer ce qu'on pouvait exiger à ce sujet. Par formes extérieures du Concile, on entendait les actes qu'il pouvait avoir à faire au dehors ou envers d'autres personnes que les membres du Concile. Les formes intérieures étaient celles que le Concile observait dans son sein et envers ses propres membres. Il avait à se constituer et à agir : 1° en Congrégations particu-

---

(1) Archives nationales AF⁴ 1047.
(2) (Archives nationales, AF⁴ 1047 et *Publication* d'Adrien Leclerc, 1811). La nomination de M. de Pradt en 1808 fut approuvée par Pie VII, le 29 mars 1809. Mais Napoléon ne voulut pas reconnaître cette institution, parce que le Pape s'était adressé directement, *de motu proprio*, à M. de Pradt. Il l'envoya cependant à Malines où M. de Pradt ne put présenter ses pouvoirs au chapitre, ce qui suspendit ses fonctions jusqu'en 1814. — Voir sur les faits et gestes de ce prélat à Malines, l'ouvrage de M. de Lanzac de Laborie, *La Domination française en Belgique*, t. II.

lières (1), 2° en Congrégations générales (2), 3° en Sessions générales (3). Dans les sessions aucune discussion ne pouvait être admise. Ces points fixés, il semblait convenable que le jour de l'ouverture fût consacré en entier à des actes religieux, comme cela s'était toujours pratiqué en pareille occasion. La messe du Saint-Esprit, le décret d'ouverture, le décret *De modo vivendi in Concilio*, la profession de foi et le décret pour l'indication de la session suivante devaient avoir lieu le même jour. Mais il fallait réunir une Congrégation générale provisoire pour régler quelques questions préliminaires. On avait à y faire l'appel nominal des évêques convoqués, à nommer les officiers du Concile, à arrêter divers décrets et à remettre le programme à tous les membres.

Les objets extérieurs au Concile étaient les devoirs à rendre à l'Empereur, les communications avec Sa Majesté et les commissaires de l'Empereur, les honneurs à rendre au Concile, la visite au Corps municipal, le Sceau et les Archives du Concile. Pour les devoirs à rendre au Souverain, le cérémonial rappelait que les agents du Clergé se transportaient jadis auprès du Roi et recevaient ses ordres pour le jour d'audience. Ils en faisaient part aux membres de l'Assemblée qui se rendaient au Palais royal, étaient reçus dans la salle des Ambassadeurs, faisaient à Sa Majesté trois profondes révérences et se plaçaient à droite et à gauche du trône. Le Président saluait le Roi et le haranguait, puis présentait tous les membres à Sa Majesté, à la Reine et au Dauphin. Pour les communications, l'Assemblée nommait une députation qui était accompagnée du Secrétaire d'État chargé du département du Clergé. Les promoteurs du Concile remplissaient les fonctions des agents généraux du Clergé sous la monarchie. En ce qui concernait les commissaires, qui étaient autrefois les ambassadeurs, les conseillers et les officiers du monarque admis à occuper au Concile des places d'honneur, ils se bornaient à

---

(1) Commissions ou bureaux.
(2) Assemblées où se lisaient les rapports et se préparaient les décrets.
(3) Vote et publication des décrets.

lire les propositions dont le Roi les chargeait. C'est ce qu'allait faire le ministre des Cultes. Pour le honneurs à rendre au Concile, il paraissait convenable « de s'en rapporter à la bienveillance et à la religion de Sa Majesté l'Empereur et Roi ».

L'Hôtel de Ville était jadis dans l'usage de rendre visite au Clergé, chaque fois qu'il était assemblé. On laissait encore à l'Empereur le soin de juger si le fond et la forme de cette visite devaient être conservés, et si le Corps municipal de Paris devait remplacer l'ancien Hôtel de Ville. Le sceau du Concile était sous la monarchie une croix treflée ayant une fleur de lis au-dessus de chaque bras et au pied de la croix, et l'écusson était surmonté d'un chapeau épiscopal avec cinq rangées de glands, avec la crosse, la mitre et la croix archiépiscopale. On proposait de se servir pour le Concile national d'un sceau formé d'une croix treflée rayonnant sur un champ d'abeilles (1) avec les attributs de l'Épiscopat et l'inscription : *Concilium nationale — Parisiis — anno 1811*. Les détails intérieurs du Concile comprenaient le costume des membres, les sièges, la disposition du local des séances, les sessions, les votations et la publication des décrets, les mandements, procès-verbaux et diverses dispositions générales. La présidence du Conseil devait appartenir, suivant le cérémonial, au cardinal archevêque et titulaire de l'Église la plus ancienne et la plus qualifiée. Cette disposition avait été suggérée au rédacteur par le cardinal Fesch lui-même qui avait déclaré, dans une des réunions préliminaires tenues en son hôtel, que la présidence lui revenait de droit comme Primat des Gaules et archevêque de la plus ancienne église de France. Il s'imposait d'office à ses collègues, alors que ceux-ci auraient été heureux de le nommer spontanément à la présidence. Mais pour faire croire au public que le choix avait été libre, le décret impérial du 19 juin porte que « sur la présentation et la demande du Concile national, l'Empereur agréait son cousin,

---

(1) M. de Broglie s'opposa au champ d'abeilles, mais la majorité ne le suivit pas dans son opposition.

le cardinal Fesch, grand aumônier, pour président du Concile (1) ». Quant aux costumes, les évêques devaient, dans les Congrégations particulières, porter la soutane et le manteau violet; dans les Congrégations générales, le rochet et le camail; dans les Sessions, la chape et la mitre. Les ecclésiastiques portaient le manteau long et le bonnet carré. Au centre du cercle des Assemblées générales allait être placé un trône avec le livre des Évangiles, devant lequel serait fixée la croix archiépiscopale.

Chaque Congrégation générale devait s'ouvrir par une messe dite par un évêque, suivie de l'invocation au Saint-Esprit. Le cérémonial portait que les décrets seraient publiés en chaire par le secrétaire du Concile et que le maître des cérémonies interrogerait chaque membre en commençant par le président en ces termes : *Placet-ne decretum?* et l'on répondrait : *Placet*. Les suffrages recueillis, le maître des cérémonies, retournant auprès du président, dirait : *Decretum placuit Patribus*. Alors le président se lèverait et dirait à son tour : *Decretum placuit Patribus*, puis lirait le décret en entier.

Le lundi 17 juin, à sept heures du matin, tous les membres du Concile, au nombre de quatre-vingt-quinze sur cent quarante-neuf qui avaient été convoqués par écrit, cinquante-trois prélats français et quarante-deux italiens, se réunirent à l'archevêché de Paris. Ils prirent la chape et la mitre et se rendirent processionnellement à Notre-Dame dans l'ordre suivant : les suisses et officiers de la cathédrale, le cruciger, le maître des cérémonies, les thuriféraires, les ecclésiastiques de second ordre et les officiers du Concile, le chapitre métropolitain, le

---

(1) La faveur de la Cour, dit Consalvi, non moins qu'une indication presque universelle des volontés, fit appeler à la présidence le cardinal Fesch, auquel avait concilié crédit et faveur la bonne action d'avoir mieux aimé rester archevêque de Lyon qu'archevêque de Paris par des voies illégitimes, action qui avait fait oublier sa conduite précédente. Ce qui le favorisait davantage, c'était la volonté générale d'écarter de la présidence le cardinal Maury, très méprisé et très détesté de tous les partis, à qui l'ancienneté dans la dignité cardinalice et la qualité d'archevêque de Paris donnaient une supériorité incontestable. » (*Mémoire inédit sur le Concile de 1811*, p. 30.)

maître de chœur, puis les Pères au Concile ainsi divisés : six cardinaux, huit archevêques et quatre-vingt-un évêques, puis neuf évêques non institués, trois chanoines portant la crosse, le grémial et la mitre du célébrant, deux diacres et deux sous-diacres d'office, deux diacres et deux sous-diacres d'honneur, deux évêques assistants, et le cardinal Fesch faisant l'office de célébrant.

La grande nef et les bas côtés de Notre-Dame étaient déjà occupés par les fonctionnaires et par les invités. Après avoir reçu l'eau bénite, le cardinal Fesch entra dans le chœur, quitta la chape, prit la chasuble et commença la messe *De Spiritu Sancto*. Après l'Évangile, le sous-diacre d'office porta le livre ouvert à baiser au célébrant, puis aux Pères du Concile en disant : *Hæc sunt verba*. Alors M. de Boulogne, évêque de Troyes, monta en chaire et prononça le discours que le cardinal Fesch croyait de nature à ne pas blesser l'Empereur. Fesch avait seulement prié l'évêque de Troyes de supprimer deux ou trois passages qui lui avaient paru un peu délicats. Mais est-ce l'émotion, est-ce le sentiment du devoir qui porta tout à coup l'orateur à rétablir les passages supprimés?... Toujours est-il que M. de Boulogne, devant un auditoire attentif, déclara dans le plus éloquent langage que rien ne pourrait faire abandonner aux membres du Concile les principes immuables qui les attachaient tous au Saint-Siège, « à cette pierre angulaire, à cette clef de voûte, sans laquelle tout l'édifice s'écroulerait sur lui-même. Non, jamais ils n'oublieraient ce qu'ils devaient de respect et d'amour à l'Église romaine, à cette Chaire auguste que les Pères appelaient la citadelle de la vérité, et à ce chef suprême de l'Épiscopat, sans lequel tout l'Épiscopat se détruirait lui-même et ne ferait plus que languir comme une branche desséchée du tronc. » Emporté par un mouvement magnifique qui impressionna tout l'auditoire, l'orateur rappela à ses vénérables frères qu'ils avaient à se prononcer sur les plus graves questions, devant l'Europe qui les observait, devant l'Église qui les écoutait, devant la postérité qui les attendait. Il fit une éclatante profession de fidélité au siège de Pierre et s'écria : « Ce siège pourra être déplacé, il ne pourra être détruit. On pourra lui ôter de sa splendeur, on ne pourra pas lui ôter de sa force. Partout où ce siège sera, là tous les autres se réuniront. » En terminant, M. de Boulogne proclamait les sentiments de foi, d'amour et de dévouement au centre du gouvernement catholique, « dans cette même basilique où leurs pères assemblés vinrent plus d'une fois cimenter la paix de l'Église. » Le discours achevé, les membres du Concile, après l'encensement *Super oblata*, furent encensés tour à tour par le diacre d'office, puis allèrent deux à deux à la communion. La messe terminée, les choristes entonnèrent le psaume *Quam dilecta tabernacula tua!*, puis tous les Pères du Concile, avec le célébrant, se rendirent au lieu préparé pour les sessions et invoquèrent le Saint-Esprit en chantant les litanies des Saints et le *Veni Creator*. L'évêque de Nantes, M. Duvoisin, lut le décret d'ouverture du Concile et alla ensuite demander à chaque membre s'il lui plaisait de reconnaître le Concile ouvert pour la gloire de la Sainte-Trinité, l'accroissement et l'exaltation de la foi et de la religion chrétienne, pour la paix et l'union de l'Église... Chaque prélat répondit par le *Placet*, mais M. d'Aviau, archevêque de Bordeaux y ajouta ces mots : « Sauf toutefois l'obéissance au Souverain Pontife, obéissance à laquelle je m'engage et que je jure » (1) !

Lorsque le décret d'ouverture fut approuvé, le cardinal Fesch, quittant la mitre, alla se mettre à genoux devant le trône et, la main sur les Évangiles, dit : « Moi, cardinal Fesch, archevêque de Lyon, président du Concile, j'accepte tout ce qui a été défini et établi par le saint Concile de Trente ; je reconnais la sainte Église catholique, apostolique, romaine, mère et maîtresse de toutes les églises; je promets et je jure au Souverain Pontife romain, successeur de saint Pierre, prince des apôtres et vicaire de Jésus-Christ, une véritable

---

(1) Voir D'HAUSSONVILLE, t. IV, p. 209.

obéissance; je déteste et anathématise toutes les hérésies condamnées par les sacrés Canons et les Conciles généraux et particulièrement par le Concile de Trente, suivant la formule prescrite par le Souverain Pontife Pie IV. »

Cette profession solennelle faisait partie du cérémonial du Concile. Après l'avoir prêtée le premier, le cardinal Fesch s'assit sur le trône et, tenant le livre des Évangiles, reçut dans les mêmes termes le serment de tous les Pères du Concile. Cette cérémonie déplut naturellement à l'Empereur, à cause de la protestation de fidélité au chef de l'Église, et fut omise du compte rendu des journaux ainsi que le discours de l'évêque de Troyes. Cependant, les procès-verbaux du Concile, signés par le président et par le secrétaire, avec la formule *De mandato concilii*, mentionnèrent le serment que le cérémonial avait formellement prescrit. L'Empereur fit remettre au jeudi 20 juin la seconde session du Concile qui s'était ajournée au 19, et cela pour avoir le temps de faire ses dernières observations au cardinal Fesch et lui communiquer le message que devait lire devant les Pères le ministre des Cultes.

Le 19 juin, Napoléon avait mandé à une réunion du soir, au palais de Saint-Cloud, les évêques de Nantes, de Trèves et de Tours, ainsi que le patriarche de Venise et le cardinal Fesch. Au moment où ils entrèrent, l'Empereur allait prendre le café que lui versait l'Impératrice. Il rendit immédiatement la tasse et saisit vivement le *Moniteur* placé fort à propos sur une table voisine, et où se trouvait le procès-verbal de la première séance du Concile. « Ce papier à la main, rapporte Talleyrand, il aborda ces messieurs. L'air troublé qu'il prit, la violence et le désordre de ses expressions et l'attitude de ceux à qui il s'adressait, firent de cette singulière conférence une scène comme il aimait à en jouer et où il déployait sa brutale grossièreté... Il attaqua d'abord le cardinal Fesch et il se jeta d'emblée, avec une volubilité singulière, dans une discussion de principes et d'usages ecclésiastiques, sans la moindre notion préalable, soit historique, soit théologique. — « De quel droit, monsieur, dit-il au cardinal, prenez-vous le titre de

Primat des Gaules? Quelle prétention ridicule! Et encore, sans m'en avoir demandé l'autorisation? Je vois votre finesse. Elle est facile à démêler. Vous avez voulu vous grandir, monsieur, pour appeler l'attention sur vous, pour préparer par là le public à une élévation plus haute encore dans l'avenir. Profitant de la parenté que vous avez avec ma mère, vous cherchez à faire croire que je veux un jour faire de vous le chef de l'Église; car il n'entrera dans la tête de personne que vous avez eu l'audace de prendre, sans mon autorisation, le titre de Primat des Gaules. L'Europe croira que j'ai voulu la préparer à voir en vous un Pape futur. Beau Pape en vérité!... Avec ce nouveau titre, vous voulez effaroucher Pie VII et le rendre plus intraitable encore! »

Le cardinal, quoique très froissé, riposta avec calme. Il établit que, de tout temps, il y avait eu en France non seulement un Primat des Gaules, mais un Primat d'Aquitaine et un Primat de Neustrie. Laissant aussitôt de côté le cardinal, l'Empereur fonça sur les Pères du Concile, qu'il appela des traîtres, « pour avoir prêté deux serments de fidélité à la fois et à deux souverains ennemis l'un de l'autre. » Pendant que l'évêque de Nantes essayait d'expliquer ce serment, que MM. Duvoisin, de Barral et de Mannay gardaient un silence attristé, que le cardinal Fesch manifestait son agitation par « un frétillement courroucé » et que le prélat italien montrait un air soumis, Napoléon parlait avec une vivacité étonnante, et répétait, toutes les trois ou quatre minutes, la même phrase qui révélait bien le fond de sa pensée : « Messieurs, vous voulez me traiter comme si j'étais Louis le Débonnaire. Ne confondez pas le fils avec le père! Vous voyez en moi Charlemagne!... Je suis Charlemagne, moi... oui, je suis Charlemagne! » Ce « Je suis Charlemagne! » revenait à chaque instant. Les évêques, après avoir fait quelques efforts pour lui donner des explications, se lassèrent enfin de leurs infructueux essais.

« Il ne leur restait plus, dit Talleyrand, qu'à attendre dans le plus profond silence que la fatigue mit fin à ce flux déréglé de paroles. L'évêque de Nantes, profitant d'un moment de lassitude, demanda à l'Empereur à lui parler en particulier. Napoléon sortit, et il le suivit dans son cabinet. Il était près de minuit et chacun se retira de son côté, emportant de Saint-Cloud d'étranges impressions (1). » La raison de cette triste scène s'explique par l'attitude indépendante et digne du cardinal Fesch, président du Concile, que Napoléon voulait intimider pour l'avenir et amener à mieux condescendre à ses volontés.

Le 16 juin, Bigot de Préameneu, qui avait remis à l'Empereur un nouveau projet de discours au Concile, en fit parvenir une copie au cardinal Fesch et au Conseil ecclésiastique. Fesch le renvoya au ministre avec cette lettre : « Je renvoie à Votre Excellence le projet de message. Nous avons fait des observations, mais nous n'avons pu les mieux rédiger. Il faudrait le refondre tout entier et je ne vous laisserai point ignorer que nous pensons que ce message n'est nullement digne de l'Empereur ni approprié à la circonstance (2) ». Cette courageuse appréciation fait honneur au cardinal. Les notes mises en marge, où se trouvaient les observations du Conseil ecclésiastique, étaient de la main de M. de Barral. Dans le discours que Bigot de Préameneu allait lire au Concile, il était dit que, dès 1805, dix-sept sièges étaient vacants dans le royaume d'Italie. Le Conseil estimait que cela était inexact et ramenait le chiffre à neuf ou dix. Le discours accusait le Pape d'avoir songé à faire acheter l'institution d'un si grand nombre d'évêques par la donation de la Romagne. A ce sujet, le Conseil rappelait que le Pape alléguait pour ses premiers refus : « 1° que Sa Majesté avait promis l'abolition des Articles organiques, ce qui n'avait pas eu lieu ; 2° que Sa Majesté s'était engagée par le Concordat d'Italie à ne rien innover dans les choses ecclésiastiques, et que cependant elle avait aboli des couvents, des chapitres, et changé la circonscription des paroisses ; 3° qu'elle avait nommé, sans Concordat, aux évêchés de l'État de Venise et que tous ces faits étaient connus des évêques d'Italie (3) ».

(1) *Mémoires de Talleyrand*, t. II, p. 101.
(2) Archives nationales. AF^{IV} 1047.
(3) *Ibid.*

Le message avait également rappelé que Napoléon, voyant l'impossibilité de laisser plus longtemps vacants des diocèses comme ceux de Paris et de Florence, y nomma aux termes du Concordat, et se souvenant de ce qui avait été fait du temps de Louis XIV en pareille circonstance, se concerta avec les chapitres pour que les évêques exerçassent les pouvoirs spirituels comme vicaires capitulaires. « L'expression *se concerta*, disait le Conseil, ne parait pas convenir à la dignité de l'Empereur et jetterait des doutes sur la liberté des chapitres. » Sur ce, l'expression fâcheuse disparut. Quant au passage où l'on incriminait Pie VII en ces termes : « Tout ce que le Pape a pu faire pour exciter le trouble et la désobéissance, il l'a fait..., » le Conseil le critiquait ainsi : « On dirait la même chose, mais avec plus de modération, si l'on disait que les défenses faites par le Pape ne pouvaient avoir d'autre effet que d'exciter le trouble et la désobéissance. » Cette simple critique ne fut pas admise. Un autre passage était l'objet de justes observations. « Les chapitres et les évêques de France et d'Italie se sont montrés unanimement indignés d'une conduite aussi contraire aux Canons et à la doctrine de l'Église. »

« Ce sont là des expressions dures, répondaient Fesch et ses collègues, qui ne peuvent que prévenir le Concile contre les brefs. Si les évêques se fussent expliqués, ils eussent rejeté les brefs, mais avec des égards et de la modération. » Le discours avait en outre durement incriminé le cardinal Di Pietro, et le Conseil faisait cette réserve très juste : « Ce n'est pas à nous de juger s'il est de la dignité de Sa Majesté de s'exprimer ainsi sur un homme qui est prisonnier d'État. » Les expressions furent maintenues quand même, mais la phrase qui suivait, et où le même cardinal était accusé « d'avoir noué des trames obscures dans les ténèbres » avait mérité cette critique ironique : « Le style de cette phrase parait peu clair et trop négligé. »

Quant au paragraphe où l'on accusait la Papauté de ne penser qu'à obtenir de l'Empereur les anciennes Légations et à faire accréditer le principe que le Pape était au-dessus des

Souverains, des Conciles et des Églises, le Concile aurait mieux aimé que l'on dit : « La Cour de Rome s'est conduite comme si, méconnaissant les vrais intérêts de la religion, elle n'eût été occupée que de deux objets, etc... » Mais l'Empereur trouva cette rédaction trop faible et passa outre.

Napoléon accusait ensuite le Saint-Siège d'avoir désiré constamment la défaite et la destruction de l'armée française. « Ce langage, remarquait le Concile, sera bien dur à entendre aux évêques et aux fidèles. » L'Empereur ne consentit à effacer que ces mots : « De tous les services que Sa Majesté a rendus à la religion, le plus grand est d'avoir mis fin à ce scandale. » Quant au reproche fait à Pie VII de vouloir recommencer les attentats des Grégoire et des Boniface et de faire revivre les prétentions subversives de la bulle *In Cœna Domini*, le Conseil se permettait de répondre avec une certaine ironie : « On ne croit pas qu'il y ait rien de commun entre les circonstances actuelles et ce qui s'est passé au temps de Grégoire et de Boniface. — La bulle *In Cœna Domini* n'a plus de partisans, même à la Cour de Rome. » Napoléon voulut bien admettre une correction assez importante. Il avait dit que Rome avait une antipathie naturelle contre l'Épiscopat. Le Conseil s'était récrié ainsi : « On ne persuadera jamais aux évêques ni au public que les Papes avaient une antipathie naturelle contre l'Épiscopat. » Cette rédaction fut remplacée par une autre qui n'en contenait pas moins une allégation des plus injustes : « La Cour de Rome a eu constamment pour but de diminuer l'existence, la considération et les prérogatives des évêques (1)... »

On voit, par les simples observations que je viens de relater, combien le message effrayait les prélats les plus dévoués à la cause impériale. Il est certain qu'il était rédigé de manière à blesser les sentiments de tous ceux — et c'était plus que la majorité — qui avaient gardé le respect des droits et de la majesté du Saint-Siège.

(1) Archives nationales, AF¹ᵛ 1047.

Le jeudi 20 juin eut lieu la première Congrégation générale. Au fond de la salle du Concile se dressait un bureau avec trois fauteuils. Celui du milieu pour le président, ceux de droite et de gauche pour le comte Bigot de Préameneu, ministre des Cultes de France et le comte Marescalchi, ministre des Cultes d'Italie. En entrant, Bigot de Préameneu prit immédiatement la droite et donna aussitôt lecture du décret impérial par lequel l'Empereur agréait la présidence du cardinal Fesch et ordonnait la formation d'un bureau « chargé de la police du Concile ». Ceci déplut franchement aux prélats qui, d'un commun accord, demandèrent par voie d'amendement que ce bureau fut simplement « chargé de l'administration intérieure. » Il fut ensuite procédé à la nomination des membres du bureau. L'archevêque de Ravenne, l'archevêque de Bordeaux et l'évêque de Nantes furent nommés à un petit nombre de voix. On élut comme secrétaires les évêques de Montpellier, de Troyes, de Brescia, d'Albenga, et comme promoteurs les évêques de Bayeux et de Côme ; puis Bigot de Préameneu lut en français le message. L'archevêque de Ravenne le lut en italien. « Les deux lectures, remarque le ministre des Cultes, ont été écoutées avec un silence profond et respectueux. » Ce message fut imprimé pour être distribué aux membres du Concile, qui votèrent une résolution par laquelle ils suppliaient Napoléon de leur permettre d'aller en corps lui offrir leurs hommages et leurs respects. Le lendemain devait être consacré à élire deux commissions, l'une pour préparer l'adresse à l'Empereur, l'autre pour faire un rapport sur le message. La première séance avait duré plus de cinq heures et le plus grand nombre des Pères du Concile était très fatigué. On ajourna la nomination des deux commissions pour l'adresse et pour le rapport sur le message.

Le lendemain 21, après l'audition de la messe, le cardinal Fesch soumit à l'Assemblée la première des questions. Le nombre des membres de la Commission de l'adresse fut réduit à sept sur la proposition de l'évêque de Bayeux, l'un des promoteurs, et de l'évêque de Gand, M. de Broglie. Les membres choisis furent les évêques de Gand, Montpellier, Nantes, Tours, Troyes, Turin et Ravenne. Contrairement à l'assertion de Bigot de Préameneu, il importe d'affirmer que la lecture du message par le ministre des Cultes effraya les Pères du Concile. » Il était fait pour cela, avoua le lendemain l'évêque de Metz en personne. Moi-même, disait-il, j'ai eu passablement peur pendant quelques heures (1). » Comment aurait-il pu en être autrement? Comment aurait-on pu écouter, sans des protestations au moins intérieures, un discours qui accusait le Pape de refuser, par caprice ou par intérêt, les bulles d'institution canonique; qui lui reprochait de souhaiter la défaite des armées françaises, de vouloir nommer les évêques de son propre mouvement, d'exciter le trouble et la désobéissance parmi les chapitres, de manquer de respect au Souverain et de méconnaitre la doctrine et les règles de l'Église. C'est en vain que Napoléon assimilait sa politique à celle de Charlemagne, de saint Louis, de Charles VII; pas un de ces princes n'avait dit, en parlant du Souverain Pontife, qu'il n'était « au pouvoir d'aucun homme de priver les diocèses de leurs évêques ». Un tel discours appelait une protestation solennelle. Elle allait avoir lieu.

L'évêque de Metz avait cru trouver une sorte de moyen terme pour arranger les affaires. Dans une note adressée au ministre des Cultes, il disait que le Concile devait sans retard demander à l'Empereur la permission d'envoyer au Pape une députation solennelle avec l'autorisation de faire à Sa Sainteté l'une ou l'autre de ces deux propositions : « 1° Inviter le Pape à venir habiter en ce moment son palais de Paris où il trouverait ses frères, les évêques, ses vrais conseillers de droit divin, réunis en Concile pour y terminer ensemble une affaire qui intéressait à la fois le Pape, les évêques et l'Église entière; 2° Si le Pape ne pouvait ou ne voulait pas venir, la députation le supplierait de nommer un cardinal, tel que le cardinal Fesch ou son légat *a latere*, soit pour donner les

(1) Archives nationales, AF^{iv} 1047.

bulles, soit pour délibérer avec le Concile de l'article additionnel dont on attendait la garantie désirée. » L'évêque de Metz pensait que le Concile surmonterait ainsi tous les obstacles et triompherait de tous les scrupules. « Si le gouvernement, ajoutait-il, ne jugeait pas à propos que le Pape fût à Paris en ce moment, ne pourrait-on pas l'établir avec le Concile au château de Versailles, ou dans quelque autre maison impériale, en attendant que le palais pontifical fût achevé? » Enfin, dans le cas où le Gouvernement consentirait que la députation du Concile amenât le Pape dans son sein, ne conviendrait-il pas de donner sur-le-champ des ordres secrets pour que le Pape se mît aussitôt en route?

« Par ce moyen, la députation le trouverait en chemin, prévenant spontanément les vœux de l'Empereur et du Concile, *ce qui donnerait au Saint-Père une belle apparence de liberté*, et hâterait l'heureuse conclusion de cette difficile affaire (1). » Malgré la satisfaction évidente de l'évêque de Metz, qui se complaisait dans une idée si ingénieuse, l'Empereur ne retint de tout son plan que la députation à Savone, qu'il devait envoyer au moment psychologique.

Mais à la date du 24 juin, voici ce que disait du Concile un bulletin secret adressé à l'Empereur. « Les Pères du Concile sont généralement frappés eux-mêmes de l'idée qu'ils ne sont pas libres. On a tourné les têtes les mieux disposées avec cette niaiserie. Les mots de « bureau de police », l'approbation, même faite par Sa Majesté, du président élu par eux, la présence de deux personnages laïques formant autorité dans le Concile ont causé des chuchotements dans la dernière séance. MM. les évêques eux-mêmes ont relevé et débitent les paroles échappées à Son Excellence le cardinal Fesch. Suivant eux, Son Excellence a dit : « Messeigneurs, afin que le Concile ait l'air d'être libre, il convient, etc. » Que ces paroles aient été dites ou non, il est certain qu'elles sont colportées. Un évêque me les a dites comme les ayant enten-

---

(1) Archives nationales, AF^{iv} 1047.

dues, et elles me sont revenues encore par d'autres voies. Ainsi, elles courront dans le public et produiront leur effet. » Le bulletin attribuait les propos suivants à d'autres évêques : « Un des commissaires envoyés à Savone auprès du Pape nous a rapporté en séance que le Pape accordait les bulles et consentait à un article additionnel au Concordat. Ensuite le ministre des Cultes, après un discours fulminant, nous signifie de régler ces deux points dans trois mois en nous laissant le choix des moyens. Mais si le Pape y consent, qu'avons-nous à régler? Il n'y a qu'à chanter un *Te Deum* et à nous renvoyer... Si le Pape n'y consent pas, qu'on nous le dise! » — Il y a des évêques, ajoutait le bulletin, et ce sont les mieux intentionnés, qui supposent que la chose est tournée en négociations; qu'on occupe le Concile de scrutins, d'objets réglementaires, de minuties, tandis que l'on traite avec le Pape. En général, il y a dans le Concile une force d'inertie, une crainte de l'Empereur, une plus grande crainte de l'opinion, qu'aucun de ces messieurs n'a cherché à dominer ni à ramener, et qu'ils ne veulent point s'exposer à braver. Mais cette opinion, ils la fortifient eux-mêmes pour se justifier du parti qu'ils prennent de s'y abandonner (1). » On voit par les plaintes rapportées dans ce document qu'il y avait dans le Concile un véritable bureau de police et que les moindres faits et gestes étaient notés et relatés.

L'Empereur et ses agents étaient peu sûrs de l'assentiment absolu de l'assemblée qu'ils venaient de réunir. Une notice sur les évêques de l'Empire et du royaume d'Italie avait été rédigée par les soins du ministre des Cultes et remise à Napoléon qui savait ce qu'il fallait penser et attendre de chacun des membres du Concile. L'obéissance au Pape qu'ils avaient jurée dès la première session, l'avait irrité au dernier point et il s'était fait adresser un rapport sur ce sujet. Bigot de Préameneu, examinant la formule acceptée et prononcée par les Pères du Concile, trouvait qu'elle faisait partie d'une

---

(1) Archives nationales, AF'' 1047.

Constitution publiée par Pie IV en l'an 1564, après la fin du Concile de Trente. Sous le titre de *Profession de foi*, ce Pape voulut réunir les propositions de doctrine et de discipline ecclésiastiques contredites par les protestants, afin de faire enseigner ces propositions dans toutes les églises et dans toutes les écoles. Les protestants n'étaient point alors éloignés de reconnaître dans le successeur de saint Pierre une supériorité honorifique, mais sans que ses décisions, même en matière simplement spirituelle, pussent faire loi pour l'Église. Or, c'était pour combattre cette distinction que Pie IV avait mis dans « la Profession de foi » la formule d'une obéissance véritable. « A juger par l'ensemble de cette pièce, dit le ministre, l'obéissance jurée aux Papes n'a point de rapport avec celle que l'on doit aux souverains, et quiconque prétexterait de ce serment d'obéissance au Pape pour désobéir au souverain, serait évidemment de mauvaise foi... Si maintenant, on recherche pourquoi le Concile actuel l'a renouvelé, le motif est que les rédacteurs du *Cérémonial* ont cru devoir se conformer à ce qui a été fait au Concile d'Embrun dont on a le procès-verbal exact. On y voit que cette profession fut également prononcée dans la cérémonie religieuse et qu'elle est en tête des actes et décrets du Concile de l'an 1727. Ce Concile avait pour objet de faire condamner une lettre pastorale de l'évêque de Senez contre la bulle *Unigenitus*. L'évêque fut condamné par le Concile, qui envoya ses actes et décrets au Pape. Celui-ci les confirma par un bref dont le Roi permit la publication (1). » Bigot de Préameneu constatait que le Parlement ne s'en était pas mêlé, n'y voyant rien d'extraordinaire.

Il est possible que cette profession de foi n'ait pas eu à ce moment une valeur exceptionnelle ; mais, en 1811, par suite des circonstances, au moment où Pie VII était prisonnier de Napoléon, cet acte prit alors une importance qui frappa l'Empereur et que le rapport complaisant du ministre des

---

(1) Archives nationales, AF^IV 1047.

Cultes ne parvint pas à diminuer. Comment concilier le dépit que lui inspira l'attitude du Concile de 1811 avec la note dictée à Sainte-Hélène sur l'ouvrage de M. de Pradt, *les Quatre Concordats*. « L'énergie et la résistance du Concile furent agréables à l'Empereur. L'esprit d'opposition pouvait seul donner de la considération à ces assemblées si contraires à l'esprit du siècle. Il prescrivit en secret que l'on adoptât les formes du Concile d'Embrun, qui avait été une assemblée contre les Jansénistes et toute dans l'esprit de la Cour de Rome (1). » Malgré cette déclaration faite après coup pour attester combien était grande l'indépendance du Concile, l'Empereur ne vit pas avec plaisir la manière dont il forma ses bureaux. « Ils furent composés, dit Consalvi, du moins pour le plus grand nombre, des sujets les mieux appréciés et les mieux pensants. Il en fut de même pour ceux qui furent appelés aux différents emplois et charges. Les têtes chaudes, les personnes dévouées sans mesure à la Cour, les personnes discréditées se trouvèrent presque toutes écartées... Ce premier fait ne put passer inaperçu de la Cour, qui non seulement était fort au courant de tout ce qui se faisait, mais aussi de tout ce qui se disait, des causes et motifs qui produisaient les faits et de l'esprit qui animait les résolutions des Pères; parce que, au grand détriment de leur liberté, le Gouvernement voulut que les deux ministres des Cultes, français et italien, assistassent toujours à leur réunion, et bien qu'ils ne prissent point la parole, ils entendaient cependant, notaient et enfin écrivaient tout, pour tout rapporter ensuite à l'Empereur. Et pour qu'on ne pût rien leur cacher, par un exemple sans précédent, on avait déjà décidé que, au Concile, on devait parler non en latin, mais en français, point sur lequel le Concile fera texte assurément (2). » M. de Pradt, qui était membre du Concile de 1811, a soutenu que son objet exclusif était de régulariser l'ordre de l'institution canonique, alors que Napoléon affirme que ce n'était que le but apparent. Pour l'Em-

(1) *Mémoires de Napoléon*, t. I, p. 141-142.
(2) *Mémoire inédit sur le Concile de 1811*, p. 34.

pereur, le but secret était de relever l'autorité des Conciles composés des évêques de France, d'Italie, d'Espagne, d'Allemagne, de Pologne, afin que le Pape, sentant l'importance de se mettre à leur tête, désirât demeurer dans la capitale du grand Empire. Napoléon avait fait venir à Paris le Sacré Collège, la Daterie, la Pénitencerie, les archives du Vatican et dépensé plusieurs millions pour améliorer le palais épiscopal dont il entendait faire le palais pontifical. Il voulait déplacer l'Hôtel-Dieu et consacrer son local aux établissements de la Cour de Rome, transformer enfin le quartier Notre-Dame et l'île Saint-Louis en chef-lieu de la chrétienté.

Ayant ainsi le Pape sous sa main, il espérait gouverner avec lui les cinq sixièmes de l'Empire chrétien, la France, l'Italie, l'Espagne, la Confédération du Rhin, la Pologne. C'est alors qu'il aurait pu faire frapper une médaille à sa propre effigie avec les mots qu'il enviait tant aux Césars romains : *Summus Pontifex*. L'abandon de l'institution canonique au métropolitain ou au plus ancien suffragant, le siège de Rome remplacé par celui de Paris où le Saint-Père dépendrait de l'Empereur, la perte de ses prérogatives et de son pouvoir temporel, tout cela était fait pour réduire la Papauté, dans le silence de l'Europe effrayée, à n'être plus qu'un rouage accessoire de l'Empire napoléonien. Tels étaient les moyens qui paraissaient naturels à Napoléon pour accélérer et couronner une si prodigieuse révolution (1).

Ces machinations et ces plans prouvent, contrairement à ce que dit M. de Pradt, que le Conseil ecclésiastique de 1811 n'était pas arrivé à réduire les prétentions de Napoléon et à lui faire comprendre qu'il n'avait rien de plus pressant à demander que le règlement de l'institution canonique. Il est surprenant d'entendre dire à ce prélat, rompu à toutes les habiletés : « Rendons hommage à qui le mérite. La demande de Napoléon était puisée dans la nature des choses; elle mettait fin à l'arbitraire, à l'injustice envers les Églises et les titu-

---

(1) *Mémoires de Napoléon*, t. 1ᵉʳ, p. 140 à 142.

laires, à l'inégalité entre le Pape et les souverains; elle statuait enfin un ordre fixe et raisonnable. Par lui, les querelles entre le Sacerdoce et l'Empire, après tant de siècles de débats, avaient acquis un terme. Ce n'est pas pour la France seule que cela était fait, mais pour le monde chrétien qui ne pouvait manquer de s'y conformer... Ainsi se trouvait résolu le problème que Louis XIV, avec Bossuet et ses parlements, s'était reconnu impuissant à résoudre.

« Le monde avait ainsi été rendu témoin d'un spectacle bien nouveau : celui d'un jeune souverain militaire qui voulait que l'Église ne pût jamais manquer de pasteurs, et celui d'un Pape qui combattait pour qu'elle pût en manquer; car tel était le singulier contraste des deux rôles à la vue desquels il est bien naturel de se demander de quel côté on était le plus catholique? » M. de Pradt faisait semblant d'ignorer que Pie VII ne voulait pas reconnaître les droits accordés par le Concordat au souverain qui avait violé ce même Concordat, spolié les États de l'Église et emmené le Pape en captivité. De plus, M. de Pradt paraissait croire que Napoléon se préoccupait, non seulement de ses affaires, mais de celles des autres souverains et qu'il voulait en finir avec la querelle éternelle du Sacerdoce et de l'Empire, comme si l'Empereur se souciait d'autres que de lui et comme si les intérêts de la religion n'étaient pas tout simplement un prétexte (1).

La Commission, chargée de rédiger une Adresse à l'Empereur, fut composée, le 21 juin, des évêques de Gand, Montpellier, Nantes, Tours, Troyes, Turin et Ravenne. « Cette Commission, dit un rapport secret, n'est pas du tout formée d'une manière satisfaisante. Les Prélats d'un dévouement connu n'ont eu que peu de voix (2) ». On commença sans tarder les préparatifs de l'adresse. « Il devait y être inséré, dit l'évêque de Gand, des articles sujets à discussion quant à nos libertés gallicanes si peu en faveur en Italie. J'acceptai [de faire partie de la Commission] par sentiment d'honneur et

(1) *Les Quatre Concordats*, t. II, p. 480, 481.
(2) Archives nationales, AF¹ᵛ 1047.

pour ne pas chagriner mes collègues, sans me dissimuler le péril de ma situation. » M. de Broglie avait en effet déjà reçu, de la part de l'Empereur, des observations qui annonçaient une malveillance toute particulière. Au cours des débats, l'évêque de Nantes avoua qu'il avait préparé un projet d'Adresse dont l'Empereur avait eu connaissance. L'évêque de Gand releva cet aveu avec tristesse. Il rappela à son collègue que Bossuet lui-même avait réclamé contre Louis XIV, qui avait voulu forcer les évêques à lui soumettre leurs mandements. Le roi, après avoir en vain offert à Bossuet de le dispenser personnellement de cette formalité, retira son arrêt. M. de Broglie ajouta que l'évêque de Nantes avait eu non seulement le tort d'agir sans mission du Concile, mais encore avait compromis la Commission qui allait peut-être irriter le souverain en modifiant l'Adresse. Les autres évêques approuvèrent le langage de M. de Broglie et l'évêque de Nantes en fut réduit à essayer de se justifier sur la difficulté des circonstances et le désir de ne pas contrarier Napoléon. « C'est à vous, Monseigneur, riposta alors le cardinal Fesch, à présenter nos idées à l'Empereur; car il a dit récemment que vous le faisiez bon catholique en lui parlant de la religion, tandis que celle d'un autre évêque le ferait protestant. » L'évêque de Nantes trouva le compliment peu gracieux, et l'évêque de Troyes se permit d'ajouter : « Effectivement, Monseigneur, vous n'avez pas de quoi vous vanter! » La discussion s'aigrit; l'évêque d'Évreux ayant rappelé que c'était le Conseil ecclésiastique de 1811 qui avait amené la formation du Concile, M. de Broglie lui demanda ironiquement si c'était là ce que le Conseil avait fait de mieux en sa vie. L'archevêque de Tours répliqua : « Nous avons très bien fait. » A quoi l'évêque de Gand riposta : « Oui, vous avez fait là un bel ouvrage! Pour tirer d'embarras quelques évêques d'un Conseil ecclésiastique qui pouvait et devait sans façon se déclarer incompétent, vous avez demandé un Concile national. Vous y avez gagné un an de répit, mais nous voilà pris de nouveau et retombés plus durement dans ce Concile qui vous expose avec nous à tant d'embarras et de périls, et qui expose encore plus la cause de l'Église (1) ! »

A la congrégation générale du 25 juin, MM. de Nantes, de Gênes, de Parme, de Troyes, de Bordeaux, de Comacchio, de Tournai, de Gand, d'Ivrée, de Tours et de Trèves furent choisis pour examiner le message de l'Empereur relatif à la question si délicate de l'institution canonique. Mais à la congrégation générale du 26 juin, on revint à l'Adresse. M. de Broglie avait conseillé d'y demander la mise en liberté du Pape et de se borner à des hommages de respect, de dévouement et de fidélité à l'Empereur. On lui répondit que Napoléon voulait autre chose et qu'il ne fallait pas l'irriter inutilement. Le projet d'adresse de l'évêque de Nantes fut donc lu et discuté article par article, quoique l'évêque de Gand eût prédit que ce projet ne passerait pas au Concile.

Entre temps, dans un rapport confidentiel adressé à l'Empereur le 28 juin, M. Bigot de Préameneu louait le cardinal Fesch de son zèle, de sa tenue et de sa capacité dans la direction de l'Assemblée, ainsi que de son habileté à manier les esprits. L'évêque de Nantes avait bien aussi déployé « tout ce que la sagesse et l'instruction ont de plus lumineux, mais avec la patience, l'esprit de ressource et de conciliation ». Le ministre des Cultes dit à propos du vote de l'Adresse : « On aurait voulu l'unanimité, et par suite, la signature individuelle de tous les Pères du Concile; mais comme il s'agissait principalement d'articles gallicans, contraires jusqu'à ce moment aux idées de l'école italienne, l'adhésion de tous les évêques d'Italie eût exigé des délais qui n'étaient pas admissibles. La partie de ceux qui ne s'est point levée, quand on a mis aux voix l'Adresse, a eu le bon esprit de ne point se lever à la contre-épreuve, ne voulant point donner inutilement l'apparence d'un dissentiment. Pour rapprocher les esprits, on a retranché quelques articles au projet d'Adresse et adouci des nuances. » Ce n'était pas la seule concession faite, car, « pour

(1) *Journal du Concile national*, par M. DE BROGLIE, évêque de Gand (voir D'HAUSSONVILLE, t. IV, p. 442, 443. *Pièces justificatives*).

calmer les sollicitudes et les objections tirées de la situation personnelle du Pape, » le cardinal Fesch avait été obligé de faire entendre très clairement « que Sa Majesté, ayant une garantie du côté du Concile, se prêterait à toutes les voies de conciliation envers le Pape ; que la marche proposée au Concile était la plus conforme aux intérêts de Sa Sainteté pour laquelle lui, cardinal, donnerait sa vie, etc. (1) ».

Quant à l'admission du prince Primat d'Allemagne, dont l'orthodoxie avait été mise en doute par plusieurs évêques au Concile, le ministre des Cultes disait que « son discours onctueux et très édifiant avait montré l'état d'affliction de l'Église d'Allemagne, réduite de vingt-quatre à huit évêques, dont lui était le moins âgé, quoique ayant soixante-douze ans. En même temps, ce discours avait réduit l'impression de philosophisme et d'illuminisme que toute l'Europe, d'après le livre de M. Barruel, attribuait à ce prince. Mais l'évêque de Montpellier sortit, en pleurant de douleur, de la séance où le Concile avait décidé d'appeler dans son sein le prince Primat. Il paraît que les évêques, dont plusieurs font de la politique à leur manière, entrevoyaient dans le prince Primat l'homme que l'on voulait nommer Pape à la place de Pie VII. On a prouvé (ce détail est bien curieux) à M. Fournier, par deux témoignages très respectables, que le prince Primat était aussi bon catholique que lui, et M. Costaz, qui a confessé ce prince pendant trois ans, étant curé de la Madeleine, a donné toutes les assurances les plus formelles à M. Fournier sur ce sujet (2) ». L'opposition faite au prince venait surtout de ce que les seuls évêques de France et d'Italie avaient été convoqués au Concile.

Le ministre des Cultes émettait des vues très optimistes sur le Concile et ses suites. « Il est certain, disait-il, que des personnes assez considérables, qui n'avaient voulu d'abord voir dans le Concile qu'un plâtrage servile pour des vues antireligieuses, ont changé d'opinion en voyant la dignité, le

---

(1) Archives nationales, AF^{iv} 1047.
(2) Il s'agit ici du prince Charles, archevêque de Ratisbonne.

bon esprit et la marche de l'affaire. Des évêques m'ont assuré avoir remarqué ce changement très sensible; ils m'ont dit que les personnes qui leur avaient parlé légèrement dans le principe, qui avaient refusé avec humeur d'aller à l'ouverture du Concile, leur ont demandé depuis des billets avec instance pour entrer aux séances (1). » Or, moins de quinze jours après, le Concile, ne déférant pas aux ordres de Napoléon, allait encourir son âpre ressentiment. En effet, dès la première lecture de l'Adresse, l'évêque de Munster se leva et supplia le Concile de réclamer la liberté du Pape. Il fut éloquemment secondé par l'évêque de Cambrai qui s'écria : « Que faisons-nous, évêques catholiques réunis dans un Concile, sans pouvoir seulement communiquer avec notre chef? Il faut qu'à la première députation du Concile à l'Empereur la liberté du Saint-Père soit demandée par nous. C'est notre devoir. Nous le devons à nos diocèses, à tous les catholiques de l'Empire et de l'Europe! Jetons-nous aux pieds du souverain pour obtenir cette délivrance! »

M. de Pradt, que l'évêque de Gand se borne à appeler « le nommé de Malines », trouva cette supplication peu digne. Il mérita que l'évêque de Chambéry lui fît cette réplique : « Je connais et défendrai autant qu'aucun de mes collègues la dignité épiscopale; mais des évêques peuvent bien se jeter aux pieds du souverain pour obtenir la liberté du vicaire de Jésus-Christ. — Mais l'Empereur pourra s'irriter?... Messeigneurs, la Divinité consent à être pressée, importunée par des prières. Eh bien, les souverains sont les images de Dieu, et quand on agit avec eux comme avec lui, ont-ils droit de se plaindre? » Cette éloquence ardente entraîna tellement l'Assemblée que l'un des évêques courtisans, se tournant vers les autres, leur dit avec effarement : « Nous y voilà, comme je l'avais, hélas! si bien prévu! » L'archevêque de Bordeaux et l'évêque de Soissons abondèrent dans le sens de leur vénérable collègue de Chambéry. En vain, M. de Pradt et M. d'Osmond osèrent-

(1) Archives nationales, AF^{iv} 1047.

ils dire que la liberté du Pape n'était pas mise en discussion, leurs observations déplurent à l'immense majorité du Concile. Le cardinal Fesch crut être plus habile en remarquant que cette démarche allait exaspérer l'Empereur et qu'il répondrait que le Pape n'était pas prisonnier à Savone; que le moment de traiter ce sujet n'était pas opportun et qu'il fallait le réserver quand viendrait la question de l'institution canonique. Le cardinal Caselli, sans discuter cette objection, demanda que le vœu de l'Assemblée fût inséré au procès-verbal, ce qui fut approuvé à l'unanimité. La discussion de l'Adresse continua. Sur le désir des évêques d'Italie, on modifia quelques points relatifs aux articles de la Déclaration de 1682, et M. de Broglie fit inscrire en tête de ces articles le préambule de la Déclaration où figuraient les droits et prérogatives du Saint-Siège. D'autres modifications furent adoptées, notamment un corollaire de l'art. 3 par lequel il était dit que le Pape ne pourrait révoquer ce que ses prédécesseurs avaient décidé, « sauf dans les temps extraordinaires et vu la nécessité de l'Église ».

A la congrégation générale du 27 juin, M. de Brescia, l'un des secrétaires du Concile, fit observer que beaucoup de ses collègues d'Italie, ainsi que lui-même, ne pourraient signer une Adresse où se trouvaient des articles de la Déclaration de 1682 contre lesquels les évêques italiens avaient toujours protesté. Pour les tirer d'embarras, il fut décidé que l'Adresse ne serait signée que par le Président et les secrétaires. Mais il résultait de tous ces détails que le projet d'Adresse de l'évêque de Nantes était entièrement bouleversé. « Aussi, l'Empereur, mécontent des changements faits à l'Adresse, ne voulut plus en entendre la lecture, et le Concile, qui devait lui faire une visite, fut contremandé. » Napoléon avait espéré qu'à un jour fixé d'avance les membres du Concile lui apporteraient aux Tuileries une Adresse de soumission absolue. « Mais, comme le dit Consalvi, la majorité des Pères rejeta toute rédaction qui fût contraire à l'autorité du Pape, ou qui étendît l'autorité du Concile au delà des justes limites, ou qui contînt des accusations et des reproches sur la conduite du Souverain

Pontife... La Cour, voyant l'impossibilité d'avoir une Adresse telle qu'elle le voulait, préféra n'en avoir aucune. Pour cette raison, l'on ne parla plus de recevoir le Concile en audience solennelle, et cela à la surprise générale (1). »

Il avait aussi été question de faire voter par le Concile la rédaction et la distribution d'un même mandement à tous les diocèses, ce qui était contraire aux précédents. L'évêque d'Évreux s'en était chargé. A peine la lecture en fut-elle terminée que de toutes parts s'élevèrent des réclamations et que ce mandement succomba, avant d'avoir été étudié. Dans la commission de l'Adresse, sur onze évêques, huit évêques s'étaient prononcés en faveur des bulles, comme droit inaliénable du Pape, tant que la discipline générale de l'Église ne serait pas changée par elle, soit en Concile œcuménique, soit par le Pape lui-même avec l'approbation de l'Église dispersée. Les évêques de Nantes, de Tours et de Trèves étaient fort embarrassés vis-à-vis de leurs collègues opposants. L'évêque de Gand s'adressa à eux pour éclairer la majorité, et l'évêque de Nantes donna connaissance à la commission du rapport du Conseil ecclésiastique. Les objections s'élevèrent de toutes parts contre cet exposé, et la discussion parut interminable. Aux plaintes des amis du gouvernement, on répondait : « Le Cons... ecclésiastique a eu des mois pour discuter,

---

(1) *Mémoire inédit sur le Concile de 1811*, p. 36. — L'abbé GUILLAUME dans la *Vie de M. d'Osmond* et récemment M. Paul MARMOTTAN dans la *Revue historique* (septembre-octobre 1904) ont rappelé que, le dimanche 30 juin, l'évêque de Vannes et les archevêques de Turin et de Florence s'étaient rendus à la messe impériale des Tuileries, Napoléon les aborda et leur demanda brusquement s'ils voulaient être les princes ou les bedeaux de l'Église? Puis il s'écria : « Je ne veux plus de Concordat ! » A quoi M. d'Osmond répondit : « Votre Majesté ne déchirera pas de ses propres mains la plus belle page de son histoire. » Irrité, l'Empereur ajouta que les évêques au Concile avaient agi comme des lâches. Et M. d'Osmond, retrouvant tout à coup une énergie que l'on croyait perdue, osa répliquer : « Non, Sire, ils ont soutenu le parti le plus faible. » Napoléon fit entendre à l'archevêque que ce n'était pas à lui qu'il parlait et il lui tourna brusquement le dos. Mais le lendemain, l'Empereur fit cette observation au Conseil des ministres : « M. l'archevêque de Florence m'a dit des choses bien sensées et bien vraies. Si je touchais au Concordat, je me mettrais à dos les deux tiers de mon Empire. » On se demande comment le même homme pouvait concilier cette déclaration si nette avec l'attitude qu'il tenait à l'égard de la Papauté et de l'Église?

s'instruire et répondre. Comment exiger que nous répondions en huit jours à des questions de si haute importance? — Jamais nous ne nous entendrons, remarquait l'évêque de Troyes. On n'a pas même posé les bases. — Mais, répliquaient les évêques de Nantes et de Tours, évitons d'irriter. Tout est perdu si l'on n'accorde pas ce que veut l'Empereur. — C'est là le fond de la question, disaient les membres de la majorité. Il faut avant tout la poser et s'y tenir. Nous pensons que MM. de Nantes, Trèves et Tours ayant rapporté de leur députation à Savone la nouvelle consolante que le Pape était disposé à accorder les bulles, même avec article additionnel, il faut commencer par une députation du Concile au Pape, pour le prier de confirmer cette promesse déjà faite aux évêques-députés. — Mais, objectaient Fesch et les trois prélats, l'Empereur veut un décret du Concile avant de consentir à la députation. — C'est le moyen de tout faire manquer, ripostait l'évêque de Tournai. C'est comme si l'on disait au Pape : La bourse ou la vie! Donnez les bulles, sinon nous nous passerons de vous! — Il n'est point d'efforts que nous n'ayons faits, ajoutait Fesch, pour engager l'Empereur à consentir à la députation du Concile avant de traiter la question en Commission et en Concile, mais vainement. — Il faut la traiter encore, reprenaient les opposants, et ne rien omettre pour y parvenir! »

Mais le Président et les trois prélats continuaient à invoquer la nécessité préalable du décret et cherchaient à amener à leur opinion la majorité du Concile. Enfin, l'évêque de Nantes se dit chargé par l'Empereur lui-même de faire à la Commission spéciale les deux demandes suivantes : « 1° La Commission croit-elle que le Concile soit compétent pour répondre au message de l'Empereur, en prononçant sur l'institution canonique des évêques sans l'intervention du Pape, le Concordat étant déclaré aboli? — 2° L'Empereur désire que le Concile lui demande le rétablissement du Concordat, à la charge d'y insérer une clause qui prévienne tout refus arbitraire de la part des Papes, et l'Empereur est disposé à y consentir. Alors, il permettra qu'il soit envoyé au Pape une députation composée d'un certain nombre de cardinaux et d'évêques chargés de lui porter le décret du Concile. Dans le cas où le Pape y acquiescerait, tout serait terminé même à la satisfaction de l'Empereur. Si le Pape s'y refusait, le droit de donner l'institution canonique aux évêques, provisoirement, et jusqu'à décision d'un Concile œcuménique, serait dévolu aux métropolitains. »

La Commission rejeta la première proposition par huit voix contre trois. Sur la seconde question le débat fut long. Après bien des arguties de la part des évêques de Nantes, Tours et Trèves, l'évêque de Tournai fit remarquer les doutes légitimes que toute institution canonique d'évêques sans bulles pontificales ne manquerait pas de causer dans l'esprit des métropolitains, suffragants, prêtres et fidèles, surtout en matière de sacrements. Suivant lui, le Concile national était incompétent et les évêques, qui adhéreraient à un décret de compétence, manqueraient à leurs devoirs. L'évêque de Nantes insista sur la nécessité de donner des évêques à la France et à l'Italie. M. de Broglie — et c'est d'après son journal que je donne ces détails — répondit que « l'auteur de la nécessité et qui avait le moyen de la lever immédiatement ne pouvait ni ne devait en profiter ». L'évêque de Tours attesta que c'était l'intérêt de l'Église, plutôt que l'intérêt de l'Empereur. Les opposants répliquèrent que la question était de savoir si le Concile était compétent et que, même en cas de compétence, il ne fallait pas oublier que le Pape avait promis de donner des bulles aux évêques nommés. Sur ce, Fesch fit cette curieuse observation : « Effectivement, la question est devenue bien plus difficile depuis la députation, car avant elle on pouvait dire que le Pape refusait les bulles, et maintenant il promet de les donner. Aussi (et se tournant vers les trois prélats) l'Empereur nous a-t-il dit : « Messieurs, vous avez fait là un bel ouvrage ! Vous n'avez fait ni mes affaires ni celles de l'Église ! (1) »

(1) Voir D'HAUSSONVILLE, t. IV, Pièces justificatives, p. 452 à 457.

Croirait-on qu'alors — et pourtant il en est ainsi — l'évêque de Nantes révéla que, d'après une lettre du préfet de Savone, le Pape paraissait hésiter maintenant et avait même dit : « Heureusement, je n'ai rien signé », et que l'Empereur voyait cela comme un commencement de désaveu de la promesse de Pie VII, quant aux bulles? Or, le Pape avait refusé nettement de donner son adhésion à la clause qui le dessaisissait, après six mois de refus, du droit d'instituer les évêques nommés. L'évêque de Gand, ne se laissant pas intimider par les trois prélats dévoués à l'Empereur, lut un mémoire très probant, auquel il avait consacré une année entière, sur l'incompétence du Concile national à décréter un autre mode d'institution canonique sans l'intervention du Pape, même en admettant que le Concordat fût aboli. Rien ne pouvait dépeindre le mécontentement de certains évêques qui avaient promis d'avance au Souverain l'adhésion et la soumission du Concile à ses volontés. « Tout est perdu, s'écriait M. de Barral. Adieu l'épiscopat en France ! » Alors les évêques de Troyes et de Trèves reconnurent que le seul remède aux maux actuels de l'Église était une députation au Pape. Fesch agréait cette proposition, lorsque l'évêque de Nantes fit cette question insidieuse : « Dans le cas d'extrême nécessité, ne peut-on pas se passer des bulles pontificales? — Qu'est-ce que l'extrême nécessité? lui demandèrent ses collègues. Pourquoi des abstractions? Restons à l'idée de la députation qui sauve tout ! »

Mais le Président voulut que la proposition de l'évêque de Nantes fût examinée. A la troisième séance, il lut une lettre de Bigot de Préameneu qui ordonnait à la Commission, de la part de l'Empereur, de statuer par « *oui* ou *non* » sur la compétence du Concile quant à l'institution canonique; après quoi il en serait référé au Concile pour qu'il statuât définitivement. La majorité fut énorme pour l'incompétence, et le cardinal Fesch en tira immédiatement cette conclusion : « Tout est perdu! l'Empereur dissoudra le Concile! » On mit ensuite en discussion la seconde proposition. Elle portait que si l'Empereur accordait l'envoi d'une nouvelle députation à Savone, ce serait à la condition qu'au cas où le Pape refuserait les bulles, il serait convenu que le Concile se déclarerait en état de pourvoir par lui-même à un autre mode d'institution canonique. La Commission avait donc à décider si elle croyait ou non le Concile autorisé à aller de l'avant.

Tout ce que la subtilité de la casuistique put inventer de finesses et de chicanes fut mis en œuvre par les évêques de Tours et de Nantes, mais en vain; les huit opposants étaient inébranlables. La seconde question fut donc repoussée par huit voix contre quatre, car Fesch s'était cette fois mis résolument avec la minorité. Après cette décision, M. de Barral désespéré fit cette réflexion qui dérida la Commission, à ce qu'assure l'évêque de Gand : « Il n'y a donc que ce pauvre Conseil ecclésiastique de 1810 qui meure dans l'incompétence finale! » Et Fesch dit en soupirant : « Tout est fini! » Puis il ajouta ces mots significatifs : « Ah! si c'était à recommencer, jamais l'Empereur ne convoquerait le Concile! »

Et cependant, tout n'était pas fini. Le cardinal Fesch revint à la rescousse : « Si cette discussion ne marche pas, dit-il à ses collègues, si nous ne pouvons nous accorder, cela vient uniquement de l'abandon de la proposition de l'évêque de Nantes concernant l'extrême nécessité où nous sommes par rapport à l'institution canonique des évêques. » Et alors, avec le seul assentiment de l'évêque de Nantes, il posa de lui-même une autre question : « Peut-on supposer un cas de métaphysique, un cas *in abstracto*, en vertu duquel un Concile national puisse, sans l'intervention du Pape, adopter un mode d'institution canonique ? » L'évêque de Tournai répondit que l'Église ne jugeait jamais *in abstracto*. Les évêques de Gand, de Troyes, d'Ivrée et l'archevêque de Bordeaux appuyaient cet avis et repoussaient la singulière question de Fesch. Mais celui-ci s'y entêta et demanda à Caselli de se prononcer. Ce prélat se borna à répondre : « Assurément si l'épiscopat était réduit à trois évêques et qu'il n'y eût point de Pape existant, ces trois évêques pourraient sacrer tous les évêques du monde. » Et après cette réponse si peu compromettante, le cardinal Fesch considéra Caselli comme ayant dit « oui ». Il en jugea de même pour Spina, qui avait déclaré qu'au Concile il s'opposerait à ce que l'on fît d'un cas idéal une règle de discipline.

Fesch continuait de ranger à sa manière de voir tous ceux qui donnaient des réponses douteuses, affirmatives sur une partie, négatives sur l'autre. Il ne put cependant compter parmi ses partisans l'archevêque de Bordeaux, les évêques de Tournai et de Gand qui dirent carrément « non ». Mais il croyait être arrivé quand même à ses fins, car sur douze voix il voulut en trouver neuf favorables à son hypothèse et trois opposées.

Cette question en apparence terminée, Fesch en fit une autre : « Si le Pape était mort, un Concile national pourrait-il statuer sur l'institution canonique? » Au vote, huit se prononcèrent contre et quatre pour. Voyant alors, comme l'affirme M. de Broglie dans son journal du Concile, « qu'aucune subtilité ne pourrait déranger cette majorité négative », il proposa la rédaction suivante que toute la Commission approuva et signa : « La Congrégation particulière, nommée par le Concile pour répondre au message de Sa Majesté, pense que le Concile, avant de se prononcer sur les questions qui lui sont proposées, pour se conformer aux règles canoniques et à ce qui s'est pratiqué de tout temps dans l'Église, ne peut se dispenser de solliciter de Sa Majesté la permission d'envoyer au Pape une députation qui lui expose l'état déplorable des Églises de l'Empire français et du royaume d'Italie, et qui puisse conférer avec lui sur les moyens d'y remédier. » Cette résolution fut signée le 5 juillet 1811.

Ainsi, malgré des ruses et des intrigues de toute nature, la majorité de la Commission avait tenu ferme et gardé la discipline générale de l'Église, conservé au Pape le droit d'institution des évêques et empêché un schisme déplorable. Deux jours après, le cardinal Fesch rouvrit la séance de la Commission en lui faisant le récit de son entretien avec l'Empereur.

Il avait été, la veille, avec l'archevêque de Tours, confier à Napoléon que la majorité de la Commission avait considéré le Concile comme incompétent pour statuer, sans l'adhésion du Pape, sur l'institution canonique des évêques. L'Empereur en avait conçu la plus vive irritation et s'était écrié : « Eh bien, je casserai le Concile. Tout est fini... » Puis tout à coup se ravisant, il dit au cardinal et à l'archevêque : « Vous êtes des nigauds! Vous ne connaissez pas votre position! Vous ne savez pas en profiter. Ce sera donc moi qui vous tirerai d'affaire... Je vais tout arranger! » Puis il appela M. Aldini, le secrétaire d'État du royaume d'Italie, et lui dicta un décret dont voici le préambule :

« Le rapport de la Commission doit être fait sur les bases suivantes :

« 1° Que l'Empereur ayant le droit de nommer aux évêchés vacants, son droit se trouve nul si l'institution peut leur être refusée par d'autres raisons que les cas prévus par le Concordat de Léon X;

« 2° Que Sa Majesté ayant réitéré plusieurs fois la demande de l'institution canonique qui a été refusée, Sa Majesté a pu être autorisée à regarder le Concordat comme non existant et à réunir un Concile pour qu'il pourvût à l'institution canonique des évêques ;

« 3° Que le Conseil des évêques qui était à Paris et qui avait été consulté par Sa Majesté, ayant obtenu d'envoyer au Pape une députation de quatre évêques, cette députation a levé toutes les difficultés ;

« Que le Pape a daigné entrer dans les besoins de l'Église et dans les circonstances;

« Qu'il a formellement promis l'institution pour les évêchés vacants et approuvé la clause que si, dans l'espace de six mois, lui ou ses successeurs ne donnaient pas l'institution aux évêques, le métropolitain la donnerait;

« Que, cela étant, le but de l'Empereur se trouve rempli; que les évêchés de son Empire ne peuvent plus rester vacants; que l'Empereur voulait trois mois et que le Pape en demandait six, mais que cette différence n'était pas de nature à faire rompre l'engagement déjà conclu. »

En conséquence, l'Empereur proposait au Concile le décret suivant :

« Le Concile décrète :

« 1° Que les évêchés ne peuvent rester vacants plus d'un an pour tout délai et que, dans cet espace de temps, la nomination, l'institution, la consécration doivent avoir lieu;

« 2° Que l'Empereur nommera, conformément au Concordat, à tous les sièges vacants;

« 3° Que six mois après la nomination faite, le Pape donnera l'institution canonique;

« 4° Que les six mois expirés, le métropolitain (1) se trouvera investi, par la concession même faite par le Pape, et devra procéder à l'institution canonique et à la consécration;

« 5° Que le présent décret sera soumis à l'approbation de l'Empereur pour être publié comme loi de l'État:

« 6° Que Sa Majesté sera suppliée par le Concile de permettre à une commission d'évêques de se rendre auprès du Pape pour le remercier d'avoir, par cette concession, mis un terme aux maux de l'Église (2). »

La lecture de ce projet émut la Commission. Elle savait par le Ministre que l'Empereur avait dit : « Je ne me soucie nullement de ce que le Concile veut ou non. J'ai un comité assemblé chez le Grand Juge. Il prononcera sur cette ques-

(1) Dans le projet original il y avait au § 4° « et lorsqu'il sera question de la nomination du métropolitain, le plus ancien évêque... » et au § 6° il y avait « une députation d'évêques » au lieu d' « une commission » (Archives nationales, AF^{IV} 1047.)

(2) M. d'Osmond fut ravi de cette décision. Il écrivit le même jour à la grande-duchesse Élisa : « L'Empereur a remporté la victoire la plus glorieuse... il l'a remportée sur lui-même. Il a cédé à la faiblesse parlant le langage de la raison et de la religion. Au lieu de rompre le Concordat, il veut le consolider. Il nous permet d'envoyer au Saint-Père une députation qui n'aura à lui demander que de remplir les promesses qu'il a faites à la première. Tout est prévu pour lui donner de l'éclat; tout est disposé pour en assurer le succès avec décence et convenance. C'est une joie universelle parmi les amis du bon ordre et de Sa Majesté. » (Lettre inédite publiée par M. Paul MARMOTTAN, *Revue historique*, septembre-octobre 1904.)

tion et je me déclarerai compétent. Suivant l'avis de ces jurisconsultes et avocats, les préfets nommeront les curés, les Chapitres, les évêques. Si le métropolitain ne veut pas les instituer, je fermerai les séminaires et la religion n'aura plus de ministres. Quant aux évêques d'Italie, je confisquerai leurs biens, je les réduirai à la portion congrue comme des évêques de France. » Telles étaient les menaces auxquelles arrivait un homme contrarié dans son orgueil par une opposition imprévue. Il faut le reconnaître, la résistance de la Commission commençait à faiblir. Le rappel très habile des concessions soi-disant faites par le Pape, à Savone, aux trois prélats assistés du patriarche de Venise, ébranla certains membres de la majorité qui n'étaient pas au courant de l'issue véritable de la négociation. Ils dirent — et c'est l'évêque de Gand qui les entendit — que la situation n'était plus la même. Du moment que le Pape avait fait les concessions exigées par le Concile, il n'y avait plus à redouter un schisme. Aussi, sans plus tarder, le cardinal Fesch, qui appelait le nouveau projet « une inspiration de Dieu » ! consulta la Commission. Et sur douze membres, l'archevêque de Bordeaux et l'évêque de Gand furent les seuls à demander préalablement un nouvel avis du Pape par l'envoi d'une députation à Savone. Cette scène se passait le 7 juillet. Mais après la séance l'évêque de Gand fit comprendre aux évêques de Troyes et de Tournai qu'ils s'étaient laissés surprendre, et ces deux prélats furent saisis de remords. Spina et Caselli se repentirent aussi de leur vote. A la séance du lendemain 8 juillet, l'évêque de Tournai commença par se rétracter. Alors, voyant que plusieurs de ses collègues pensaient de même, le cardinal Fesch remit loyalement la question aux voix. Et la majorité retournée se prononça pour l'envoi préalable d'une députation à Savone avant le vote définitif du décret. Le cardinal Fesch, très vexé de ce revirement, dit qu'il allait être bien embarrassé d'en informer l'Empereur, car la veille il lui avait appris que le décret avait passé à une grande majorité dans la Commission. Il invita les évêques de Tours, de Nantes et de Trèves à venir avec lui à

Saint-Cloud expliquer ce changement; mais ceux-ci refusèrent. « J'irai donc, dit Fesch, mais je ne réponds nullement de ce qui arrivera. Vous pourriez bien avoir prononcé la dissolution du Concile! » Le lendemain, le cardinal Fesch rapporta à ses confrères que l'Empereur lui avait dit : « Puisqu'il en est ainsi, je dissoudrai le Concile dès demain. » A cela le cardinal avait fait seulement observer que du moment que l'Empereur avait demandé l'avis de la Commission par oui ou par non, il devait s'attendre à un vote négatif aussi bien qu'à un vote affirmatif. Sur ce, Napoléon n'insista pas. Il autorisa la reprise des congrégations générales, mais en ces termes : « Je veux que tout soit décidé d'ici le dimanche 14 de ce mois. » Puis se reprenant: « Mais qu'est-ce qui leur déplait le plus dans ce décret? — C'est la disposition par laquelle il devra être publié comme loi de l'État. — Si cela les gêne, il n'y a qu'à l'ôter du décret. Aussi bien, je le ferai, quand je voudrai, loi de l'État. » Mais Fesch ajouta que la Commission pensait ne pouvoir accepter le décret qu'après l'approbation écrite du Pape. Il paraîtrait qu'après un mouvement d'humeur, Napoléon fit cette remarque : « La Commission tient ferme et elle a raison. » Et l'évêque de Gand, qui relate ce fait, ajoute avec justesse : « Grand exemple, que l'on n'est estimé qu'en faisant son devoir! » Ce qui prouve que le Concile aurait pu, par une conduite plus ferme, obtenir beaucoup, c'est qu'à l'évêque de Comacchio, qui osa demander la liberté du Pape, l'Empereur répondit : « C'est au Concile à m'exprimer ses vœux sur ce sujet. »

Un détail, entre autres, frappa Napoléon. La Commission avait demandé l'adhésion du Pape par écrit, et cela à la suite des observations de l'évêque de Troyes qui avait dit : « Nous n'aurions une concession verbale décisive du Saint-Père que s'il nous assurait en plein Concile qu'il accorde tels articles. Donc le récit de Nos Seigneurs, auxquels je donne assurément confiance, ne peut baser une résolution du Concile. » Napoléon comprit alors que toutes les finesses et toutes les arguties ne viendraient pas à bout des défiances de la Commission et s'apprêta à un coup d'éclat. Après bien des hésitations de la part de l'évêque de Nantes et de l'archevêque de Tours, l'évêque de Tournai se chargea du rapport qui reconnaissait le maintien des droits du Pape sur l'institution canonique et déclarait que le Concile ne pouvait rien décréter sans avoir eu préalablement l'adhésion écrite du Saint-Père. Le Concile tint le lendemain une congrégation générale. On y lut les procès-verbaux des précédentes séances. L'évêque de Gand demanda qu'on y fit mention de la requête des archevêques de Bordeaux et Chambéry, et de celle des évêques de Soissons, de Namur et de Munster qui avaient demandé à grands cris non seulement la liberté du Pape, mais encore celle des cardinaux, des prêtres et des laïques victimes de sa cause. Cette demande fut écartée. On se borna à inscrire au procès-verbal qu'il n'y avait pas eu d'Adresse adoptée et l'on décida que l'on ne ferait pas de mandement aux fidèles. Après cette résolution le cardinal Fesch remit la prochaine congrégation au vendredi 12 juillet. Le Concile avait eu connaissance de la décision de la Commission défavorable au décret proposé par l'Empereur, mais il n'avait pas statué sur ses propositions. L'évêque de Gand s'en félicita, car il craignait que le Concile ne se prononçât contre la Commission. Il avait, en conséquence, préparé une protestation qu'il avait déposée sur le bureau. Il comptait énergiquement soutenir l'incompétence du Concile à déposséder le Pape de ses droits relativement à l'institution canonique. Il prévoyait bien quelques violences, mais elles vinrent d'une autre manière qu'il ne le pensait. Lorsque le 10 juillet au soir le ministre des Cultes arriva à Saint-Cloud et informa l'Empereur de la décision de la Commission ainsi que du rapport de l'évêque de Tournai contraire à ses ordres, Napoléon entra dans la plus vive colère. Il rudoya Bigot de Préameneu et le cardinal Fesch. Il appela les évêques « des ignorants et des entêtés ». Il déclara qu'il en savait autant et plus qu'eux. Il ajouta qu'il allait dissoudre immédiatement le Concile et il en signa le décret *ab irato*. Pour répondre à ses ordres, le ministre des Cultes lui écrivit : « J'ai l'honneur de rendre compte à Votre Majesté que le décret portant dissolution du Concile a été sur-le-champ notifié au Président et aux membres de la Commission. J'ai été ce matin extrêmement sensible aux reproches de Votre Majesté, mais je la prie de considérer combien la Commission s'est toujours obstinée au plus profond secret, et combien il y avait peu d'apparence qu'elle fît un rapport aussi peu juste et convenable (1). » Le décret était du 10 juillet et formulé en ces quelques lignes : « Le Concile national, que nous avions convoqué à Paris par notre circulaire du 5 août dernier, est dissous. » Chaque évêque reçut, le 11, cette petite lettre du ministre des Cultes : « Monsieur l'évêque, j'ai l'honneur de vous donner avis que par décret du jour d'hier, 10 du présent mois, le Concile national est dissous. » Le ministre des Cultes avait écrit le même jour à l'Empereur : « Les ordres de Votre Majesté ont été sur-le-champ exécutés. Voulant être de plus en plus assuré que tous les évêques recevraient aujourd'hui l'avis officiel du décret qui dissout le Concile, je suis convenu avec Son Altesse le cardinal Fesch qu'ayant, à la dernière assemblée du Concile, ajourné la séance à demain, il ferait part de la dissolution, et de mon côté, comme chargé de l'exécution du décret, j'ai notifié la même dissolution à chaque évêque. Les dispositions ont été faites pour que toutes ces lettres soient parvenues aujourd'hui à cinq ou six heures au plus tard. Je me suis transporté chez le ministre des Cultes du royaume d'Italie pour qu'il se rendît ce soir à Trianon avec M. Aldini (2) ».

L'historien des *Quatre Concordats* (3) raconte une scène à laquelle il aurait assisté à Trianon et dans laquelle Napoléon lui aurait dit que la plus grande faute de sa vie était le Concordat. J'ai déjà rappelé que Napoléon avait protesté hautement à Sainte-Hélène contre cette parole et déclaré qu'il ne l'avait jamais dite. Elle n'est pas plus vraie d'ailleurs que la

(1) Archives nationales, AF^(iv) 1047.
(2) *Ibid.*
(3) Tome II, pages 497, 498.

mercuriale que M. de Pradt s'est vanté d'avoir faite le même jour à l'Empereur qui, en silence et tête baissée, aurait reçu « la grêle de ses remontrances, sans aucun signe d'impatience ». Comme si l'Empereur eût supporté un seul instant que M. de Pradt l'eût blâmé « d'avoir abandonné le clergé à l'exemple de l'opposition journalière du cardinal Fesch, à la débilité du cardinal de Bellay et au dévergondage du cardinal Maury » ! Comme si l'Empereur eût accepté de ce prélat qu'il appelait « un coquin » cette audacieuse parole : « On ne recueille jamais que ce que l'on a semé ! » Il est impossible d'ajouter foi à de pareilles gasconnades. Elles ont été écrites trois ans après la chute de l'Empire et ne méritent aucune créance.

La dissolution du Concile fut suivie, le 12 juillet, de l'arrestation des trois évêques de Gand, de Boulogne et de Tournai que Napoléon et ses agents accusaient d'avoir perverti l'esprit de leurs collègues. L'arrestation (1) opérée par le duc de Rovigo, qui fit diriger les prisonniers sur Vincennes où le ramenaient fatalement de terribles souvenirs, n'était en réalité motivée par aucune raison plausible. Elle n'avait d'autre but que d'intimider les membres du Concile qui auraient été tentés d'imiter la conduite courageuse des trois prélats. Elle

---

(1) « L'extrême mécontentement, écrit Napoléon au cardinal Fesch, que me donnent les évêques de Gand et de Tournai par la mauvaise conduite qu'ils ne cessent de tenir et qui m'a obligé à les mettre à la disposition de la Police pour exercer sur eux une spéciale surveillance, me porte à vous faire cette lettre pour vous faire connaître que je les ai rayés du tableau des officiers de ma Maison. Vous ne devez donc plus les considérer comme mes aumôniers. » *(Lettres inédites*, t. II, p. 143).

« Une maladresse de M. le cardinal Fesch, dit M. de Pradt, causa l'arrestation des trois évêques. Napoléon était irrité de la manière dont il avait présidé le Concile, et dans le fait il n'y avait pas brillé. Il lui en attribuait le mauvais succès. Ayant compté sur l'annonce que tout était arrangé, ne pouvant concilier cette opinion avec les idées qu'il s'était faites du clergé, il en demanda l'explication au cardinal qui, par une de ses inadvertances ordinaires, lui désigna comme chefs de cette opposition les trois prélats qui furent arrêtés dans la nuit même de cette belle révélation. » M. de Pradt atteste que l'évêque de Gand lui confirma ce fait en 1815. (*Les Quatre Concordats*, t. II, p. 499). — Il peut y avoir eu inconséquence ou légèreté de la part du cardinal Fesch, mais non mauvaise intention.

ies intimida en effet, et l'on put prévoir que, dans quelques semaines, les évêques obéiraient pour la plupart aux injonctions de Napoléon. Avant de congédier définitivement tous les prélats, l'Empereur examina différentes mesures. Mgr Gazzola rapporte, en son *Journal*, que l'Empereur, dans le premier mouvement de colère, voulait retirer aux évêques les avantages et les privilèges qu'il leur avait accordés; confisquer les menses épiscopales, fermer les séminaires, faire décider la question de l'institution des évêques par voie législative, quitte à dissoudre le Corps législatif, s'il s'y opposait. Talleyrand aurait dissuadé l'Empereur de procéder à cet égard par voie législative, en lui représentant que les Français se révolteraient et ne voudraient pas d'évêques nommés sans le Pape (1). Or, dans ses *Mémoires*, Talleyrand s'est borné à dire que la dissolution du Concile prononcée *ab irato* et les violences, exercées contre trois de ses membres, ne résolvaient rien et créaient même de nouveaux embarras; « car il n'y avait plus moyen d'envoyer au Pape un projet de décret au nom d'un Concile qui avait été dissous... (2) ». Mais Napoléon ne s'embarrassera pas pour si peu, et il saura bien trouver quelque expédient, si détestable soit-il, pour sortir des nouvelles difficultés causées par ses exigences et ses emportements.

En attendant, l'arrestation des trois prélats fit grand bruit. « Beaucoup d'autres parmi les évêques, dit Consalvi (3), tremblaient d'éprouver le même sort et attendaient à tout moment les gendarmes. La liberté du Concile si indignement violée, la violence du procédé, l'abus de la force et surtout la dissolution du Concile lui-même furent l'objet de tous les discours et de l'indignation générale. » Il eût dû en être ainsi, mais il faut bien constater que cela ne fut pas. On parla beaucoup, mais on ne s'indigna qu'en paroles et sans faire craindre le moindre soulèvement. « On attendait de voir, ajoute Consalvi,

---

(1) *Mémoire inédit de Consalvi sur le Concile de 1811*, p. 49.
(2) *Mémoires de Talleyrand*, t. II, p. 106.
(3) *Mémoire inédit*, p. 48.

comment on présenterait ce grave événement dans les feuilles publiques, dans lesquelles, depuis la relation de l'ouverture du Concile et de la tenue de deux ou trois assemblées pour les premières formalités, il n'avait plus été parlé de ce sujet. On s'attendait encore à voir les graves mesures que prendrait l'Empereur et l'on disait généralement qu'il avait préparé un discours dans lequel, après avoir dit qu'il avait fait inutilement toutes les tentatives auprès du Pape et du Concile, il se trouvait dans la nécessité d'agir par lui-même pour remplir ses devoirs d'avocat et de soutien de l'Église... Mais lorsqu'on vit se passer plusieurs jours sans que ni l'une ni l'autre des choses n'arrivât, on ne laissa pas de comprendre que le plan était changé (1). "

Au lendemain de l'arrestation de l'évêque de Gand, sa sœur, la marquise de Murat, alla trouver le cardinal Fesch et lui demanda s'il n'allait pas prendre fait et cause pour lui et les deux autres prélats prisonniers. « Leur cause est la vôtre, dit-elle. Vous étiez leur président. Vous les aviez assurés de la part de l'Empereur qu'ils devaient dire leur façon de penser en conscience et sans aucune crainte. Ils n'ont pas réellement fait autre chose. — Cela est bien vrai, répondit le cardinal, et je saisirai la première occasion d'en parler. Je regarde mon honneur comme intéressé. C'est une injure personnelle que l'on m'a faite... J'ai été à Trianon la veille de leur arrestation. J'essayai de parler en leur faveur... J'ai trouvé l'Empereur furieux. Je suis resté avec lui depuis six heures du soir jusqu'à deux heures du matin. Il ne me dit rien qui pût me faire présumer qu'ils dussent être arrêtés (2). " La marquise de Murat insista pour une nouvelle intervention. « L'Empereur ne peut vous empêcher d'entrer chez lui. Vous êtes son oncle. Il ne peut vous mettre à la porte si vous vous présentez. — Qu'appelez-vous : il ne peut pas? J'y ai été mis l'autre jour à la porte par deux fois. » La marquise aborda un autre sujet. « On parle de rassembler le Concile. — Qu'ils fassent ce qu'ils

(1) *Mémoire inédit*, p. 48.
(2) M. de Broglie fut arrêté le 12 juillet, à trois heures et demie du matin.

voudront! Certes, je ne le présiderai pas; à moins qu'ils ne me conduisent avec quatre fusiliers, jamais je n'irai seul. — On peut vous y mener de force, mais personne n'aura le droit de forcer votre opinion. » Après avoir reconnu que les trois évêques avaient dû être dénoncés à l'Empereur par quelques-uns de leurs collègues, Fesch promit à la marquise de Murat de s'employer en leur faveur, dès qu'il en trouverait l'occasion ; mais il laissa entendre qu'il n'était pas auprès de l'Empereur *persona grata*. Il paraissait alors bien décidé à refuser tout compromis et rien ne faisait prévoir que, trois semaines après, il passerait du côté de ceux dont il avait dit avec une pitié méprisante : « Ils ont peur d'aller à Vincennes ou de perdre leurs revenus ! »

Une lettre de M. de Chabrol, datée du 9 juillet, laissait croire que le Pape était déterminé à de nouvelles concessions. Mais étant donnés les agissements du préfet de Montenotte à l'égard de Pie VII, son zèle pour la cause impériale et son peu de scrupules en fait de moyens, il y a lieu de se défier des informations que ce préfet adressait au ministre des Cultes. L'accès d'hypocondrie ou de démence, dont il avait dit le Pape atteint, avait disparu. Le Saint-Père n'avait plus les mêmes inquiétudes et causait avec calme. M. de Chabrol lui avait analysé le dernier exposé de la situation de l'Empire et fait valoir l'état prospère de la France, l'union au dedans, la paix au dehors, la puissance morale de Napoléon sur le peuple, son intention formelle de conserver le dépôt de la religion de ses pères. Il ajoutait que l'Europe voyait bien qu'il ne s'agissait plus que de la question du pouvoir temporel, et que tout le monde rejetait sur le Pape seul le retard apporté à un rapprochement nécessaire. Si le Pape persistait dans son refus, toute la responsabilité retomberait sur lui. Sur ce, le préfet se permettait de demander à Pie VII « en bonne conscience » quel serait le jugement de l'histoire et de tout homme raisonnable à propos d'une semblable lutte. Il faut croire que ce discours fut éloquent et persuasif, car le Pape — c'est M. de Chabrol qui l'affirme — parut prêt à un accommodement.

Mais en lisant attentivement la lettre de M. de Chabrol, on voit que Pie VII n'était pas aussi conciliant qu'il semblait le dire. Les lignes suivantes en font foi : « J'ai trouvé le Saint-Père la tête remplie d'une mauvaise théologie et d'une histoire partiale entièrement écrite en faveur des Papes. » Il aurait fallu que Pie VII n'écoutât que la théologie de MM. de Barral et Duvoisin et se fiât plutôt à une histoire des Papes écrite par un de leurs adversaires. M. de Chabrol n'était pas satisfait de son prisonnier. « Il paraît se placer maintenant, disait-il, entre le parti qu'il avait précisément adopté avec MM. les évêques et celui qu'il a embrassé depuis dans ses moments d'aberration d'esprit et d'inquiétudes morales... Son caractère et son opinion versatiles ne peuvent lui laisser la faculté de se prononcer dans les circonstances politiques où il se trouve. Il ne comprend pas le temps et les changements qu'il entraîne. » Ainsi, pour M. de Chabrol, la Papauté et ses droits étaient sujets aux vicissitudes politiques des États ordinaires. Mais il y a mieux, comme on va le voir par les assertions qui terminent la lettre : « Le Pape ne répond pas à la raison, aussi vraie que sublime, développée par Sa Majesté, qui fit préférer au premier chef de l'Église le séjour de Rome à celui de la Terre sainte. Il ne dit autre chose sinon que ce fut la volonté de Dieu. Il se montre toujours aussi éloigné du séjour dans la capitale de l'Empire, ne désirant que retourner à Rome, ou bien errer de ville en ville comme les apôtres du Moyen âge. » Et voici la dernière ligne qui dénote une entière méconnaissance de la grandeur morale de l'illustre captif : « Tout annonce une faiblesse de vues trop au-dessous de sa position ! »

Le comte d'Haussonville, qui a publié cette lettre, (1) trouve que ces renseignements, quoiqu'ils ne fussent pas encore tout à fait ce que pouvait souhaiter l'Empereur, lui ouvraient une nouvelle perspective. Il croit y voir le Pape porté à revenir aux concessions arrachées par les évêques venus à Savone,

---

(1) Tome IV, p. 353.

sauf de légères modifications. Or, on sait que Pie VII n'avait en réalité fait aucune concession et que la Note des trois prélats n'était qu'un embryon de négociations. Ce qu'il faut au contraire retenir de la triste lettre de M. de Chabrol, c'est que le Pape, dans l'isolement où il était placé et par suite des mauvais traitements dont il était depuis si longtemps victime, ne savait pas encore à quel parti définitif il lui fallait s'arrêter. Sa conscience, et non pas un caractère versatile, lui faisait entrevoir des difficultés et des périls nouveaux. Il comptait sur l'assistance divine pour prendre une décision qui ne fût point dommageable à la Papauté et aux vrais intérêts de l'Église. M. de Chabrol espérait cependant que le Pape, devant une détermination ferme du Concile et sur les conseils d'une députation prise dans son sein et envoyée à Savone, se rallierait peut-être à cette détermination, s'il lui était prouvé qu'elle pouvait être avantageuse à la religion. Aussi Napoléon, se fiant au zèle de son préfet et à celui de quelques prélats dont il connaissait le dévouement idolâtre à sa personne, crut-il devoir reprendre la lutte. Il avait perdu une première bataille avec le Concile; il espérait, par des manœuvres habiles et de lui seul connues, en tournant les questions et en prenant un à un ses adversaires, gagner la seconde bataille.

Mais la réouverture du Concile national ne fut pas chose aussi facile qu'on l'aurait pu croire. J'ai sur ce sujet nombre de documents inédits que je vais mettre à contribution.

Après la dissolution du Concile et l'arrestation des trois évêques de Boulogne, de Gand et de Tournai, Napoléon avait envoyé à une Commission présidée par le grand juge Régnier, duc de Massa, des notes écrites sous sa dictée, et qui exigeaient de cette Commission un projet concernant les mesures à prendre au sujet du refus d'institution canonique des évêques. Celle-ci se hâta de rédiger son travail et l'adressa à Napoléon en l'informant qu'elle avait successivement examiné : « 1° l'état actuel des Églises de France; 2° la cause de cet état; 3° le remède le plus convenable à y appliquer. » Le rapport reconnaissait qu'un grand nombre de sièges, dont cinq métropolitains, demeuraient sans pasteurs. « Tous les évêques, disait-il, ont été nommés par Votre Majesté aux termes de l'article 4 du Concordat et tous auraient dû, aux termes de l'article 5, être institués par le Pape. » Mais Pie VII, violant l'engagement le plus solennel, s'y refusait. En conséquence, les fidèles étaient privés des secours spirituels; les séminaristes ne pouvaient recevoir les ordres sacrés, l'administration des diocèses était en souffrance. Y avait-il quelque cause religieuse qui motivât le refus du Pape? « Aucune, osait répondre le rapport de la Commission. Non seulement Votre Majesté a rempli dans l'intérêt de la religion tous les engagements qu'elle avait pris, mais elle a été bien au delà... Comme premier Pasteur, le Pape n'a aucune plainte à former. Il arme son autorité spirituelle en faveur de la souveraineté temporelle, parce que Votre Majesté a usé de ses droits et de sa puissance pour les intérêts politiques de sa Couronne et de ses peuples. Le Pape cesse de remplir les devoirs qui lui sont imposés par les intérêts religieux de la France, de l'Italie et d'une partie de l'Allemagne. »

Le rapport de la Commission envisageait ensuite le remède à apporter à une telle situation. Il constatait d'abord que le système, adopté par Pie VII, avait été celui de plusieurs de ses prédécesseurs, et que presque tous les États de l'Europe avaient eu l'occasion dans divers siècles de faire aux Papes les reproches qu'on pouvait faire au Pape actuel. Aussi la France, l'Espagne, le Portugal, Venise, Naples, Parme avaient proclamé le principe du droit de recours pour l'institution canonique au métropolitain, et du métropolitain au plus ancien suffragant. La Commission rappelait à cet égard les principes professés par le clergé de France et par les Parlements. Mais comment fallait-il établir ces principes? Si l'on considérait le Concordat comme abrogé, il convenait de se reporter aux anciens droits et usages de la Couronne de France et de l'Église. En ce cas, la Commission était d'avis que le droit d'institution des évêques par le métropolitain, sur le refus du Pape d'instituer, était fondé sur des bases certaines et qu'on pouvait le justifier par des autorités, par des faits, par des actes législatifs. Il lui semblait dès lors naturel d'agir ainsi : le sujet nommé par l'Empereur à un siège métropolitain ou épiscopal se retirerait par devers le Pape pour obtenir l'institution canonique. En cas de refus, l'évêque nommé ou même le Procureur général interjetterait « appel comme d'abus » du refus du Pape. La Cour impériale, en prononçant l'abus, ordonnerait à l'évêque nommé de s'adresser au métropolitain pour en recevoir l'institution, ou au plus ancien suffragant. « Cette marche aurait comme premier avantage de laisser aux Cours impériales la faculté d'agir encore ultérieurement contre le métropolitain en cas de refus, et de désigner un autre évêque à sa place ; de procéder même contre le refusant par saisie de son temporel, si on le jugeait convenable, ou bien, selon les circonstances, de temporiser et d'user d'indulgence. » Pour procéder de la sorte, il n'était besoin que d'une loi qui, dérogeant aux articles 6, 7 et 8 de la loi du 8 avril 1802, renverrait aux Cours impériales la connaissance des appels comme d'abus. Des instructions seraient données par le ministre des Cultes aux évêques nommés et par le grand juge aux premiers Présidents et Procureurs généraux. Le rapport se terminait par le texte du projet de loi suivant : « Art. 1er. — Les appels comme d'abus, qui devaient être portés au Conseil d'État aux termes des articles 6 et 7 de la loi du 18 germinal an X seront portés, à compter de la publication de la présente loi, devant les Cours impériales, soit à la requête des parties intéressées, soit sur le réquisitoire des Procureurs généraux. — Art. 2. — Les Cours statueront sur les divers cas, selon les règles consacrées par les Canons reçus en France, selon les principes des libertés, franchises et coutumes de l'Église gallicane, la jurisprudence des Cours et les anciennes lois de la monarchie française (1). »

Cambacérès avait reçu ce rapport des mains de l'Empereur qui lui demandait de l'étudier et de lui soumettre ses obser-

---

(1) Archives nationales, AF" 1047.

vations. Le subtil légiste accepta comme vrais les faits allégués par ce document qui accusait le Pape de n'avoir pas tenu ses engagements, tandis que l'Empereur aurait été fidèle à tous les siens. Il voulut bien croire que Napoléon, qui ne s'était pas mêlé des questions religieuses, avait été forcé de convoquer un Concile, et que ce Concile n'avait pas répondu à ses légitimes espérances. Cambacérès commente ainsi le texte qui lui était présenté. « S'il plait au Pape de ne point remplir les clauses du Concordat qui le concernent, ce parti ne saurait priver l'Empereur des avantages qui peuvent résulter pour lui de ce traité. Dans les contrats synallagmatiques, le sort de l'acte ne peut pas dépendre de la volonté de l'une des parties. » Mais Cambacérès remarque aussitôt que ce moyen, bon entre particuliers, ne peut pas être employé à l'égard d'une transaction politique dans laquelle deux souverains ont stipulé leurs intérêts respectifs. Il n'en est pas moins vrai que celui des deux qui trouve son compte dans le traité peut continuer à s'en prévaloir et à l'exécuter, nonobstant le refus de l'autre. Ceci admis, Cambacérès se demande s'il est plus avantageux pour l'Empereur et l'État de renoncer au Concordat que de s'y tenir. Il établit alors que ce traité ne fait que renouveler celui de François Ier avec Léon X; que ces deux actes sont liés l'un à l'autre, d'où il suit que si les deux parties l'anéantissent, il faut se reporter à l'état de choses antérieur à l'époque de François Ier. Or, à cette époque la nomination des évêques se faisait par voie d'élection. Cette forme avait ses inconvénients; l'un des plus grands était de subordonner la prospérité de l'Épiscopat à la volonté des électeurs. « Je sais, continue Cambacérès, que l'on a dit du Concordat de 1516 *que le Pape et le Roi s'étaient réciproquement donné ce qui ne leur appartenait pas*. Mais ce propos, dicté par l'esprit de parti, ne saurait porter atteinte à la vérité des faits et au sens naturel de l'acte. Or, les faits prouvent que, dans toute la chrétienté et particulièrement en France, les souverains ont toujours nommé ou confirmé les évêques et dans ce Concordat, Léon X, comme chef de l'Église, n'a fait que reconnaître ce droit de la Souveraineté. » En conséquence, Cambacérès concluait, comme la Commission, au droit des Empereurs français de nommer les évêques (1).

Convenait-il maintenant d'établir un droit nouveau pour le jugement des affaires ecclésiastiques, ou fallait-il s'en tenir aux règles consacrées par les Canons reçus en France, ainsi qu'aux principes de l'Église gallicane? Cambacérès admettait encore, avec la Commission, que le dernier parti était le meilleur, car l'ancienneté en matière de lois offre de grands avantages. « La loi qu'on pourrait faire ne suppléerait qu'imparfaitement à ces anciens monuments de la jurisprudence, l'ouvrage des Parlements. Sans le zèle et la fermeté des magistrats qui composaient ces Cours, la France serait devenue un pays d'obédience. »

Enfin, la jurisprudence sur les appels comme d'abus devait-elle rester au Conseil d'État ou être attribuée aux Cours impériales? L'archichancelier faisait à cet égard observer que le Conseil d'État n'était point un corps judiciaire et ne devait pas rendre de jugements. « Or, il est parmi nous de principe que la justice est rendue au nom du Souverain par les officiers qu'il institue et jamais directement par lui-même. Ce serait s'écarter de cette règle salutaire et faire prononcer l'Empereur lui-même sur les appels comme d'abus, si ces appels étaient portés au Conseil d'État. D'un autre côté, le Conseil d'État, placé fort loin des extrémités de l'Empire, n'a aucune action et n'a point auprès de lui de partie publique, tandis que les Cours impériales, disséminées dans toute l'étendue des vastes États de l'Empereur, sont à portée d'arrêter les progrès du mal aussitôt qu'il se manifeste, et que le Procureur général est toujours là pour activer leur zèle et diriger leurs poursuites. » Cambacérès ajoutait cette réflexion qu'il convient de peser à sa juste valeur : « Enfin, on s'est bien trouvé d'opposer les légistes aux ecclésiastiques. On continuera, je l'espère, à se bien trouver de cet expédient; il

---

(1) Archives nationales, AF^{IV} 1041.

est seulement à craindre que les Cours ne mettent trop d'activité dans l'exercice de leur nouvelle prérogative. » Cependant, l'archichancelier partageait l'avis de la Commission sur le point de compétence (1).

Maintenant, fallait-il régler la matière par une loi ou par un décret, et le projet était-il suffisant? Étudiant d'abord le projet, Cambacérès remarquait que la nouvelle attribution ne pouvait s'étendre à la vérification et à la publication des bulles et brefs, et que cette vérification et cette publication devaient rester au Conseil d'Etat comme des actes de législation. Donc, des dispositions relatives à ce point devaient former le premier titre du projet. Les appels comme d'abus constitueraient la matière du second titre qui serait divisé en plusieurs sections telles que : « 1° En quel cas y a-t-il lieu à l'appel comme d'abus? — 2° Par qui ces appels seront-ils jugés? — 3° Dans quelles formes seront-ils poursuivis? » L'archichancelier ne se dissimulait pas que si l'ancienne législation offrait de grandes ressources, les lois modernes arrêteraient les juges à chaque instant. « Ainsi, en dehors des cas d'abus, il peut arriver qu'un membre du clergé se permette de publier des actes émanés du Pape, dont la publication n'aurait point été permise. Comment procédera-t-on?... Les Cours impériales peuvent juger les matières correctionnelles; à l'égard des crimes, elles n'ont que le droit de mettre en accusation. Le jugement est dévolu, soit aux Cours d'assises, soit aux Cours spéciales ordinaires ou extraordinaires. La Cour d'assises ne prononce que sur la déclaration du jury. La Cour spéciale ordinaire ne connaît que des crimes commis par des vagabonds, gens sans aveu ou repris de justice. La Cour spéciale extraordinaire remplace la Cour d'assises dans les départements où le jury n'aura pas été établi ou sera suspendu. » On ne pourrait donc faire juger les évêques ni par les Cours ordinaires, ni par les Cours extraordinaires. Il faudrait alors, après les avoir prévenus des crimes visés par les

---

(1) Archives nationales, AF^{iv} 1047.

articles 207 et 208 du Code pénal (1), les renvoyer devant les Cours d'assises, c'est-à-dire devant le Jury. Et Cambacérès ajoute ces mots qui en disent long : « *Renvoi qui offrira toujours de graves inconvénients* ». Puis il se demande sagement : « Lorsque l'appel comme d'abus sera dégagé de toute circonstance aggravante, quelle ressource aurait-on? Autrefois, on saisissait le temporel; mais aujourd'hui que le clergé est exproprié, une disposition semblable est quelque chose d'illusoire, d'autant qu'un mot suffit pour arrêter les traitements. Il faudrait donc une disposition pour atteindre les archevêques ou évêques refusants, soit pour les éloigner provisoirement de leur diocèse, soit pour faire prononcer contre eux quelque condamnation. » D'où Cambacérès concluait qu'une loi serait peut-être préférable à un décret.

Cette forme avait encore l'avantage d'associer au sort d'une mesure délicate les députés des départements qui proclameraient dans tout l'Empire la nécessité et l'utilité d'une loi dont ils ne parleraient point et qu'ils désapprouveraient peut-être, s'ils n'y avaient eu aucune part. Mais ce qui, pour l'archichancelier, devait faire prévaloir ici le décret sur la loi, c'est que le décret serait muni d'un préambule où l'Empereur, parlant lui-même, arrêterait d'un mot les impressions de la malveillance. « Nos lois au contraire ont de la sécheresse dans les choses et dans les mots. On ne sait pour ainsi dire de qui elles sont l'ouvrage, tandis que dans les matières de haute importance il faut que la loi puisse convaincre tous les esprits par la force du raisonnement... » Ces motifs devaient donc conduire à préférer le décret, surtout si l'on évitait d'introduire une nouvelle forme de jugement et de nouvelles dispositions pénales. En conséquence, l'archichancelier avait rédigé un décret qui, avec préambule, don-

(1) « Ces articles sont relatifs à la correspondance des ministres des Cultes avec les Cours ou Puissances étrangères, sur des questions ou matières de religion. Lorsqu'on les a rédigés, on n'a point voulu nommer le Pape; mais on n'a eu en vue que les actes émanés de son autorité. Si on ne se servait pas de ces deux articles, on ne trouverait dans le Code pénal aucune autre disposition applicable au cas dont il s'agit. » (Note de Cambacérès.) — Archives nationales, AF^{IV} 1047.

nerait satisfaction aux désirs de l'Empereur. En terminant ses observations, il soumettait au souverain l'idée suivante que lui avait inspirée son zèle pour le bien du service : « Les évêques seront effrayés, quand ils verront qu'on va les mettre aux prises avec les magistrats. Quelques-uns seront découragés, et d'autres peut-être croiront devoir persister dans l'espèce d'opposition qu'ils manifestent. Ne serait-il pas mieux de différer la mesure de quelque temps et d'attendre que l'affaire de l'institution canonique soit terminée? Elle le sera aussitôt que la déclaration faite par plusieurs archevêques et évêques aura été suivie de l'institution donnée par le métropolitain, si le Pape persiste dans son refus (1). » On verra bientôt que Napoléon se décida à faire son profit de ce prudent conseil.

Voici comment débutait le préambule du nouveau décret imaginé par Cambacérès sur les appels comme d'abus :

« Le titre d'Empereur Très Chrétien que nous nous glorifions de porter ne nous permettra jamais de voir avec indifférence les maux de l'Église, et nous imposera toujours le droit d'y remédier. Pénétré de ces grandes obligations, nous avons jusqu'ici fait tous nos efforts pour tirer la religion de l'état d'anéantissement où les discordes civiles l'avaient plongée. Les persécutions ont cessé; les entraves mises à la liberté des cultes ont été brisées; le schisme qui divisait l'Église a été détruit; les autels ont été relevés; les dépenses du culte et la subsistance de ses ministres ont été assurées; des séminaires ont été ouverts et fondent l'espoir de l'avenir.

« Cependant, quoique nous n'ayons rien négligé pour prémunir la religion contre toutes les causes extérieures qui pouvaient affaiblir son éclat et le salutaire empire qu'elle exerce sur les cœurs, nous n'aurions point encore assez fait pour elle, si nous ne la garantissions des abus qui très souvent ont fait méconnaître ses bienfaits, lorsque l'ignorance, la faiblesse ou la perversité ont fait de cette religion, toute sainte et

---

(1) Archives nationales, AF^{IV} 1047.

toute divine, un prétexte pour troubler la tranquillité des États. Il faut donc aussi empêcher que cette institution ne soit dénaturée par ses propres ministres (1). »

Pour l'Empereur, le remède à ces maux était l'appel comme d'abus, sauvegarde la plus sûre contre les entreprises de l'autorité ecclésiastique. Durant les désordres qui avaient tourmenté la France, on avait perdu de vue les libertés de l'Église gallicane et l'usage de l'appel comme d'abus. Aussi, par le Concordat Napoléon avait-il voulu rétablir la vérification des Bulles et des brefs et ouvrir le recours, dans les cas d'abus, de la part des supérieurs et autres personnes ecclésiastiques.

« Notre Conseil d'État, disait l'exposé des motifs au nom de l'Empereur, a été investi du droit de vérifier les Bulles, brefs, rescrits et autres expéditions de la Cour de Rome et de prononcer sur les appels. La première de ces attributions doit lui être conservée; les autres qui autorisent la publication des Bulles et brefs sont des actes de législation et, à ce titre, les Constitutions de l'Empire défendent aux Cours d'y prendre part. Il n'en est pas de même des appels comme d'abus. L'acte qui y statue est un véritable jugement. Dès lors, la connaissance de cette matière doit appartenir à nos Cours... Notre intention est donc que les appels comme d'abus y soient poursuivis et jugés dans les formes ci-après déterminées, conformément aux règles consacrées par les Canons reçus en France et selon les principes des libertés de l'Église gallicane, la jurisprudence et les anciennes lois de la monarchie. Nous attendons du zèle des officiers de nos Cours qu'ils se pénètrent des règles qui dirigeaient leurs devanciers. » Suivait le dispositif. L'article 1er maintenait au Conseil d'État le droit de vérifier les actes de l'autorité ecclésiastique, mentionnés par les articles 1 et 3 de la loi du 18 germinal an X. Les articles 2 et 3 visaient l'autorisation ou le refus par l'Empereur de la publication et de l'exécution des actes susdits et l'article 4 édictait les poursuites contre ceux qui publieraient les actes

---

(1) Archives nationales, AF¹ᵛ 1047.

non autorisés, conformément aux articles 207 et 208 du Code Pénal. Le titre II du projet, dans sa première section, déterminait les cas où il y aurait lieu à l'appel comme d'abus et, entre autres, le refus exprès ou tacite du Pape de donner l'institution canonique à un archevêque ou évêque nommé. L'article 6 était ainsi conçu : « Sera considéré comme refus tacite le silence du Pape pendant trois mois à partir du jour où le décret de nomination lui aura été présenté. » La section II du même titre déterminait la nouvelle juridiction relative aux appels comme d'abus et les formes dans lesquelles ils seraient poursuivis et jugés. Les Cours impériales étaient en conséquence déclarées compétentes. Elles statueraient en premier et dernier ressort, sauf le recours en cassation, et pourraient prononcer des peines correctionnelles et mettre en accusation ceux qui, en raison des dits cas d'abus, seraient poursuivis pour quelque délit emportant peine afflictive ou infamante. « Le présent décret, disait l'article 16 et dernier, ne concernait ni les ecclésiastiques ni les particuliers qui, à l'occasion de l'exercice du culte, se rendraient coupables de quelque délit étranger aux faits énoncés dans les articles 3, 4 et 5. Les uns et les autres continueront à être jugés dans les formes et suivant les dispositions du droit commun (1). »

L'archichancelier ajoutait à son exposé et au projet de décret qui le suivait ces mots qui frappèrent l'Empereur : « Si Votre Majesté daigne lire mes observations, elle voudra bien remarquer que je les termine par des considérations tendant à ajourner les dernières résolutions à prendre touchant l'objet dont il s'agit. » Au moment où il allait mettre ces résolutions en pratique, Napoléon réfléchit au conseil de Cambacérès et résolut de différer encore. Une raison plus sérieuse que l'opinion de son archichancelier l'y décidait : c'était la conviction que les évêques, pressentis individuellement, finiraient par adhérer au décret qui devait substituer

---

(1) Archives nationales, AF¹ᵛ 1047.

le métropolitain au Pape, au cas où celui-ci persisterait à refuser l'institution canonique.

Un moment, le cardinal Fesch s'était montré vraiment courageux. Consulté par Bigot de Préameneu sur ce qu'il comptait faire à ce sujet, il crut devoir en écrire directement à l'Empereur. « Pour moi, Sire, disait-il, tout s'oppose à ce que je donne l'adhésion demandée aux évêques. Président du Concile, je me déshonorerais si je venais exprimer un vœu que les événements précédents démontrent être bien opposé au vœu présumé de l'Assemblée. Je ne puis mentir à ma conscience. Je crois que toutes les souscriptions postérieures à la dissolution du Concile, aux arrestations, aux menaces du ministre de la Justice sont illégales et de nul effet. Je dois éviter une dénomination qui me dégraderait et que le clergé et les catholiques ont déjà infligée à ceux qui ont fait leur adhésion. Si Votre Majesté connaissait l'opinion qui se propage, elle ne voudrait pas de cette mesure. On sait bien qu'elle a été inventée et demandée par des personnes qui n'ont pas prévu le piège qu'elles se tendaient à elles-mêmes. Si je signais cette adhésion, on ne manquerait pas de me calomnier, comme un homme qui s'est joué du Concile. Je me rendrais dorénavant parfaitement inutile à Votre Majesté en me déconsidérant devant le monde. Je ne dois point régler ma conduite sur celle des autres. Je ne prétends pas pour cela les juger; ils peuvent avoir de bonnes raisons, mais je dois agir d'après les règles et les lois de l'Église. Ma conscience me reprocherait d'autoriser de semblables moyens pour décider des affaires les plus graves de l'Église, mode que sa Constitution réprouve et qui serait préjudiciable à son unité. La promesse de l'assistance du divin fondateur de l'Église ne s'étend pas aux évêques séparément pris, lorsque ce n'est pas elle qui prend l'initiative en proposant des décrets ou des questions à leur décision et à leur sanction. L'Église peut seule les leur soumettre; et nul autre ne peut se flatter d'obtenir des évêques séparément pris des décisions qui portent avec elles un certain degré d'autorité suffisante pour obliger les fidèles. » « En m'abstenant d'adhérer au décret en question, ajoutait Fesch, je constate que Votre Majesté laisse une parfaite liberté aux évêques; je conserve une réputation d'intégrité de principes à laquelle je dois être plus attaché qu'à la vie même; je déjoue la malveillance qui se plaisait à me prêter des sentiments de complaisance et de lâcheté et j'impose à ceux qui rejettent leur nullité dans le Concile sur la conduite du Président. » Fesch terminait sa lettre en affirmant que nul ne le dirigeait en cette circonstance et que sa conscience et son honneur étaient ses seuls guides. « Vous aimez d'ailleurs, remarquait-il, que l'on vous dise ce que l'on pense et vous ne vous en offensez jamais. Cependant, si ces motifs ne paraissaient pas à Votre Majesté ni assez puissants ni assez forts, je la prie de considérer qu'il s'est formé en moi une conviction à laquelle je ne puis me refuser (1). » Cette lettre honore le cardinal Fesch. Pourquoi allait-il la renier quelques jours après?

Les scrupules qui agitaient l'archevêque de Lyon avant le vote, son confrère, l'archevêque de Tours, ne les avait guère, ainsi qu'on en jugera par cette lettre de Bigot de Préameneu à Napoléon : « J'ai l'honneur, disait le ministre des Cultes à la date du 21 juillet, de mettre sous les yeux de Votre Majesté une copie du rapport que M. l'archevêque de Tours se propose de faire au Concile, afin de convaincre de plus en plus cette Assemblée qu'il y avait eu de la part du Pape une concession réelle de la clause à ajouter au Concordat. La communication qu'il a donnée à plusieurs évêques de cet exposé a eu un bon effet. » Bigot de Préameneu ajoutait au rapport un recueil imprimé en 1801 dans lequel se trouvait une exposition relative à la Constitution civile du clergé. « Cette exposition, disait-il, est souscrite par 142 évêques. On y voit quel était, avant le concordat de François Ier, l'usage sur l'institution canonique. Les évêques déclarent que, dans les cas qu'ils expriment, le Pape instituait, ce qui prouve que hors ces

---

(1) *Le Concile national de 1811*, par Mgr Ricard, p. 248.

cas et par le droit commun, ce n'était qu'une prérogative papale. Votre Majesté a bien voulu que l'on fît usage de la concession du Pape pour le cas où il n'exécuterait point le Concordat; elle a fait plus que le clergé ne pouvait espérer (1). »

Suivant le conseil du cardinal Maury, qui était aussi empressé que son collègue de Tours à seconder les vues de l'Empereur, on consulta individuellement les membres du Concile pour obtenir une adhésion qu'on n'avait pu avoir collectivement. « Il fut donc ordonné aux deux ministres des Cultes, italien et français, rapporte Consalvi, d'appeler respectivement auprès d'eux les évêques de leur nation et d'user de tous les moyens pour obtenir de chacun d'eux la signature d'une feuille que lui présentait le ministre (2). Flatteries, promesses, persuasion, crainte, menaces et artifices, ruses de tout genre furent employés avec une constance et un zèle sans exemple dans les tentatives de cette infâme séduction... On comprenait bien que la résistance *facie ad faciem* à l'autorité imposante et à l'éclat du ministre, d'un pauvre évêque pris ainsi seul à seul, ne se maintiendrait en fin de jeu que pour peu de temps. Mais pour mieux assurer la victoire, le ministre de la Police lui-même prêta son aide à ses deux collègues et il n'est pas difficile d'imaginer combien cette aide fut efficace. On calcula encore que la signature des évêques dévoués à la Cour et de presque tous les ex-constitutionnels étant assurée, cela fournissait le grand avantage de commencer la liste et de pouvoir dire ainsi à chaque évêque interpellé que déjà un bon nombre avaient signé et que ce nombre augmentait chaque jour; que l'absence de sa signature n'empêcherait pas la chose, mais lui ferait seulement à lui-même le plus grand tort (3). »

Voici ce qu'écrivait à ce propos le ministre des Cultes à l'Empereur le 20 juillet : « Hier quarante-sept avaient donné

---

(1) Archives nationales, AF^{iv} 1047.
(2) Cette feuille contenait une formule d'adhésion au décret de l'Empereur.
(3) *Mémoire inédit sur le Concile national*, p. 50, 51.

leur adhésion, non compris M. le cardinal Fesch, et MM. les évêques de Nantes, Trèves et Évreux, ce qui ferait cinquante et un (1). Deux signatures de plus ont été données aujourd'hui. Plusieurs ont été promises. Il n'y a maintenant aucun évêque avec qui je n'aie eu de conférences particulières. J'ai peine à croire que le nombre des adhérents excède soixante sur quatre-vingt-quatre, nombre total des évêques de l'Empire venus au Concile. Cependant, j'ai toujours renvoyé les opposants à de nouvelles réflexions en leur disant de revenir me parler (2). »

Napoléon avait donc entièrement modifié son plan. Après avoir frappé le Concile d'une dissolution qu'il disait définitive, il avait recouru à toute sorte d'habiletés pour reconstituer ce même Concile. Mais il ne voulait autoriser de nouvelles démarches à Savone que lorsque la grande majorité des évêques aurait adhéré à son décret. Si quatre ou cinq entêtés s'y refusaient, il ne ferait pas dépendre la mesure de cette opposition. Il voulait que les évêques déclarassent « que l'Église réunie a le droit de se sauver et de pourvoir aux circonstances extraordinaires ». Il engageait le cardinal Fesch à répéter que rien ne pouvait autoriser le refus d'institution des évêques, si ce n'était l'indignité des individus (3). En même temps qu'il cherchait à en finir avec le Pape, l'Empereur poursuivait les religieux avec un acharnement extraordinaire. Ainsi, le 27 juillet, il ordonnait d'enfermer le supérieur des Pères de la Trappe dans une prison d'État et de disperser les Trappistes de Sénart. Il donnait, le 29, l'ordre de faire passer par les armes le supérieur du couvent de Cervara et de mettre les scellés sur le couvent. Le 1er août, il enjoignait de diriger les trappistes de Cervara dans l'île de Caprara et de substituer des sarreaux à leurs robes (4). Dans

---

(1) Fesch ne signa que le 3 août sous la menace, paraît-il, de voir la présidence du Concile donnée au cardinal Maury.
(2) Archives nationales, AF⁴ 147. — Les adhérents furent au nombre de 80.
(3) *Lettres inédites*, t. II, p. 146.
(4) *Ibid.*, p. 148.

le moment même où il se disait prêt à tout concilier entre lui et l'Église, il redoublait de violences contre de pauvres prêtres ou religieux inoffensifs. Ceux-ci, en attendant, payaient pour les autres.

Le 26 juillet, quatre-vingts archevêques et évêques avaient enfin adhéré au décret projeté. Les deux ministres des Cultes de France et d'Italie avaient ordre de les réunir le lendemain, à trois heures de l'après-midi. La conduite que devaient tenir ces ministres leur était tracée par une note de Napoléon, qui leur laissait cependant la liberté d'y ajouter les développements convenables. Les ministres la reproduisirent textuellement, sauf pour le préambule et pour la forme du décret. Elle était ainsi conçue :

« Messieurs les archevêques et évêques,

« Nous devons, avant tout, vous instruire de la nature et de l'objet de cette réunion. Ce n'est point une assemblée délibérante, dans laquelle il y ait à consulter la majorité et dans laquelle la majorité puisse lier la minorité. Vous avez, depuis la dissolution du Concile, exprimé des sentiments et donné des adhésions qui tendent à rétablir, de concert avec Sa Majesté, l'ordre et la paix dans l'Église... Nous avons mis, Messieurs, sous les yeux de l'Empereur, les différentes adresses d'adhésion des archevêques et évêques de France et d'Italie. Sa Majesté a été mécontente du Concile. On a nommé pour composer la Commission l'évêque de Tournai que ses principes ultramontains avaient fait chasser, il y a vingt ans, de Mayence par le clergé allemand. On avait trouvé dans les papiers de d'Astros des pièces qui compromettent cet évêque et qui prouvent combien ses principes sont mauvais. On a nommé l'évêque de Gand, auquel Sa Majesté avait été forcée d'interdire sa présence peu de jours auparavant, parce que cet évêque avait été également compromis dans l'affaire de d'Astros ; parce qu'il avait défendu à ses curés de recevoir la décoration de la Légion d'honneur et qu'il avait composé une diatribe pour démontrer que cette distinction était incompatible avec les principes de l'Église. On a nommé l'archevêque de Bordeaux, vieillard dont la surdité est telle qu'il est impossible de lui rien faire comprendre et de lui faire saisir la circonstance où l'on se trouve. On a nommé deux cardinaux. En pareil cas, les Conciles et Assemblées ne les ont jamais mis en première ligne, surtout lorsqu'il a été question de discuter les affaires relatives au Saint-Siège.

« Après dix jours de discussion, cette commission a fait au Concile, par l'organe de l'évêque de Tournai, un rapport qui sera à jamais un monument de mauvaise foi et d'ignorance. Ce rapport dit : 1° que l'Église de France, réunie au Concile national, n'a point le droit de pourvoir à sa conservation, même dans le cas de nécessité; 2° que le *mezzo termine*, qui avait été proposé, ne peut être accepté ; comme si ce *mezzo termine* n'avait pas été le résultat d'une concession faite par l'Empereur à la Commission... Les trois articles qu'avaient obtenus de l'Empereur le cardinal de Lyon et l'archevêque de Tours n'étaient point ce qui convenait le plus à Sa Majesté, puisqu'elle préférait l'institution canonique pure et simple, conférée par le métropolitain ou par le Concile conformément à la déclaration qu'elle avait faite, que le Concordat était abrogé. L'Empereur n'a pu voir dans cette conduite que l'intention de lui manquer. Comment la Commission pouvait-elle dire que le Concile n'est pas compétent en cas de nécessité, lorsque la majorité des membres de la Commission, dans d'autres circonstances, ont signé le contraire?... Il parut en conséquence à Sa Majesté qu'une Assemblée ainsi divisée, et dont ceux qui avaient sa confiance portaient le mauvais esprit et la mauvaise foi à ce degré, ne méritait aucune confiance. Le Concile a été dissous. La police a fait arrêter les trois évêques de Tournai, de Gand et de Troyes qui, pendant la durée du Concile, se sont constamment réunis la nuit pour former des conciliabules avec des prêtres mal intentionnés. Leurs papiers ont été saisis. On y a trouvé la confirmation et de nouvelles preuves des griefs qu'on avait contre eux. Cette affaire est du ressort de la justice ordinaire qui juge les actions des citoyens.

« Sa Majesté nous avait ordonné d'autoriser les évêques à retourner dans leurs diocèses ; nous avons fait connaître, dès le premier jour, cette permission de Sa Majesté à ceux qui l'ont demandée. Les évêques d'Italie, mécontents du rapport de la Commission et de l'esprit qui paraissait l'avoir dirigée ; convaincus des mauvais sentiments qui animaient une partie des membres de cette Commission, se sont adressés au ministre des Cultes d'Italie qui a présenté à Sa Majesté l'adhésion de dix-neuf évêques aux articles proposés et leur improbation du rapport de la Commission. Plusieurs évêques ont eu occasion de faire connaître à l'Empereur, soit par le ministre des Cultes, soit par le ministre secrétaire d'État, soit directement, combien ils désavouaient la fausse direction donnée au Concile et tout ce qu'ils trouvaient de sagesse dans le *mezzo termine* proposé qui conciliait et finissait tout. A leur sollicitation, Sa Majesté a autorisé les ministres des Cultes de France et d'Italie à recevoir l'adhésion de chaque évêque, et elle a vu avec satisfaction que la majorité du Concile avait adhéré à ces principes... Sa Majesté nous ayant rendus responsables de la conduite de ces affaires, nous avons voulu réunir les évêques qui se sont mis en avant et ont adhéré au *mezzo termine* : 1° Pour leur témoigner la satisfaction de l'Empereur ;

« 2° Pour répondre à la démarche que vous avez faite en vous consultant plus immédiatement sur l'état actuel de la question ; puisque nous avons unité d'intention, ce concert entre nous devient naturel pour aviser aux moyens.

« Nous vous proposons donc de faire connaître votre opinion individuelle sur ces deux questions :

« 1° Le Concile national est-il compétent, dans le cas de nécessité, pour décider sur l'institution des évêques ?

« 2° Si une députation de six évêques (1), étant envoyée à

---

(1) *Cardinaux* dans la note de Napoléon.

Savone, Sa Sainteté refusait de confirmer le décret, les conventions se trouvant abrogées, y aurait-il nécessité?

« Le Concile resterait réuni jusqu'au retour de la députation. Si le Pape confirme le décret et donne l'institution canonique, tout sera terminé. Mais, en prévoyant le cas où le Pape refuserait de confirmer les décrets, il serait nécessaire que l'on fût assuré que le Concile déclarerait la nécessité et considérerait les conventions des 15 juillet 1801 et 16 septembre 1803 comme abrogées. Il prendrait des mesures, de concert avec Sa Majesté, pour pourvoir à la nomination, institution et consécration des évêques, conformément aux anciens usages de l'Église (1). »

Ici je mets en parallèle la note de l'Empereur et celle des Ministres pour faire ressortir leurs différences :

NOTE DE L'EMPEREUR AUX DEUX MINISTRES DES CULTES	NOTE DES MINISTRES AUX ÉVÊQUES
Résumé. Avoir l'opinion individuelle sur les deux questions : 1° Que le Concile est compétent pour les affaires de discipline et surtout pour l'institution des évêques dans le cas de nécessité; 2° Que le Concile prend l'engagement, en cas que la mission de la députation n'ait pas d'effet et que le Pape ne confirme pas le décret, de reconnaître la nécessité et de stipuler pour la nomination, l'institution et la consécration des évêques, les deux conventions étant abrogées. « Aussitôt, direz-vous aux évêques, que vous nous aurez fait	Vous aurez donc à donner immédiatement, si telle est votre opinion, votre adhésion aux propositions et au projet de décret dont nous allons donner lecture : 1° Le Concile national est compétent pour statuer sur l'institution des évêques en cas de nécessité; 2° Une députation de six évêques étant envoyée au Pape, si Sa Sainteté refuse de confirmer le décret proposé par le Concile, le Concile déclarera qu'il y a nécessité. En ce cas, il sera pris par le Concile, de concert avec Sa Ma-

(1) Et le Concile n'aurait plus qu'à recevoir le rapport de la députation (note de Napoléon).

connaître immédiatement votre opinion sur ce plan, nous la soumettrons à Sa Majesté. Par ce moyen nous serons sûrs de marcher d'accord et de bien nous entendre (1).

jesté, des mesures à l'effet de pourvoir à la nomination, institution, et consécration des évêques, conformément aux anciens usages des Églises, antérieurs aux Concordats.

Le rapport des deux ministres des Cultes de France et d'Italie, à quelques différences près, n'était que l'expression même de la volonté impériale ; mais il fallait faire connaître ces différences. Une des plus importantes était la compétence du Concile dans les affaires de discipline, demandée par Napoléon et écartée par les ministres eux-mêmes. Ceux-ci lurent ensuite aux évêques le projet de décret relatif à la vacance des archevêchés et évêchés, à la nomination aux sièges vacants, à l'institution canonique obligatoire dans les six mois après notification au Pape; à la dévolution de cette institution au métropolitain ou au plus ancien évêque de la province ecclésiastique, en cas de refus persistant du Pape; à la présentation de ce décret par une députation de six évêques à l'approbation du Pape, décret dont nous allons faire connaître bientôt les termes exacts et le vote par le Concile.

Le rapport des deux ministres, à la date du 27 juillet, fait cette constatation après la lecture : « Un mouvement général de satisfaction et de dévouement, tel qu'il serait impossible de l'exprimer, s'est manifesté dans l'Assemblée. Les deux ministres ont été priés par tous les archevêques et évêques de porter au pied du trône l'hommage d'une éternelle reconnaissance pour eux et pour leurs Églises. Des archevêques et des évêques se sont présentés en grand nombre pour donner sur-le-champ leur adhésion aux propositions et au projet de décret. Les deux ministres ont jugé plus convenable qu'il en fût remis à chacun d'eux la copie, afin de bien peser les dispositions et de donner leur avis en plus entière connaissance (2). » Ici le rapport exagère certainement ; mais il est évident que des prélats, comme

(1) Archives nationales, AF^{IV} 1047.
(2) Ibid.

Maury, ont dû, en cette triste circonstance, faire montre d'une servilité et d'une soumission dont ils ne comprenaient pas l'indignité. Les membres présents au ministère des Cultes le 27 juillet étaient les cardinaux-archevêques de Paris, Rouen, Sienne ; le patriarche de Venise ; les archevêques d'Aix, Besançon, Florence, Malines, Pavie, Pise, Ravenne, Toulouse, Tours et Turin ; les évêques d'Adria, d'Aix-la-Chapelle, d'Ajaccio, d'Albenga, d'Angoulême, d'Arras, d'Asti, d'Avignon, d'Autun, de Bayeux, de Bayonne, de Bois-le-Duc, de Bragance, de Brescia, de Cahors, de Cambrai, de Carcassonne, de Casal, de Cerdia, de Chambéry, de Chioggia, de Citta della Pieve, de Clermont, de Comacchio, de Como, de Cortone, de Coutances, de Cromo, de Dijon, de Feltre, de Forli, de Grasseto, de Liège, de Limoges, de Livourne, de Mayence, de Meaux, de Mende, de Metz, de Mondovi, de Montpellier, de Munster, de Namur, de Nancy, de Nantes, d'Orléans, d'Osnabruck, de Padoue, de Pescia, de Pistoja, de Plaisance, de Quimper, de Rennes, de Rimini, de Saint-Flour, de San Miniato, de Sarzane, de Savone, de Sion, de Sevana, de Strasbourg, de Trente, de Trèves, de Trévise, de Valence, de Vérone, de Vigevano, de Vintimille et de Volterra, soit quatre-vingt trois prélats.

« On ramassa, dit à ce propos Talleyrand dans ses Mémoires, les évêques qui n'étaient pas encore partis de Paris et ceux qu'on y retint par ordre. On les appela chacun séparément chez le ministre des Cultes et l'on obtint d'eux une approbation écrite au projet de décret avec un nouvel article qui statuait que le décret serait soumis au Pape et que l'Empereur serait supplié de permettre qu'une députation de six évêques se rendrait auprès de Sa Sainteté pour la prier de confirmer le décret... C'était une double inconséquence puisque, d'une part on soumettait au Pape les propositions auxquelles il avait déjà consenti, et que de l'autre on sollicitait son approbation, quand on avait dissous le Concile pour avoir demandé cette approbation (1). » La seconde partie de l'ar-

(1) *Mémoires*, t. II, p. 106.

gument est juste ; la première ne l'est pas, car le Pape n'avait point au mois de mai donné l'approbation dont parle Talleyrand. L'inconséquence ne portait donc que sur l'approbation à solliciter, alors qu'on avait dédaigneusement écarté cette demande d'approbation. Talleyrand commet une autre erreur lorsqu'il dit qu'il n'y avait absolument aucune différence, quant au fond, entre ce qui avait été proposé d'abord par le Concile et ce qui allait être adopté par la nouvelle Assemblée. Il y avait au contraire une différence notable entre l'article 5 ancien et l'article 5 nouveau. En effet, l'article 5 voté le 7 juillet, publié et puis rétracté le 8 (ce qu'il ne faudrait pas oublier), stipulait : « Le présent décret sera soumis à l'approbation de l'Empereur pour être publié comme loi de l'État. » L'article 5 nouveau portait : « Le présent décret sera soumis à l'approbation de Notre Saint-Père le Pape » et ajoutait qu' « une députation de six évêques irait le prier de confirmer ce décret qui pourrait seul mettre un terme aux maux des Églises de l'empire français et du royaume d'Italie », alors que l'article 6 ancien, qui comprenait cette disposition, la présentait de façon à faire croire à l'adhésion indubitable du Pape en ces termes : « *pour le remercier d'avoir par cette concession mis un terme aux maux des Églises de France et d'Italie.* » Donc, les différences entre les deux textes étaient considérables. Si l'ancien évêque d'Autun n'avait point fait ces remarques, c'est parce qu'il n'avait pas confronté les deux textes. Il faisait seulement observer que la suppression de l'approbation impériale ne modifiait rien, puisque le projet n'était que l'expression littérale de la propre demande de l'Empereur (moins l'obligation d'en faire une loi d'État).

Il est un fait qu'il convient de signaler dans la déplorable fin du Concile national de 1811, c'est que beaucoup d'évêques, après avoir hésité à signer leur adhésion au décret, crurent soulager les inquiétudes de leur conscience en donnant une signature motivée. Les uns dirent : « Si ce que les évêques allés à Savone avaient rapporté de l'adhésion du Pape était vrai…, » les autres « si le Pape y consent » ; les autres

enfin : « s'il plait ainsi au Saint-Père ». Consalvi constate
« qu'avec ces réserves les faibles crurent tout concilier, c'est-
à-dire leurs devoirs et leur conscience avec leur propre sauvegarde et une satisfaction suffisante donnée à la Cour ». Mais ils
ne réfléchissaient pas que leurs signatures faisaient nombre
et fournissaient aux ministres le moyen de pouvoir dire aux
autres que le chiffre des signataires augmentait chaque jour,
et cela sans mentionner leurs réserves. « Ils ne réfléchissaient
pas au scandale qu'ils donnaient aux gens de bien à qui ces
réserves n'étaient pas connues. Ils ne réfléchissaient pas non
plus à l'embarras dans lequel ils allaient mettre le Pape, qui
devrait ou céder au nombre imposant de tant de signataires,
ou encourir le reproche d'un entêtement obstiné et intéressé,
quand on verrait que lui seul opposait opiniâtrement un refus,
non seulement à la Cour, mais encore au très grand nombre
des évêques des deux nations (1). »

L'Empereur et ses ministres étaient donc assurés qu'ils
auraient un nombre de signatures suffisant pour faire croire au
Pape que la grande majorité du Concile avait adhéré au projet. Quant aux réserves faites par la minorité, ils pensèrent en
diminuer la valeur par l'article 5 qui stipulait qu'une députation d'évêques irait soumettre le décret au Pape et lui en
demander l'approbation. Cependant, l'hypothèse d'un nouveau refus du Pape était admissible. Que ferait-on au cas où
le projet, même modifié, serait encore une fois écarté par
lui?... On eut alors l'idée astucieuse de soumettre à la signature des évêques, à côté de la feuille du décret, une autre
feuille qui ne contenait que deux articles. Dans le premier,
le Concile était proclamé compétent pour la question de
l'institution canonique. Dans le second, on déclarait que si le
Pape refusait d'adhérer au décret, le Concile se trouverait
alors *dans le cas de nécessité* et pourrait prendre, d'accord
avec Sa Majesté, les mesures opportunes pour faire nommer,
instituer et consacrer les évêques, conformément aux Canons

---

(1) *Mémoire inédit sur le Concile de 1811*, p. 52.

et aux usages antérieurs au Concordat. Cette proposition fut faite aux évêques par le ministre des Cultes, le 27 juillet. Que dit à ce sujet Consalvi très bien renseigné? C'est qu'en regardant de près la feuille qui contenait les deux articles, son irrégularité et son impiété étaient telles qu'elles devaient effrayer ceux mêmes qui étaient timides, imprévoyants ou ambitieux. Aussi, assure-t-il que si la plupart signèrent le premier des deux articles qui reconnaissait le Concile compétent, très peu au contraire consentirent à signer le second article qui déclarait que le refus du Pape constituait le cas de nécessité... « Il y eut seulement vingt-quatre ou vingt-cinq évêques capables de fouler aux pieds tout principe, tout devoir, toute considération et qui, partant, se prêtèrent à le signer (1). »

De toute façon, le gouvernement croyait avoir entre les mains le moyen de triompher de la résistance du Pape. La première feuille, signée par la majorité des évêques, lui assurait le résultat désiré, si le Pape, vaincu par l'apparente union des évêques, approuvait et confirmait le décret. La seconde feuille, bien que signée par une petite partie, rassurait encore le gouvernement, car la déclaration de compétence du Concile, *en cas de nécessité*, avait fait faire à la question un grand pas. En effet il ne serait pas difficile, à l'occasion, de prouver que le refus obstiné du Pape et les dommages causés à l'Église par ce refus constitueraient « les nécessités » de pourvoir aux vacances épiscopales. Tout était donc propice pour réparer la faute de la dissolution du Concile. « A l'improviste, rapporte Consalvi, les feuilles publiques, un beau jour, dirent que le cardinal Fesch, président du Concile, par une circulaire aux Pères avait fixé une congrégation pour le jour suivant. Par ces quelques paroles artificieuses, on voulait faire croire à la foule que le Concile avait toujours continué et qu'après avoir étudié les matières, il se réunissait enfin pour en délibérer... Ainsi à l'exception de ceux qui, à Paris, suivaient cette affaire et de ceux à qui il en fut écrit de Paris, la suppression puis le

---

(1) *Mémoire inédit*, p. 56, 57.

rétablissement du Concile qui devait avoir lieu le 5 août, restèrent choses inconnues à la majorité du public (1). »

Lorsqu'il eût eu connaissance du rapport, Napoléon ordonna à Bigot de Préameneu de lui préparer un décret sur la réouverture du Concile qui fut rédigé en ces termes :

« Napoléon, Empereur des Français, etc.

« Vu le procès-verbal de la séance tenue le 27 juillet chez le ministre des Cultes par les évêques du Concile, nous avons décrété et décrétons ce qui suit :

« Art. 1er. — Le Concile national, convoqué par notre circulaire du 25 avril de la présente année, qui avait été dissous par notre décret du 10 juillet suivant, est autorisé à se réunir et à continuer ses séances.

« Art. 2. — Le cardinal Fesch est agréé pour président. Les secrétaires et promoteurs seront renommés.

« Art. 3. — Dans toutes les nominations et députations, l'Église d'Italie sera toujours représentée dans le rapport de un à quatre, c'est-à-dire que sur quatre membres, il y en aura toujours un du royaume d'Italie (2). »

Le procès-verbal fut remis à l'Empereur qui y répondit cinq jours après par une note péremptoire dont voici le début :

« La séance chez le ministre des Cultes, qui n'était pas officielle, par le considérant du décret devient une assemblée du Concile. » Napoléon contredisait par là Bigot de Préameneu qui avait pris soin d'informer la réunion des évêques qu'elle n'était pas « une assemblée délibérante ». L'Empereur continuait ainsi : « Il sera nécessaire que, dans les procès-verbaux du Concile, on mette les adresses d'adhésion au décret, le discours du ministre des Cultes, le procès-verbal de l'Assemblée et la deuxième adhésion au projet.

« Cela explique suffisamment ma conduite et l'explique

---

(1) *Mémoire inédit sur le Concile national de 1811*, p. 58 à 60.
(2) Archives nationales, AF¹ᵛ 1047. L'article 2 fut modifié ainsi le 3 août : « Il sera procédé par le Concile à la nomination des membres du Bureau, des secrétaires et promoteurs du Concile. »

sans subterfuge. J'ai été mécontent du Concile. Je l'ai dissous, parce qu'il est une assemblée de mes sujets. J'ai été mécontent des évêques. Je les ai séparés. Ils m'ont donné des garanties. Je les ai réunis. Le Concile national est une assemblée qui m'appartient. J'ai le droit d'en régler la forme de toutes les manières. Ce qui appartient au pouvoir spirituel est la manifestation pure et simple de son opinion. Le pouvoir séculier n'y peut rien. Il a été d'usage d'admettre des laïques dans les Conciles, et les évêques de France en 1791 réclamaient la réunion du civil et du clergé pour ces affaires (1). Je ne dois donc rien au Concile, et le Concile me doit tout. Je le consulte à mon profit, parce que je ne veux pas me séparer de la religion et parce que les évêques ont la connaissance des choses saintes. Tout ce qu'il fait, tout ce qu'il dit, est nul, s'il n'est approuvé par moi. Ils font à mon profit; or, puisqu'ils font à mon profit, c'est moi seul qui puis connaître si leurs actes sont le résultat de l'opinion de la majorité ou non. Le Concile une fois convoqué, on doit procéder à l'exécution du décret et l'on doit nommer les officiers du Concile. Que le cardinal Fesch les propose, c'est le plus simple. »

Le ministre des Cultes présenta comme secrétaire l'archevêque de Turin, les évêques de Pavie et de Bayeux; puis, comme promoteurs, les évêques de Plaisance et de Feltre. Quant à la police du Concile, il voulut en charger les archevêques de Tours, de Venise et l'évêque d'Évreux. Ce choix avait été décidé à l'hôtel de Saxe où s'étaient réunis en un dîner la plupart des futurs titulaires. Une fois les officiers du Concile nommés, Bigot de Préameneu dut les appeler et leur dire : « Nous avons rendu compte à S. M. l'Empereur de l'assemblée du 27 juillet et de l'opinion qu'y a manifestée la majorité des évêques. Sa Majesté s'est décidée à rendre sa confiance au Concile et s'est persuadée que la majorité des membres est animée des sentiments d'obéissance et d'amour

---

(1) « On citera à cet égard l'Assemblée d'Orléans. » (Note de Napoléon.)

qu'ils doivent à leur Souverain; qu'elle est animée des vrais principes de l'Église qui, de tout temps, ont distingué l'école de Paris, de Pavie, de Padoue et qui ont constamment maintenu les droits de l'Église. Et effectivement, il ne serait pas de la justice de l'Empereur de confondre la majorité des évêques avec un petit nombre d'hommes ignorants et malveillants qui, au lieu d'employer le caractère sacerdotal à faire renaître l'union entre le chef de l'Empire et le chef de la religion, se plaisent à exciter des désordres, sans en calculer toutefois la conséquence pour eux-mêmes. Car le temps d'arriver à la réputation et à l'illustration en faisant des éclats, sous prétexte d'appuyer les prérogatives de la Cour de Rome, est passé; et ceux qui s'écarteraient du respect qui est dû au Souverain, qui est le fond de la doctrine de Jésus-Christ, et de ce qui est dû aux droits et à la dignité de l'Église, n'éprouveraient que confusion et honte. Le moindre reproche que les hommes pourraient leur faire est celui de l'ignorance des premières notions de l'histoire de l'Église, qui sont à la connaissance de tout le monde. N'avons-nous pas entendu dire que l'institution canonique, qui a été accordée au Pape, était de droit divin? Une pareille assertion suppose tant d'ignorance qu'on est obligé de craindre qu'il n'y ait de la malveillance (1). »

Bigot de Préameneu termina son discours par une invitation au bureau de voter le projet de décret auquel avaient déjà adhéré de nombreux évêques. Il allait être obéi. L'un des Pères du Concile, l'évêque de Troyes, tenant à se distinguer du *vulgum pecus*, crut devoir donner à son adhésion une forme explicite et solennelle. « N'ayant pu, dit-il, déclarer dans le Concile nos véritables sentiments sur la question qui a pour objet l'institution canonique des évêques; saisissant avec empressement cette occasion de témoigner à S. M. l'Empereur et Roi une soumission contre laquelle ne réclament ni les principes ni notre conscience, et que solli-

(1) Archives nationales, AF.IV 1047.

citent le bien de l'Église de France et le salut des fidèles qui la composent; croyant qu'il est de notre devoir de tenir aux opinions de l'Église gallicane et d'en défendre les vraies et précieuses libertés; résolu néanmoins de ne nous écarter en rien du respect et de la vénération dus au Saint-Siège, ni de blesser aucune des prérogatives que le divin Auteur de la religion chrétienne a données à saint Pierre et à ses successeurs, quant à l'honneur et à la juridiction nous estimons : 1° que l'institution canonique des évêques dans la longue durée de l'Église a été sujette à trop de variations pour qu'on puisse regarder le droit de l'accorder comme inhérent au Saint-Siège en vertu d'une concession qui lui aurait été faite par Jésus-Christ; 2° qu'ainsi le droit d'instituer canoniquement les évêques, exercé à différentes époques dans l'Église de France par le Souverain Pontife, n'est le fruit que d'une réserve, ou légitime dans son origine, ou légitimée par l'adoption tacite que l'Église en a faite; 3° que cette réserve, tout importante et tout respectable qu'elle soit, se trouve, comme toutes les autres, soumise à l'empire des circonstances et de la nécessité... qu'en conséquence, on peut, dès à présent, si S. M. l'Empereur et Roi y consent, regarder comme l'ouvrage de deux puissances l'article à ajouter au Concordat dans la forme proposée au Concile par un projet de décret en cinq articles auxquels nous adhérons (1). »

Voici la teneur exacte de ce décret :

« ARTICLE PREMIER. — Conformément à l'esprit des Canons, les archevêchés et évêchés ne peuvent rester vacants plus d'un an pour tout délai. Dans cet espace de temps la nomination, l'institution et la consécration doivent avoir lieu.

« ART. 2. — L'Empereur sera supplié de continuer à nommer aux sièges vacants, conformément au Concordat, et les nommés par l'Empereur s'adresseront à N. S. P. le Pape pour avoir l'institution canonique.

« ART. 3. — Dans les six mois qui suivront la notification

---

(1) Archives nationales, AF^{IV} 1047. — Cf. ci-dessus, p. 238.

faite au Pape par les voies d'usage de la dite nomination, le Pape donnera l'institution canonique conformément au Concordat.

« Art. 4. — Les six mois expirés, sans que le Pape ait accordé l'institution canonique, le métropolitain ou, à son défaut, le plus ancien évêque de la province ecclésiastique, procédera à l'institution de l'évêque nommé, et s'il s'agissait d'instituer le métropolitain, le plus ancien évêque de la province conférerait l'institution.

« Art. 5. — Le présent décret sera soumis à l'approbation de N. S. P. le Pape, et à cet effet Sa Majesté sera suppliée de permettre qu'une députation, composée de six évêques, se rende auprès de Sa Sainteté pour le prier de confirmer ce décret qui seul peut mettre un terme aux maux des Églises de l'Empire français et du Royaume d'Italie. »

L'évêque de Troyes, en adhérant au décret, ajoutait que s'il restait quelques difficultés à ce sujet, elles seraient toutes levées par la déclaration de Pie VII aux évêques députés à Savone. Il croyait sincèrement au témoignage de ces évêques qui donnaient à cette déclaration le plus haut degré de la certitude morale. Il le croyait, mais sans avoir vérifié si le Pape avait réellement adhéré à la note de Savone et s'il n'avait pas au contraire, comme cela avait eu lieu, protesté contre son contenu et sa portée.

Le grand-juge Régnier, duc de Massa, rompu aux subtilités du barreau et prêt à défendre toutes les causes, était encore plus empressé que l'évêque de Troyes. Au nom d'une commission spéciale, chargée d'examiner le projet de décret touchant l'institution canonique des archevêques et évêques, il blâmait hautement l'opiniâtreté du Pape qui, « égaré sans doute par des conseils pernicieux », s'obstinait à refuser les Bulles aux évêques nommés. « Il ne fonde point, écrivait-il le 3 août à l'Empereur, ce refus sur l'indignité et l'incapacité des sujets; mais, à l'exemple de plusieurs de ses prédécesseurs, il s'est armé de son autorité spirituelle pour soutenir de vaines prétentions temporelles, comme s'il y avait quelque rapport entre celles-ci et celle-là. Il eût dû ne pas oublier qu'une convention solennelle l'obligeait à faire expédier ces Bulles et que Votre Majesté l'ayant fidèlement exécutée de sa part, nul prétexte ne pouvait le dispenser de l'exécuter de la sienne. » Il constatait que l'administration des diocèses souffrait dans toutes ses parties d'un état de choses aussi déplorable. Il fallait donc suppléer au refus de Pie VII. « Vous le pouvez, Sire, affirmait Régnier; nous osons dire plus, vous le devez. Monarque de la France, vous êtes le protecteur né de ses Églises, et c'est de vous seul qu'elles peuvent attendre du secours dans l'état d'abandon où l'on affecte de les laisser. Le Pape, en refusant de conférer la prélature, répudie lui-même une concession qu'il tient de votre munificence. Sire, rentrez dans vos droits! Ressaisissez ce que vous aviez accordé! On ne pourra pas dire que c'est inconstance ou abus de la puissance et de la force, car c'est le Pape lui-même qui vous en impose la nécessité (1). »

A ceux qui soutiendraient que les Souverains Pontifes ont, de droit divin, la disposition entière des archevêchés et des évêchés, Régnier répondait que « dès les premiers siècles de la monarchie nos Rois furent en possession de conférer les prélatures, non par concession des Papes, mais par un droit inhérent à leur couronne ». Il invoquait à cet égard les précédents recueillis par Grégoire de Tours, M. de Marca, le P. Thomassin, l'abbé de Vertot, Baluze, Bouchel, Marculfe, les décisions du Concile de Paris en 829; celles des Conciles d'Aix-la-Chapelle, de Thionville et de Meaux en 844 et 845, du Concile de Reims en 975. « Sous les deux premières races, continuait Régnier, nos rois ne déléguaient à personne l'élection des évêques. Ils choisissaient eux-mêmes les sujets et leur donnaient l'investiture, tandis que le métropolitain leur conférait l'institution canonique pour l'administration spirituelle; mais sous la troisième race, nos Rois, ayant considéré que les élections faites par le clergé et par le peuple pou-

---

(1) Archives nationales, AF.IV 1047.

vaient produire d'heureux résultats et leur procurer les meilleurs sujets, ils accordèrent à un grand nombre de communautés séculières et régulières des chartes par lesquelles il fut permis à chacun de ces corps de se choisir des prélats. Bientôt ce droit d'élection fit des progrès et s'établit presque universellement... Les peuples n'abusèrent jamais contre les rois de ce droit d'élire qu'ils tenaient originairement de la munificence royale. Ils soumirent leurs élections à l'autorité du Roi, lui demandèrent toujours la permission d'élire et le supplièrent d'accorder sa nomination à celui qui avait été élu. Le Roi, de son côté, en agréant le Prélat qui lui était présenté, avait grand soin de conserver toute l'indépendance et toute la souveraineté de sa nomination. Ainsi ces élections, d'ailleurs étrangères aux Papes n'ont pas porté la plus légère atteinte au droit primordial de nos Rois. Loin de là, il est évident qu'elles en forment une nouvelle preuve. »

Le Grand-Juge constatait que c'était au métropolitain et non pas aux Papes qu'on s'adressait alors pour recevoir l'institution canonique. « Ce n'est pas que, ajoutait-il, sous la troisième race surtout, les Papes n'aient fait éprouver aux Rois de grandes contradictions. La puissance des Papes s'étant accrue par des événements dont ils avaient été habiles à profiter, bientôt ils ne mirent plus de bornes à leurs prétentions... Ainsi, ayant établi comme un point de doctrine et fait établir par leurs écrivains mercenaires qu'à eux seuls de droit divin appartenait de donner les évêchés et archevêchés, et que les princes temporels étaient des usurpateurs, il leur fut facile à l'aide de ce très faux prétexte de colorer leurs invasions sur la prérogative de nos Rois. » Régnier blâmait l'adresse avec laquelle les Papes profitèrent de la faiblesse et de la pusillanimité de quelques Rois, de l'enfance et de la minorité de certains autres et surtout des troubles suscités par leur avidité à vouloir envahir les archevêchés, évêchés et abbayes, « monstrueux abus qui jamais n'ont pu produire un droit légitime, quelle qu'en ait été la durée » ! Pour lui les droits de la Couronne étaient imprescriptibles.

Examinant le Concordat de 1516, le Grand-Juge estimait que le pape Léon X avait profité de la condescendance de François Iᵉʳ pour obtenir ce fameux Concordat par lequel il acquit, pour lui et ses successeurs, la collation des bénéfices consistoriaux sur la nomination du Roi, portion très considérable d'une prérogative qui jusque-là dans le droit avait appartenu à nos Rois sans partage. « Heureuse pourtant la France, disait Régnier, si, se contentant de cette magnifique acquisition, les Papes en avaient toujours usé avec cet esprit de modération qu'on devait attendre du Chef de l'Église; mais ils n'ont pas tardé au contraire à la regarder comme une arme redoutable entre leurs mains, dont ils sauraient se servir pour contraindre nos Rois aux plus injustes concessions. De là, ces refus arbitraires de Bulles, moyens violents pour tâcher d'arracher par la force ce qu'on sentait bien qu'il était impossible d'obtenir à titre de justice (1). » Régnier remarquait cependant que nos Pères, élevés et nourris dans les principes de l'Église gallicane, ne s'étaient pas effrayés de ces menaces. Il rappelait que, dans le milieu du quinzième siècle, Noël Brulard, procureur général du Parlement de Paris, s'exprimait ainsi : « Si le Pape ne veut pas garder le Concordat, il faut retourner au droit commun. » En 1593, le Parlement de Paris rendit un arrêt par lequel les évêques nommés étaient autorisés à recevoir du métropolitain le titre canonique qu'il ne pouvaient obtenir de Rome, ce que le président de Thou appelait *Legitimum remedium in scissura*. Régnier citait encore d'autres précédents, puis s'écriait : « Mais qu'est-il besoin d'accumuler ici les autorités? La chose ne s'établit-elle pas d'elle-même et sans le secours des citations? Pie VII, méconnaissant ses véritables intérêts, ne veut pas exécuter le Concordat de l'an IX; il faut donc en revenir au droit commun et se reporter aux temps qui ont précédé les Concordats... Rentrez donc, Sire, dans la possession pleine et entière de vos droits que vous avez con-

---

(1) Archives nationales, AF⁴ 1047.

senti à partager. Le Pape lui-même répudie ce partage qu'il ne devait qu'à votre générosité et à votre condescendance. Il vous force donc à reprendre le tout. Oui, Sire, il vous y force, car vous ne pouvez pas abandonner les Églises de France, quand il les abandonne! Redevenu patron et collateur tout à la fois, les ecclésiastiques que vous avez nommés aux prélatures n'auront plus besoin que du métropolitain pour l'institution, comme il se pratiquait dans les temps heureux de la bonne et ancienne discipline (1). »

Régnier ajoutait que, même devant le refus de certains métropolitains, on trouverait d'autres moyens pour faire donner l'institution canonique aux archevêques et évêques nommés. Est-ce qu'autrefois, en de pareilles circonstances, les Parlements n'avaient pas commis d'autres prélats pour y suppléer et pour ne pas laisser s'appesantir sur eux le joug de la Cour de Rome? Passant alors aux moyens d'exécution, le Grand-Juge conseillait d'interjeter appel comme d'abus des refus du Pape, de les faire déclarer nuls et abusifs par les Cours impériales, d'ordonner que les prélats nommés se retireraient devant le plus ancien suffragant de la métropole ou le métropolitain, pour en recevoir l'institution canonique. A défaut du plus ancien suffragant ou du métropolitain, un autre prélat, « mieux pénétré de ses devoirs et point soupçonné d'une secrète connivence avec le Pape, serait nommé pour conférer cette institution (2) ». Voilà à quelles conclusions aboutissait Régnier, duc de Massa, ancien membre de la Constituante et des Anciens, l'un des fauteurs du 18 Brumaire et ayant reçu pour ses services la dignité de conseiller d'État, le portefeuille de la justice, puis une sénatorerie et la présidence du Corps législatif. Il savait mieux que personne quels étaient les droits de son nouveau maître, lui qui avait tant étudié « les droits de nos Rois ».

Aussi, suivant ses conseils, Napoléon prépare-t-il un nouveau décret qu'il le charge d'exécuter. Ce décret disait dans

(1) Archives nationales, AF^{IV} 1047.
(2) Ibid.

son préambule que, malgré toutes les représentations faites au nom de l'Empereur, le Pape avait refusé d'instituer un grand nombre d'archevêques et évêques nommés, qui cependant étaient des sujets reconnus par leurs mœurs, leur doctrine et leur capacité; que le Pape n'avait pas exécuté le Concordat du 23 fructidor an IX et que la protection due par l'Empereur aux Églises de France ne permettrait pas de laisser plus longtemps ces nominations sans effet. Par les articles 1 à 6 de ce décret, Napoléon faisait interjeter appel de ce refus par ses Procureurs généraux; ordonner par la Cour impériale aux prélats nommés de s'adresser au plus ancien suffragant de la métropole ou au métropolitain pour en recevoir l'institution canonique; décider que si le plus ancien suffragant et le métropolitain refusaient d'instituer, le refus serait déclaré nul et abusif et leur temporel saisi et séquestré; faire nommer en ce cas par les Cours impériales à leur place d'autres prélats et enfin statuer qu'à l'avenir si dans les six mois qui suivraient la nomination le Pape n'avait pas institué l'évêque nommé, il en serait statué comme il était dit aux articles 2, 3 et 4 (1). Le Grand-Juge avait cru devoir, dans un nouveau rapport, informer l'Empereur, au cas où le refus par le Pape ou par le métropolitain amènerait des manifestations regrettables, que les moyens coercitifs et répressifs du Code pénal ne laissaient rien à désirer sur ce point. Toutefois, comme ces crimes sortaient de la classe ordinaire et intéressaient plus particulièrement l'ordre public, il lui paraissait convenable, « lorsque le cas était disposé à peine afflictive ou infamante, qu'ils fussent jugés avec une plus grande solennité, et que les Cours impériales, Chambres assemblées, y prononçassent sans jury ». Ces mêmes Cours étaient déjà, par l'art. 10 de la loi du 20 avril 1810, constituées juges en premier et dernier ressort des archevêques et évêques en matière de police correctionnelle (2). Par un autre décret, Napoléon ratifia cette proposition du Grand-Juge.

(1) Archives nationales AF^{iv} 1047.
(2) Ibid.

Les décrets publiés au *Moniteur* achevèrent d'intimider la plupart des évêques restés à Paris. Le Concile se réunit le 5 août sous la présidence du cardinal Fesch qui n'osa maintenir le noble refus adressé par lui à l'Empereur, le 24 juillet, et se conforma à l'avis de la majorité. D'après le Mémoire inédit de Consalvi, l'objet de l'Assemblée du 27 juillet chez le ministre des Cultes avait été de transformer en acte conciliaire ce qui n'était encore qu'acte privé. Deux propositions furent d'abord soumises au Concile en ces termes : « Le Concile national est compétent pour statuer sur l'institution des évêques en cas de nécessité. Si le Pape refuse de confirmer le décret que le Concile fera sur l'institution des évêques, ce sera le cas de nécessité. » Seul, l'archevêque de Bordeaux déclina la compétence du Concile en matière d'institution canonique. Sans tenir compte de sa protestation, tous ses collègues adoptèrent silencieusement les deux propositions. On présenta ensuite aux membres du Concile la minute du décret dans l'exposé des motifs duquel était rapporté ce qu'avait voulu le gouvernement au sujet de l'institution des évêques. Ceux qui l'avaient signé ne purent, le 5 août, revenir sur leur adhésion; aussi le décret fut-il adopté par 80 voix contre 13. Les opposants étaient l'archevêque de Bordeaux; les évêques d'Agen, de Digne, de Grenoble, de Mende, de Montpellier, de Saint-Brieuc, de Vannes; les évêques nommés d'Angers, de Limoges, de Poitiers; l'évêque de Namur et l'évêque de Jéricho. Le Président du Concile s'était borné à dire aux Pères que tous savaient bien ce que l'on proposait et que, partant, il était inutile d'en parler. Le vote eut donc lieu par assis et levé, sans discussion. Contrairement à la règle des Conciles, ce ne fut pas en session, mais en congrégation seulement que le vote eut lieu (1). « Aussi,

---

(1) *Mémoire inédit sur le Concile national*, p. 62. — Voici comment M. Thiers, qui n'est pourtant pas favorable à la résistance des évêques fidèles au Saint-Siège, termine ses observations sur le Concile de 1811 : « Napoléon avait accepté cette fin du Concile, d'abord parce que c'était une fin; ensuite parce qu'il avait à peu près atteint son but, en obtenant la limite fort étroite de l'institution canonique. Mais moralement il se sentait battu, car une opposition, d'autant plus significa-

conclut Consalvi, l'on peut appliquer à ce Concile cette parole de Salluste : *Bonis initiis fœdos eventus habuit.*

Le cardinal Fesch avait, suivant sa promesse, intercédé en faveur des évêques de Gand et de Tournai. Sans accorder la mise en liberté, Napoléon s'était borné à dire : « L'évêque de Tournai est un fou! Quant à l'évêque de Gand, c'est un jeune homme dans toute la force des passions. » Sur l'insistance de la marquise de Murat, Fesch avait répondu que ses vénérables collègues ne le suivraient pas dans son intervention auprès de l'Empereur et il ajoutait : « Ce à quoi je me borne dans ce moment, c'est à empêcher le schisme qui est tout près. Nous sommes dans une terrible position! » En somme, très peu d'évêques, comme on l'a vu, osèrent résister. Toutes les exigences de l'Empereur allaient recevoir satisfaction. A la séance du 5 août, l'archevêque de Tours avait lu un rapport sur les négociations tentées à Savone par les trois prélats au mois de mai, et donné connaissance de la Note finale, sans dire que ce n'était là qu'un avant-projet, et qu'après réflexion le Pape l'avait repoussé. La plupart des membres du Concile croyaient donc que Pie VII allait approuver la décision des quatre-vingts évêques.

Le comte Laumond, conseiller d'État, fut chargé par l'Empereur de commenter le décret du 5 août et d'examiner spécialement « si l'espèce de restriction mise par le Concile dans son décret et que semblaient présenter les termes : *en cas de nécessité*, pouvait préjudicier aux droits que le Souverain a de remettre en vigueur les règles de l'ancienne discipline de l'Église concernant l'institution des évêques (1) ». Avant de se prononcer sur le fond de la position, le comte Laumond étudiait, dans un long rapport, en quoi consistaient les droits du Souverain et l'intérêt qu'il pouvait avoir à en soutenir le maintien. « Tout le monde aujourd'hui, disait-il,

---

tive qu'elle était involontaire et pour ainsi dire tremblante, s'était manifestée dans le clergé, et lui avait déclaré hautement qu'il était l'oppresseur du Pontife. Elle avait de plus trouvé mille échos dans les cœurs. » (*Le Consulat et l'Empire*, t. XIII.)

(1) Archives nationales, AF⁴ 1047.

est d'accord pour reconnaître que la nomination appartient à l'autorité temporelle. On ne conteste pas non plus que l'institution elle-même et la consécration n'appartiennent à l'autorité ecclésiastique. Mais les membres qui composaient l'autorité ecclésiastique, y compris l'évêque de Rome, n'étaient pas toujours d'accord ni sur le choix des membres du Corps à qui peut être déléguée la faculté d'instituer, ni sur toutes les formes accessoires et de discipline à suivre pour réaliser l'institution. Il a fallu un régulateur temporel qui ait le pouvoir et l'influence nécessaires pour empêcher les trop longues vacances des sièges et la ruine de l'épiscopat; car pour tout ce qui ne tient pas à la force et aux idées purement religieuses et à la conscience, c'est toujours sur la terre qu'il faut chercher des régulateurs. » Le comte Laumond remarquait que l'autorité des Rois avait dû naturellement intervenir dans les affaires concernant la discipline de l'Église. Suivant lui, les points historiques cités pour prouver que cette intervention avait eu lieu, avec plus ou moins de contradiction, démontraient seulement « que depuis plusieurs siècles une autorité, jusqu'alors inconnue, appelait une sorte d'empire universel toujours en contradiction avec la puissance des Princes, *et lorsque l'on est en guerre, on se sert de toutes les armes qui peuvent nuire*. Le refus de l'institution était une arme, et les Papes s'en servirent ». Le comte Laumond ajoutait que s'il y avait eu une série de Papes aussi simples, aussi purement spirituels, aussi dignes de leur mission que l'était saint Pierre, il n'aurait fallu ni Pragmatique Sanction ni Concordat. « L'Église eût consacré ses évêques, et les princes n'auraient eu ni l'idée ni le besoin d'intervenir en ce qui concerne le mode d'institution. » Il est permis de remarquer que la simplicité, la modestie et le désintéressement de saint Pierre ne l'ont pas empêché de trouver des persécuteurs qui lui ont fait subir le martyre.

Le rapporteur faisait ensuite observer qu'au milieu de discordes politiques les questions les plus simples s'embrouillèrent. Les droits furent interprétés suivant les circonstances, exagérés par le plus fort, prescrits contre le plus faible ; et pour y remédier on fit des arrangements. Ce fut, à l'occasion d'un des arrangements nommés Concordat, que les Papes conservèrent le droit d'instituer les évêques. « Mais, comme on ne transige pas ordinairement sur des droits incontestables, il fut permis au monde chrétien de croire que le fond de la question était au moins problématique... Les libertés de l'Église gallicane étaient de véritables axiomes, et cependant il avait fallu la puissance d'un grand Roi, les menaces des Parlements et le génie de Bossuet, pour qu'on osât proclamer que les Rois étaient maîtres chez eux, que deux ou trois cents évêques réunis sous l'influence de l'Esprit-Saint étaient, quant au spirituel, supérieurs à un seul évêque... et que les décisions de l'Église universelle étaient, en matière de foi, plus infaillibles que les jugements d'un de ses membres. » Le comte Laumond, qui donne perpétuellement des aphorismes pour des raisons indiscutables, ajoutait que ce ne furent ni les éloquentes déclarations du Parlement, ni la juste colère de Louis XIV, ni l'opinion du clergé qui déterminèrent la Cour de Rome à accorder les Bulles dont la France avait besoin pour donner trente Pasteurs à autant d'Évêchés. « La soumission des évêques, secrètement autorisée par les ministres de Louis XIV, et une lettre combinée dans laquelle des sujets se permettaient de dire à un prince étranger qu'ils regardaient, comme non délibéré et comme non ordonné, ce qui avait été délibéré et ordonné par une Assemblée que leur prince naturel avait convoquée, furent les seules causes déterminantes de l'envoi des Bulles. La grande question relative à l'institution se tr   a naturellement éludée, et le droit de Régale fut tacitement reconnu... Quant aux libertés de l'Église gallicane, on n'en parla plus que dans les nombreuses écoles de théologie surveillées par les évêques qui les professaient. On les éluda dans quelques autres... jusqu'à ce que par le sénatus-consulte du 17 février 1810 elles prirent enfin en France un caractère vraiment constitutionnel. »

Le comte Laumond établissait que, lorsque la religion catholique était dominante, le Prince devait voir dans le refus des bulles une atteinte contre l'État, et qu'alors il lui fallait négocier avec le Pape ou guerroyer avec lui. Actuellement, avec la tolérance accordée à tous les Cultes, le Chef de l'État, en France, n'avait d'autre devoir essentiel à remplir que de procurer à chaque religion les moyens d'avoir des Pasteurs dignes de la confiance du gouvernement. L'Empereur avait donc fait tout ce que sa haute sagesse pouvait lui suggérer dans l'intérêt du culte dont il partageait l'exercice avec la majorité des Français. Le rapporteur examinait ensuite si le clergé avait suffisamment répondu à « sa sollicitude paternelle » par le décret du 6 août. « La déclaration contenue dans ce décret, disait-il, paraît au-dessus de toute critique. Plus générale, elle aurait impliqué contradiction avec la nature de l'affaire qui y a donné lieu... La prudence prescrivait donc aux évêques de subordonner la déclaration de leur compétence au cas de nécessité. Il faut juger les hommes par rapport à la position où ils se trouvent... Les évêques, par leur décret, ont pris un engagement solennel et cet engagement ne peut devenir illusoire. » Le comte Laumond défendait les évêques contre toute idée de réserve fallacieuse et contre toute tentative future de résistance au pouvoir civil. « Indépendamment de leur caractère spirituel, ils composent, remarquait-il, une classe respectable de citoyens dignes d'estime et de confiance. Ils sont Français, et s'ils ont le sentiment de leur religion, ils ont aussi celui de leurs devoirs envers le Prince et la patrie. »

S'arrêtant cependant à l'objection possible d'une résistance des évêques à propos de l'institution canonique, il disait : « Si les évêques s'obstinaient à refuser un jour l'institution sous de vains prétextes, il est probable que le Souverain bornerait sa vengeance à les plaindre de leur aveuglement et à les priver de son estime et de ses bienfaits. Mais ils auraient besoin de sa clémence, et l'éternel reproche d'avoir été euxmêmes la cause de la dégradation et de la ruine de l'Épiscopat serait le premier châtiment de leur faute auquel ils ne pourraient échapper. » Le comte Laumond ajoutait qu'il fallait s'abstenir de pénétrer trop avant dans l'obscurité de l'avenir, et il faisait bien. Le présent suffisait à montrer ce que les imitateurs des évêques de Gand et de Tournai pourraient avoir à craindre. Il est certain que l'emprisonnement de ceux-ci à Vincennes pour avoir simplement défendu leurs convictions constituait une menace significative pour les autres évêques.

Le rapporteur concluait des observations qu'il venait d'émettre :

« 1° Que la déclaration du 5 août était une cinquième liberté de l'Église gallicane à ajouter aux quatre libertés déjà solennellement et constitutionnellement consacrées, ou qu'elle en était au moins le complément;

« 2° Qu'elle pouvait être enregistrée purement et simplement, sans aucun danger pour les droits de Sa Majesté.

« 3° Que, bien qu'il fût probable qu'elle fût suffisante dans les circonstances actuelles, on pouvait, sans aucun inconvénient, se dispenser de le dire dans l'enregistrement (1). »

Il convient maintenant de faire observer avec Consalvi que, dans l'article 2 du décret du 5 août, on avait introduit deux clauses très habiles. En effet, l'article disait d'abord « que l'Empereur serait supplié de nommer aux sièges vacants, conformément au Concordat ». Par là, on avait préparé un retour en arrière ingénieux pour effacer l'impression causée par le discours où Napoléon avait déclaré au Corps législatif que le Concordat n'existait plus, et que l'on procéderait dorénavant à l'institution d'après l'ancienne discipline. L'article 2 stipulait encore que les évêques nommés s'adresseraient au Pape pour obtenir l'institution canonique. C'était une sorte de précédent que l'on voulait créer ainsi pour se dispenser à l'avenir d'informer personnellement le Pape de ces nominations et le prier d'instituer les évêques nommés. Rien de plus adroitement machiné que toute cette affaire du Concile

(1) Archives nationales, AF^{iv} 1047.

de 1811, et il faut y regarder à deux fois pour ne pas négliger telle ou telle manœuvre qui prouve dans quels pièges on avait cherché à faire tomber l'illustre captif de Savone.

En résumé, il est à regretter que le Concile et son Président n'aient pas gardé jusqu'au bout la fermeté et la dignité de leur première attitude. Quelques prélats, comme l'archevêque de Bordeaux, l'évêque de Boulogne, l'évêque de Tournai et l'évêque de Gand, se dressaient cependant au milieu de la servilité générale, et c'est un spectacle réconfortant de voir ces hommes de cœur demeurer fidèles à la cause du droit et à leurs convictions religieuses. Les évêques, qui adoptèrent le décret, cherchèrent à pallier leur faiblesse en rappelant qu'ils n'avaient pas cru faire acte de rebellion, puisqu'en définitive ils demandaient formellement et espéraient l'adhésion du Pape (1). Ils ne s'étaient d'ailleurs résignés qu'à la dernière minute et ils avaient montré des hésitations et des scrupules que les autres serviteurs de l'Empire n'ont même jamais eus.

Mais quel souvenir glorieux le Concile de 1811 eût laissé de lui s'il eût, sans dépit et sans arrogance, refusé d'amoindrir ou d'abolir les prérogatives du Saint-Siège reconnues par un Concordat qui n'était pas encore abrogé? En maintenant les droits du Pape, les évêques n'auraient point porté atteinte aux droits de l'Empereur, puisque ceux-ci restaient tels que le Concordat lui-même les avait déterminés et fixés. Sans doute, ils se seraient exposés à encourir les reproches et le courroux de Napoléon; mais en empêchant l'Empereur d'asservir l'Église qui représentait la plus grande force morale, ils auraient défendu la religion, et avec elle, la liberté de tous les citoyens.

(1) C'est ainsi que M. de Frayssinous félicita le Concile de 1811 d'avoir conclu par un article qui le sauvait du reproche de schisme, puisqu'il soumettait le décret à l'approbation du Saint-Père.

CHAPITRE VI

L'INTRIGUE DE SAVONE

Pendant que l'Empereur s'apprêtait, à l'aide d'un Concile soumis à ses volontés, à livrer un nouvel assaut à la Papauté, Pie VII attendait sans crainte les événements. Il s'informait de temps à autre des décisions du Concile. Le comte de Chabrol se bornait à lui répondre, à la date du 12 juillet, que le public ne s'en préoccupait guère, puisque rien ne paraissait à cet égard dans les journaux. Il y avait à cela une bonne raison, c'est que Napoléon avait défendu formellement à la presse d'en parler. Le préfet continuait à faire l'éloge du Souverain et estimait que ses dernières propositions formaient autant d'avances à la Papauté. Quoi de plus naturel et de plus acceptable, par exemple, que l'Église fût placée à Paris, au centre des affaires de la chrétienté? Pie VII répondait que saint Pierre avait, sur l'inspiration même du Christ, fixé le Saint-Siège à Rome et que, pour lui, sa volonté inébranlable était d'y retourner. Il rappelait, en outre, que du séjour des Papes à Avignon il n'était résulté que des schismes et des divisions déplorables. Sa mémoire faisait revivre les querelles des empereurs d'Allemagne avec les Papes et la soumission finale des souverains germaniques. M. de Chabrol, que « ces idées extraordinaires », ne pouvaient émouvoir, suppliait le Saint-Père de laisser de « côté les chroniques apocryphes » pour revenir à des choses réelles et plus adaptées au temps présent. Pie VII devait savoir, en effet, à quoi avaient abouti les actes arbitraires de la Papauté et le peu de crédit dont elle jouissait actuellement. Ses successeurs, mieux avisés que lui, finiraient bien pa. se fixer à Paris. « Quels avantages pour l'Église, disait le préfet ému, quelle gloire et quel mérite pour un Pontife qui ne cesserait de veiller aux intérêts de la religion, pendant que le Souverain veillerait aux intérêts de l'Empire en le secondant!... » Pie VII répondit finement qu'il voudrait bien se sentir une vocation pour se rendre aux désirs de l'Empereur, « mais qu'il n'en avait pas ». Quant aux avantages dont parlait Chabrol, il reconnaissait volontiers que c'était un avantage pour la religion de subir la persécution, qu'il y avait peut-être moins de chrétiens, mais qu'ils étaient meilleurs et plus zélés. Cette réponse ironique surprit et indigna M. de Chabrol. Mais il ne pouvait comprendre les véritables sentiments du Pape, car à ce moment même Pie VII souhaitait sincèrement que les décisions du Concile pussent amener une pacification certaine, quoique les choses lui parussent bien difficiles à arranger. « Un Concile national, disait-il, ne peut changer les grandes bases de la discipline. » Il soutenait avec force que le Pape était seul le directeur de l'Église et que rien ne pouvait être modifié sans son concours et son assentiment. Malgré cela, M. de Chabrol affectait une grande confiance dans la soumission prochaine et définitive du Saint-Père. Toutefois, il écrivait au ministre des Cultes : « Après tant de fluctuations il est indubitable qu'il faut à son esprit des soutiens. On ne peut les trouver que dans un Conseil qui, du moins, sentirait la nécessité de mettre fin à une opposition aussi nuisible aux intérêts du Saint-Siège qu'inutile dans son but et dans ses résultats (1). » A de nouvelles instances du préfet pour déterminer le Saint-Père à faciliter au plus tôt la pacification et le bien de l'Église, Pie VII répondait qu'il s'était habitué à se maintenir dans un état de tranquillité d'esprit « qui le mettait à même d'attendre tout le temps qu'il faudrait ». Le mot d'ordre donné au geôlier comme aux membres du Concile était ce mot impérieux : « Silence. » Il fallait surprendre le Pape; il fallait lui cacher tous les incidents du Concile, sa

---

(1) D'Haussonville, t. V (Pièces justificatives), p. 358.

dissolution et sa réouverture, l'emprisonnement des évêques fidèles et la manière scandaleuse dont le décret final avait été voté. C'était à quoi M. de Chabrol s'employait de toutes ses forces.

Le 7 août, les cardinaux Ruffo, Dugnani, Roverella et Bayane demandèrent au ministre des Cultes l'autorisation de se rendre à Savone, en lui déclarant qu'il fallait que le Pape approuvât le décret rendu par le Concile. Le 19 août, le ministre répondit aux quatre cardinaux que s'ils étaient fondés à croire que le Pape devait se rendre à leurs avis, l'Empereur les autorisait à partir immédiatement pour Savone. « Sa Majesté, disait-il, désire qu'arrivés à Savone vous n'écriviez à qui que ce soit et que vous ne soyez l'intermédiaire d'aucune affaire auprès du Pape. Si le Pape adhère au décret du Concile, vous pouvez rester à Savone pour lui servir de Conseil dans les affaires ultérieures et les arrangements qui suivront. Si le Pape refuse son approbation, vous reviendrez tout de suite à Paris. » Les cardinaux s'apprêtèrent à partir après cette autorisation. Quant à la Commission choisie par le Concile sur la désignation de l'Empereur, elle devait être composée des archevêques de Tours et de Malines; des évêques de Nantes, de Plaisance, de Faënza et de Feltre. « Ce dernier pourtant, dit ironiquement Consalvi, fit un autre voyage. La veille de son départ pour Savone, revenu chez lui après l'audience impériale où il parla avec tant de véhémence, en faveur des prétentions de l'Empereur, que celui-ci lui dit qu'il aurait désiré que tous les évêques de ses États lui ressemblassent, il fut frappé d'apoplexie et en quelques heures passa dans l'autre monde. En d'autres temps, cette mort en semblable circonstance aurait donné beaucoup à penser aux autres, mais en ces temps-ci on n'y a fait aucune attention. Tous les autres députés étaient de la même trempe; tous avaient été choisis comme les plus dévoués de la Cour et les plus aptes à tromper et à trahir le Pape par leurs artifices et leurs fraudes (1). »

(1) *Mémoire inédit sur le Concile de 1811*, p. 65.

Les évêques étaient munis de la lettre suivante signée par les Pères du Concile :

« Très Saint-Père,

« Les circonstances et les motifs qui ont déterminé à convoquer un Concile national sont connus de Votre Sainteté. Vivement touchée des maux qui résultent et pour la religion et pour l'ordre public de la vacance d'un grand nombre des Églises, Sa Majesté a cherché les moyens d'y remédier. C'est dans cette vue, qu'après avoir consulté quelques évêques appelés à Paris, elle a permis que quatre d'entre eux se rendissent auprès de Votre Sainteté pour lui exposer la situation, les besoins et les vœux de tout le clergé et de tous les fidèles de son Empire. La convocation d'un Concile national est une nouvelle preuve du zèle de l'Empereur pour les intérêts de la religion et de son respect pour les formes canoniques. Il était de notre devoir, Très Saint-Père, de seconder les vues d'un Souverain qui signala le commencement de son règne par le rétablissement de la religion catholique en France et qui craint de la voir éteinte, si l'on ne prend pas des mesures pour donner des premiers Pasteurs aux Églises vacantes.. » Ainsi, les intentions violentes de l'Empereur à l'égard de la Papauté étaient tout à coup devenues pacifiques. Il n'était pas fait la moindre allusion à la violation des États pontificaux, à l'enlèvement et à l'emprisonnement du Pape, à l'arrestation de ses meilleurs conseillers, à toutes les mesures indignes qui avaient signalé les dernières années. On ne paraissait se préoccuper que de protéger la religion catholique. « Les circonstances, continuait la lettre, demandaient impérieusement qu'il fût pris une mesure propre à assurer à l'avenir la perpétuité de l'épiscopat dans nos Églises et à prévenir le retour de ces vacances indéterminées, qui sont très funestes à la discipline ecclésiastique. Mais, en délibérant sur les moyens d'atteindre ce but, nous n'avons jamais perdu de vue ce que nous devons à la Chaire de saint Pierre, au centre de l'Unité, au Père commun des fidèles, au Chef des évêques. Héritiers de la doctrine et des sentiments qui ont toujours caractérisé nos Églises, nous chérissons tous les liens qui nous attachent au Siège apostolique et nous espérons que Votre Sainteté en verra une nouvelle preuve dans le décret que nous avons porté. Il est fondé sur les dispositions que Votre Sainteté a montrées aux évêques qui ont eu l'honneur de se rendre auprès d'Elle, il y a trois mois, et qui sont consignées dans un écrit rédigé sous ses yeux et dont Elle a permis qu'il lui restât une copie. »

Après cette déclaration, le Concile recommandait à Pie VII les respectables et vertueux prélats qui composaient la seconde députation et qui méritaient à tous les égards ses bontés et sa confiance. « C'est le Concile tout entier, disait la lettre, qui vous parlera par leur bouche lorsqu'ils vous exposeront les maux de nos Églises et la nécessité d'y apporter un prompt remède. » Les Pères du Concile croyaient donc que le Pape ne refuserait pas de confirmer un décret qui, dans les circonstances actuelles, était « le seul remède à leurs maux et le seul moyen de maintenir et transmettre intacte à ses successeurs une prérogative non moins utile au Saint-Siège que précieuse à leurs Églises » (1). Ils ajoutaient qu'à ces motifs si puissants se joignait l'espoir qu'une libre communication avec le Pape leur étant ouverte, ils pourraient partager ses consolations comme ils avaient toujours partagé ses peines. Ils auraient dû, si ces sentiments étaient sincères, ne pas clôturer le Concile sans demander à l'unanimité à l'Empereur la liberté du Pape, et refuser de délibérer si cette demande avait été écartée. C'eût été le seul moyen de montrer qu'ils étaient les véritables fils de celui qu'ils se plaisaient à appeler si tendrement « leur Père ». Cette lettre avait été rédigée par le cardinal Fesch, en son hôtel du Mont-Blanc, et lue aux membres du Concile le lundi 15 août, à midi. Elle fut approuvée par presque tous les prélats. Trois ou quatre seulement refusèrent de la signer. Le 16 août, les ministres des Cultes avaient

(1) *Mémoire inédit sur le Concile national.* Annexes, p. 90.

accepté la désignation des archevêques de Tours et de Malines; des évêques de Nantes, de Faënza, de Plaisance et de Feltre pour la Commission qui devait aller à Savone. Le 19, après la messe à Saint-Cloud, l'Empereur avait ajouté à la Commission trois autres évêques, ceux de Pavie, de Trèves et d'Évreux, soit en tout six Français et trois Italiens. Bigot de Préameneu informa l'Empereur du départ des cardinaux et des évêques par la lettre suivante, datée du 19 août :

« Toutes les dispositions sont faites pour le départ des cardinaux et des évêques. Les cardinaux seront tous en route demain mardi, et les évêques après-demain. Les cardinaux devront être arrivés le 31 de ce mois et tous les évêques réunis le 1ᵉʳ septembre, au plus tard. J'ai donné au préfet les mêmes instructions pour le logement, les communications avec le Pape et pour la promptitude des correspondances que lors de la première députation. Je l'ai chargé de m'écrire exactement tout ce qui viendrait à sa connaissance » (1). On avait fait partir en même temps que la députation le camérier secret du Pape, Bertazzoli, et son aumônier. A côté de la lettre respectueuse que je viens de citer, se trouvaient des instructions données aux évêques. « Ces instructions, dit Talleyrand, étaient de nature à ne rien concilier. Elles étaient d'une dureté révoltante et dévoilaient à chaque moment le désir évident de rompre la négociation. » (2) Cela était vrai. « Nous vous avons nommés, disaient en effet les instructions impériales, pour porter au Pape le décret du Concile et lui demander son approbation. Cette approbation doit être pure et simple. Le décret s'étend sur tous les évêchés de l'Empire, dont Rome fait partie, et sur tous les évêchés de notre royaume d'Italie dont Ancône, Urbino et Fermo font aussi partie. Il comprend également la Hollande, Hambourg, Munster, le grand-duché de Berg, l'Illyrie et tous les pays réunis à la France et qui y seraient réunis. Vous refuserez de recevoir l'approbation du Pape, si le Pape veut la donner avec des réserves, hormis

(1) Archives nationales, AF¹ᵛ 1047.
(2) *Mémoires de Talleyrand*, t. II p. 114.

celles qui regardent l'évêché de Rome qui n'est point compris dans le décret. Nous n'accepterons non plus aucune Institution ni Bulle desquelles il résulterait que le Pape referait en son nom ce qu'a fait le Concile.

« Nous avons déclaré que le Concordat a cessé d'être loi de l'Empire et du royaume. Nous y avons été autorisé par la violation de cet acte pendant plusieurs années de la part du Pape. Nous sommes rentré dans le droit commun des Canons qui confèrent au métropolitain le droit d'instituer les évêques. Nous rentrons donc dans le Concordat. Nous approuvons le décret du Concile à condition qu'il n'aura éprouvé ni modification, ni restriction, ni réserve quelconques et qu'il sera purement et simplement accepté par Sa Sainteté; à défaut de quoi, vous déclarerez que nous sommes rentré dans l'ordre commun de l'Église et que l'institution canonique est dévolue au métropolitain sans l'intervention du Pape, comme il était d'usage avant le Concordat de François Ier et de Léon X... Aussitôt que le Pape aura donné son approbation au décret, vous l'enverrez par estafette au ministre des Cultes et vous resterez à Savone jusqu'à nouvel ordre pour servir au Pape de Conseil dans les affaires religieuses que nous aurions à traiter. Si le Pape refuse l'approbation pure et simple du décret, vous lui déclarerez que les Concordats ne seront plus lois de l'Empire et du royaume (1), qui rentrent dans le droit commun par l'institution canonique des évêques, c'est-à-dire qu'il y sera pourvu par les synodes et par les métropolitains. Nous nous reposons sur votre zèle pour la religion, pour notre service et le bien de votre pays. Nous comptons que vous ne montrerez aucune faiblesse et que vous n'accepterez rien que nous n'accepterions pas, et qui serait contraire à la teneur des présentes, ce qui embarrasserait les affaires au lieu de les arranger et de les simplifier (2). »

---

(1) Voir plus haut : « Nous avons déclaré que le Concordat a cessé d'être loi de l'Empire et du royaume. »
(2) *Mémoires de Napoléon*, t. I, p. 152 à 155 et *les Quatre Concordats*, par DE PRADT, t. II, p. 514 à 517.

Les négociateurs, qui admettaient de telles instructions, avaient les mains liées. Ils n'étaient plus que les serviteurs des volontés de Napoléon. Les évêques étaient précédés par divers cardinaux, « de ceux appelés Rouges » et qui demeuraient à Paris. « L'Empereur, dit Consalvi, avait considéré que les susdits évêques pouvaient ne pas avoir auprès du Pape un crédit suffisant pour l'amener à ce qu'on voulait de lui. Le résultat de la première députation en était une preuve, puisqu'il avait été si peu heureux; et la preuve évidente qu'il avait été tel, c'était l'envoi même de la seconde, car si les concessions faites à la première députation avaient été vraies, conformément au rapport des membres de cette députation, il est clair que la seconde n'aurait pas répondu à un besoin (1). »

Ces cardinaux s'étaient constamment prêtés à toutes les volontés impériales et n'avaient même pas fait difficulté d'assister solennellement au baptême du roi de Rome. Un autre motif détermina leur envoi à Savone : c'était celui de prévenir le retour d'une plainte faite par le Pape à la première députation de n'avoir pas auprès de lui « ses conseillers naturels » pour délibérer sur de si graves affaires. Ces conseillers s'étaient engagés, par une promesse expresse (rédigée par Roverella), à employer tout leur crédit auprès du Pape pour l'amener à céder à la demande du Concile et pour tout arranger selon les vues de l'Empereur. Les cardinaux Caselli et Spina, dont il avait été question, ne furent pas du voyage. Ils avaient été tous deux l'objet des injures de l'Empereur à cause de leurs hésitations au Concile : « Vous êtes deux traîtres, leur avait dit Napoléon en présence de ses courtisans. Je vous ai tirés de la poussière. Je vous y ramènerai. » Puis, devant quelques évêques qui assistaient effrayés à cette scène violente : « Je n'estime en rien les cardinaux, déclara-t-il. Je vous estime, vous autres qui êtes d'institution divine. Les cardinaux sont d'institution humaine. »

Et, se tournant vers Caselli et Spina : « Mais vous qui êtes

(1) *Mémoire inédit*, p. 66.

institués par les hommes, parce que vous êtes habillés de rouge, vous vous êtes laissé... *mettere li piedi sulla pancia!* (1) »

Quant à Mgr Bertazzoli qui fut adjoint *in petto* à la députation, voici ce qu'en dit Consalvi : « Dès le temps où le Pape était évêque d'Imola, il avait conçu une estime et une tendresse très grandes pour ce sujet. Il les méritait, non moins par sa science que par la droiture de ses pensées et la candeur incomparable de ses mœurs. Cependant, il ne joignait à ces qualités ni la clairvoyance ni le courage. Il était vraiment *bonus Israelita in quo non erat fraus neque dolus*. Simple à l'excès, il croyait tous les autres semblables à lui dans l'honnêteté et la vérité ; il était plus facile à circonvenir qu'une femmelette... *ed era piu facile a circonvenirsi di una feminuccia...* Le gouvernement, connaissant l'estime et la tendresse du Pape pour lui, vit en lui l'homme le plus propre à vaincre le Pape et à l'amener à ce qu'on voulait de lui (2). » Pour lui faire comprendre ce qu'il aurait à craindre s'il ne servait pas fidèlement les volontés impériales, on e soumit à une rude épreuve. On le fit venir de Lugo à Milan, puis de Milan à Paris, mais en route, à la descente du Mont-Cenis, on l'arrêta et on le conduisit jusqu'à la capitale avec une escorte de gendarmes. De là, on le dirigea sur Vincennes où on l'enferma. Son neveu alla le visiter dans cette forteresse et apprit qu'il n'avait rien fait pour mériter une telle détention, mais que Dieu l'avait permise pour lui donner le temps de réciter des *Pater*. Après quinze jours de prison, il fut remis en liberté et envoyé à Savone, non sans avoir vu le ministre des Cultes et le cardinal Fesch. On lui dit que son arrestation avait été une erreur de la part des gendarmes qui l'avaient confondu avec un autre prélat (3). D'après Consalvi, chacun crut que le gouvernement, connaissant sa timidité, avait voulu lui donner une idée de ce qui pourrait lui arriver s'il opposait un refus à ce qu'on espérait de lui. « Ainsi donc tout fut mis en œuvre

---

(1) *Journal de Gazzola.* — *Mémoire inédit sur le Concile de 1811*, p. 68.
(2) *Ibid.* p. 70.
(3) *Journal de Gazzola*, p. 70. (*Mémoire inédit.*)

pour assurer le siège d'un homme qui, absolument isolé depuis plusieurs mois, dans l'ignorance de tout événement et du véritable état des choses, devait être victime de ceux qui le circonviendraient. » Le cardinal Roverella, entre autres, s'appliqua activement à réaliser les désirs de l'Empereur, et son principal instrument fut Bertazzoli, « dont le zèle éclairé ne se démentit pas. » Ces deux personnages sont responsables de toutes les concessions fâcheuses, qu'on put arracher à la lassitude de Pie VII. On rapporte que le ministre des Cultes dit un jour : « Bertazzoli nous a été très utile pour triompher des scrupules du Pape (1). »

Le 29 août, Bertazzoli et Bayane arrivèrent à Savone. Ils allèrent immédiatement voir M. de Chabrol qui reconnut leurs bonnes intentions. Il constata que le cardinal de Bayane avait eu l'avantage de déconseiller dans tous les temps les mesures violentes auxquelles on portait la cour de Rome. Quant à Bertazzoli, il voyait en lui « un homme convaincu que le bien de la religion exigeait que tout fût terminé par l'adoption des délibérations du Concile ». La crainte du donjon de Vincennes n'avait pas encore disparu. Comme Bayane lui demandait si la décision du Concile ne pourrait pas être acceptée dans toute sa teneur, il répondit : « On le peut. » Bayane alla plus loin. Il voulut savoir si, en pareil cas, ce que l'on pouvait n'était pas un devoir. L'excellent Bertazzoli répondit : « On le peut et on le doit. » Aussi, M. de Chabrol se fit-il un plaisir de les introduire tous deux sans retard auprès du Pape qui les accueillit favorablement.

Bayane parla avec résolution et énergie. Bertazzoli, pris d'une vive émotion, pleura beaucoup. « C'est peut-être, remarqua M. de Chabrol, le moyen le plus sûr d'agir sur l'esprit du Pape. » Puis le cardinal profita du moment où il vit Pie VII ému lui-même pour lui remettre une copie de l'acte du Concile. Le Pape la reçut et déclara qu'il l'examinerait avec attention. « Ce n'est pas un résultat insignifiant,

---

(1) *Mémoire inédit sur le Concile de 1811*, p. 73 (note).

dit le préfet, que l'opinion de deux hommes de confiance se prononçant immédiatement, et dans le moment où, étant isolés, leur avis a toute la force morale et ne peut être attribué à l'effet d'une délibération commune. » Quant au cardinal de Bayane, il écrivit le même jour au ministre des Cultes qu'il avait partagé l'émotion de Bertazzoli : « Ce qu'il a dit fera beaucoup plus d'effet que ce que j'ai pu dire. Aussi, sommes-nous convenus qu'il retournerait seul, ce soir, chez le Pape pour lui parler encore avec plus d'effusion, et j'espère que la députation du Concile achèvera de déterminer le Saint-Père. » Les cardinaux Dugnani et Ruffo arrivèrent un jour après Bayane et Bertazzoli, et virent le Pape le 30 août. Le comte de Chabrol informa le ministre des Cultes que Pie VII avait, dès la première entrevue, accepté ce qu'il avait déjà accordé au mois de mai, mais en y mettant des restrictions. « Il a ajouté qu'il avait réfléchi à l'acte du Concile et qu'il ne pouvait rien décider, parce qu'il n'était pas libre. » Dugnani et Ruffo considérèrent cette difficulté comme un simple incident. Qu'est-ce que le Pape en effet entendait par sa liberté, lui qui s'était tenu enfermé dans son palais pendant un an et demi, et avait refusé d'en sortir, alors qu'il le pouvait, et que tous ceux qui désiraient le voir étaient autorisés à l'approcher? « Je doute, disait M. de Chabrol, qu'il attache un sens bien précis à ce mot, et s'il le fait, c'est le retour à Rome, le rappel des cardinaux, la restitution de la Daterie et de la Pénitencerie, choses évidemment absurdes dans les circonstances ! (1) » Le préfet essaya de prouver aux deux cardinaux que le Pape était vraiment libre; que son palais ressemblait au palais des autres princes, entourés, eux aussi, de soldats. Ces raisons convainquirent le cardinal Ruffo; mais le cardinal Dugnani fut moins crédule. Aussi, d'après Chabrol, était-il loin d'avoir le tact et la perspicacité du cardinal de Bayane. Comme il revenait à la charge, Chabrol lui démontra clairement *que ce n'était pas là la question ;* « qu'il s'agissait

---

(1) D'HAUSSONVILLE, t. V, p. 364. (Pièces justificatives.)

d'une adhésion à un acte et qu'il fallait se prononcer à cet égard ; que le Pape avait un Conseil et pouvait se former une opinion à Savone aussi bien qu'au Vatican ». Dugnani voulait faire une demande officielle relativement à la liberté du Pape. Chabrol l'en fit détourner par le cardinal de Bayane, sous prétexte qu'une demande incidente en entraînerait beaucoup d'autres.

Le cardinal Ruffo trouvait plus de difficultés dans le fond même de la question et n'avait pas grande confiance en l'avenir. Mais le préfet espérait en la députation des évêques qui allait donner une seule et même direction aux pourparlers. Mgr Bertazzoli pourrait d'abord obtenir beaucoup par les prières et par les larmes. M. de Bayane se croyait d'ailleurs de force à tout arranger, d'accord avec le préfet. Le 3 septembre, M. de Barral annonça au Ministre l'arrivée des évêques et leur réception par le Pape. Ils lui remirent la lettre du Concile et le décret en cinq articles. Pie VII accueillit cette communication avec affabilité, déclarant qu'il la regardait comme d'une grande importance pour le bien et pour la paix de l'Église, mais un peu compliquée et digne de la plus sérieuse attention. M. de Barral apprit ensuite à Bigot de Préameneu que Sa Sainteté, qui avait paru voir le décret d'assez bon œil, parce qu'elle ne croyait pas que le deuxième article englobait l'universalité des évêchés de l'Empire, avait changé de ton lorsqu'elle sut que les mots *conformément aux Concordats* voulaient dire que le système français comprenait tous les évêchés nés et à naître. D'autre part, le Pape se refusait à reconnaître à l'Empereur le droit de nommer les évêques romains. C'était là, suivant M. de Barral, le nœud de la grande difficulté.

Le préfet paraissait enchanté du cardinal de Bayane et du cardinal de Ruffo. Il faisait agir sur Bertazzoli qui disait : *Speriamo! Dio adjudara!... Ubbidienza al governo!* Tout, suivant lui, devait amener le Pape à un acte aussi nécessaire que convenable dans sa situation personnelle. Cependant, Pie VII avait encore, d'après lui, une conscience ombrageuse et était fort désireux de connaître toutes les raisons qui pouvaient le déterminer. Il craignait que les cardinaux, qui lui avaient été envoyés, ne fussent prévenus et choisis. Il ajournait la députation du Concile jusqu'à ce qu'il eût pris connaissance entière des textes, en émettant le désir que ses principes lui permissent d'accepter le décret. « Nous sommes contents des autres cardinaux, écrivait l'archevêque de Tours après avoir fait l'éloge du cardinal de Bayane, et nous les travaillons, au surplus, autant qu'il est possible. L'archevêque de Malines ne s'y oublie pas, et nous ne lui voudrions qu'un peu plus de moelleux dans les formes oratoires. » Le cardinal de Bayane avait toute confiance dans le zèle et l'habileté des députés du Concile. Il disait qu'après la confirmation du décret, ses collègues essaieraient de persuader au Saint-Père de *demander la permission de retourner à Rome*, moyennant la renonciation au pouvoir temporel. « Ils ne croient plus être au monde, écrivait-il au ministre des Cultes, s'ils sont hors des murs de Rome, et le Pape, qui a aussi sa bonne part de ce sentiment, pourra bien se prêter à leurs instances et faire tout ce que voudra l'Empereur pour revoir *la cara Roma* (1). » Dans son zèle de courtisan, Bayane prêtait sa complaisance et sa soumission au Pape. Il allait même plus loin dans ses désirs : « Je voudrais bien, disait-il en effet, que Sa Sainteté ne se bornât pas à confirmer le décret et qu'elle s'unît enfin avec confiance et abandon aux vues de l'Empereur qui, certainement, ne voudra jamais détruire ni la religion qui est la sienne et qu'il a rétablie, ni la bonne harmonie entre l'Empire et le Sacerdoce, dont sa sagesse connaît l'importance. » Il ajoutait un détail piquant : « J'y fais ce que je puis, mais ce que peut faire un sourd est bien peu de chose ! (2) »

Les négociations furent longues et minutieuses; le Pape exposait ses objections auxquelles les évêques s'efforçaient de répondre. Il ne laissait passer aucun point sans demander

(1) D'Haussonville, t. V (Pièces justificatives), p. 379.
(2) Voir sur le cardinal de Lattier de Bayane la notice de F. des Robert, Paris, 1891, in-8°.

qu'on apaisât les inquiétudes de son esprit et les scrupules de sa conscience. Il n'était pas éloigné d'approuver la substance des articles du décret, mais il voulait en faire un bref. Il en avertit la députation. Comme celle-ci insistait pour obtenir une confirmation pure et simple, Pie VII répondit qu'il s'efforcerait « d'ajuster cela pour le mieux ». Cependant, l'archevêque de Tours manifestait quelque impatience et blâmait la lenteur romaine et l'habitude de peser vingt fois une expression avant de l'adopter définitivement. Il n'aurait pas voulu que le Pape eût l'air « de refaire par lui-même ce qu'avait fait le Concile ». Il ne cessait d'insister à cet égard : « Sans citer l'article de nos instructions qui le veut ainsi, je dis aux cardinaux que, sans doute, ils sentent parfaitement eux-mêmes que Sa Majesté n'est pas disposée à paraître aux yeux de l'Europe avoir assemblé pour rien un Concile de tant d'évêques. » L'archevêque de Tours faisait l'éloge de M. de Chabrol : « Il est habile, disait-il, malgré sa jeunesse. Sans parler ici de son esprit et de ses connaissances peu communes, il a l'art aimable de présenter au Pape la vue de son intérêt, non pas comme intérêt privé et relatif à sa personne, mais comme lié au bien de l'Église, à la paix des consciences, à l'amour et aux bénédictions des peuples, à la crainte d'un schisme qui ébranlerait la catholicité européenne, au grand et noble caractère de l'Empereur. »

Mais les jours s'écoulaient et rien ne semblait avancer. Les instances des cardinaux et des évêques n'amenèrent que de vagues promesses. Le troisième article du décret, qui réglait ce que devait faire le Pape, soulevait encore des difficultés, parce que sa forme impérative blessait le Souverain Pontife. Enfin, le 12 septembre, le cardinal de Bayane lisait à ses collègues le bref du Pape, et ceux-ci y retrouvaient relatés les cinq articles du décret; mais ils estimaient que l'action du Concile n'y était pas assez marquée et que des expressions y prêtaient à un double sens. Ils espéraient encore que le Pape consentirait à quelques changements. « Cependant, avouaient-ils, même avec d'excellentes raisons, il n'est pas toujours facile de calmer une conscience si timorée. » Le 15 septembre, l'archevêque de Tours faisait remarquer au ministre des Cultes que s'il n'avait pas pour le moment de réponse favorable, c'est que chacun des amendements nécessitait une discussion plus ou moins longue. « Le Pape est fidèle au système de ne rien précipiter, et il l'est d'autant plus qu'il regarde cette affaire comme étant d'une grande importance pour le Saint-Siège, pour l'Église et pour la postérité... Sa santé, sans être tout à fait mauvaise, n'est pas non plus très bonne. » Les cardinaux avaient voulu mettre dans la suscription du Bref ces mots *in Concilio congregatis;* mais le Pape se jugeant et étant réellement supérieur au Concile national, il était impossible d'exiger qu'il reconnût comme Concile une assemblée qui n'avait pas encore justifié de ses titres auprès de lui. La qualité de Concile supposait une convocation régulière et canonique. Or, le Concile national n'avait fait connaître au Pape ni sa convocation, ni les formes observées par lui, ni ses actes authentiques. Le Bref contenait (pour l'instant) l'approbation des cinq articles, dans l'un desquels le nom de Concile était appliqué à l'assemblée des évêques, et M. de Barral estimait que les membres du Conseil d'État seraient assez habiles pour s'en prévaloir à l'occasion. Aussi, la députation céda-t-elle sur ce point.

Voici comment le Pape Pie VII s'exprimait dans son Bref. Il constatait que, depuis son avènement, il avait toujours cherché avec une sollicitude paternelle à donner aux Églises de dignes et bons pasteurs. Dans les derniers temps, il regrettait de n'avoir pas pu, pour des causes qu'il n'était pas besoin de rappeler, remplir entièrement ses vœux à cet égard. Quatre évêques étaient venus une première fois le supplier respectueusement de pourvoir aux vacances de certaines Églises de France et d'Italie, et de fixer lui-même le mode et les conditions convenables pour arriver à la conclusion d'une affaire aussi importante. Il avait reçu cette députation avec une bienveillance paternelle et, après lui avoir fait connaître ses intentions, il l'avait congédiée avec l'espoir que, de retour à Paris, elle pourrait, en se conformant à sa volonté, ménager un accommodement. Avec l'autorisation de l'Empereur cinq cardinaux et son aumônier, l'archevêque d'Édesse, s'étaient rendus de nouveau auprès de lui. De plus, trois archevêques et cinq évêques lui avaient remis une lettre signée par un grand nombre de cardinaux, d'archevêques et d'évêques, lettre qui rendait un compte exact de ce qui s'était passé dans la congrégation générale du 5 août 1811. « Après un mûr examen, disait le Pape, nous avons été affecté de joie de ce que, ayant suivi notre volonté et intention, vous ayiez délibéré en cinq articles dans cette même congrégation ce que nous avions auparavant décrété. » On remarquera que, dans la rédaction définitive du Bref, les mots « dans cette même congrégation » ont disparu (1).

Le Pape reconnaissait que tous les prélats et cardinaux lui avaient adressé de nouvelles prières pour l'engager à tout confirmer d'une manière solennelle. « On ne peut douter de vos sentiments... Vous êtes entrés avec nous dans les plus grands détails sur toute l'affaire, en nous témoignant, avec une affection filiale, votre inviolable attachement à la chaire de Pierre et au Saint-Siège, et ce respectueux dévouement que vous ont transmis, comme à titre d'héritage, nos plus anciens prédécesseurs. » Il y avait dans le projet de Bref et dans la formule finale le mot *juramentum* qu'on peut traduire par « serment d'obéissance ». M. de Barral, dans sa lettre au ministre des Cultes, le 18 septembre 1811, faisait observer que lui et ses collègues n'avaient pas obtenu la suppression du mot sans de longs pourparlers. « On nous alléguait de la part du Pape que ce *juramentum* était de droit, qu'on l'avait fait dans tous les temps et partout, même dans les occasions où le Pape n'instituait pas, et sans porter atteinte aux libertés de l'Église gallicane, que son sens était évidemment restreint à celui d'obéissance canonique... Nous répondions que le gou-

(1) Voir le Bref du Pape dans *les Quatre Concordats*, t. II, p. 507 et suiv. — Voir aussi d'Haussonville, t. V, p. 399 (Pièces justificatives), avec les changements que demandaient les cardinaux.

vernement ne chicanait pas sur ce serment qui ne lui a pas encore été légalement présenté, auquel il ne trouve aucun abus réel et qui se prête dans une pure cérémonie d'église; mais que, le Bref pouvant et devant probablement subir l'examen de la haute magistrature et devenir loi de l'État, on examinerait le serment de près s'il y était mentionné; on gloserait sur les mots et les expressions les plus simples, et peut être finirait-on, quoique sans raison suffisante, par ordonner la suppression d'un serment qui est néanmoins si nécessaire pour entretenir la hiérarchie et l'unité. »

Le mot *juramentum* fut rayé et le Pape se contenta de l'assurance de l'affection filiale, de l'attachement inviolable et du dévouement respectueux des prélats à la chaire de Pierre et au Saint-Siège. La crainte de la suppression possible du serment le fit se borner à des termes qui d'ailleurs exprimaient une adhésion et une soumission très fermes à l'autorité du chef de l'Église. Les cinq articles du décret étaient ainsi conçus :

« I. — Les archevêchés et évêchés, conformément aux Saints Canons, ne pourront rester vacants plus d'une année, dans lequel espace de temps la nomination, l'institution et la consécration devront avoir leur pleine et entière résolution.

« II. — Le Concile suppliera l'Empereur de continuer, en vertu des Concordats, à nommer aux sièges vacants; et les évêques, nommés par l'Empereur, auront recours, dans la forme accoutumée, au Souverain Pontife pour obtenir l'institution canonique.

« III. — Dans les six mois qui suivront la notification faite, selon l'usage ordinaire, au Souverain Pontife, Sa Sainteté donnera l'institution conformément aux Concordats.

« IV. — Si, au bout de six mois, Sa Sainteté n'a pas donné l'institution, le métropolitain sera chargé d'y procéder; et à son défaut, le plus ancien évêque de la province ecclésiastique. Ce dernier, s'il s'agit de l'institution d'un métropolitain, la donnera également.

« V. — Le présent décret sera soumis à l'approbation de Sa Sainteté et, en conséquence, S. M. l'Empereur et Roi sera humblement supplié d'accorder à six évêques, qui seront députés, la permission de se rendre auprès du Saint-Père pour lui demander respectueusement la confirmation d'un décret qui offre le seul moyen de remédier aux maux des Églises de France et d'Italie. »

En confrontant ces cinq articles avec les articles du décret du Concile voté le 5 août, on y découvre quelques différences. Ainsi à l'article 1er, les mots « pour tout délai » sont supprimés. A l'article 2, les mots « L'Empereur sera supplié » sont remplacés par « Le Concile suppliera l'Empereur », et, après le recours des évêques au Souverain Pontife pour l'institution canonique, on a ajouté : « dans la forme accoutumée ». L'article 4, qui avait un caractère impératif, prend un caractère plus conditionnel avec le mot « Si ». Enfin, l'article 5 substitue aux mots « des Églises de l'Empire français et du royaume d'Italie » les mots « des Églises de France et d'Italie (1) ». M. de Barral avait écrit au ministre des Cultes que les cinq articles du décret du Concile avaient été approuvés, confirmés et transcrits *de verbo ad verbum*. Cependant, il apparaît qu'il y a eu des changements à Savone; mais il est possible que les prélats n'aient pas cru devoir insister à cet égard auprès de Bigot de Préameneu, l'affaire étant déjà assez compliquée par elle-même.

Quoi qu'il en soit, le Saint-Père, voulant venir au secours de l'Église et éloigner d'elle les grandes calamités qui la menaçaient, après en avoir délibéré avec les cinq cardinaux et l'archevêque d'Édesse son aumônier, approuvait et confir-

(1) Voir plus haut et cf. avec D'HAUSSONVILLE, t. IV, p. 367, et *Mémoire inédit de Consalvi*, p. 89.

mait lesdits articles. Mais, dans le cas où, après l'expiration du délai de six mois, « et en supposant qu'il ne se trouvât aucun empêchement canonique », le métropolitain, ou le plus ancien évêque de la province, aurait à procéder à l'institution conformément à l'article IV, le Pape voulait que ledit métropolitain ou évêque fît les informations d'usage et exigeât de l'évêque nommé la profession de foi habituelle suivant les règles ordinaires et les Canons de l'Église. Il exigeait enfin qu'il l'instituât « *en notre nom*, disait-il, *ou au nom du Souverain Pontife alors existant* », et qu'il eût soin de transmettre diligemment et avec soin au Saint-Siège les actes authentiques qui constataient que toutes ces formalités avaient été accomplies.

Or, ces déclarations précises, qui font du métropolitain ou de son suppléant le délégué de l'autorité du Pape, ne cadraient pas du tout avec les instructions données par l'Empereur à la députation du Concile. Ce que Napoléon avait voulu en effet, c'est qu'au bout de six mois l'institution canonique fût dévolue au métropolitain ou au plus ancien évêque de la province « sans l'intervention du Pape ». Pie VII ayant exigé que le métropolitain ou le suppléant instituât « au nom du Pape », les concessions de Pie VII semblèrent inutiles à Napoléon, comme on le verra bientôt.

Il faut insister ici sur tous les détails, car ils ont été peu considérés ou tout au moins négligés jusqu'à ce jour, et c'est là un tort grave. Afin d'accentuer encore ses recommandations, le Pape reconnaissait la bonne volonté des prélats et leur attachement au Saint-Siège. « Nous ne pouvons nous empêcher, disait-il à propos de l'article V, de vous louer de nouveau de ce que, dans une affaire aussi importante, où il s'agit entre autres choses de matières qui regardent la discipline universelle, vous nous témoignez, comme il convient, à Nous et à l'Église romaine qui est la mère et la maîtresse de toutes les autres, une soumission filiale et une véritable obéissance (1). » Constatons avec quel souci obstiné le Pape tenait

---

(1) *Les Quatre Concordats*, t. II, p. 512.

à rappeler aux cardinaux et aux évêques la soumission et l'attachement inviolables au Saint-Siège et à l'Église romaine. Le comte de Chabrol écrivit deux jours après, le 20 septembre, au ministre des Cultes que le Bref paraissait satisfaire les évêques et que l'affaire s'annonçait comme heureusement terminée. Le Pape avait d'abord montré une conscience ombrageuse et des scrupules continuels qu'il avait fallu soigneusement dissiper. Le cardinal de Bayane était parvenu à décider le Pape à écrire à l'Empereur; mais M. de Chabrol regrettait que le cardinal n'eût pas été chargé de la rédaction de cette lettre. Il avait dû lui-même prier Pie VII, en le félicitant du Bref qu'il avait rendu, d'écarter de la lettre projetée tout intérêt autre que celui de la religion. Il crut voir — jusqu'où n'allait pas sa fatuité? — que le Pape lui savait gré de cette ouverture et que peut-être cette insinuation était nécessaire. En réalité, Pie VII, pour se débarrasser de cet importun, lui avait répondu qu'il réfléchirait mûrement à ses observations.

Le Pape avait enfin pris le dessus. Sa santé était meilleure et son humeur moins assombrie. A M. de Barral qui lui parlait du cardinal Maury, Pie VII déclara que sa nomination à Paris lui avait causé une grande stupeur. Il conta gaiement, à propos de ce cardinal, qu'ayant acheté la bibliothèque du cardinal Zelada, un prêtre qu'il avait chargé de la mettre en ordre vint un jour chez lui en riant aux éclats. Ce prêtre avait trouvé dans un livre une feuille manuscrite portant que tel jour le Pape ayant dit dans un consistoire, suivant la formule d'usage : *Hodie habemus in Collegio fratrem Maury*, la plupart des cardinaux répondirent : *Requiescat in pace!* Cette facétie avait plu au Saint-Père qui la répétait avec une malice souriante. Il n'eut pas besoin du cardinal de Bayane pour écrire le 23 septembre à Napoléon : « Dans l'état où la divine Providence nous a placé, nous avons toujours adoré les conseils du Très-Haut. Nous ne cessons jamais d'offrir nos très humbles prières à Notre Seigneur Jésus-Christ pour la Sainte Église qu'il a établie par son précieux sang. Avec une confiance que nos vœux soient exaucés, nous avons toujours eu en notre pensée Votre Majesté et nous avons loué le Seigneur des biens qu'il a répandus sur elle. » Pie VII espérait que, par sa lettre expédiée en forme de Bref, Napoléon verrait ce qu'il avait fait pour obvier aux maux de l'Église et il comptait qu'elle obtiendrait sa satisfaction. « Nous qui par Dieu, sans aucun mérite, mais par sa seule bonté, ajoutait-il, fûmes placé sur la chaire de Pierre, nous tremblons pour le strict compte qu'il exigera un jour de nous sur l'exercice de notre ministère apostolique. » Il se plaisait à croire que le Seigneur, qui avait rendu l'Empereur puissant et lui avait mis en main l'épée pour la défense de l'Église, l'aiderait à soutenir les intérêts du catholicisme et du siège de Rome.

Dans ses conversations avec les cardinaux et les évêques Pie VII avait dit qu'il accordait le Bref confirmatif, mais qu'il attendait de la justice et de la bienveillance de l'Empereur qu'il le mît à même d'exécuter ses dispositions, ainsi qu'il convenait à la dignité du Saint-Siège. Le Pape ne voulut demander que « le retour dans son siège à Rome et, subsidiairement, une résidence à peu près fixe dans quelque ville d'Italie, et la liberté de gouverner l'Église sans être dans un état qui ressemble assez à la captivité, sans conseils et sans ministres (1) ». Le 28 septembre, le ministre d'État, comte Daru, adressa au ministre des Cultes une lettre que lui avait dictée l'Empereur. Elle contenait les observations et les instructions suivantes. L'Empereur avait reçu le Bref du Pape et en demandait la traduction. Il ne pouvait résoudre une affaire de cette importance sans avoir entendu son Conseil, et cela exigerait quelque temps. Il était urgent de renvoyer chez eux un grand nombre de prélats âgés qui ne pouvaient supporter la mauvaise saison. Il fallait réunir au ministère des Cultes les membres du Concile, les informer de l'acceptation du décret par le Pape et les renvoyer dans leurs diocèses. Par ce moyen, le Concile se trouverait dissous. Le ministre devait s'en faire remettre les Archives et les cachets,

---

(1) Lettre de l'archevêque de Tours au ministre des Cultes (D'HAUSSONVILLE, t. V, p. 412).

et payer aux évêques leurs frais de voyage. Il ne fallait pas avouer que l'Empereur avait reçu le Bref, mais se borner à dire que la députation l'assurait si formellement des intentions du Pape qu'il n'y avait plus aucun doute sur l'issue de l'affaire. « Cette marche avait l'avantage de se débarrasser du Concile et de laisser l'Empereur maître d'agir selon les circonstances. » Quant aux députés de Savone, il fallait les informer de la dissolution du Concile et les charger d'obtenir l'institution des évêques nommés depuis plus de six mois, puis les faire revenir immédiatement à Paris. « Vous ne leur dissimulerez pas, ajoutait Daru, qu'il pourrait bien y avoir des objections contre la publication du Bref en France ; qu'il est nécessaire qu'ils soient arrivés lorsqu'on discutera cette affaire ; que l'idée où l'on est, que la Cour pontificale n'agit pas avec une pleine franchise, rend indispensable la prompte institution des évêques nommés. » Enfin, le ministre recommandait de ne rien publier à ce sujet ni dans les journaux de France ni dans ceux d'Italie (1).

Napoléon avait quitté Compiègne pour aller visiter les ports de la Hollande et faire tous les préparatifs en vue d'une guerre possible avec la Russie, car c'était là maintenant chez lui l'idée prédominante. Il s'était dit que s'il venait à bout de son puissant rival, le tsar, il n'aurait plus d'obstacles à redouter en Europe. Et alors, que deviendrait la résistance de Pie VII ? La Papauté, comme l'Europe, serait entièrement subjuguée. Le départ subit de l'Empereur avait stupéfié les prélats envoyés à Savone. Les malheureux, qu'il laissait sans réponse, ne savaient que faire. Le silence de Bigot de Préameneu les inquiétait. Les uns, pour se distraire, se promenaient au bord de la mer ; les autres jouaient au trictrac ; ceux-là enfin, comme M. de Barral, lisaient l'*Histoire de Naples* de Giannone et regrettaient fortement de n'avoir point, pour distraire leurs loisirs, le *Gil Blas* de Santillane. Leurs collègues de Paris avaient été traités avec plus de convenance. Le 2 octobre, le

---

(1) D'Haussonville. Annexes, t. V, p. 418 et Archives nationales.

ministre des Cultes les avait fait venir en son hôtel et leur avait dit, d'ordre de l'Empereur, qu'il leur était permis de retourner dans leurs diocèses et de passer auparavant au bureau des Finances, où des mandats étaient préparés pour subvenir à leurs frais de voyage. Bigot de Préameneu leur fit entendre que Sa Majesté avait été informée, par les évêques députés à Savone, des bonnes dispositions du Pape et de l'intention où celui-ci était de terminer seul avec l'Empereur les affaires actuelles. « Le premier qui à cette nouvelle éclata en vifs transports et en battant des mains, fut le cardinal Maury (1). » Les évêques demandèrent au ministre s'ils ne devaient pas faire parvenir à l'Empereur une adresse où ils lui témoigneraient leur gratitude pour ses bienfaits. Le ministre répondit qu'il était inutile de retarder leur départ pour ce motif et qu'il se chargerait volontiers d'être leur interprète. Ils ajoutèrent qu'il leur semblait indispensable de se réunir encore une fois pour rendre grâce au Très-Haut. Bigot de Préameneu, qui savait que les difficultés étaient loin d'être levées, ne se souciait pas d'un *Te Deum*. Il leur dit seulement : « Je ne me mêle pas de cela et je ne sais que vous répondre sur ce sujet. » Les évêques nommés demandèrent alors où en étaient leurs Bulles d'institution. Le ministre, assez embarrassé, dit qu'il écrirait au Souverain pour avoir ses ordres. « L'Assemblée se sépara ensuite et chacun retourna chez soi pour se préparer au voyage (2). »

Lorsque Napoléon eut pris connaissance des félicitations adressées par le Saint-Père aux membres de la députation pour leur conduite, il manifesta son mécontentement. A la lecture de la phrase du Bref qui témoignait que les évêques avaient montré envers lui et l'Église romaine, « mère et maîtresse de toutes les autres églises », une véritable obéissance, il n'y tint plus. Tantôt il s'irritait, tantôt il se mettait à rire et sa colère se changeait en mépris. Cependant, il avait obtenu du Pape les concessions désirées depuis trois ans.

(1) Lettre citée par Consalvi, *Mémoire inédit*, p. 74.
(2) *Mémoire inédit* de Consalvi, p. 75-76.

Pourquoi préféra-t-il renvoyer le Bref à son Conseil d'État et rejeter tout ce qu'il contenait d'utile à son point de vue? Était-ce à cause de quelques expressions « qui étaient en dehors de la partie principale du Bref et contre lesquelles, en l'acceptant, il pouvait faire toutes les réserves qu'il aurait voulu? — Je l'ignore, ajoute Talleyrand; il était capable de toutes les inconséquences (1) ».

Cependant, l'ancien évêque d'Autun voulut connaître les raisons du courroux impérial, et il crut les trouver dans la méconnaissance de ses instructions. « Ce n'est pas, dit-il, à cause de quelques expressions répandues dans le texte du Bref et qui n'en formaient point la substance que Napoléon rejeta le Bref tout entier; c'est surtout parce que le Pape parlait en son propre nom. — Comme s'il pouvait faire autrement! » remarque Talleyrand (2). Dans une notice de Nougarède de Fayet sur la vie de Bigot de Préameneu, je trouve une constatation à peu près semblable : « Le 20 septembre, le Pape donna un Bref par lequel il confirmait le décret du Concile; mais l'Empereur ayant renvoyé le Bref à une commission de Conseillers d'État, elle fut d'avis de le rejeter pour le motif que le Pape y parlait comme si le Concile n'eût agi que sous son autorité (3). » Or, dans une note dictée par Napoléon à Sainte-Hélène et en réponse à certaines allégations de M. de Pradt, Napoléon déclara qu'avec le Bref tout était terminé; « mais comme le but secret n'était pas seulement l'institution canonique, mais l'établissement de l'autorité des Conciles et que le Pape, dans son Bref, ne parlait pas de cette assemblée, quoique l'Empereur en eût fait une condition *sine quâ non* dans les instructions qu'il donna à ses plénipotentiaires... il jugea devoir tout suspendre, en proposant de réunir un nouveau Concile en 1813. Celui de 1811, ajoutait-il, n'était que

---

(1) *Mémoires de Talleyrand*, t. II, p. 113.
(2) *Ibid.*
(3) Le Bref fut renvoyé par Napoléon à l'examen de quelques conseillers d'État. « Ils furent frappés du défaut de la mention du Concile et n'eurent pas de peine à remarquer ce qu'il y avait d'incomplet dans l'accomplissement de ce que nos instructions prescrivaient. » (DE PRADT, *les Quatre Concordats*, t. II, p. 519.)

préparatoire. Il avait rempli son but. L'opinion était réconciliée avec ces Assemblées ecclésiastiques. Les choses eussent été menées à ce nouveau Concile de manière que le Pape eût demandé lui-même à se mettre à sa tête (1) ».

Dans cette même Note, l'Empereur exprime un regret vraiment : « Une action, dit-il, qui eût honoré le Concile et l'eût rédité dans l'opinion, eût été une démarche solennelle de cette Assemblée en faveur du Pape. L'Empereur eût reçu l'adresse sur son trône, environné de sa Cour, du Sénat, du Conseil d'État. Il eût déclaré que le Pape était et avait toujours été libre dans l'évêché de Savone; qu'il était maître de retourner à Rome pour y exercer ses fonctions spirituelles s'il voulait y reconnaître le gouvernement temporel existant, et que soit qu'il retournât à Rome, soit qu'il restât à Savone, soit qu'il choisît toute autre ville de l'Empire, il ne serait mis aucun empêchement à sa correspondance avec les fidèles, pourvu qu'il promît, ainsi que les cardinaux, de ne rien faire en France de contraire aux quatre propositions de Bossuet et, en Italie, aux usages et prérogatives de l'Église de Venise... (2). » Ainsi, Napoléon eût rendu la liberté au Pape, si celui-ci eût renoncé au pouvoir temporel et se fût contenté d'être l'évêque de Rome, vassal de l'Empire français. Les évêques avaient exposé ces conditions à Pie VII, et celui-ci avait considéré cela comme « une pure folie ». C'est le mot de M. de Chabrol. L'Empereur respectait les choses spirituelles et entendait les « dominer sans y toucher, sans s'en mêler. Il les voulait faire cadrer à ses vues et à sa politique, mais par l'influence des choses temporelles... Sans les événements de Russie, le Pape eût été évêque de Rome et de Paris et logé à l'Archevêché... L'établissement de la Cour de Rome dans Paris eût été fécond en grands résultats politiques ». Napoléon croyait alors que l'influence du Pape sur l'Europe aurait resserré les liens fédératifs du grand Empire et exercé sur les fidèles d'Angleterre, d'Irlande, de

(1) *Mémoires de Napoléon*, t. I, p. 152 et 155.
(2) *Ibid.*, p. 158.

Russie, de Prusse, d'Autriche, de Hongrie, de Bohême une influence heureuse et utile qui serait devenue l'héritage de la France. L'évêque de Nantes avait entendu ces explications de la bouche même de l'Empereur, non sans surprise. « Un jour à Trianon, il représentait avec énergie au souverain l'utilité et l'importance qu'avait le chef visible de l'Église de Jésus-Christ pour l'unité de la foi : « Monsieur l'évêque », répondit Napoléon, « soyez sans inquiétude ! La politique de mes États « est intimement liée avec le maintien et la puissance du Pape. « Il n'aura jamais autant de pouvoir que ma politique me porte « à lui en désirer (1). » L'évêque de Nantes avait paru fort surpris et s'était tû. Cette déclaration, étant donnée la politique impériale d'alors, lui semblait un paradoxe. La vérité, c'est que Napoléon voulait employer le Pape à ses desseins. Ne pouvant être à la fois Pape et Empereur, il espérait faire de la Papauté son principal instrument de règne. On peut en juger par ses propres aveux. « Napoléon, dit-il de lui-même, aimait sa religion. Il voulait la faire prospérer et honorer, mais en même temps s'en servir comme d'un moyen social pour réprimer l'anarchie, consolider sa domination en Europe, accroître la considération de la France et l'influence de Paris, objet de toutes ses pensées. A ce prix, il eût tout fait pour la Propagande, les missions étrangères, et pour étendre, accroître la puissance du clergé (2). » Tels étaient ses aveux à Sainte-Hélène ; mais revenons à 1811.

Napoléon qui voulait tirer un certain parti du Bref du Pape, c'est-à-dire l'institution canonique aux évêques nommés, écrivit, le 6 octobre, au ministre des Cultes qu'il fallait obtenir au moins cet avantage, en attendant la soumission tout entière. « Envoyez-moi, disait-il, les lettres à signer pour les différents sièges vacants, afin de voir si le Pape veut ou non donner l'institution à mes évêques. Faites connaître aux évêques députés que je ne répondrai à aucune lettre, que je ne prendrai aucune décision que lorsque mes évêques auront leurs Bulles.

(1) *Mémoires de Napoléon*, t. I, p. 161.
(2) *Ibid.*

Je suis trop vieux et trop accoutumé aux ruses italiennes pour me laisser duper par eux. » L'Empereur déclarait qu'il ne recevrait pas la députation, si elle ne rapportait des Bulles d'institution pour tous les évêques. Il fallait qu'elle envoyât au ministre un procès-verbal constatant qu'elle avait notifié au Pape que le décret s'appliquait à tous les évêques de l'Empire « dont les États de Rome font partie » (1).

L'Empereur avait eu, un moment, l'idée de considérer le Bref comme non avenu, parce qu'il était adressé aux évêques seulement, et de publier comme lois de l'État le premier décret du Concile national par lequel il s'était déclaré compétent; puis le second qui fixait le mode nouveau d'institution, en ordonnant leur insertion au *Bulletin des Lois.* Il consentait bien à faire enregistrer le Bref par le Conseil d'État et à l'envoyer, à titre de renseignement, aux évêques; mais il aurait voulu que le Conseil d'État fît les réserves nécessaires pour conserver les privilèges de l'Église gallicane. Puis se ravisant, il donna ordre de faire rentrer dans leurs diocèses tous les évêques, même ceux qui n'avaient pas de Bulles. Il n'admettait aucun prélat à Paris, sauf le cardinal Fesch et l'évêque de Versailles qui se trouvait près de son diocèse.

Le préfet de Savone était maintenant enchanté de son prisonnier. Il le trouvait de meilleure composition, gai, satisfait même. « Je croirais, disait-il, qu'il n'y aurait plus besoin de grands efforts pour porter le Pape à se rendre à Paris pour une entrevue. » C'était aller un peu vite; mais il était déjà décidé à diriger le Pape sur Paris ou Fontainebleau, aussitôt que l'Empereur en manifesterait le désir. M. de Chabrol croyait même savoir que l'on s'occupait dans la maison du Pape de l'expédition des Bulles réclamées. Le 16 octobre, l'archevêque de Tours et les évêques de Trèves et de Nantes répondirent à Bigot de Préameneu que leurs instructions ne leur avaient pas prescrit de notifier au Pape que le décret du Concile s'appliquait à tous les évêchés de l'Empire. Il leur

---

(1) Lettres inédites, II, p. 167.

avait été prescrit seulement de demander au Pape une acceptation pure et simple; c'est à quoi ils s'étaient bornés. L'Empereur leur avait dit d'ailleurs qu'une fois l'approbation du Pape obtenue, il saurait bien faire valoir le décret dans toute son étendue, lorsque le temps en serait venu. Le souvenir de ces paroles avait suffi pour les empêcher de notifier par avance au Pape des détails que l'Empereur ne se proposait de développer qu'au fur et à mesure des circonstances. Toutefois, les évêques avaient parlé aux cardinaux, et ceux-ci leur avaient affirmé que Pie VII avait connu par eux toute l'étendue du sens que le gouvernement impérial donnait au décret. Les évêques voulurent s'en assurer par eux-mêmes et, le 17 octobre, ils allèrent dire au Pape que les cinq articles du décret, approuvé par lui, s'appliquaient à tous les évêchés de l'Empire dont les États de Rome faisaient partie. Sur quoi, Pie VII convint qu'il avait eu connaissance des prétentions de l'Empereur à cet égard, mais qu'il avait conservé l'espoir que Sa Majesté consentirait à lui laisser la nomination des évêchés dans les États romains. Le Pape ne leur avait pas dissimulé non plus qu'une renonciation à ce droit lui coûterait d'autant plus « qu'elle semblerait renfermer une renonciation expresse à la souveraineté de Rome », renonciation qu'il n'accorderait jamais. Quant aux Bulles des évêques nommés, il paraissait disposé à les donner; mais il désirait voir d'abord toutes les pièces qui les concernaient. Les députés avaient déjà obtenu les Bulles pour M. Léjéas, évêque de Liège, et ils croyaient avoir bientôt les autres, si les expéditeurs consentaient à se hâter.

Les conseillers d'État, chargés d'examiner le Bref du Pape, étaient d'avis qu'il fallait publier en entier le Bref et le décret, tout en faisant des réserves générales et en spécifiant ce qui n'était point approuvé. Il leur paraissait nécessaire que le Bref, qui allait être connu par une voie ou par une autre, fût frappé d'improbation en ses parties défectueuses. Le 26 octobre, Napoléon faisait savoir à Bigot de Préameneu que le décret ne lui paraissait pas propre à rétablir la paix. Il revenait à l'idée de publier les deux décrets du Concile comme lois de l'État, et de renoncer à la publication du Bref. Il lui fallait un avis du Conseil d'État qui porterait que le Bref ne pouvait être publié, parce qu'il contenait des articles contraires aux libertés gallicanes. Il ordonnait ensuite de renvoyer le Bref au Pape, avec une lettre à l'un des cardinaux ou à Bertazzoli, et il ajoutait : « *Il faudra bien que le Pape en passe par là !* Le Bref revenant purement et simplement, on le publiera purement et simplement... Mais il serait maladroit de publier ce Bref avec des réserves. Ce serait perpétuer les divisions. Le fait est que l'Église est dans une crise. Que l'on attende six mois ou même un an, il faut qu'elle en sorte. » Napoléon voulait que, de gré ou de force, Pie VII cédât à toutes ses volontés. « Le Pape ne pourra, ajoutait-il, obtenir l'arrangement de ses affaires... qu'il n'ait approuvé les décrets du Concile, et sa position sera empirée d'autant plus qu'il aura institué les évêques, qu'il verra les décrets publiés et faisant loi, et que cela éloignera nécessairement les affaires de bien des années. » Il recommandait au ministre de ne dire mot de ces vilaines intrigues ni à Fesch, ni aux évêques députés, ni à qui que ce fût. Il désirait que le dénouement parût venir du Conseil d'État à l'unanimité. Il ne doutait pas que ses conseillers n'obéissent à ses ordres et ne tendissent au Pape tous les pièges dont il leur suggérait l'idée.

Mais le Pape, averti par les députés dès le 17 octobre, s'était fortement ému de ces nouvelles exigences. On lui dépêcha M. de Chabrol qui parla d'urgence, de nécessité, d'opportunité à faire les concessions réclamées. Le Pape répondit qu'il ne voyait pas dans l'Histoire de circonstances aussi critiques que celles où il se trouvait. Alors le préfet abonda dans son sens. Il lui fit même observer que, depuis la chute de l'empire romain, l'Empire seul de Napoléon pouvait lui être comparé, et que le parallèle de ces deux puissances devait entraîner une similitude dans le gouvernement de l'Église à ces deux époques. Pie VII répartit qu'il ne serait pas très éloigné de rétablir le mode des anciennes élections pour les évêchés; mais M. de Chabrol crut bon de lui faire remarquer que l'esprit des deux siècles était bien différent. Sur ce, le Pape abandonna presque aussitôt une idée qui ne paraissait pas avoir été fort méditée. C'est du moins M. de Chabrol qui le dit. Le Pape ajouta qu'il voyait clairement la situation qui lui était faite à lui, ainsi qu'à l'Église. Il insista alors sur les inquiétudes de sa conscience. Le préfet crut devoir les combattre par l'opinion unanime de son Conseil et par l'état présent de l'Église. Il affirma que les chrétiens réclamaient tous les sacrifices de sa part, et que le témoignage universel, *Vox Populi Vox Dei*, devait rétablir le calme dans son esprit. M. de Chabrol pensa alors avoir produit quelque effet. Le Pape répondit qu'il souhaitait d'en finir et que tout aurait été terminé si on lui eût rendu son Conseil au complet. Le préfet riposta que ce qu'on ne pouvait faire avec cinq personnes ne pouvait guère mieux se résoudre avec un nombre plus grand. Le Pape répliqua que sa conscience serait au moins plus tranquille et que s'il ne s'agissait que de lui, il préférerait passer sa vie dans une cellule. Là-dessus, M. de Chabrol jugea utile de dire que dans le poste où il se trouvait, il avait d'autres intérêts à régler que les siens propres. Et après cette belle réflexion, il laissa le Saint-Père assez bien disposé pour qu'on pût espérer de lui la résolution de ne pas faire de résistance. Mais le Pape n'était pas aussi facile à séduire qu'il le pensait. M. de Barral lui-même l'avouait en termes presque naïfs. Il regrettait seulement que le gouvernement n'eût pas fait venir à Savone le confesseur du Pape, le P. Menocchio, qui aurait pu être un « véhicule puissant ». Il était à Rome et les évêques avaient compté sur son appui. Cependant, avant de le faire venir, l'archevêque de Tours conseillait de chercher à savoir quelle était sa façon de voir les choses actuelles. Quelques jours après, le 5 novembre, M. de Chabrol retourna chez le Pape. Il le trouva agité, fatigué. Il lui dit alors que le meilleur moyen de se bien porter était d'accorder toutes les Bulles et de mettre ainsi le sceau à sa première décision. La nécessité lui en faisait une loi. Toute restriction mise de sa part à un acte authentique contre le sens précis des intentions de la partie contractante, serait un scandale pour le monde chrétien. Le Pape répondit à tout ce fatras, que l'on penserait qu'il avait non pas fait, mais acheté la paix. M. de Chabrol repartit que son caractère était trop connu pour que l'on vît quoi que ce fût de personnel dans sa résolution. Le Pape dit qu'en regardant derrière lui, il était effrayé de tout ce qu'il avait déjà accordé. Il ne voyait de possible que l'action de la Providence dans une voie toute autre et la formation prochaine d'un Conclave. M. de Chabrol se récria. Une décision, fondée sur des événements futurs et improbables, serait peu raisonnable. « Les vrais moyens de la Providence, ajoute le préfet, consisteraient dans le détachement que le Pape avait des biens du monde et dans ses bonnes intentions. C'était l'instant de les mettre au jour. » L'arrivée du cardinal Doria mit fin à ce sermon. Mais en se retirant, M. de Chabrol constatait que le Pape en était encore à solliciter un Conseil pour se décider.

« Le temps s'écoule, écrivait à ce moment l'archevêque de Tours; les jours se suivent et, contre l'ordinaire, ils se ressemblent beaucoup l'un l'autre. Cela veut dire qu'avec toutes nos conférences avec les cardinaux et avec nos visites au Pape, nous avançons peu... Le Pape répète toujours, soit à nous, soit aux cardinaux, que tout pourrait se faire avec décence, mais avec ses Conseils, les cardinaux, et avec sa mise en liberté. En accordant plus qu'il n'a accordé jusqu'ici, il se déshonorerait aux yeux de la catholicité. » L'air tranquille et décidé du Pape inquiétait les évêques. Ils redoutaient qu'il n'eût arrêté *in petto* ses décisions, et que rien ne pût les vaincre. Ils résolurent alors d'adresser une note officielle aux cardinaux pour bien démontrer que le Pape ne pouvait sérieusement repousser les concessions demandées par l'Empereur. Donc, l'archevêque de Tours et les évêques de Plaisance, Trèves et Nantes leur expliquèrent, le 7 novembre, que Sa Majesté n'accepterait le Bref du Pape que si ce Bref s'étendait à tous les évêchés, même à ceux de l'État romain. Le Pape avait hésité jusqu'ici à reconnaître cette extension, parce qu'en abandonnant à Napoléon la nomination des évêchés voisins de Rome il aurait paru reconnaître la légitimité de l'occupation des États de l'Église. Il avait répété qu'il ne pouvait d'ailleurs se prononcer sans l'assistance d'un Conseil plus nombreux. Les évêques répondaient que l'abandon du droit de nommer aux évêchés de l'État romain ne comportait pas nécessairement la renonciation à la souveraineté sur cet État. La seconde raison, invoquée par le Pape, ne semblait que dilatoire ; mais dans la circonstance elle équivalait à un refus formel. En quoi un Conseil plus nombreux pourrait-il mieux résoudre une question difficile qui n'était capable d'être résolue que par des autorités et après de longues recherches ? M. de Chabrol crut devoir ajouter l'autorité de sa parole à la gravité de cette note. Il retourna auprès du Pape, peu de jours après, et lui demanda s'il croyait que l'Empereur, qui s'intéressait sincèrement à sa santé, avait l'intention d'abaisser le Saint-Siège. « Pourvu que les affaires de l'Église aillent bien, répondit vivement le Pape, tout ce qui est relatif à ma personne m'intéresse peu ! » Surpris et déconcerté, le préfet déclara que la nécessité devait lui faire une loi de s'en remettre totalement à la générosité de l'Empereur. « Mais la nécessité, répliqua Pie VII, pourrait aussi commander de céder à l'égard du dogme ! » Le préfet fit remarquer qu'il ne s'agissait pas du dogme, dont la conservation était aussi précieuse d'ailleurs à l'Empereur qu'au Saint-Père, mais d'une question qui pouvait se résoudre par un Concordat. « Oui, dit le Pape, mais avec un Conseil et suivant les formes. Ne jouissant pas de ma liberté, je crains que ma conscience ne me permette pas de céder... Après cette difficulté, il surviendra d'autres demandes. Ce seront des circonscriptions d'évêchés ; ce sera un nouveau cardinalat... » A toutes les arguties de M. de Chabrol, Pie VII ripostait par des paroles qui indiquaient une fermeté et une obstination peu faciles à vaincre. Il finit l'entretien sur l'idée de l'intervention de Dieu pour terminer les affaires présentes, ce que M. de Chabrol considéra et essaya d'écarter comme une raison peu sérieuse.

Le 17 novembre, le Pape dicta aux cardinaux présents à Savone une note catégorique en réponse à la note des évêques. Il y était dit que, dans le Bref de confirmation des cinq articles expédié le 20 novembre, le Pape avait accordé tout ce qui lui avait été demandé. Mais depuis, il avait appris que l'Empereur voulait nommer à tous les évêchés de sa domination, en y comprenant ceux de Rome. Sa Sainteté ne pouvait consentir à une telle innovation; d'ailleurs, les six évêchés suburbicaires se conféraient par l'option des cardinaux selon leurs ancienneté et résidence près le Saint-Siège. Cette concession aurait le tort de faire croire à la Chrétienté que le Pape s'était déterminé par des considérations humaines et dans le but de recouvrer sa liberté personnelle. Or, Pie VII réclamait avant tout, et une fois de plus, l'assistance d'un Conseil convenable pour prendre les déterminations nécessaires sur des affaires d'une si haute importance. Il différait donc toute résolution jusqu'au moment où il serait en état d'exercer librement son ministère. Le cardinal de Bayane s'affligea de ce qu'il osait appeler « l'entêtement extrême du Pape ». Il voulait intervenir, mais inutilement. Il avait préparé une réponse à l'Empereur que Pie VII écarta, malgré toutes les précautions dont elle avait été entourée. De son côté, le préfet de Savone, inquiet d'une résistance que ses multiples efforts n'avaient pu réduire, faisait le silence sur la note du Pape et donnait ordre à ses agents de ne s'entretenir en aucune manière des affaires présentes.

Ne pouvant parvenir à réduire l'obstination de Pie VII, Napoléon résolut d'ajourner jusqu'après l'issue de la campagne de Russie ses desseins despotiques sur la Papauté. Un jour de novembre, il était allé visiter, aux Archives Nationales, les Archives du Saint-Siège. Il fut reçu par le conservateur Marino-Marini qui rédigea plus tard un procès-verbal de sa visite. Un prêtre romain, Altieri, osa parler en faveur du Saint-Père. Napoléon lui répondit avec une extrême vivacité : « Si vous suivez les maximes de Jésus-Christ, c'est bien; mais si vous suivez celles de Grégoire VII, vous êtes les prêtres du diable. Que n'ai-je pas fait pour l'Église? Qu'ai-je voulu, sinon lui donner la paix? J'aurais pu imiter Henri VIII; mais je tiens à la religion catholique. Mon intention n'est pas de garder le Saint-Père en captivité; mais je ne veux pas qu'il partage ses soins entre le culte divin et les affaires temporelles. Son royaume n'est pas de ce monde. Mon autorité, à moi, vient de Dieu. Le Pape s'est toujours opposé à mes désirs... il me hait! » Altieri crut devoir répondre que Pie VII, au contraire, avait pour l'Empereur des sentiments d'affection. Napoléon protesta. Est-ce que le Pape ne s'était pas opposé à la réunion de l'Italie en un seul État? Est-ce qu'il n'avait pas, sans aucune raison, fulminé l'anathème contre lui? « Dieu m'a accordé un héritier, et cette nouvelle bénédiction est un témoignage non équivoque de l'injustice d'un tel procédé à mon égard. Funeste doctrine ultramontaine! Vous en êtes tous imbus! » A cela Altieri répliqua : « Sire, tous les ultramontains respectent les souverains. Conformément à cette maxime, on vous vénère, tout en acceptant cette autre maxime que le Pape a, comme un père, le droit de corriger ses enfants. — Et vous trouvez que c'est peu? riposta l'Empereur. J'entends supprimer cette doctrine, et j'ai ordonné aux évêques de la remplacer par la doctrine gallicane. Vous êtes tous conjurés contre moi! » Puis, devant Daunou et Duroc qui assistaient à cette scène, il dit que ses ennemis personnels étaient les cardinaux Fontana et di Pietro. Il menaçait de les envoyer mourir en Hollande, aussi bien que les cardinaux Gabrielli, Oppizoni et Gregorio. Altieri, essayant alors de détourner son attention sur un autre sujet, lui parla de l'église Saint-Pierre de Rome qui nécessitait des réparations. «Je fais plus de cas, répondit-il, d'une cabane de César que de l'église du Vatican », et il s'en alla (1).

L'Empereur, se défiant de tous, avait donné à M. de Chabrol l'ordre de notifier aux cardinaux présents à Savone qu'il les laisserait en cette ville, après le départ des évêques, à la con-

(1) *Memorie storiche dell' occupazione e restituzione degli Archivie della Santa Sede.*

dition qu'ils n'auraient aucune correspondance et qu'ils ne donneraient à personne aucune nouvelle au sujet des affaires religieuses. Le préfet et le commandant de la gendarmerie devaient redoubler de surveillance autour du palais pontifical, tant à l'intérieur qu'à l'extérieur. Ne sachant sur qui faire tomber la colère que lui causait la résistance invincible du Pape, Napoléon supprimait les bourses des séminaires de Saint-Brieuc, de Bordeaux, de Gand, de Tournai, de Troyes et des Alpes-Maritimes, se disant peu satisfait des principes que manifestaient les évêques de ces départements. Il refusait d'avance toute exemption de service pour les jeunes ecclésiastiques de ces mêmes évêchés et toute nomination à des bourses, à des cures et à des canonicats. Il voulait que tous les séminaires enseignassent les principes de l'Église gallicane, sous peine de perdre leurs privilèges, et il rendait responsable le ministre des Cultes de l'exécution de cette menace. Le 21 novembre, il informait le même ministre que les évêques de Gand, de Tournai et de Troyes avaient perdu sa confiance. Il exigeait leurs démissions, puis il ordonnait de les envoyer à soixante lieues de Paris et de leurs diocèses (1). Le 22 novembre, les trois évêques signèrent au château de Vincennes la démission demandée ; seul, l'évêque de Tournai déclara en signant qu'il s'abandonnait à la clémence de l'Empereur auquel il resterait éternellement soumis et très respectueusement attaché, déclaration qui n'eut d'ailleurs aucun effet sur son sort, car il fut traité avec la même rigueur que ses collègues. Les vicaires généraux de Troyes furent remplacés, attendu qu'il ne convenait pas à Sa Majesté que les vicaires du Chapitre, pendant une vacance par démission, fussent les mêmes que ceux de l'évêque démissionnaire. Le Chapitre avait à nommer immédiatement des chanoines « pleins de bons principes », sous peine de s'exposer à une juste animadversion. Même recommandation fut faite aux Chapitres de Tournai et de Gand. Ce dernier répondit qu'il nommerait des vicaires

---

(1) *Lettres inédites*, t. II, p. 168, 171, 180.

capitulaires, aussitôt que le Pape aurait ratifié la démission de l'évêque, sans quoi il se croirait coupable de s'écarter des pratiques de l'Église, de s'arroger des pouvoirs arbitraires et de créer des administrateurs dont tous les actes seraient *ipso facto* frappés de nullité. Cette légitime résistance du Chapitre allait attirer sur le diocèse de Gand les plus déplorables rigueurs.

D'autre part, des prêtres romains qui avaient pris la défense du Saint-Siège subirent le courroux impérial. Par un ordre du 24 novembre 1811, ils furent déclarés hors la loi, déportés en Corse et dépouillés de leurs biens. Cela se fit avec rapidité et sans bruit. On envoya avec les mêmes précautions l'évêque de Troyes à Falaise, l'évêque de Tournai aux environs d'Orléans, l'évêque de Gand à Beaune, sous l'injonction de n'avoir aucune correspondance avec leurs diocèses et de ne se mêler en rien des affaires religieuses (1). Ces évêques adressèrent au ministre de la Police cet engagement d'honneur, le 11 décembre. Quelques jours après, l'évêque de Gand écrivit au ministre des Cultes pour lui faire observer qu'il lui était dû un trimestre de son traitement et qu'il le réclamait, vu la pénurie où il se trouvait : « Je perds, disait-il, 30,000 francs annuels à mon malheur : 10,000 francs comme aumônier de Sa Majesté, 10,000 francs de traitement épiscopal, autant de supplément des départements de l'Escaut et de la Lys. J'ai des dettes que j'aurais acquittées. A présent, elles me deviennent un poids pénible dans ma détresse pécuniaire. Veuillez bien vous employer, Monsieur le comte, en ma faveur, tant pour que le traitement et le supplément épiscopal me soient payés au moins jusqu'au 22 novembre, jour de ma démission, que pour l'obtention d'une pension annuelle. Cette ruine pécuniaire m'est bien moins sensible que de ne pouvoir plus servir la religion et l'Empereur avec le zèle qui, l'année dernière, a mérité l'éloge de ce grand prince, quand il vint en Belgique. Mon attachement à la personne de l'Empereur sera toujours le

---

(1) *Lettres inédites*, t. II, p. 184 et 186.

même que quand il m'honorait de ses bontés. Il faut que la calomnie ait bien prévalu sur mes fidèles services. J'espère que la vérité et l'innocence seront reconnues. A quarante-cinq ans, s'éteindre dans l'inaction est un état pénible. Je ferai, comme je l'ai toujours fait, les vœux les plus ardents pour le bonheur de S. M. l'Empereur, de son auguste famille, et pour la prospérité de ma patrie (1). »

Voilà à quelles plaintes on réduisait un prélat d'une valeur et d'une honorabilité aussi éminentes que l'évêque de Gand! Peut-on s'empêcher de déplorer que la politique impériale en soit arrivée à être si étroite et si tracassière? L'ancien évêque de Troyes gémissait, lui aussi, sur la situation qui lui était faite et écrivait de Falaise au ministre des Cultes le 6 février 1812 : « C'est donc là que devaient se terminer quatre ans de succès flatteurs et de travaux utiles!... Non, jamais je ne croirai que Sa Majesté veuille mettre le comble à mes malheurs en m'enlevant mes moyens actuels de subsistance sans m'assurer un sort dans l'avenir! » Il réclamait aussi quelque dédommagement : le paiement de son demi-semestre jusqu'au 22 novembre, et un traitement proportionné à son âge, à son caractère et à ses longs services (2). Mais l'Empereur, emporté par un orgueil farouche, n'écoutait plus rien. Il voulait que le Pape cédât quand même et il était résolu à tout pour le vaincre. Il le briserait, s'il le fallait. Pie VII s'était volontairement enfermé dans le palais de Savone, comme un moine se retire dans une cellule. Il ne répondait à ces ordres que par des paroles vagues, ou par des tergiversations. Napoléon le trouvait trop éloigné de lui. Aussi allait-il bientôt le ramener à la portée de sa main. Peut-être la séduction de son verbe, peut-être le prestige de nouvelles victoires — car il croyait fermement à ses prochains succès sur les Russes — le convaincraient-ils mieux que tous ces cardinaux, tous ces évêques qui ne savaient pas le langage qu'il fallait tenir à un Pape révolté. Oserait-il encore résister, ce Pontife insolent,

(1) D'Haussonville, t. V. Pièces justificatives, p. 481.
(2) Ibid.

quand il aurait devant lui le vainqueur d'Alexandre Iᵉʳ, le véritable Empereur d'Occident, le maître du monde? Car, la Russie vaincue, c'était la ruine prochaine de l'Angleterre; c'était Pie VII placé à Fontainebleau ou à Paris, et renforçant de son autorité spirituelle l'autorité temporelle de l'Empereur.

Alors Napoléon fait venir son ministre des Cultes et il lui dicte une lettre pour les évêques réunis à Savone. Il y donne les raisons du Conseil d'État qui ne sont autres que ses raisons personnelles, pour leur apprendre que le Bref ne peut pas être accepté par lui. Le Bref est injurieux pour l'autorité de l'Empereur et les évêques de l'Empire, car ce document ne reconnaît pas comme un Concile national la réunion des archevêques et évêques à Paris. Le Bref qualifie l'Église de Rome de « maîtresse de toutes les Églises », cela ne peut être toléré. Le Bref parle de vraie obéissance et emploie d'autres expressions auxquelles le gouvernement ne saurait adhérer, parce qu'il paraîtrait acquiescer à des formules dont les Papes se servaient pour se prétendre évêques universels. Le Bref, qui autorisait le métropolitain à donner l'institution au nom du Pape, faisait supposer que, sur le refus ou la défense du Souverain Pontife, l'institution ne pourrait avoir lieu. Cela était inadmissible. Aussi la commission, composée des ministres de l'Empereur et des conseillers d'État, s'était-elle unanimement prononcée pour la non-acceptation du Bref. La majorité de cette commission aurait voulu, après ce rejet, faire convoquer de nouveau le Concile national, ou simplement déclarer que les évêques nommés seraient institués par le synode métropolitain réuni à chaque nomination, jusqu'à la convocation d'un Concile œcuménique. D'autre part, la minorité de la commission avait proposé d'accepter le Bref, mais avec quelques suppressions.

L'Empereur prit un moyen terme. Il ordonna au ministre des Cultes de faire au Bref des modifications. En conséquence, le ministre invitait les évêques à faire connaître au Pape les objections soulevées par son Bref et les maux qu'il éviterait à l'Église en retirant tout ce qui était de nature à choquer l'Empereur. S'ils réussissaient à faire entendre raison au Pape, leur mission serait remplie. Sinon, le Bref serait rejeté et, le cas de nécessité étant reconnu, l'Empereur prendrait l'une des mesures conseillées par sa commission spéciale. Napoléon n'admettait pas de restriction à ce décret qui devait être rendu pour les Églises de l'Empire et du royaume d'Italie. De plus, Sa Majesté se refusait à laisser les Cardinaux Noirs se rendre à Savone. Enfin, si Napoléon commettait l'inconvenance de ne pas répondre à la lettre du Pape, c'était, paraît-il, parce qu'il trouvait inutile de discourir avec lui sur des questions de discipline ecclésiastique ou de lui faire des reproches sur les obstacles qu'il mettait à la conciliation. Le Pape reçut la députation, comme elle devait être reçue. Il s'exprima avec énergie et s'étonna des exigences qu'on osait lui renouveler. Il déclara qu'il ne résoudrait rien au sujet des États romains sans un Concordat particulier. Ce fut en vain que les évêques essayèrent de l'apaiser. Ils comprirent que Pie VII craignait qu'on ne lui fit des demandes nouvelles, et ils durent se retirer, sans garder grand espoir de convaincre le Saint-Père que tant d'objections avaient légitimement irrité. Aux cardinaux venus pour le visiter, Pie VII répondit sur le même sujet : « C'est une affaire grave et qui a besoin de méditation. » Il avait, en somme, peu de confiance en eux et il s'était décidé à ne se fier qu'au Sacré-Collège tout entier.

M. de Chabrol lui dépêcha Mgr Bertazzoli. Celui-ci, après avoir vainement essayé de circonvenir le Pape, alla dire au Préfet qu'il ne voyait pour le moment aucune espérance. « Les termes de son refus montraient, avoue Chabrol lui-même, une résolution très forte, au point que l'on pense même qu'elle est fondée sur ce qu'il appelle une inspiration dans ses prières... Dans tous ses discours la crainte des reproches pour l'avenir se fait remarquer, et c'est une des principales causes de son indécision... » En désespoir de cause, M. de Chabrol s'adressa au médecin Porta qu'il avait déjà, comme on le sait, employé dans des circonstances difficiles.

« Nous avons su par son médecin, déclara M. de Chabrol, que nous avons pressé d'agir de son côté pour achever de l'ébranler, qu'il est singulièrement tourmenté par les propositions qui lui sont faites. Il lui a dit que ce qui lui était demandé l'absorbait tout entier et que la pensée en faisait blanchir ses cheveux... » L'archevêque de Tours et l'évêque de Plaisance voulurent insister aussi. Ils n'eurent pas plus de succès. Le Pape répétait obstinément qu'il ne consentirait jamais à céder sur la nomination des évêques romains; que c'était là une innovation au-dessus de ses forces. Il avait fait des concessions suffisantes. Il n'en ferait plus! On était arrivé au commencement de janvier 1812 et la question n'avait point fait un pas.

Au reçu des ordres qui arrivèrent de Saint-Cloud et qui les invitaient à présenter des sommations au Saint-Père, les prélats furent consternés. Mais un maître tel que l'Empereur n'accepterait pas d'atermoiements. Ils se décidèrent donc, non sans chagrin et sans répugnance, à parler avec énergie. Ils dirent à Pie VII qu'il perdait tout avec sa résistance opiniâtre et qu'il n'y avait qu'un moyen de finir avec avantage, c'était de changer de système et de se jeter dans les bras de Napoléon. Ils lui remirent une note qui avait la forme d'un *ultimatum*. Elle pouvait se résumer en ces quelques mots : le temps des hésitations, des difficultés minutieuses et des fausses prétentions devait avoir un terme. Si Pie VII persévérait dans ses refus, l'Empereur regarderait comme abrogé le droit que le Pape avait obtenu du Concordat d'instituer les évêques. La religion catholique ne pourrait continuer à être protégée dans l'Empire et dans le royaume d'Italie qu'à la condition que les évêques nommés par Sa Majesté recevraient l'institution, soit du synode provincial, soit du métropolitain. Les évêques suppliaient le Pape de daigner lire cette note raisonnée — ils n'osaient dire : raisonnable, — où ils pensaient que la foi et la discipline essentielle étaient sauvegardées. Ils estimaient que Pie VII ne pourrait la rejeter sans se rendre responsable aux yeux de l'Église des maux terribles qui suivraient infailliblement son refus. Cet ultimatum n'effraya pas le Saint-Père. Il se borna à dire à l'archevêque de Tours qu'il adresserait une nouvelle lettre à l'Empereur, tout en persévérant dans son attitude tant qu'il ne serait pas en liberté et entouré d'un Conseil plus nombreux. Son honneur exigeait qu'un acte, aussi important que celui qu'on lui demandait, n'eût pas l'air d'être contraint. Alors, M. de Chabrol tenta une démarche suprême. Il alla redire, le 16 janvier, au Pape qu'il était seul contre les cardinaux, les évêques et les fidèles; que sa conscience n'était nullement intéressée dans ce qu'on lui demandait; que ses refus obstinés rendaient sa cause odieuse; enfin, que tout serait perdu si la députation quittait Savone sans avoir rien obtenu. Mais M. de Chabrol eut beau enfler sa voix et jouer l'indignation; Pie VII répondit que sa conscience répugnait trop à ce qu'on osait exiger d'elle et, sans la moindre faiblesse, il laissa partir le préfet qui lui dit d'un ton menaçant, sur le seuil de la porte : « Votre Sainteté ne devra s'en prendre qu'à elle seule de ce qui arrivera. » Se méfiant des cardinaux et des évêques qu'on lui avait envoyés, Pie VII écrivit, le 24 janvier 1812, à l'Empereur une lettre très digne où il exposait les raisons qui l'obligeaient à repousser l'extension réclamée par Napoléon des nominations à tous les évêchés. « Nous ne nous sommes pas refusé à nous prêter à une extension ultérieure, disait-il; mais avant de procéder à cette détermination, nous avons désiré un nombre convenable de conseillers et avoir la libre communication avec les fidèles... Nous avons fait les plus sérieuses réflexions, et Dieu sait combien de méditations et de sollicitudes nous coûte cette affaire! » Il promettait de donner l'institution canonique pour les évêchés actuellement vacants compris dans les Concordats, aussitôt qu'il serait en état de pouvoir le faire. Mais il persistait à réclamer l'assistance du Sacré-Collège tout entier et sa mise en liberté. « Ce qui tendra à produire les avantages spirituels de l'Église, disait-il, rendra bien aussi le soulagement et le calme à notre esprit et à notre grand âge, qui nous rappelle toujours le compte rigoureux que nous sommes sur le point de rendre à Dieu de nos effrayants devoirs. »

On s'est trop souvent plu à représenter Pie VII comme un Pape d'une faiblesse insigne. On lui a reproché avec violence en de nombreux écrits une condescendance déplorable à l'égard de Napoléon; on a dit qu'il avait tout abandonné, tout sacrifié pour satisfaire le despote. On voit maintenant, par le détail des faits antérieurs au moment où nous sommes arrivés, combien ces reproches sont injustes. Pie VII, en effet, n'a cédé à Napoléon que ce qui pouvait s'accorder avec les devoirs de son ministère apostolique. Il a agi avec maturité et prudence. Sa situation de captif, de Pape spolié, de vieillard fatigué par les soucis et par l'âge; entouré de traîtres et d'intrigants, de méchants et perfides conseillers, était épouvantable. Et cependant, malgré les pièges où l'on cherchait sans cesse à l'attirer, on n'avait pu l'empêcher de se recueillir, de chercher avant tout quels étaient les vrais intérêts de la chrétienté et de la Papauté; enfin de consacrer ce qui lui restait de forces au bien de l'Église universelle. Pendant que les députés, les membres du Sénat et du Conseil d'État; pendant que des cardinaux, des archevêques et des évêques indignes de leur rang, se signalent par leur lâcheté et leur bassesse; pendant que tous ceux qui mendient les faveurs de César, loin d'apaiser son courroux contre l'opprimé, le proclament juste et l'excitent par leurs flatteries, le Pape oppose à toutes les violences et à toutes les vilenies une majesté incomparable et une force morale supérieure à toutes les forces de Napoléon. Mais quand la tourmente, abandonnant l'Église pour tomber sur l'Empire, fera fuir les honteux serviteurs des colères et des vengeances du tyran, le même Pape aura pour eux la pitié qu'ils méritent et pour celui qui a osé le frapper la plus paternelle indulgence.

Cependant les agents de la politique impériale veulent tenter encore un effort suprême. Peine perdue! Les Ruffo, les Bayane, les Bertazzoli ne peuvent plus se faire entendre. Pie VII leur fait dire qu'il veut bien les recevoir, mais à la condition de ne plus parler ni du Bref ni de la lettre à l'Empereur. Les évêques ne sont admis qu'à la même condition. M. de Chabrol n'en peut croire ni ses yeux ni ses oreilles Il en gémit ainsi : « Ni des efforts renouvelés, ni la patience, ni la longanimité n'ont pu faire prendre au Pape une résolution plus favorable et plus sage. Les moyens les plus pressants, dit-il avec un découragement qui serait comique si le sujet n'était si grave, se sont usés contre une obstination insurmontable! » Qui aurait pu s'imaginer qu'une telle faiblesse osât résister à une telle force? Qui aurait pu croire, enfin, qu'après un refus opiniâtrément exprimé et gros de toutes les conséquences, le Pape manifesterait la plus entière tranquillité d'esprit? Le préfet, les cardinaux, les évêques étaient stupéfaits de l'entendre parler d'objets qui leur paraissaient inopportuns, à côté de ceux dont ils étaient venus l'entretenir. Quelques-uns d'entre eux essayaient de l'y ramener; mais il leur répondait que si les anxiétés dont il avait souffert avaient trop longtemps altéré sa santé, maintenant que son parti était pris il avait retrouvé le repos physique et moral dont il avait besoin. Il disait encore que sa conscience lui avait indiqué la véritable voie et que la Providence veillerait à l'arrangement définitif des affaires de l'Église. Pendant que les cardinaux et les évêques s'en allaient affligés et soucieux, Pie VII manifestait une confiance et un calme admirables. Il avait considéré la visite de ces agents comme une visite d'adieux, ce qui était la vérité puisque, le 28 janvier, les prélats avaient reçu par le ministre des Cultes l'ordre formel de quitter Savone. A ce moment les évêques, qui éprouvent le plus grand effroi à la pensée qu'ils vont rentrer à Paris sans avoir rien obtenu du Pape, supplient M. de Chabrol de tenter encore une démarche. Qui sait si le préfet, dont ils connaissent l'habileté et l'éloquence infatigables, n'obtiendra pas au moins quelque chose qui ressemble à une promesse? M. de Chabrol va donc, le 3 février, voir encore une fois Pie VII; mais il ne le trouve pas moins ferme ni moins résolu qu'auparavant. Le Saint-Père lui dit qu'il s'en tient à sa lettre et qu'il regarderait tout changement comme une prévarication. M. de Chabrol lui répète en vain que sa conduite paraîtra un scandale à tout le monde et que son Conseil en gémit hautement. Le Pape lui répond que MM. les cardinaux penseront et diront ce qu'ils voudront, mais qu'ils ne peuvent rien contre les objections de sa conscience. Cette fois, le préfet est obligé de se retirer avec la conviction « qu'aucun autre effort, aucun autre moyen de persuasion n'auraient pu venir à bout de changer sa détermination ».

Le Pape avait écrit à l'Empereur, sans obtenir réponse. Que va faire le Souverain après l'échec de la députation envoyée par lui à Savone? C'est aux évêques, ses délégués, qu'il écrira par l'entremise de son ministre des Cultes, le 9 février. Bigot de Préameneu leur dit avoir remis la lettre du Pape à l'Empereur qui n'a pas jugé convenable de lui répondre. Des lettres de discussion et de reproches n'étaient pas dignes du rang où Sa Majesté était placée. « L'Empereur, déclarait le ministre, écrira au Pape quand il aura des compliments à lui faire, des choses douces à lui dire. Mais pour des choses pénibles à entendre, il préfère que ce soit par la voie ministérielle. Il est à regretter que le Pape n'ait pas suivi la même méthode, au lieu d'adresser directement à Sa Majesté une lettre qu'il savait ne pouvoir être aucunement satisfaisante... Que pouvait répondre l'Empereur? Que le Bref qu'il a envoyé n'a pas été admis comme plein de propositions équivoques et qui peuvent être interprétées d'une manière contraire aux Canons et aux franchises et libertés de l'Église de France... Dire au Pape que les conseils des cent évêques, dont les diocèses embrassent des nations formant les trois quarts de la chrétienté et y tenant le premier rang, ne sont d'aucun poids pour lui; qu'il leur préfère le sentiment des Pietro, des Pacca que l'Empereur a été obligé de dégrader pour s'être déclarés les ennemis de l'État, ce serait lui dire qu'il manifeste une incapacité absolue. » Toute la lettre impériale, par voie indirecte, adressait ainsi au Saint-Père les reproches les plus injustes et les plus violents.

Napoléon plaignait Pie VII de faire dépendre le sort de l'Église de tel ou tel cardinal rebelles, de mépriser les lumières d'un nombreux concours d'évêques successeurs des apôtres, et de manquer à tout devoir envers le Souverain. Il lui faisait rappeler que, par ses instructions à la députation des cardinaux et des évêques envoyés à Savone, il entendait nommer à tous les évêchés de son Empire et de son royaume d'Italie, le seul évêché de Rome excepté, et que c'était là une véritable concession de sa part. « En se résignant à cette concession, Sa Majesté faisait beaucoup pour la conciliation, car le clergé de Rome avait, pendant un grand nombre de siècles, nommé au siège pontifical, et sa nomination était ensuite confirmée par l'Empereur. Lors donc que Sa Majesté s'était désistée de cette prérogative de sa couronne impériale, elle avait fait un grand sacrifice aux préjugés, aux prétentions et à l'amour-propre. » Quant à la liberté de communication avec les fidèles, c'était la faute du Pape s'il l'avait perdue. Il avait méconnu tous les devoirs de son ministère de paix et de charité. Il avait maudit l'Empereur et l'autorité civile par une bulle d'excommunication. « Était-ce vraiment pour maudire les souverains que Jésus-Christ s'était mis en croix? Était-ce là le principe du Souverain Rédempteur? » Cependant, la condescendance de l'Empereur s'était bornée au dédain d'une excommunication « ridicule par son impuissance, quoique criminelle par son intention ».

Napoléon ne reconnaissait pas qu'il avait encouru l'excommunication pour avoir spolié les États de l'Église. Il ne disait pas qu'il l'avait fait suivre de l'enlèvement du Saint-Père, contrairement à ses devoirs de souverain catholique et contrairement au droit des gens. La mention même méprisante qu'il faisait de cette bulle montrait bien qu'il la redoutait encore. Napoléon se vantait d'avoir laissé Pie VII à Savone en libre communication avec les fidèles. Il lui reprochait d'avoir usé de cette liberté pour envoyer des Brefs destinés à soulever les Chapitres, « Brefs aussi remarquables par l'ignorance des Canons et des principes que par leur caractère de malveillance ». Il avait bien fallu au gouvernement impérial s'opposer à ce qu'un tel esprit se propageât et prendre les moyens de se mettre à l'abri de ces mesures malveillantes.

« Mais le Pape, disait Bigot de Préameneu qui répétait ainsi le langage même de l'Empereur, persistait à demander la libre communication que les fidèles, mais dans quel esprit? » Il avait provoqué des sentiments de révolte dans les États romains, fait naître à Rome deux clergés hostiles l'un à l'autre et fanatisé un millier de prêtres. Il voulait défendre de rendre à César ce qui appartenait à César. Pourquoi récusait-il les conseils de cent évêques qui lui demandaient l'approbation d'un décret utile au salut de l'Église? Pourquoi préférait-il à leurs conseils ceux des Cardinaux Noirs qu'il n'aurait jamais auprès de lui? S'il croyait ne pouvoir rien décider sans eux, c'était sa faute. S'il perdait le droit d'instituer les évêques, c'était encore sa faute. « La religion marchera sans son secours, disait l'Empereur, et l'on s'aperçoit chaque jour davantage que son intervention n'est pas nécessaire puisque, au défaut des évêques, les vicaires capitulaires gouvernent les Églises. » Le Pape espérait des troubles. Il avait mal calculé. L'esprit public était désormais trop éclairé. Il parlait de sa conscience; mais l'Empereur n'avait-il pas la sienne? « La conscience est la propriété de chacun, sans qu'un autre puisse la dominer; mais chacun aussi doit éclairer la sienne; et comment le Pape, ne se confiant pas dans ses lumières, rejette-t-il celle de cent évêques qui ont aussi chacun leur conscience? »

L'Empereur faisait savoir aux évêques députés combien il serait peu digne de sa part d'exprimer ces sévères vérités au Pape. Et dans un langage des plus injurieux il disait : « Sa Majesté plaint son ignorance, et elle a pitié de voir un pontife, qui pourrait remplir un si grand et si beau rôle, devenir la calamité de l'Église. » Puis il ajoutait : « Dans les trois jours après la réception de la présente lettre, ayez une acceptation pure et simple qui embrasse tous les évêchés, hors celui de Rome, ou, à défaut de cette acceptation, quittez Savone...

Vous aurez soin de notifier au Pape, dès qu'il aura refusé, que, le Bref n'ayant point été ratifié, l'Empereur regarde les Concordats comme abrogés et ne souffrira plus que le Pape intervienne dans l'institution canonique des évêques. L'institution canonique n'est, au vrai, qu'une usurpation de la Cour de Rome. Ce sera un service à rendre de mettre un terme à ces vaines subtilités, et aux ennuyeuses discussions des prétentions de cette Cour qui ont presque toujours tourmenté et fatigué les souverains... L'espérance de prolonger, de délayer, de finasser que pourrait avoir le Pape, ne mène à rien et ne pourrait que l'égarer. » Et celui qui avait tendu au Saint-Père tant de pièges, tant d'embûches savantes et perfides, osait s'écrier : « De la simplicité, de l'abandon, une véritable espérance dans la loyauté de Sa Majesté sont le seul parti qui lui reste à prendre. *Sa Majesté connaît toutes ces matières mieux que le Pape et trop bien pour qu'elle puisse s'écarter de la suite qu'elle s'est tracée.* » L'Empereur menaçait enfin Pie VII de perdre toutes ses prérogatives et de voir les évêques reprendre la plénitude des pouvoirs inhérents à leur caractère : « Le bras du Souverain et l'incapacité du Pape actuel rétabliront les évêques dans tous leurs droits. »

Puis, se laissant aller à une soudaine explosion de rage, il dévoilait toute la surprise et toute la colère que lui avait fait éprouver la résistance d'un pontife qui aurait dû être éclairé par Dieu sur ses véritables devoirs, résistance d'autant plus étonnante qu'elle était la seule dans son immense Empire : « Dans la fausse situation où Sa Majesté voit le Pape, disait-il, elle préfère autant qu'il n'adopte pas le décret, afin que, s'il refuse, il demeure couvert de la honte de son ignorance. Et s'il ne se croit pas suffisamment autorisé, suffisamment éclairé par le Saint-Esprit et par les cent évêques, pourquoi ne se démet-il pas en se reconnaissant incapable de distinguer ce qui est du dogme et de l'essence de la religion de ce qui n'est que temporel et variable? Cette distinction, si simple qu'elle serait entendue par le premier séminariste, si le Pape ne la comprend pas, pourquoi ne descend-il pas de sa propre volonté de la Chaire pontificale, pour la laisser occuper par un homme plus fort de tête et de principes, qui répare enfin tous les maux que le Pape a faits en Allemagne et dans tous les pays de la chrétienté? (1) »

Mais, malgré ses menaces et ses violences, l'Empereur n'était pas plus capable d'obtenir l'abdication du Pape que son adhésion au Bref dans les conditions où il l'avait réclamée. Le Pape devait bientôt rentrer dans sa Chaire et garder cette même Chaire longtemps après que l'Empereur aurait perdu son trône. La lettre de Napoléon n'arriva à Savone qu'après le départ des évêques qui avaient reçu, le 28 janvier, l'ordre de revenir en France. Ce fut encore M. de Chabrol qui se chargea de faire connaître la missive impériale à Pie VII le 19 février. Il la lui lut posément en français; puis rendant compte au ministre des Cultes de l'impression produite par sa lecture il lui dit, entre autres, que le Pape avait « approuvé en quelque sorte par son silence » les observations relatives à l'inconvenance d'une correspondance directe de Sa Majesté avec lui; qu'il avait été ému par le reproche de n'avoir point écouté les conseils de la majeure partie des évêques de la Chrétienté et qu'il avait dit au contraire avoir agi dans le sens des demandes du Concile. Le préfet ajoutait qu'il avait écouté en silence le passage relatif à l'excommunication, « paraissant en cela reconnaître la faute qu'une aveugle passion lui avait fait commettre », qu'il avait protesté contre les griefs reprochés au cardinal Di Pietro; qu'il avait été frappé du reproche d'indifférence sur la situation des sujets de l'Em-

(1) *Archives nationales* et D'HAUSSONVILLE, t. V. — Malgré cette lettre violente qui faisait suite à beaucoup d'autres, l'Empereur se targuait de modération à l'égard du Pape. Voici ce qu'il a dit de lui-même à Sainte-Hélène et ce qu'il a dicté à Montholon pour servir à l'Histoire : « Napoléon a montré, dans cette circonstance, plus de patience que ne comportaient sa position et son caractère, et si dans sa correspondance avec le Pape il employa quelquefois le sarcasme, il y fut toujours provoqué par le style sacré de la Chancellerie romaine qui s'exprimait comme au temps de Louis le Débonnaire, ou des Empereurs de la maison de Souabe, style d'autant plus déplacé qu'il était adressé à un homme éminemment instruit des guerres et des affaires d'Italie; qui savait par cœur toutes les campagnes, toutes les ligues, toutes les intrigues temporelles des Papes. » (*Mémoires de Napoléon*, t. Ier, p. 135).

pereur dans les États romains et qu'il s'était écrié : « Mais aussi, pourquoi ne me donne-t-on pas la liberté et des moyens pour que je puisse y mettre ordre? » Suivant M. de Chabrol, le Pape aurait dit qu'il n'avait pas réclamé les Cardinaux Noirs, mais la liberté de choisir les Conseils qui lui conviendraient. Il se serait ensuite élevé contre l'accusation de vouloir espérer des troubles, lui qui ne demandait que la paix; mais sa conscience ne lui avait pas permis de se ranger au désir des évêques. Sur la possibilité de l'institution canonique par les Conciles provinciaux, il aurait répondu que ce ne serait pas pour longtemps et que cet exemple n'aurait pas de conséquence. Enfin, sur la question de sa démission, il avait gardé le plus profond silence. Le préfet s'était retiré en pensant qu'il valait mieux l'abandonner à ses réflexions. Mais s'il croyait pouvoir dire que l'effet de cette communication avait enlevé un reste d'espoir au Pape sur l'intervention possible des cardinaux à Paris, il était forcé d'ajouter aussitôt : « Le Pape a été très ému; mais je ne crois pas qu'il ait été ébranlé, tant est grande son obstination! »

Deux jours après, M. de Chabrol retourna au palais pontifical et les scènes des semaines précédentes se répétèrent. Aux demandes pressantes du préfet, Pie VII répond que son parti est pris; qu'il a fait un premier Bref et qu'il n'en fera pas un second. M. de Chabrol lui objecte que sa conduite soulève les plaintes de toute la Chrétienté, et qu'on finira par « souhaiter et réclamer que Sa Sainteté se démette pour le bien de tous ». A cette observation tendancieuse le Pape réplique immédiatement qu'il ne se démettra jamais. « C'est ce dont la conscience vous fera peut-être une loi, osa répliquer le préfet, si vous refusez les propositions si simples que l'on vous fait! » Mais Pie VII ne se trouble pas. Il dit à son fatigant interlocuteur que l'autorité des Conciles généraux ne peut rien sur lui et qu'aucune considération ne le portera à descendre de la Chaire de Pierre. « On croit que je veux des troubles, ajoute-t-il, et je n'y songe pas. D'ailleurs, il y a eu plusieurs époques dans lesquelles l'Église s'est trouvée dans des situations plus critiques; notamment, sous Constance il se déclara un schisme et les choses s'arrangèrent… Mais il n'y en aura pas, et l'autorité civile, mise par la Providence dans une main puissante, saura nous en garantir. Sa Majesté saura agir comme protecteur de l'Église, tel que le fut Constantin dans les premiers siècles. »

Pie VII eut alors soin de rappeler que Constantin quitta Rome et fonda Constantinople, afin de laisser aux papes le moyen d'exercer leurs fonctions apostoliques avec plus de liberté. M. de Chabrol trouva ce discours si extraordinaire qu'il prit aussitôt congé de Pie VII, en l'invitant à réfléchir encore au sujet des grands intérêts dont il lui avait parlé. Mais, constatant que ses arguments personnels n'avaient produit aucune impression, le préfet eut recours à d'autres moyens. Il ne craignit pas d'employer les gens de la maison pontificale qui, ne songeant qu'à leurs intérêts personnels, voyaient avec regret la résistance du Pape; mais, comme l'avoue encore M. de Chabrol lui-même, leurs efforts furent vains. Le Pape refusa de les entendre et, dans cette circonstance, ne témoigna pas la moindre hésitation. N'obtenant rien, le préfet revint chez le Pape, le 23 février, pour lui notifier officiellement « que le Bref, en date du 20 septembre, n'ayant pas été ratifié, l'Empereur regardait les Concordats comme abrogés et ne souffrirait plus que le Pape intervînt en rien dans l'institution canonique des évêques » (1). Pie VII se borna à répondre qu'il était affligé d'un tel résultat, mais qu'il ne changerait pas d'attitude. C'est alors que Mme de Staël, apprenant la résistance opiniâtre du Pape, en fut frappée d'admiration et écrivit à Henri Meister cette phrase qui en dit long sur l'attitude énergique du vieux Pontife, opposée à la bassesse des courtisans de l'Empereur : « Quelle puissance que la religion qui donne de la force

---

(1) « De cette façon la réunion du Concile, l'envoi des députés et la longue négociation entreprise sont venus à finir, comme si rien n'avait eu lieu. Personne ne doute que le silence ne couve quelque dessein impossible à deviner, mais que l'on peut prévoir fatal à l'Église ». *(Mémoire inédit de Consalvi, p. 86).*

aux faibles, tandis que tout ce qui était fort n'en a plus! (1) »

Un mois après, le 21 mars 1812, Napoléon étant à Dresde et à la veille d'entrer en Russie écrivit au prince Borghèse, gouverneur des départements au delà des Alpes, que, les Anglais menaçant de faire une descente sur les côtes de Savone, il était nécessaire de mettre le Pape en sûreté. En conséquence, il chargeait M. de Chabrol et le commandant de la gendarmerie de faire partir le Pape avec l'archevêque d'Édesse et ses gens dans deux bonnes voitures. Pie VII prendrait son médecin avec lui. Il devait traverser Turin de nuit, s'arrêter au mont Cenis, puis passer également de nuit par Chambéry et Lyon, et se rendre ensuite à Fontainebleau où des ordres étaient déjà donnés pour le recevoir. Il ne fallait pas que le Pape voyageât en habits pontificaux, mais seulement en simples habits ecclésiastiques et de manière à n'être reconnu nulle part. Il convenait aussi que le gouverneur s'entendit avec le préfet pour fixer la date du départ. L'Empereur recommandait à cet égard le plus grand secret.

Au lendemain du triomphe qu'il croyait remporter sur la Russie, il tenait à avoir le Pape sous sa main puissante, car, une fois vainqueur du tsar, il ferait ce qu'il voudrait. Il ne comptait alors ni avec la puissance formidable des ennemis qu'il allait combattre, ni avec la rigueur des éléments qui pouvaient dissoudre la Grande Armée, ni avec la Providence dont les justes arrêts avaient frappé, au cours des siècles, d'autres souverains aussi audacieux et aussi forts que lui.

(1) *Lettres inédites de Mme de Staël à Henri Meister*, 1903.

CHAPITRE VII

LE CONCORDAT DE FONTAINEBLEAU

Le 9 juin 1812, M. de Chabrol reçut du ministre des Cultes une lettre urgente qu'il alla porter aussitôt à Pie VII. Elle était ainsi conçue : « Très Saint-Père, le projet connu des Anglais de faire une descente du côté de Savone pour vous enlever oblige le gouvernement français à faire arriver Votre Sainteté dans la capitale. En conséquence, les ordres sont donnés pour que Votre Sainteté vienne d'abord à Fontainebleau où elle occupera le logement qu'elle a déjà habité et où elle verra les évêques et ceux des cardinaux qui sont en France. Votre Sainteté ne restera à Fontainebleau qu'en attendant qu'on ait pu terminer les appartements de l'archevêché de Paris qu'elle doit habiter. »

Il était cinq heures du soir. Le préfet, suivi du commandant de gendarmerie Lagorse, donna l'ordre de réveiller le Pape qui faisait sa sieste. Il lui remit la lettre de Bigot de Préameneu et l'informa que, dans quelques heures, il devrait quitter Savone pour se rendre en France. Pie VII, sans manifester la moindre surprise, ne dit pas un mot et s'apprêta à partir. On connaît les douloureux incidents de ce brusque voyage. Le comte d'Haussonville les a racontés avec émotion d'après une relation authentique (1), et je me plais à renvoyer le lecteur à son récit. Qu'il me suffise de rappeler seulement que le Pape fut forcé de quitter Savone vers minuit, vêtu comme un simple ecclésiastique, accompagné du

---

(1) Manuscrit du *British Museum*, n° 8390.

docteur Porta et du commandant Lagorse, dans une voiture cadenassée. Il était très malade et en cours de route, au mont Cenis, il faillit succomber à d'atroces douleurs. Le 19 juin, à midi, il arriva, après de longues et pénibles journées, au château de Fontainebleau où, contrairement aux promesses du ministre des Cultes, rien n'était préparé pour le recevoir. Il dut accepter l'hospitalité du concierge du château, qui l'installa provisoirement dans un très modeste logis. Pendant que M. de Chabrol, pour tromper les habitants de Savone, se rendait en uniforme au palais épiscopal et forçait les domestiques du Saint-Père à faire croire par toutes sortes de simagrées à la présence de leur Maître, le duc de Rovigo et Bigot de Préameneu maugréaient contre le prince Borghèse qui avait forcé le Pape à se rendre directement et en toute hâte à Fontainebleau, sans lui accorder un jour de repos. Ils avaient devant eux un vieillard accablé de fatigue, presque mourant. Ils étaient effrayés de la grave responsabilité qui les attendait, si le chef de l'Église venait tout à coup à succomber. Le duc de Cadore s'empressait de faire meubler les chambres que le Pape avait occupées en 1804, au moment du Sacre et qui donnaient sur la cour de la Fontaine et le jardin réservé. Cette cour, située à l'est de la cour du Cheval Blanc, est bornée au sud par un petit étang. Au fond de la cour se trouvaient les appartements de l'Empereur, placés au-dessus de la belle terrasse bâtie sous Henri IV et de la galerie de François Ier. Le bâtiment, situé en face des appartements du Pape, était formé par les salles des chasses de Louis XV. Les appartements pontificaux avaient servi autrefois de logement à des prisonniers de guerre. On y avait dépensé depuis plusieurs millions pour les restaurer et les rendre dignes de leur hôte illustre, lors de son premier voyage. On se souvient comment, le 25 novembre 1804, l'Empereur était allé au-devant du Pape jusqu'à la Croix de Saint-Hérem, l'avait fait monter dans sa voiture et conduit au palais, au bruit des salves d'artillerie, pendant que de nombreux régiments présentaient les armes et qu'une foule enthousiaste criait à tue-tête : « Vive le Pape! Vive l'Empereur! »

Par le même escalier où les courtisans, les ministres, les généraux s'étaient pressés pour le saluer à l'envi, le Pape, huit ans après, remontait péniblement, appuyé sur le bras du docteur Porta, sans escorte, sans honneurs, devant quelques domestiques mandés à la hâte pour le recevoir. Il reconnaissait les pièces où accouraient jadis ceux qui imploraient sa bénédiction : l'antichambre aux tentures de Cordoue, la salle des Officiers avec les tapisseries qui représentaient l'histoire d'Esther, le salon orné des tapisseries des Gobelins et de Beauvais, la chambre à coucher de la Reine-Mère avec le portrait d'Anne d'Autriche et de Marie-Thérèse, son modeste cabinet de travail, la petite chambre à coucher qu'il choisit de nouveau pour lui, puis les deux salons de réception qui donnaient sur le jardin français. De ses appartements le Pape pouvait, en traversant le vestibule du Fer à Cheval, se rendre à la chapelle de la Sainte-Trinité qui forme l'angle gauche du Palais. Cette chapelle portait autrefois cette inscription étrange dans sa seconde partie : *Adorate Deum et deinde Regem*, qui fut remplacée par une autre inscription moins choquante : *Deum timete; Regem honorificate*. Cette chapelle avait été construite, en 1529, sous François Ier, sur l'oratoire de Saint-Louis. Elle se faisait remarquer par des peintures de Fréminet et un autel attribué à Bordogni. On y avait célébré les mariages de Marie-Louise d'Orléans, reine d'Espagne, et de Louis XV. Mais le Pape ne devait pas y officier. Il préférait dire la messe en ses appartements, dans la chambre à coucher d'Anne d'Autriche où l'on avait placé un simple autel carré en bois peint, orné de quelques vases contenant des épis dorés. Sur le centre de l'autel figurait l'Agneau pascal couché sur le livre des Évangiles. Ce fut là, du 20 janvier 1812 au 24 juin 1814, que le Saint-Père, pareil à cet agneau qui aime à se reposer doucement sur le livre sacré, ne trouvera de calme que dans la prière et implorera Dieu en faveur de l'Église et de celui qui la persécutait, en attendant avec douceur et patience l'heure de la justice.

François Ier, Charles-Quint, Henri II, Catherine de Médicis, Henri IV, Louis XIII, Louis XIV, Henriette d'Angleterre, Christine de Suède, Pierre Ier, Christian VII, et combien d'autres avaient été tour à tour les hôtes illustres du château de Fontainebleau. Pour la seconde fois, Pie VII y revenait; mais ce n'était plus, comme en 1804, avec l'espoir d'obtenir pour la Papauté et pour l'Église l'appui et la protection de l'Empereur. C'était avec la crainte que de nouvelles violences ne vinssent attrister ses derniers jours, car il se croyait à la veille de rendre ses comptes à Dieu. Toutefois, malgré une légitime tristesse, il persistait à avoir confiance dans le dénouement de cette lamentable querelle, soit pour lui, soit pour son successeur. Les seules distractions du saint vieillard, quand il put se lever, étaient de se placer quelquefois à la fenêtre qui donne sur l'étang et les jardins, et de contempler mélancoliquement les horizons pittoresques de la forêt. Pendant que le Pape, arraché de Savone et enfermé à Fontainebleau, était, aux yeux des hommes qui ne croient qu'à la force, réduit à l'état d'un misérable captif, Napoléon, au comble de la puissance, leur semblait déjà le vainqueur d'Alexandre et le maître du monde. L'Empereur des Français, gâté par les faveurs de la fortune, continuait à faire les rêves les plus extraordinaires. Il croyait qu'un coup terrible porté au cœur de l'Empire russe sur Moscou la Sainte lui livrerait en un moment la masse inerte du peuple russe. Il croyait qu'Alexandre, frappé par son audace et sa puissance, s'empresserait de venir à lui. Il s'imaginait même qu'il céderait devant le seul aspect de l'armement formidable qu'il rassemblait et de la revue européenne qu'il passait à Dresde. Dans ses conversations avec le comte de Narbonne, son aide de camp, il dévoilait à ses regards surpris ses prodigieux desseins. La route pour aller toucher l'Angleterre au cœur était longue, mais c'était la route de l'Inde. Alexandre était parti d'aussi loin que Moscou pour atteindre le Gange. Sans l'abandon fatal du siège de Saint-Jean-d'Acre, Napoléon aurait déjà achevé de conquérir une moitié de l'Asie et aurait pris l'Europe à revers, pour revenir s'emparer des trônes de France et d'Italie. Aujourd'hui, c'était d'une extrémité de l'Europe qu'il lui fallait aller traverser l'Asie, afin d'y atteindre l'Angleterre. Moscou pris, la Russie abattue, le tsar réconcilié avec nous ou mort de quelque complot de palais, la Grande Armée irait jusqu'au Gange et ferait tomber devant elle « l'échafaudage de grandeur mercantile » élevé par les Anglais (1).

Du même coup, la France aurait conquis l'indépendance de l'Occident et la liberté des mers. « Tout cela, disait Napoléon à Narbonne qui l'écoutait avec stupéfaction, est assez sagement combiné, sauf la main de Dieu qu'il faut toujours réserver et qui, je le pense, ne nous manquera pas. » Pouvait-il vraiment compter sur elle, après ce qu'il venait de faire contre la papauté et contre l'Église? Mais il s'enivrait de ses propres rêves et il y croyait en fataliste. « J'ai repris, disait-il, les traces de Trajan au delà de la Vistule. Mais il faut que j'aille plus loin dans le Nord, car c'est là qu'est le péril, et l'avenir. On ne fonde que derrière des remparts inexpugnables et nous n'en avons pas du côté du Nord. » Il allait donc bientôt jouer le grand jeu de l'Europe et il faisait cet aveu qu'il est bon de souligner : « C'est après cela seulement qu'il sera possible de tout arranger et d'en finir avec cette affaire de Rome et du Pape... Si je garde Rome pour mon fils, je donnerai Notre-Dame au Pape. Mais Paris alors sera élevé si haut dans l'admiration des hommes que sa cathédrale deviendra naturellement celle du monde catholique. C'est la suite et non le démenti de ce que j'ai fait. C'est le Concordat de 1802 agrandi comme l'Empire. Mais pour avoir ainsi pleine raison de l'Église, il faut avoir réussi encore davantage devant les hommes. » (2) Il me paraît intéressant de voir comment, dans les Mémoires qu'il dicta au comte de Montholon, Napoléon a cherché à expliquer les desseins qu'il développait en

(1) *M. de Narbonne*, par VILLEMAIN, p. 175.
(2) *Ibid.*, p. 179.

1812. Il y dit qu'il voulait recréer la patrie italienne et réunir ses divers peuples en une seule nation indépendante. Avec ce grand royaume il aurait, d'une part, contenu la Maison d'Autriche et, de l'autre, dominé la Méditerranée, puis protégé l'ancienne route du commerce des Indes par la mer Rouge et Suez. Rome eût été la capitale de ce royaume. Les États de Venise, de Sardaigne, de Toscane et le patrimoine de Saint-Pierre étant tombés au pouvoir de la France, le Vatican ayant perdu toute autorité sur l'Italie, Napoléon en réservait la domination à l'un de ses héritiers. Ici je cite un texte qui ne causera pas moins de surprise au lecteur que les propos étranges de 1811 à M. de Narbonne : « L'Empereur (c'est Napoléon qui parle) attendait avec impatience la naissance de son second fils pour le mener à Rome, le couronner roi d'Italie et proclamer l'indépendance de la belle péninsule sous la régence du prince Eugène. » On n'a pas assez insisté, suivant moi, sur cette déclaration où se manifeste la confiance de l'Empereur dans la venue d'un second fils et ses rêves d'avenir pour lui. Rêves étranges, mais qui n'étonnent pas de la part de l'audacieux despote, habitué à voir la nature, les hommes, Dieu lui-même, pour ainsi dire, céder à ses volontés. Donc, son second fils aurait eu Rome pour capitale, car le séjour des Papes n'y était plus possible : « Comme le Saint-Père, disait-il, était déjà à Fontainebleau, on lui eût fait prendre possession du palais archiépiscopal de Paris. Tout avait été préparé pour que le palais fût meublé avec plus de magnificence que les Tuileries mêmes. Tout devait y être or, argent ou tapisseries des Gobelins retraçant des événements tirés de l'Histoire sainte » . Napoléon avait pensé que le moyen le plus naturel d'accélérer cette révolution et de faire désirer le séjour par les Papes eux-mêmes, c'était de relever l'autorité des Conciles. Le Pape aurait senti l'importance de se mettre à leur tête et par là de demeurer dans la capitale du grand Empire. L'Empereur révélait ainsi ce qu'il avait projeté en 1811 : « C'était, avouait-il, le but caché du Concile, dont le but apparent fut de pourvoir aux moyens de conférer l'institution canonique aux évêques (1). » Oubliant qu'il avait dissous le Concile dans un moment de colère, Napoléon lui-même ose dire en ses Mémoires : « L'énergie et la résistance du Concile furent agréables à l'Empereur. L'esprit d'opposition pouvait seul donner de la considération à ces assemblées si contraires à l'esprit du siècle... Ce Concile dicta le Bref de Savone qui satisfit au but apparent de la convocation en suppléant aux articles qu'on n'avait pas cru devoir insérer au Concordat de 1801. » Mais la conduite que Napoléon avait tenue à l'égard de la Papauté protestait contre cette singulière affirmation. Aussi essaie-t-il de la justifier par les explications qui suivent : « Par suite de ce système, l'Empereur n'avait jamais voulu que l'on publiât rien de ce qui était relatif aux discussions avec Rome. Comme il ne voulait pas découvrir ses vues secrètes, il préférait que tout restât dans le vague. *Il n'était pas fâché que l'opinion s'égarât et lui supposât des projets antireligieux*. Ayant ainsi dépassé le but, elle y reviendrait volontairement. Les évêques du Conseil ecclésiastique, spécialement l'évêque de Nantes, avaient fait toutes espèces d'instances pour l'engager à permettre la publication des pièces officielles et ne pouvaient pas pénétrer les raisons qui l'empêchaient d'adhérer à un vœu si légitime (2). »

Par les pièces que j'ai publiées plus haut, on sait maintenant pourquoi eut lieu ce refus. Quant à la dissolution du Concile, Napoléon l'expliquait ainsi à Sainte-Hélène : « Lorsque l'Empereur apprit qu'une partie des évêques avait voté pour l'incompétence, il ordonna sur-le-champ la dissolution du Concile. Il avait pour cela plusieurs buts : 1° empêcher qu'il ne lui notifiât officiellement sa non-compétence; ce qui l'eût avili et rendu ridicule aux yeux du monde et lui eût ôté tous moyens de retour; 2° pour lui donner, en le frappant par l'autorité, l'intérêt que l'imbécillité et le cagotisme d'un bon nombre d'évêques français lui ôteraient. » Cette explication n'a d'autre valeur que son étrangeté. Napoléon ajoutait que

(1) *Mémoires de Napoléon*, t. Ier, p. 140 à 141.
(2) *Ibid.*, p. 140, 142.

les évêques italiens, indignés de l'ignorance d'une partie des évêques français, se considéraient comme compétents et demandaient à former un Concile italien pour pourvoir à l'institution épiscopale. Ceci est absolument faux. L'Empereur disait encore que les membres du Conseil ecclésiastique s'étaient, eux aussi, déclarés compétents, et que M. de Pradt blâmait la conduite ridicule de ses collègues; que cet archevêque s'était employé à persuader un grand nombre d'évêques et, en moins de huit jours, les avait fait adhérer à la compétence du Concile qui, réuni de nouveau, rendit les décrets que le Pape accepta par le Bref du 11 septembre. Quant aux évêques de Gand, de Tournay et de Troyes, s'ils avaient été arrêtés, « c'était à cause de leurs intrigues avec les agents du cardinal Di Pietro ». Et que disaient les Mémoires du refus de Napoléon du Bref de Pie VII? « L'Empereur ne crut pas devoir accepter le Bref, parce que le Saint-Père n'y parlait pas du Concile. Il jugea donc nécessaire de tout suspendre en se proposant de réunir un nouveau Concile en 1813.

« Les choses, ajoute Napoléon, eussent été menées à ce nouveau Concile de manière que le Pape eût demandé lui-même à se mettre à sa tête (1). »

Mais les revers de 1812 déconcertèrent tous les plans de l'Empereur et épargnèrent à la Papauté des épreuves plus terribles encore que celles qu'elle avait déjà subies.

Le 24 juin 1812, l'Empereur a franchi le Niémen en menaçant la Russie et en s'écriant : « Les destins doivent s'accomplir! » Il a réuni huit corps d'armée et fait des préparatifs immenses. Il dit à Narbonne ébloui : « Nous vous mènerons plus loin que Marc-Aurèle n'est allé... Nous jetterons nos têtes de pont, non pas sur le Danube seulement, mais sur le Niémen, le Volga, la Moskwa, et nous refoulerons pour deux cents ans la fatalité des invasions du Nord. » Puis s'examinant et se croyant de la taille des grands Empereurs romains : « Je suis de la meilleure race des Césars; celle qui fonde!

---

(1) *Mémoires de Napoléon*, t. 1er, p. 155.

Chateaubriand m'a sourdement comparé à Tibère qui ne revenait de Rome que pour aller à Caprée. Belle idée!... Trajan, Dioclétien, Aurélien, à la bonne heure, un de ces hommes nés d'eux-mêmes et qui soulevaient le monde! » Il se comparait surtout à Dioclétien : « J'ai bien des traits communs avec Dioclétien, depuis l'Égypte jusqu'à l'Illyrie; seulement, ni je ne persécute les chrétiens, ni je n'abdique l'Empire! » Il disait cela au moment même où il traquait l'Église et son chef, et deux ans à peine se seront-ils écoulés qu'il abdiquera.

Il ne voulait pas admettre que sa politique était devenue tyrannique. Il ne comprenait pas la faute irréparable qu'il commettait en cherchant à dominer les âmes. Comme le faisait alors si sagement remarquer le même M. de Narbonne : « Rien n'est plus mauvais en fait de gouvernement que de révolter les âmes honnêtes. Pour durer longtemps, il faut les avoir pour soi et mettre dans sa partie la conscience humaine. » Dans un de leurs entretiens où Napoléon faisait un éloge enthousiaste de Bossuet et allait jusqu'à dire : « Si cet homme existait, il serait depuis longtemps archevêque de Paris, et le Pape, ce qui vaudrait mieux pour tout le monde, serait encore au Vatican; car il n'y aurait pas alors dans le monde de chaire pontificale plus élevée que celle de Notre-Dame, et Paris ne pourrait avoir peur de Rome. Avec un tel président, je tiendrais un Concile de Nicée dans les Gaules! » L'aide de camp répondit : « Le sage et religieux Bossuet ne serait pas l'auxiliaire d'un schisme impossible. Vous le savez, Sire, il n'y a pas assez de religion en France pour en faire deux. Ce qui serait ôté à la hiérarchie régulière serait infailliblement donné à la licence des opinions et à l'anarchie sceptique (1). » Mais l'Empereur n'écoute pas ce judicieux conseiller. Il croit que la force prévaudra sur le droit et, pour venir à bout de la Papauté, il va se jeter sur l'Empire des tsars dont il escompte déjà la ruine. Il autorise, en partant, l'arche-

---

(1) *M. de Narbonne*, p. 158, 159.

vêque de Tours, les évêques de Nantes, de Trèves, d'Évreux et les Cardinaux Rouges à venir à Fontainebleau. Il laisse s'installer près de l'appartement du Pape le docteur Porta et Mgr Bertazzoli. Il espère que ces personnes prépareront le Pape à un accommodement définitif. Les Cardinaux, en effet, engagent Pie VII à ouvrir de nouvelles conférences, à donner des pasteurs aux diocèses vacants, à renforcer les liens qui rattachaient les Églises de France et d'Italie au centre de l'Unité. Ils lui décrivent l'état attristant des Cardinaux Noirs, errants de ville en ville, sans ressources et sans appui. Pie VII les écoute avec une patience que rien ne peut lasser, puis répète simplement ce qu'il a dit à Savone. Qu'on lui rende la liberté et tous ses conseillers; alors il avisera aux mesures nécessaires pour ramener la paix. Puis il se renferme chez lui. Il refuse de descendre dans les jardins; il accepte à peine quelques visites; il se tient sur la plus grande réserve. Il occupe ses journées à prier, ou à lire des ouvrages religieux et un cours de droit canon, déjouant toutes les intrigues par un calme extraordinaire.

Les premières rencontres avec l'armée russe ont été favorables à l'armée française. Celle-ci s'est couverte de gloire. Elle a fait essuyer une grande défaite à l'ennemi. Elle est entrée à Moscou. Mais l'incendie foudroyant de la Ville Sainte, la venue prématurée du froid et des neiges, l'attente inexplicable de l'Empereur et le bouleversement subit de ses plans, le découragement faisant soudain place à l'enthousiasme, puis quelques insuccès dont on exagère l'importance, enfin la retraite et le commencement des revers qui vont devenir des désastres, telles sont les nouvelles qui commencent à pénétrer en France. Le 18 novembre, le duc de Bassano, ministre des Relations extérieures, reçoit de l'Empereur lui-même ces tristes aveux : « Notre position s'est gâtée. Des gelées et des froids rigoureux de seize degrés ont fait périr presque tous nos chevaux, c'est-à-dire trente mille. Nous avons été obligés de brûler plus de trois cents pièces d'artillerie et une immense quantité de caissons. Les froids ont beaucoup augmenté les hommes isolés. Les Cosaques ont profité de cette nullité absolue de notre cavalerie et de cette nullité de notre artillerie pour nous inquiéter et couper nos communications. » L'Empereur réclamait en toute hâte de l'artillerie et des caissons qu'on pourrait tirer de Kowno, de Wilna, de Modlin et de Dantzig (1). Malgré l'héroïsme de Ney, de Drouot, des officiers et des troupes; malgré l'obstination intrépide de l'Empereur, la retraite se transformait en une véritable catastrophe. Les 25°, 28° et 29° bulletins de la Grande Armée, succédant à ce silence sinistre, apprenaient bientôt l'affreuse vérité à la France. Déjà la conspiration du général Malet, qui avait failli réussir, avait montré à quel point l'Empire était affaibli en l'absence de son chef et à la merci d'un coup de main.

Aussi l'Empereur, averti du danger que courait son pouvoir, avait-il été forcé d'abandonner les débris de ses troupes en Pologne et de revenir en toute hâte pour sauver l'Empire et amoindrir l'impression causée par les derniers désastres. Le 18 décembre, moins de cinq mois après son départ, Napoléon rentrait seul aux Tuileries et s'efforçait de faire face aux plus terribles périls qui eussent jamais assailli le chef d'une grande nation. Ses derniers soldats, abandonnés par le général Yorck et les contingents prussiens, et réduits à l'état de troupeaux errants; le départ inopiné de Murat pour son royaume de Naples; l'Allemagne du Nord menacée par les Russes; l'Autriche ébranlée et prête à se ranger du côté de nos ennemis; la désaffection répandue en France, en Italie et en Allemagne par les mauvais procédés dont souffrait le Souverain Pontife; les symptômes de division et de haine révélés par l'affaire Malet, tout cet ensemble de menaces et de dangers frappa vivement l'Empereur. Il fallait aller au plus pressé, c'est-à-dire s'entendre avec le Pape et revenir au Bref dédaigné six mois auparavant.

Le 29 décembre, l'Empereur envoya à Pie VII un officier de sa maison pour lui exprimer son contentement de le savoir

---

(1) *Lettres inédites*, t. II, p. 202.

en un meilleur état de santé. Il espérait que sa présence à Fontainebleau le mettrait à même de le voir et de lui dire que, malgré tous les événements qui avaient eu lieu, il avait conservé la même amitié qu'autrefois pour sa personne. « Peut-être, ajoutait-il, parviendrons-nous à ce but tant désiré de faire cesser les différends qui divisent l'État et l'Église. De mon côté, j'y suis fort disposé, et cela dépendra entièrement de Votre Sainteté. » Il terminait cette lettre courtoise par le vœu sincère de voir Pie VII rasseoir glorieusement le gouvernement de l'Église et profiter longtemps de ce bel ouvrage. Le Pape envoya un ancien nonce, le cardinal Joseph Doria à Paris pour remercier l'Empereur. C'était un prélat très instruit et très fin, qui était *persona grata* à Napoléon. Il s'aboucha avec l'évêque de Nantes, M. Duvoisin, qui avait reçu mission de négocier, et dont on connaît l'adresse et l'expérience. Duvoisin, qu'allaient bientôt rejoindre l'archevêque de Tours, les évêques de Trèves et d'Évreux, rencontra au château de Fontainebleau les cardinaux Dugnani, Fabrice Ruffo, Bayane et l'archevêque d'Édesse, Mgr Bertazzoli. Parmi les propositions dont M. Duvoisin était porteur se trouvaient les suivantes :

« 1° — Le Pape, et les futurs Pontifes, avant d'être élevés au Pontificat, devront promettre de ne rien ordonner, de ne rien exécuter qui soit contraire aux quatre propositions gallicanes.

« 2° — Le Pape et ses successeurs n'auront à l'avenir que le tiers des nominations dans le Sacré-Collège. La nomination des deux autres tiers appartiendra aux princes catholiques.

« 3° — Le Pape, par un Bref public, désapprouvera et condamnera la conduite des Cardinaux qui n'ont pas voulu assister à la cérémonie sacrée du mariage avec l'Impératrice Marie-Louise. Dans ce cas, l'Empereur leur rendra ses bonnes grâces et leur permettra de se réunir au Saint-Père, pourvu qu'ils acceptent et qu'ils signent ledit Bref pontifical. Finalement, seront exclus de ce pardon les cardinaux Di Pietro et

Pacca (1), auxquels il ne sera jamais permis de se rapprocher du Pape. » De plus, Pie VII devait résider à Paris avec un revenu net de deux millions. Il y recevrait les ambassadeurs et ministres étrangers ; mais il nommerait les évêques dans un délai de six mois. Ce délai passé, il transmettrait ses pouvoirs au métropolitain ou au plus ancien évêque de la province. Enfin, il laisserait à l'Empereur le droit de nommer lui-même les évêques des anciens États Romains. Après quelques visites cérémonieuses, on en vint à des conférences dans le château de Fontainebleau où habitaient tous les prélats. L'évêque de Nantes avait écrit au ministre des Cultes, le 11 janvier, qu'il avait vu le Pape ; « qu'après un préambule sur les intentions pacifiques et bienfaisantes de l'Empereur », il lui avait communiqué les propositions qu'on a lues plus haut. Plusieurs articles avaient paru affliger de Saint-Père, notamment la résidence à Paris, la suppression des évêchés suburbicaires, enfin la répartition et le nouveau mode de nomination des Cardinaux. Le Pape persista à demander, pour délibérer ; l'assistance du Sacré Collège qu'on ne lui promettait qu'après son adhésion à des engagements irrévocables. Il termina l'audience en déclarant qu'il aviserait et qu'il appellerait l'archevêque d'Édesse à conférer avec lui.

Il convient de remarquer que ces nouvelles exigences avaient troublé le Saint-Père et que sa santé s'en ressentait. Il ne dormait plus. Les quatre cardinaux, qui formaient son unique Conseil, lui étaient suspects. Il voulait bien chercher une solution capable de satisfaire l'Empereur, mais il croyait que sa conscience et son honneur lui défendaient de se prononcer seul et sans liberté. L'évêque de Nantes épiait le moment où il pourrait obtenir une réponse ferme, sans lui causer trop d'émotion. Cette réponse se faisant attendre, Napoléon résolut d'aller la chercher lui-même. Le moment

(1) Artaud, t. II, p. 318. — Un des derniers paragraphes rappelait implicitement que le cardinal Di Pietro avait conseillé la bulle d'excommunication et que cette bulle avait été lancée pendant que le cardinal Pacca était secrétaire d'État du Pape.

psychologique était venu, si l'on en croit le cardinal Pacca et le chevalier Artaud. « Lorsque ceux qui réglaient ce manège virent que le Pape était absolument anéanti et paraissait hors d'état de résister à leurs demandes multipliées et à leur insistance, ils calculèrent l'effet d'une de ces fièvres lentes qui disposent à la prostration des forces et à une sorte d'apathie mêlée du désir de la mort. Quand ils n'eurent plus affaire enfin qu'à un corps débile, sans ressorts, qui ne pouvait presque plus recevoir de nourriture, ils voulurent laisser à l'Empereur la gloire de la conclusion finale du traité (1)... Tout avait été employé pour aggraver la situation du Saint-Père. Au tourment moral on avait ajouté le dénûment matériel, ainsi qu'on s'en convaincra par une lettre du commandant de gendarmerie, Lagorse, que le ministre des Cultes avait cru devoir mettre sous les yeux de l'Empereur, en demandant ses ordres à cet égard : « Avant-hier au soir, au salon, écrivait le commandant à la date du 17 janvier 1813, Messeigneurs les évêques crurent devoir me parler des besoins du Pape sous les rapports pécuniaires. Je ne les ignorais pas. Je savais même qu'au premier de l'an le Saint-Père avait dit :
« Je serais bien aise de gratifier les gens de la maison; mais
« comme j'ai peu de fonds dans ma caisse en ce moment, nous
« attendrons une occasion qui n'est peut-être pas éloignée et
« nous ferons tout à la fois ». Je savais même qu'il avait désiré, selon son habitude, gratifier ses gens le jour de Noël, et qu'il a suspendu cet acte de générosité afin d'avoir de quoi étendre les payements mensuels qu'il fait aux trois hommes mariés et chargés de famille... Mon intention était d'aller à Paris et de vous demander l'autorisation de faire à ces trois salariés un habit complet en drap noir; bénéfice annuel de leur place qu'ils n'ont pas obtenu depuis quelque temps. Mais Mgr l'Évêque de Nantes m'ayant conseillé de rester ici et m'ayant engagé à vous écrire pour vous demander vos ordres, je l'ai prié de vouloir bien se charger de ma lettre et d'en conférer avec

(1) ARTAUD, *Histoire du Pape Pie VII*, t. II.

vous. Si Votre Excellence m'ordonne de remettre une cassette au Saint-Père, je suis bien aise de vous dire que je n'ai ici que cinq à six mille francs, moitié en argent blanc, moitié en billets. Je ferai exactement ce que vous daignerez m'ordonner, et si vous jugez la circonstance propre à une pareille offre, j'y mettrai toute la délicatesse qui dépendra de moi (1). »

Cette dernière réclamation ne provenait que du commandant Lagorse, car Pie VII, réduit volontairement à l'état d'un pauvre moine, ne demandait rien ni pour lui ni pour les siens. Mais Napoléon veut en finir lui-même avec l'intraitable vieillard. Le 19 janvier, il commande une chasse à courre dans les bois de Melun; puis, au milieu de la journée, il saute dans une chaise de poste qui le conduit à Fontainebleau. L'Impératrice Marie-Louise s'y était également rendue sur ses ordres. Est-il vrai, comme on l'a affirmé (2), que c'est pour faire donner à Marie-Louise et au Roi de Rome une investiture sacrée, afin d'empêcher le retour de conspirations semblables à celle du général Malet, bien plus que pour arranger les affaires de l'État et de l'Église, que l'Empereur est venu directement négocier avec le Pape? « Certes, dit M. Masson, Napoléon aussi la désire, cette réconciliation; mais si, comme il fait, il cède sur tant de points qui virtuellement anéantissent les doctrines qui lui sont chères et qu'il a si souvent proclamées... s'il s'inflige à lui-même le plus cruel démenti, est-ce donc qu'il redoute la guerre religieuse, les intrigues des prêtres alliés aux émigrés ou les attentats de quelque fanatique? Non. Il en a vu d'autres — depuis Saint-Réjant jusqu'à Staps — mais à la veille de proclamer cette Régence qu'il estime nécessaire, il a voulu conquérir et s'assurer la consécration de sa dynastie par le Souverain Pontife et, s'il signe, c'est qu'il l'a obtenue; s'il a écrit sa lettre du 25, c'est qu'il veut s'assurer contre les derniers scrupules. » Cette lettre, c'était celle qu'il avait dictée à l'évêque de Nantes pour annoncer à

---

(1) Archives nationales, AF^{IV} 1048.
(2) *L'Impératrice Marie-Louise*, par M. Frédéric Masson, Goupil, 1902.

Pie VII qu'il n'avait jamais cru devoir lui demander sa renonciation à la souveraineté de Rome. « Le Pape seul, dit M. Masson, peut donner à l'Impératrice et au Roi de Rome une investiture sacrée et, sortant de cette captivité pour les couronner, il pacifiera les esprits et l'intérieur, en même temps qu'à l'extérieur il affermira l'Empire. C'est là ce que Napoléon ne croit pas avoir trop payé lorsque le 27, après une dernière visite au Pape, il monte en voiture pour venir dîner à Paris (1). »
Que Napoléon ait eu cette idée, et le sénatus-consulte du 5 février qui contient des dispositions relatives au couronnement de l'Impératrice et du Prince impérial paraît l'attester, cela est probable. Mais cela ne prouve pas que Pie VII eût consenti à se prêter à cette cérémonie, car ç'eût été un démenti formel donné à l'attitude qu'il avait tenue lors du second mariage de Napoléon. Pour le Pape en effet, et après les dispenses accordées par lui au cardinal Fesch le 1ᵉʳ décembre 1804, le premier mariage n'avait pu être canoniquement annulé. L'Empereur devait à cet égard prévoir une opposition formelle; mais pour lui l'essentiel, en ce moment, était la concession de l'institution canonique par le Pape au métropolitain ou au plus ancien évêque de la province. Voici d'ailleurs ce que les faits appuyés sur des documents authentiques nous apprennent textuellement :

Le 19 janvier au soir, Napoléon se dirige vers les appartements pontificaux et entre brusquement dans le salon où Pie VII causait avec les quatre cardinaux et les évêques. Ceux-ci se retirent aussitôt. L'Empereur va droit au Pape et l'embrasse en le comblant de marques d'amitié. Pie VII est touché d'une telle effusion et croit avoir devant lui un fils qui lui manifeste hautement son repentir. Il l'accueille donc avec tendresse. Il consent à s'entretenir avec lui au sujet des graves intérêts de l'Empire, de l'Église et de la Papauté. Cinq jours se passent en longs et graves entretiens. On a dit que l'Empereur s'y laissa parfois aller à de terribles accès de

(1) *L'Impératrice Marie-Louise*, p. 286-287.

colère et qu'il s'abandonna même à des actes de violence contre le vénérable Pontife. Dans toutes ces affirmations, il n'y a pas un mot de vrai. Que Napoléon ait parlé quelquefois avec une rudesse toute militaire à son auguste et faible interlocuteur, cela est certain. Mais qu'il l'ait injurié et frappé, cela n'est pas. Aucune des anecdotes rapportées à cet égard n'a été prouvée. Les paroles qu'on a citées ne sont pas plus vraies que le fameux *Commediante* et le fameux *Tragediante* que le capitaine Renaud prétend avoir entendus à Fontainebleau, la veille du Sacre (1).

Non, jamais Pie VII n'a dit, en soupirant ou en souriant, les deux mots spirituels que lui prête Alfred de Vigny. On les citait, il y a dix-huit ans, en plein Culturkampf, à la tribune du Reichstag pour prouver à M. de Bismarck que, malgré sa toute-puissance, Napoléon Ier avait dû courber la tête devant le Pape. Le chancelier crut devoir arranger l'histoire en ces termes : « Le Pape se permit de qualifier Napoléon de *Commediante*, et Napoléon lui répondit, avec beaucoup de présence d'esprit : *Tragediante!* » M. de Bismarck ajoutait imperturbablement : « Je crois que cette histoire est telle que je la raconte, et non pas comme on l'enseigne dans les écoles où Monsieur l'orateur a fait son éducation... en province ! » Et la majorité des députés allemands avait approuvé en riant la version du Chancelier. Or, elle n'est pas plus vraie que l'historiette composée par Alfred de Vigny, et le romancier et le chancelier peuvent s'attribuer chacun le mérite d'une invention ingénieuse (2).

(1) *Servitude et Grandeur militaires*, ch. v. — Le 29 janvier 1846, M. Molé, en recevant Alfred de Vigny à l'Académie française, protesta vivement contre cette prétendue conversation et dit que ce n'était là qu'une création, qu'un jeu de l'imagination du poète.

(2) Pie VII affirma au comte Paul van der Vrecken, le 27 septembre 1814, que jamais Napoléon ne s'était permis à Fontainebleau d'actes de violence sur sa personne. « Cela est faux, déclara-t-il, et je vous invite à dire en mon nom à tous ceux qui vous en parleront, que jamais il ne s'est porté à mon égard à un tel excès. Mais un jour, dans la chaleur de la dispute au sujet de la renonciation aux États romains, selon l'habitude qu'il avait, il me prit par un bouton de ma soutane et me secoua si fort en le tirant que tout mon corps remuait. C'est pro-

Mais ce que Vigny a bien vu et bien rendu, c'est le portrait de Pie VII : « Le Pape était d'une taille élevée. Il avait un visage allongé, jaune, souffrant, mais plein d'une noblesse sainte et d'une bonté sans bornes. Ses yeux noirs étaient grands et beaux. La bouche était entr'ouverte par un sourire bienveillant, auquel son menton avancé donnait une expression de finesse très spirituelle et très vive, sourire qui n'avait rien de la sécheresse politique, mais tout de la bonté chrétienne. » C'est avec ce doux et fin visage qu'il accueillait les vivacités de Napoléon qui n'allèrent que jusqu'à lui dire — et c'était déjà trop, — qu'il n'était pas assez versé dans la connaissance des sciences ecclésiastiques. Maintenant, est-il vrai que l'Empereur ait cédé sur divers points qui anéantissaient ses prétentions et ses doctrines personnelles, et se soit infligé un cruel démenti? Non certes. Il a cédé, il est vrai, sur les quatre propositions de l'Église gallicane et sur l'intervention des États catholiques dans la nomination des cardinaux. Mais il avait demandé beaucoup plus qu'il ne pouvait espérer et, en fin de compte, il a obtenu tout ce à quoi il tenait. Le Pape, inquiet et troublé, malgré les démonstrations amicales de Napoléon, chercha auprès des quatre cardinaux, des trois évêques et de Mgr Bertazzoli, l'appui et les conseils qu'il aurait voulu demander au Sacré-Collège tout entier. Ceux-ci lui répondirent que son devoir était de mettre fin aux maux de l'Église, à l'exil des cardinaux, à l'emprisonnement de ses prêtres. Pie VII avait alors soixante et onze ans. Circonvenu, obsédé, malade, il allait, après cinq jours d'angoisses, signer enfin ce que voulait l'Empereur. Mais au moment d'écrire son nom au bas d'un projet « devant servir de base à un arrangement définitif », il se tourna suppliant vers les cardinaux. Cette scène douloureuse se passait dans la soirée du 25 janvier. Napoléon était présent et s'impatientait. Les cardinaux restèrent impassibles. Le Pape, après les avoir regardés quelque temps et n'ayant rien obtenu d'eux, ni un

bablement de cela qu'on veut parler. » (*Le Comte Van der Vrecken*, par Paul VERHAEGEN, p. 122.) — Voir aussi le *Mémorial*, t. V, p. 405.

mot, ni un geste, se décida à signer, et l'Empereur inscrivit immédiatement son nom auprès du sien (1).

Mais, avant de raconter les événements qui vont suivre, il importe de dire que le Pape ne consentit à adhérer à ce projet qu'à la condition que les articles seraient précédés d'une déclaration sur laquelle il faut insister :

« S. M. l'Empereur et Roi et Sa Sainteté voulant mettre terme aux différends qui se sont élevés entre eux, et pourvoir aux difficultés survenues sur plusieurs affaires de l'Église, sont convenus des articles suivants, *comme devant servir à un arrangement définitif.* » C'était donc là un simple avant-projet. On ne pouvait pas l'appeler un Concordat, puisque non seulement il n'était pas revêtu des formes diplomatiques habituelles; puisqu'il n'était que l'accord de deux souverains, et que ni le Sénat ni le Corps législatif n'avaient été appelés à le ratifier. De plus, le Pape avait tenu à faire suivre l'article 10 d'un article 11 ainsi conçu : « Le Saint-Père se prête aux dispositions ci-dessus par considération de l'état actuel de l'Église, et dans la confiance que lui a inspirée Sa Majesté, qu'elle accordera sa puissante protection aux besoins nombreux qu'a la religion dans les temps où nous vivons. » Enfin, il avait été convenu que cet arrangement provisoire resterait secret jusqu'à ce que l'on se fût entendu sur un arrangement définitif.

Voici ce que contenaient les dix articles de ce que l'on appelle encore aujourd'hui « le Concordat de Fontainebleau » : L'article 1er reconnaissait au Pape le pouvoir d'exercer le pontificat en France et en Italie de la même manière et avec les mêmes formes que ses prédécesseurs. L'article 2 attribuait aux ambassadeurs, ministres et chargés d'affaires près le Saint-Père et aux ambassadeurs, ministres et chargés d'affaires du Saint-Père près des puissances étrangères, les immunités et pri-

---

(1) Le duc de Bassano avait étudié la question de savoir auquel des deux souverains reviendrait le droit de signer le premier. Les précédents donnaient la prééminence à Rome, et ce fut ainsi que Pie VII signa avant Napoléon. (Archives nationales.)

vilèges des membres du Corps diplomatique. Par l'article 3, les domaines pontificaux étaient déclarés exempts de tous impôts et ceux qui seraient aliénés devaient être remplacés par un revenu de deux millions de francs. L'article 4, le plus important de tous, obligeait le Pape à donner l'institution canonique dans les six mois à l'évêque nommé. Passé ce délai, si l'évêque n'était pas institué, le métropolitain ou le plus ancien évêque de la province devait procéder à l'institution canonique. Par l'article 6, le Pape avait le droit de nommer, soit en France, soit en Italie, à dix évêchés qui seraient ultérieurement désignés. De plus, les six évêchés suburbicaires seraient rétablis et resteraient à la nomination du Pape. Par l'article 7, le Saint-Père exercerait le droit de nommer à des évêchés *in partibus* envers les évêques des États romains absents de leurs diocèses en raison des circonstances. Ils pourraient être replacés aux sièges vacants en France ou en Italie. Par l'article 8, Sa Sainteté et S. M. l'Empereur devraient se concerter en temps opportun sur la réduction d'évêchés à faire en Toscane et dans le pays de Gênes, ainsi que sur la création d'évêchés en Hollande et dans les pays hanséatiques. L'article 9 reconnaissait que la Propagande, la Pénitencerie et les Archives du Saint-Siège seraient établis dans le séjour du Saint-Père, sans déterminer le lieu. Par l'article 10, l'Empereur rendait ses faveurs aux cardinaux, évêques, prêtres et laïques qui avaient encouru sa disgrâce par suite des événements actuels. On remarquera que les articles 5 et 8 prévoyaient un concert ultérieur, ce qui donnait donc à l'arrangement du 25 janvier la forme d'un arrangement provisoire.

Le soir même de la signature, l'Empereur, pour apaiser certaines inquiétudes du Pape qui venaient de se manifester au sujet de la renonciation à sa souveraineté temporelle, dicta lui-même à M. Duvoisin une note formelle en ces termes : « N'ayant jamais cru devoir la demander (la renonciation), je ne puis donc entendre que Votre Sainteté ait renoncé, directement ou indirectement par lesdits articles, à la souveraineté des États romains, et je n'ai entendu traiter avec vous qu'en votre qualité de chef de l'Église dans les choses spirituelles (1). »

Le matin même du jour où devait être accepté ce compromis que Napoléon tenait à qualifier de Concordat, ordre avait été donné au ministre des Cultes, dès que l'acte serait signé, de prévenir le ministre de la Police. Celui-ci enverrait immédiatement un courrier extraordinaire à Fénestrelles avec mission de faire sortir de la forteresse le cardinal Pacca et les autres ecclésiastiques « détenus pour les affaires du Pape ». Les Cardinaux Noirs devaient en même temps être avertis qu'ils cessaient d'être sous la surveillance de la Police et qu'ils étaient libres d'aller où ils voudraient. Mais le ministre des Cultes était chargé de les inviter à se rendre sur-le-champ à Fontainebleau pour remercier le Pape de son intervention en leur faveur. Les cardinaux, détenus à Vincennes, allaient être mis en liberté dans la nuit même, et les évêques autorisés à chanter un *Te Deum*, au sujet du Concordat. Enfin les évêques de Bayonne, Plaisance, Meaux, Mayence, Bois-le-Duc, Besançon, Aix, Avignon, Carcassonne, Quimper, Turin, Casals, Albenga et Florence, le patriarche de Venise et l'archevêque de Pavie, les cardinaux Fesch, Spina, Caselli, Zondondari et Maury étaient appelés auprès du Saint-Père.

L'Empereur avait hésité quelque temps à signer la mise en liberté des cardinaux Pacca et Di Pietro, mais il finit par céder. Il fit avertir immédiatement le gouverneur de Rome, le général Miollis, et Melzi, le grand chancelier du royaume d'Italie, de l'arrangement qu'il venait de signer avec le Pape et les prier d'en faire connaître la substance, soit par des conversations, soit par des articles de journaux. Il mandait, le 25 janvier, à la grande-duchesse de Toscane qu'il avait conclu un Concordat avec le Pape, et il lui en envoyait la copie, en la priant de la garder pour elle seule. Elle pourrait toutefois annoncer la nouvelle dans les journaux de Florence et dire que le Pape comptait s'établir à Avignon. Cependant, il re-

(1) D'Haussonville, t. V, p. 530 ; Pacca, t. II, p. 143, et Archives nationales.

tardait jusqu'à nouvel ordre la publication du traité. En attendant, il affectait d'être satisfait et il donnait la croix d'officier de la Légion d'honneur aux cardinaux Doria et Ruffo; il faisait sénateurs le cardinal de Bayane et l'évêque d'Évreux; il admettait au conseil d'État les évêques de Nantes et de Trèves; il accordait de riches présents à Bertazzoli et à ceux de ses collègues italiens qui avaient à Fontainebleau secondé ses volontés. Il faisait écrire, le 25 janvier au soir, par Marie-Louise à l'Empereur François II : « L'Empereur a arrangé aujourd'hui les affaires de la chrétienté avec le Pape. Le Pape paraît très content. Il est très gai et très en train depuis ce matin de bonne heure et a signé le traité, il y a un quart d'heure. J'arrive justement de chez lui et je l'ai trouvé très bien portant. Il a une très jolie figure, très intéressante. Je me persuade que vous apprendrez avec autant de plaisir que moi cette réconciliation. »

Napoléon avait invité Marie-Louise à envoyer cette lettre, immédiatement après la signature de l'arrangement, voulant ainsi frapper un coup en Autriche, la seconde puissance catholique, et en même temps dans toute l'Europe. Au moment où de toutes parts il était dénoncé, après les revers de la campagne de Russie, comme le coupable auteur de l'emprisonnement du Pape, et où plus d'une voix disait que ces revers étaient la conséquence providentielle de violences indignes; au moment où, en France comme en Italie, les catholiques manifestaient hautement leurs tristesses et leurs inquiétudes au sujet du terrible différend qui se prolongeait entre la Papauté et l'Empire, l'Empereur jugeait habile de rassurer ses sujets comme les étrangers et d'apaiser les consciences. Il écrivit lui-même à l'empereur d'Autriche : « Monsieur mon frère et cher beau-père, ayant eu occasion de voir le Pape à Fontainebleau, et ayant conféré plusieurs fois avec Sa Sainteté, nous nous sommes arrangés sur les affaires de l'Église. Le Pape paraît vouloir s'établir à Avignon. J'envoie à Votre Majesté le Concordat que je viens de signer avec lui. » Et comme s'il n'était pas encore sûr de l'assentiment définitif de Pie VII, il ajoutait : « Je désirerais que cette pièce ne fût pas encore publique (1). » Mais il faisait chanter dans toutes les églises de son vaste empire un *Te Deum*. « La nouvelle de la signature de ce traité, dit Talleyrand, répandit une grande joie dans le public. Mais il paraît que celle du Pape fut de courte durée. Les sacrifices qu'il avait été amené à faire étaient à peine consommés qu'il en ressentit une amère douleur. Elle ne put que s'accroître à mesure que les cardinaux exilés et emprisonnés, en obtenant leur liberté, reçurent aussi l'autorisation de se rendre à Fontainebleau. Ce qui se passa alors entre le Saint-Père et ses conseillers, je n'ai pas la prétention de le savoir; mais il faut que Napoléon ait été averti par quelques symptômes de ce qui allait arriver, car, malgré l'engagement qu'il avait pris avec le Pape de ne regarder les onze articles que comme des préliminaires qui ne seraient pas publiés, il se décida néanmoins à en faire l'objet d'un message que l'archichancelier fut chargé de porter au Sénat (2). »

Voici ce qui se passa réellement. Le lendemain même de la signature, Pie VII, dont la santé, quoi qu'en eût dit Marie-Louise, était fortement ébranlée, tomba dans le plus noir marasme. On avait affecté de le traiter avec les égards dus à un souverain. Il s'en souciait fort peu, n'ayant d'attention que pour les intérêts de l'Église et non pour sa propre personne. Napoléon rapporte, dans ses Mémoires, que les évêques et les cardinaux lui faisaient les honneurs du palais; qu'il avait sa maison de santé et sa maison ecclésiastique, un grand nombre d'équipages à sa disposition; que le mot d'ordre lui était demandé tous les jours; que le grand maréchal Duroc veillait à tous ses besoins et à ceux de sa Cour, aussi bien

---

(1) Après avoir eu connaissance de l'arrangement, François II avait dit qu'il y avait longtemps qu'il avait donné à Napoléon le conseil de s'arranger avec l'Église, car les idées religieuses ont trop d'influence sur l'esprit des peuples pour qu'on n'en tienne pas compte... « Joseph II, ajoutait-il, a cru pouvoir se passer de l'assistance du clergé et n'a pas craint de se l'aliéner. Chacun sait que cela lui a mal réussi. »

(2) *Mémoires*, t. II, p. 119.

entretenue d'ailleurs qu'au Vatican. Le Pape enfin réglait lui-même ses dépenses à sa volonté. Napoléon ajoutait : « Le couvert du réfectoire d'un couvent lui eût été suffisant (1). »

Le Pape, s'apercevant qu'il avait accepté, même sous forme de préliminaires, des articles qui portaient préjudice à l'autorité inaliénable du Saint-Siège, passa bientôt d'une grande mélancolie à une profonde douleur. Il s'accusait d'avoir commis un acte d'insigne faiblesse. Il attendait avec impatience l'arrivée de ses fidèles cardinaux pour savoir si leurs sentiments à cet égard correspondaient bien aux siens. Pendant ce temps, le ministre des Cultes s'occupait de l'interprétation et de l'exécution des articles du Concordat de Fontainebleau. En raison de l'article 1er, relatif à l'exercice du Pontificat en France et en Italie suivant les formes habituelles à la Cour de Rome, le ministre faisait observer à l'Empereur que lorsque le siège du gouvernement papal était à Rome, il était de règle que toutes les demandes, adressées au Saint-Père, passassent sous les yeux de l'ambassadeur de France ou d'un commissaire délégué. Bigot de Préameneu proposait donc la nomination d'un commissaire provisoire et il désignait pour cette fonction M. Isoard qui parlait bien l'italien, connaissait les formes, paraissait agréable au Saint-Père, et s'était toujours montré attaché à la personne de l'Empereur (2).

Le 3 février, le ministre des Cultes informa Napoléon que les cardinaux, graciés par l'article 10 du Concordat de Fontainebleau, demandaient la mainlevée du séquestre apposé par le décret du 8 avril 1810 sur tous leurs revenus, biens personnels, traitements et biens ecclésiastiques. Bigot de Préameneu estimait que la mainlevée du séquestre sur les biens personnels était une conséquence de l'oubli que Sa

---

(1) L'archichancelier fit lire au Sénat le 13 février par un secrétaire le texte du Concordat de Fontainebleau et le 14 en ouvrant la session du Corps législatif, l'Empereur l'annonça en ces termes : « J'ai signé directement avec le Pape un Concordat qui termine toutes les difficultés qui s'étaient malheureusement élevées dans l'Église. »

(2) Archives nationales, AF^{iv} 1048.

Majesté voulait bien faire du passé. Quant aux traitements, c'était une simple cessation de paiement. Ils devaient recommencer à partir de la signature du nouveau Concordat (1).

Le 9 février, l'Empereur accorda aux treize cardinaux qui avaient été exilés au mois d'avril 1810 la mainlevée du séquestre apposé sur leurs biens personnels. Il se réservait de statuer séparément sur leurs biens ecclésiastiques. Suivant les ordres de l'Empereur, transmis par Bigot de Préameneu au duc de Rovigo, les cardinaux, emprisonnés ou exilés, quittaient leur exil ou leur prison pour se rendre à Fontainebleau. Le jour de sa sortie de Fénestrelles, le cardinal Pacca, en s'arrachant aux étreintes de ses compagnons d'infortune, éprouva l'une des plus vives émotions de sa vie. Les habitants et le curé de Pignerol allèrent à sa rencontre pour le féliciter et demander sa bénédiction. Partout il reçut les mêmes marques d'affection et de respect; à Rivoli, à Suze, au mont Cenis, à Chambéry, à Lyon, à Roanne, à Moulins. Il put se convaincre que la France prenait une part très vive aux souffrances du vicaire de Jésus-Christ et réprouvait les violences dont il avait si longtemps souffert.

Le 18 février, Pacca arrive à Fontainebleau. Il s'attendait à une grande animation et il trouve un château presque désert. Il pénètre dans la cour du Cheval-Blanc et il remarque que toutes les portes et les fenêtres sont fermées. Une sentinelle se promène silencieusement au haut de l'escalier du Fer-à-Cheval. Son camérier entre dans le vestibule pour l'annoncer et reparait bientôt avec un des valets du Saint-Père. On l'engage à venir immédiatement en habit de voyage, car Pie VII voulait le recevoir sans retard. Il entre alors dans les appartements pontificaux et il trouve, au seuil même, le Pape qui avait fait quelques pas pour venir au-devant de lui : « Quelle fut mon affliction, dit-il, de le voir courbé, pâle, maigre, les yeux enfoncés, presque éteints, fixes même comme ceux d'un homme stupide. Il m'embrassa et me dit

---

(1) Archives nationales, AF^{iv} 1048.

d'un air glacial : « Je ne vous attendais pas si tôt (1) ! »

Le cardinal lui répond qu'il a hâté son arrivée pour avoir la consolation de se jeter à ses pieds et lui témoigner son admiration pour le courage héroïque avec lequel il avait enduré une si longue et si dure captivité. Mais Pie VII l'interrompt brusquement et s'écrie : « *Ma siamo in fine sporcificati... Quei cardinali mi strascinarono al tavolino e mi fecero sottoscrivere!...* Et cependant nous avons fini par nous rouler dans la fange... Les cardinaux m'ont entraîné à cette petite table et m'ont fait signer ! (2) »

Puis le Pape l'invita affectueusement à se retirer, car c'était l'heure où il allait recevoir les évêques français et il ne voulait point parler avec lui devant eux. « Le silence de cette solitude, la tristesse peinte sur tous les visages, la douleur profonde dans laquelle le Saint-Père était plongé, l'accueil aussi froid qu'inattendu que je venais de recevoir me causèrent, ajoute Pacca, un serrement de cœur plus facile à imaginer qu'à décrire. » Quand les évêques français furent partis, Pacca retourna auprès du Pape et le trouva dans un état d'agitation inquiétant pour ses jours. Les reproches que les cardinaux Di Pietro, Gabrielli et Litta, arrivés avant Pacca à Fontainebleau, lui avaient faits au sujet de ses funestes concessions, avaient redoublé ses remords. Il alla jusqu'à dire « qu'il était obsédé de la crainte de devenir fou et de finir comme Clément XIV ».

Pacca le conjura de se calmer et lui affirma que bientôt, avec l'assistance de tous les cardinaux, il pourrait remédier au mal qu'il déplorait. Cette affirmation apaisa un peu l'agitation fiévreuse du Saint-Père. L'arrivée de son fidèle Consalvi lui rendit aussi quelque espoir. Dans l'ardeur de ses remords, il s'était cru indigne de célébrer le sacrifice de la messe, et ce ne fut qu'après avoir pu confier ses scrupules à son confesseur, qu'il se décida à remonter à l'autel. Il dit lui-même, avec une

---

(1) *Mémoires du cardinal Pacca*, t. II, p. 21.
(2) A quelque temps de là, dans le même palais, à une autre petite table que l'on a conservée dans le cabinet impérial, Napoléon signait son abdication.

humilité touchante, aux cardinaux et aux évêques venus à Fontainebleau, qu'il s'était infligé cette douloureuse privation comme une juste pénitence de ses fautes.

Avec une bonté que rien ne pouvait lasser, Pie VII reçut de nombreux évêques, dont plusieurs avaient méconnu ses ordres, et il ne témoigna même pas à ceux-ci les justes reproches que méritaient leurs infractions. Parmi les cardinaux, dont le Pape tint à s'entourer pour les graves décisions qu'il allait prendre, se trouvaient au premier rang Mattei, Pacca, Consalvi, Di Pietro, Della Somaglia et Gabrielli. Les autres cardinaux, Pignatelli, Salazzo, Ruffo-Scilla, Scotti, Litta, Brancadoro, Galeppi et Oppizoni furent également consultés par le Saint-Père. Chacun d'eux, après y avoir mûrement réfléchi, lui remit une note sur les préliminaires du 25 janvier. Les cardinaux qui avaient pris part au Concordat, et même quelques Cardinaux Noirs paraissaient favorables aux préliminaires, parce que le chef de l'Église ne pouvait manquer à la parole donnée; mais ils y voulaient introduire quelques amendements favorables au Saint-Siège. Les autres — et ils étaient les plus nombreux — conseillaient une rétractation pure et simple, parce que le principe donné était contraire aux serments du Saint-Père lors de son exaltation. Sans aucun doute, de nouveaux périls et de nouvelles violences étaient à redouter; mais la Providence était là pour veiller sur l'Église. Le Saint-Père avait promis et accordé ce qu'il ne devait ni accorder ni promettre; mais il n'avait pas enseigné une doctrine erronée. Il avait par faiblesse commis une faute grave, mais non une erreur en matière de foi. « Or, disaient les cardinaux opposants, les plus ardents défenseurs de l'infaillibilité du Saint-Siège n'ont jamais soutenu que les Papes, qui sont infaillibles dans l'enseignement, le soient aussi dans leur conduite ou dans leurs actions. » Les cardinaux fidèles à Pie VII n'avaient pas de peine à démontrer que, quoique les concessions fussent graves, le Pape n'avait point porté atteinte à la doctrine de l'infaillibilité. Le cardinal Consalvi n'hésita pas à déclarer au Saint-Père, au nom d'un grand nombre de ses collègues, qu'il fallait dénoncer le traité préliminaire auquel l'Empereur avait donné le nom de « Concordat de Fontainebleau ». Le Pape s'empressa d'y consentir. Mais comment allait-on procéder pour atteindre ce but? Il fallait une extrême prudence, car les agents de l'Empereur commençaient à s'inquiéter des conciliabules fréquents des cardinaux entre eux et de leurs visites multipliées au Pape. La communication du Concordat, faite brusquement au Sénat le 13 février, surprit et inquiéta les prélats. Elle ramena, par un effet inattendu, une certaine partie des cardinaux divergents à la cause de Pie VII.

« Un soir que les cardinaux Saluzzo, Ruffo-Scilla, Scotti, Galeppi et Consalvi se trouvaient réunis avec moi chez le cardinal Pignatelli, rapporte Pacca, nous fermâmes les portes et nous nous mîmes à parler de cet important objet. Quelques-uns disaient que le Pape devait, par un écrit signé de sa main, déclarer nuls et sans valeur les articles du Concordat; communiquer ensuite cette déclaration au Sacré-Collège et en faire circuler dans le public des copies manuscrites. » Pacca trouva le procédé contraire à la loyauté et à la bonne foi la plus ordinaire et proposa simplement que le Pape se rétractât dans une lettre adressée à l'Empereur. Consalvi et Litta ajoutèrent qu'il fallait, pour prévenir le silence sur cette rétractation, faire lire la copie de la lettre papale à tous les cardinaux et les autoriser à publier la rétractation, par tous les moyens possibles. Le Pape adhéra à cet arrangement. Mais de crainte que les agents impériaux, qui ne se gênaient pas pour inspecter à tout moment les papiers de Sa Sainteté, ne s'emparassent de la lettre, Pie VII, après y avoir tracé quelques lignes de sa main débile, la remettait au cardinal Pacca. Le lendemain, les cardinaux Di Pietro et Consalvi la rapportaient au Pape. Cet habile manège dura jusqu'à ce que la lettre, qui contenait une dizaine de pages, fût entièrement écrite. Ce fut le 24 mars que le Saint-Père fit appeler le commandant Lagorse et lui remit la lettre, en exigeant qu'elle fût portée immédiatement de sa part à l'Empereur.

Tandis que Pie VII, aidé par les cardinaux fidèles, s'apprêtait à rétracter solennellement les articles préliminaires, les archevêques de Tours et de Florence, les évêques de Nantes et de Trèves, de Plaisance, de Bois-le-Duc, d'autres encore mandés comme leurs confrères pour veiller à l'exécution du nouveau Concordat, s'inquiétaient du silence du Pape ainsi que du retard apporté à la rédaction des bulles demandées par des évêques récemment nommés. Ils surveillaient les allées et venues des cardinaux et s'étonnaient de n'être pas mis dans leurs confidences. M. Duvoisin priait le ministre des Cultes d'envoyer, pour le service de Sa Majesté et dans l'intérêt du Pape lui-même, le cardinal Fesch à Fontainebleau. Or Fesch était alors en disgrâce. Comprenant, quoique un peu tard, toute l'indignité de la conduite de son neveu à l'égard du Saint-Père, il avait écrit à Pie VII une lettre respectueuse où il déplorait les excès dont il le savait victime. Pour lui, les revers de la Grande Armée étaient un châtiment du Ciel. Dans le Concordat du 25 janvier, il voyait une paix conclue au détriment de l'Église. Aussi, n'allait-il pas agir dans le sens où l'évêque de Nantes, qui avait demandé sa venue, l'aurait voulu voir agir (1).

Le ministre des Cultes avait adressé le 9 mars à Napoléon un rapport sur la situation exacte des affaires ecclésiastiques : « Il paraît, disait-il, que plusieurs cardinaux ont fait naître dans l'esprit du Saint-Père des regrets sur le Concordat de Fontainebleau et qu'on chercherait à le considérer comme les simples préliminaires d'un traité qui resterait à conclure. On tire cette induction de ce qu'il est dit dans le Concordat : « Sont convenus des articles suivants, comme devant servir « de base à un arrangement définitif (2) » . Bigot de Préameneu faisait alors observer que le traité contenait des dispositions

---

(1) M. Frédéric Masson reproche au cardinal d'être trop entré dans la dévotion, d'avoir protégé les évêques et les prêtres persécutés, d'avoir souscrit au fonds secret en faveur des cardinaux noirs et défendu au Concile les prétentions romaines (*Napoléon et sa famille*, t. VI).
(2) Archives nationales, AF^{iv} 1048.

essentielles et définitives sur l'institution des évêques, sur la dotation des évêchés suburbicaires, sur le nombre des évêchés à la disposition du Pape. Il ne restait en vérité pour la suite que des détails d'exécution, sur lesquels il faudrait plusieurs arrangements définitifs. Le Pape, suivant le ministre, croyait sans doute avoir un grand intérêt à ce que le Concordat du 25 janvier fût subordonné à un traité ultérieur par lequel il espérerait de nouvelles concessions. C'était pour Bigot de Préameneu le seul motif de l'inaction où il persistait. Il lui semblait que Pie VII mettait autant de soin à ne pas exécuter le Concordat qu'à ne rien faire qui parût être une renonciation à sa souveraineté temporelle.

Le ministre des Cultes ne pouvait considérer, comme un commencement d'exécution, le rétablissement d'anciennes fonctions en faveur des cardinaux Di Pietro, Gabrielli, Doria, Mattei, Della Somaglia et Pacca. Il y voyait seulement l'inconvenance d'un témoignage trop prompt de la confiance la plus intime à ceux qui s'étaient montrés les ennemis de l'Empire. Ce qui caractérisait davantage le système d'inaction et pour ainsi dire de retour contre le traité, c'étaient les faits suivants : « Il y avait pour le Pape, dit Bigot de Préameneu qui parle ici en courtisan, une telle convenance que c'était un devoir qu'il vînt à Paris saluer Votre Majesté, ou au moins qu'il lui écrivît. Je sais, ajoutait le ministre, qu'il lui a été fait, et surtout à l'égard de ce dernier point, des représentations (1). » Pie VII ne s'était pas montré en effet le serviteur empressé de l'Empereur et ne lui avait pas, comme un bon fonctionnaire, apporté les hommages auxquels il avait droit. Mais il était coupable d'un bien autre méfait. Si le Pape avait eu la moindre volonté d'exécuter le traité, ou même de s'en servir pour arriver à l'arrangement définitif, il n'eût pas manqué de profiter de l'article 2 en nommant un ambassadeur auprès de l'Empereur et en demandant que l'Empereur lui en envoyât un autre, pour entrer en pourparlers... De plus, pour-

(1) Archives nationales, AF¹ᵛ 1048.

quoi empêchait-il les prêtres, qui avaient encouru la disgrâce impériale, de prêter serment? Ce n'était qu'au moyen de ce serment que les condamnations précédentes pourraient être considérées comme non avenues. « Ne pas faire cette demande, disait Bigot de Préameneu, c'est préférer la captivité ; c'est persévérer dans l'insoumission. C'est non seulement se rendre indigne des bonnes grâces; c'est les rejeter. Et si le Pape reste dans l'inaction, c'est lui qui réellement prolonge, avec cet état d'insoumission, la captivité d'un très grand nombre d'ecclésiastiques (1). » Au sujet de l'institution canonique, le ministre des Cultes incriminait encore le Saint-Père. Pie VII, à son dire, refusait de donner des bulles aux évêques nommés, parce qu'il n'avait ni formules ni scribes. Or, il était facile de lui transmettre les formules : quant aux scribes, il y avait à Paris dix à douze personnes de la Daterie et de la Pénitencerie qui pouvaient bien suffire. Le Pape parlait d'un Consistoire. Quand aurait-il lieu? On ne le savait pas, quoique les cardinaux fussent en grand nombre à Fontainebleau. Le Pape, à Savone, avait bien expédié quelques bulles; mais l'Empereur n'en avait point fait usage, parce qu'elles lui semblaient avoir été données en vertu d'un Bref qui n'avait point paru admissible. Il avait préféré attendre la fin des dissentiments. Cette fin était venue et les bulles nouvelles n'étaient point encore remises aux évêques qui déclaraient avec tristesse que pour la tranquillité de leurs diocèses ils tenaient beaucoup à leur institution canonique. Enfin, Bigot de Préameneu suppliait l'Empereur de nommer auprès du Saint-Père un commissaire impérial, comme l'évêque de Nantes, ou, à son défaut, l'évêque de Plaisance. La présence de ce commissaire ayant toujours le droit de parler officiellement, de s'opposer en cas de besoin, de notifier des instructions, obligerait la Cour pontificale à prendre une marche régulière. Quant à parer aux autres inconvénients par un règlement général, par de nouveaux cas d'abus et des peines nouvelles pour les réprimer, le ministre des Cultes

(1) Archives nationales, AF¹ᵛ 1048.

suppliait l'Empereur de ne point soumettre actuellement un tel projet au Conseil d'État, de crainte de produire un mauvais effet. En dernier lieu, il attirait l'attention du Souverain sur le dénuement dans lequel se trouvaient certains cardinaux qui n'avaient point de ressources personnelles et qui vivaient aux dépens de leurs collègues. « Cet état d'humiliation, disait-il, ne peut qu'inspirer de l'aigreur et, par suite, de mauvaises dispositions et de mauvais conseils (1). » Napoléon lut la requête de Bigot de Préameneu. Je n'ai pu savoir s'il lui donna satisfaction.

L'évêque de Nantes, pour faciliter aux treize cardinaux qui avaient subi les rigueurs impériales le moyen de rentrer en grâce, avait proposé de modifier le serment que l'Empereur exigeait d'eux. Il aurait voulu qu'on se bornât à exiger des prélats la soumission aux lois, sauf en ce qui serait contraire à la religion. Le ministre des Cultes, avec l'assentiment de l'Empereur, répondit le 12 mars à l'évêque de Nantes : « Monsieur l'Évêque, le changement que vous proposez ne peut pas être agréé. La formule « Je jure obéissance aux Constitutions de « l'Empire et fidélité à l'Empereur », est celle de la Constitution de l'an XII qui établit le Gouvernement impérial (art. 56). Il n'en est point d'autre pour tous les fonctionnaires, et en général pour tous les citoyens auxquels elle est demandée. Pour changer une formule constitutionnelle, il faudrait établir ce changement sur une cause de nécessité urgente et démontrée. Dans le système de la formule proposée il faudrait qu'elle fût commune à tous les catholiques de l'Empire. Chaque culte prétendrait ainsi au droit de réclamer contre la formule constitutionnelle. Mais dans la vérité, y a-t-il quelque motif de changement? Ou plutôt, n'est-ce pas une simple discussion de mots? La difficulté, si elle existait, ne resterait-elle pas entière même après ce changement, et quelle serait définitivement la formule que l'on pourrait substituer?

« Il serait difficile de faire entendre comment l'obéissance

---

(1) Archives nationales, AF^{IV} 1048.

aux Constitutions est plus absolue que l'obéissance aux lois, lorsque l'expression de *Constitution* ne comprend qu'une classe de *lois* et que le mot *loi* comprend à la fois les lois constitutionnelles, les lois civiles, etc. ? Est-on moins lié lorsque dans la promesse générale est comprise la promesse particulière, et celui qui a fait la promesse générale peut-il en induire quelque droit à des restrictions sur l'un des points particuliers, ou plutôt son engagement n'est-il pas plus général et non moins absolu?

« La promesse aux lois laisse, dit-on, à chacun la liberté de son culte; mais cette liberté est devenue une des dispositions fondamentales... La restriction : *sauf en ce qui serait contraire à la religion*, est dans la Constitution même qui réserve à chacun la liberté de son culte... Le serment, avec la formule actuelle, est un serment d'obéissance en général. Quand le Pape déclare ne point s'opposer à ce que, par cet acte général d'obéissance, on rende à César ce qui appartient à César, il ne fait pas plus un acte particulier que celui qui fait la soumission générale... Il faut donc écarter comme absolument fausse l'idée que le Pape, en déclarant qu'il cesse de s'opposer au serment qui ne contient que des expressions générales de la soumission due par tous les sujets, fait un acte particulier de renonciation.

« La seconde induction qui est celle de préparer un schisme, dans le cas où le Pape aurait une souveraineté, est injurieuse au Saint-Père et à ses successeurs, puisqu'on suppose que dans ce cas il se résoudrait au schisme pour un intérêt temporel, plutôt que de renoncer à une souveraineté, *ne fût-elle que d'une bicoque*. Ne faudrait-il pas, dans cette grande affaire, ne s'occuper que du spirituel, pour lequel il est si nécessaire que les deux autorités continuent d'agir de concert? Enfin, la formule du serment est si simple qu'il serait difficile d'en imaginer une autre... Je termine ces réflexions sur la formule du serment en observant qu'il s'agit de personnes condamnées judiciairement pour l'avoir refusé. C'est donc à elles de profiter des bonnes grâces rendues pour demander qu'au moyen de leur serment ces condamnations soient regardées comme comminatoires et non avenues... Et si le Saint-Père qui peut, d'un moment à l'autre, faire cesser l'insoumission, résiste quoique provoqué, c'est lui qui réellement et contre ses intentions de bienfaisance et d'humanité prolonge, avec cet état d'insoumission, la détention d'un grand nombre d'ecclésiastiques ; c'est lui qu'ils peuvent regarder comme la cause qu'ils ne profitent pas des bonnes grâces rendues (1). »

Le même jour, Bigot de Préameneu informa l'Empereur que M. de Barral, archevêque de Tours, venu de Fontainebleau, lui avait fait ses doléances sur la continuation de la politique d'inaction par Pie VII. « Il me confirme, disait-il, que le Pape a demandé aux cardinaux leur avis immédiat et par écrit sur le Concordat. Au surplus, il n'admet guère que Di Pietro à des conférences habituelles, et les autres s'en plaignent (2). » D'autre part, le commandant Lagorse, qui surveillait avec soin les démarches des cardinaux, adressait le 14 mars au ministre des Cultes le curieux rapport que voici : « Presque tous les membres du Sacré-Collège ont été réunis à Fontainebleau. A quoi ont abouti tous ces voyages et les conférences qui en ont été les suites ? Autant que plusieurs conversations particulières avec plusieurs cardinaux et leurs alentours m'ont mis à même de juger ; autant que mon discernement a été capable de saisir les nuances qui donnent aux propos un caractère de probabilité ou d'incertitude, un air de franchise ou de finesse, un ton vrai ou faux, voici où nous en sommes. » Et Lagorse se vantait d'avoir dit à un cardinal : « Je trouve dans la conduite du Pape un défaut de courage et de grandeur d'âme en ce qu'il soumet son Concordat à l'examen des cardinaux. C'est mettre en problème une question résolue et rendre leur opinion la cause présumée ou certaine des regrets ou des irrésolutions du Pape. — Nous avons senti cette vérité, me répliqua-t-il, et nous l'avons manifestée ; mais il nous a été répondu qu'on ne doutait pas que les regrets n'eussent pré-

---

(1) Archives nationales, AF* 1048.
(2) *Ibid.*

cédé notre arrivée. » Et le cardinal ajouta : « Nous avons donc reçu l'ordre d'émettre notre opinion par écrit sur chaque article. Ce recueil d'opinions sera incessamment dans les mains du Pape, et alors il ne pourra pas se dispenser de prendre un parti. Si je savais la détermination à laquelle il se résoudra, je ne vous la dirais pas; mais, sur mon honneur, je l'ignore et ne m'en puis pas même faire idée. Son caractère, ses promesses faites et retirées m'ont si souvent embarrassé, je dirais même compromis, que je m'attends à tout. Pour mon compte, je voudrais aviser au moyen de donner au Concordat une exécution convenable et ne pas toucher au fond. » Sur ce, Lagorse demanda : « Mais comment parvenir à l'exécution, si des agents réciproques ne sont intermédiaires entre l'Empereur et le Pape? — Il est probable, reprit son interlocuteur, qu'après certaines explications préliminaires ces agents seront nommés. »

Il paraissait donc urgent à Lagorse d'en venir promptement à ce but et voici ce qu'il proposait : « Envoyer une personne qualifiée, sous prétexte de visite et sans caractère public, un cardinal ami par exemple, et homme sûr. Demander semi-officiellement par l'entremise de ce personnage : 1° la nomination d'un ministre ou secrétaire général du Saint-Siège auquel on pût faire des demandes, et qui serait tenu de les communiquer sur-le-champ au Pape et de rendre ses décisions; 2° demander des institutions canoniques en grand nombre; 3° annoncer l'envoi d'un résident d'un rang égal à celui du secrétaire du Saint-Siège. Si le Pape ne renonce pas à toute espèce d'arrangement et que l'envoyé ci-dessus soit actif et important, il en obtiendra assez pour alimenter au moins la curiosité publique, en attendant que l'Empereur ait le libre loisir de s'occuper des affaires secondaires. S'il n'obtient rien, on sera éclairé et on marchera sur d'autres errements (1). »

L'inaction volontaire de Pie VII irritait profondément l'Em-

---

(1) Archives nationales, AF¹ᵛ 1048.

pereur. « Vous direz, mandait-il à Bigot de Préameneu, que si jamais le Pape devenait souverain temporel, nous romprions avec lui... Puisque le Pape ne prend conseil que de gens comme les Di Pietro et les Litta, vous lui ferez connaître qu'on verra bientôt de nouveau les suites fâcheuses de l'ineptie de ces gens-là. » Mais à ces menaces Pie VII avait répondu par une lettre admirable, qui emprunte aux circonstances et aux difficultés dans lesquelles elle fut écrite une gravité et une autorité particulières. C'était, comme je l'ai dit plus haut, une rétractation formelle de la signature donnée aux préliminaires le 25 janvier. Le Pape considérait que l'aveu qu'il faisait était pénible pour lui et pénible pour l'Empereur; mais la crainte du jugement de Dieu, devant lequel son grand âge pouvait le faire comparaître bientôt, lui faisait mépriser toute crainte. « Commandé par notre devoir, disait-il, et plein de cette franchise qui convient à notre dignité et à notre caractère, nous déclarons à Votre Majesté que, depuis le 25 janvier, jour où nous apposâmes notre seing aux articles qui devaient servir de base au traité définitif dont il y est fait mention, les plus grands remords et le plus vif repentir n'ont cessé de déchirer notre âme   nt plus trouver ni paix ni repos. Nous reconnûmes   , et une continuelle et profonde méditation nous fait comprendre chaque jour davantage l'erreur dans laquelle nous nous sommes laissé entraîner, soit par l'espérance de terminer les différends survenus dans les affaires de l'Église, soit aussi par le désir de complaire à Votre Majesté. » Pie VII disait qu'il avait été rempli de surprise et de douleur, lorsqu'il avait vu publier « *sous le titre de Concordat, les mêmes articles qui n'étaient que la base d'un arrangement futur* ». S'il n'avait pas immédiatement protesté contre un tel scandale, c'est qu'il voulait éviter toute précipitation dans une affaire aussi capitale, et c'était parce qu'il avait l'espérance de voir bientôt le Sacré-Collège réuni auprès de lui. Il avait voulu le consulter afin de mieux réparer ce qu'il avait fait, ainsi que sur le mode à suivre pour exécuter cette détermination. Le meilleur moyen lui avait paru d'écrire cette lettre à l'Empereur. « C'est en présence de Dieu, affirmait Pie VII, que nous déclarons dans toute la sincérité apostolique que notre conscience s'oppose invinciblement à l'exécution de divers articles contenus dans l'écrit du 25 janvier. Nous reconnaissons, avec douleur et confusion, que ce ne serait point pour édifier, mais pour détruire, que nous ferions usage de notre autorité, si nous avions le malheur d'exécuter ce que nous avons imprudemment promis, non par aucune mauvaise intention, comme Dieu nous en est témoin, mais par une pure faiblesse et comme cendre et poussière... »

Pie VII rappelait alors les paroles de Pascal II à Henri V au sujet d'une concession qui excita aussi les remords de sa conscience : « Nous reconnaissons que cet écrit est vicieux. Nous confessons notre faute et nous désirons qu'avec l'aide de Dieu il soit entièrement refait, afin qu'il n'en résulte aucun dommage pour l'Église ni aucun préjudice pour notre âme (1). » Et il ajoutait, avec une humilité et une sincérité émouvantes : « Nous reconnaissons que quelques-uns des susdits articles sont susceptibles d'être amendés par une nouvelle rédaction; mais nous reconnaissons en même temps que d'autres sont essentiellement mauvais, contraires à la justice, au gouvernement de l'Église que Jésus-Christ lui-même a établie; qu'ils sont par là même inexécutables et doivent être entièrement abolis. » En effet, le Saint-Père pouvait-il priver de leurs sièges, sans aucune raison canonique, de véritables évêques dont tout le crime était d'avoir suivi ses instructions? Pouvait-il approuver un règlement subversif de la constitution de l'Église et qui soumettait la puissance pontificale à celle d'un métropolitain, lequel serait ainsi établi juge et réformateur du chef de la hiérarchie? A quels désordres, à quels schismes n'ouvrirait-il pas la porte par une telle concession?

---

(1) Pascal II avait appuyé l'empereur Henri V contre son père. Mais le Pape se brouilla plus tard avec Henri V au sujet des Investitures. L'Empereur fit arrêter et charger de chaînes le Pape qui refusait d'obéir à ses exigences. Mais Pascal II finit par céder, ce qui lui attira le blâme des fidèles. Il assembla alors un Concile à Saint-Jean-de-Latran et reconnut publiquement sa faute.

Pie VII se reprochait encore de n'avoir pas fait mention, dans les préliminaires, de ses droits sur les domaines de l'Église, droits que ses serments l'obligeaient à maintenir et à revendiquer. « Si nous connaissons pleinement, disait-il, la force des stipulations, nous savons aussi que, lorsqu'elles se trouvent en opposition avec les institutions divines et nos devoirs, nous sommes forcé de céder à l'empire d'une obligation d'un ordre supérieur, qui nous en défend l'exécution et les rend illicites. » Néanmoins, le Pape s'empressait de faire connaitre à l'Empereur qu'il désirait ardemment en venir à un accommodement définitif, dont les bases seraient en harmonie avec ses devoirs. Il suppliait Napoléon d'accueillir sa déclaration avec une effusion de cœur semblable à la sienne et d'en venir à une conciliation sincère qui avait toujours été l'objet de ses vœux (1).

Après le départ du commandant Lagorse, qui était allé porter cette lettre à l'Empereur, le Pape fit venir les cardinaux l'un après l'autre, et leur lut une allocution destinée au Sacré-Collège. Elle commençait ainsi : « Après vous avoir manifesté, nos vénérables frères et très chers fils, nos remords et notre repentir pour avoir apposé notre seing aux articles du 25 janvier qui devaient servir de base à un arrangement définitif avec Sa Majesté l'Empereur des Français; après nous être aidé de vos lumières et vous avoir fait connaitre notre détermination de nous adresser directement à Sa Majesté pour lui notifier nos sentiments avec une sincérité évangélique et une liberté apostolique, nous nous faisons un devoir de vous communiquer la lettre que nous avons écrite en date du 24 mars relativement à cet objet. » Le Pape leur lut une copie de sa lettre et leur fit remarquer son ferme dessein de ne pas exécuter des articles qu'il avait imprudemment souscrits. Pie VII considérait donc le Bref de Savone et le traité du 25 janvier « comme nuls et de nulle valeur ». Il voulait qu'on les regardât comme tels, afin d'éviter tout

---

(1) *Mémoires du cardinal Pacca*, t. II, p. 159.

préjudice, soit pour la Constitution divine de l'Église, soit pour les droits du Saint-Siège. Il terminait ainsi : « Béni soit le Seigneur qui ne nous a pas retiré sa miséricorde!... A nous l'humiliation que nous acceptons de grand cœur pour le bien de notre âme! A lui soient aujourd'hui, et dans tous les siècles, l'exaltation, l'honneur et la gloire! » C'est ainsi que s'humiliait et se relevait en même temps ce vénérable Pontife auquel la perfidie des uns, la violence des autres avaient arraché des concessions, dont il n'avait compris l'importance qu'après avoir, par un élan vigoureux de son âme, dominé la faiblesse de son corps. Et tel est le bienfait d'un repentir sincère que Pie VII retrouva presque aussitôt le calme qu'il avait perdu depuis deux longs mois. Ses yeux reprirent un éclat et sa bouche un sourire qu'on ne leur connaissait plus.

Pour bien comprendre l'effet que la rétractation soudaine du Concordat de Fontainebleau produisit dans l'esprit de l'Empereur, il faut savoir, d'après les *Souvenirs* de Narbonne, tout ce qu'il avait attendu de l'acte signé le 25 janvier. Conversant librement avec son fidèle aide de camp, il lui disait que, sans rien changer au dogme, il pourrait résoudre toutes les difficultés par la création d'un patriarche. « Le tsar, remarquait-il, ne se trouve pas mal d'avoir un Saint-Synode sous la main, et cela, ou quelque chose d'analogue, peut convenir encore mieux à l'état avancé de la France ». Narbonne trouvait ce projet peu viable. Il regrettait que Napoléon voulût diriger l'Église, comme il dirigeait l'armée. « Oter au Pape la confirmation des évêques, disait-il, appointer un délai dans lequel il doit consentir à toute désignation ou sinon votre autorité passera outre, c'est réellement nommer un patriarche, ou plutôt c'est vous charger de l'être vous-même, de concert avec votre ministre des Cultes. Voilà ce que n'eût jamais fait Louis XIV, ni conseillé Bossuet. Si votre volonté ne dominait pas les évêques, ils vous conseilleraient tous de n'ôter au Pape ni la Maison de Saint-Pierre, ni les droits de ses successeurs, et de ne lui prendre ni Rome ni la confirmation des évêques. — Ah! pour Rome, ce que vous demandez est impossible! s'écria vivement alors Napoléon; Rome, c'est l'héritage de mon fils, c'est la couronne de l'Empire! » Puis, sans écouter Narbonne qui lui conseillait de rendre la liberté au Pape et de le réintégrer au Quirinal, il lui demanda, connaissant son érudition historique, une note sur la querelle des Investitures et sur les différends possibles entre l'État et l'Église (1).

Aidé de Villemain, déjà professeur à l'École normale, Narbonne relit les œuvres de Bossuet, de Fleury, de Dupuy et d'autres écrivains compétents. Villemain va consulter Fontanes. Il a un long entretien avec lui et en rapporte cette considération judicieuse : « De tout temps, et même dans notre siècle de fer, les questions religieuses sont les plus graves, les plus dangereuses, les plus mortelles à qui se trompe... Aussi, depuis le coup de main de Miollis à Rome, que de maux sur nous, que d'embarras surchargés de désastres! Savez-vous bien que, dans le moyen âge, on aurait cru que c'était un effet de l'excommunication pontificale? (2) » Plus d'un prêtre, plus d'un fidèle ne se cachaient pas d'ailleurs pour le dire hautement, malgré l'effroi que causait une police vigilante et vigoureuse. Narbonne a le courage de dicter alors à Villemain une note où il suppliait l'Empereur de renvoyer le Pape à Rome sans condition et sans entraves. Il rappelait les actes si politiques et si sages du Consulat, le Concordat et le rétablissement de l'ordre moral en France, la pacification des esprits et des consciences, puis les premiers actes de l'Empire, et le Sacre qui avait rehaussé aux yeux des Français la dignité impériale. Pourquoi dévier maintenant de cette sagesse et se montrer plus exigeant que les anciens empereurs d'Allemagne? Pourquoi pousser à bout l'Autriche et faire d'une amie, devenue une puissance neutre, une ennemie fatale? Napoléon avait donc oublié la parole si expressive d'Eugène : « Je ne crains pas Pie VII à Rome. Je crains son absence et son exil. » Napoléon avait donc oublié qu'il

(1) *M. de Narbonne*, par VILLEMAIN, p. 245, 246.
(2) *Ibid.*, p. 255, 258.

avait dit : « En politique ce qui importe le plus, ce n'est pas la valeur de ce que l'on prend ou de ce qu'on donne; c'est le degré d'autorité qu'on exerce ou paraît exercer? » Or, en matière religieuse, agir avec grandeur, n'était-ce pas faire preuve d'une sage et puissante autorité?

Vouloir retirer au Pape l'institution canonique, c'était atteindre la Papauté dans sa plus stricte juridiction religieuse; c'était renouveler la vieille querelle des Investitures, qui avait tant agité le moyen âge « et dans laquelle les Papes soutenaient la cause de l'intelligence, de la justice et de la bonne discipline contre le caprice et le despotisme vénal des Empereurs de Germanie ». Sans doute, cela n'était guère à craindre en France; mais dans les autres pays soumis à la France, est-ce que l'importance des possessions épiscopales et leurs richesses ne pourraient ramener tous les désordres imputés autrefois à l'investiture laïque? M. de Narbonne ne craignait pas de le dire en ces termes vigoureux et décisifs : « Si le Pape ne garde pas la consécration définitive des évêques, il n'y a plus de Pape. » Or, était-ce là ce qu'avait voulu le Premier Consul? Était-ce là ce que préparait le Concordat? Était-ce là ce que voulait l'Empereur? Avait-il relevé l'Église pour la mettre un jour en servitude? Avait-il ramené les Français à son autorité pour les blesser dans leurs sentiments les plus sacrés? L'Empereur aimait à citer Bossuet, mais Bossuet n'était pas pour l'État contre l'Église. Il était pour l'Église et pour l'État. Il avait dit entre autres cette parole mémorable : « La majesté des rois d'Angleterre serait demeurée plus inviolable si, contente de ses droits, elle n'avait pas voulu attirer à soi les droits et l'autorité de l'Église. » En réalité, Bossuet n'était pas moins zélateur de l'inviolabilité du Pape que de l'indépendance des Couronnes.

Voilà comment parlait un homme libre à un despote et l'on ne peut donc pas dire que Napoléon n'ait pas été averti. Au début de cette terrible année 1813, le comte de Narbonne a tenu à l'Empereur un langage que malheureusement bien des évêques n'ont pas osé lui tenir. Il a conseillé franchement à son maître de rendre la liberté au Pape, de le laisser retourner à Rome et de ne rien entreprendre sur ses droits et ses prérogatives. Il lui a dit que c'était une faute de se défier de toute influence morale et de ne croire qu'à la force. « Mais comment rendre Rome au Pape? demandait Napoléon à Narbonne. — En paraissant ne l'avoir jamais prise, mais seulement séquestrée; et en ne gardant de la possession que le titre honorifique de roi de Rome pour le prince qui ne saurait avoir de plus grand titre que celui de fils de l'Empereur. — Mais, répondait Napoléon, la cour de Vienne pesait plus sur Rome que je ne le fais et vous n'ignorez pas l'antipathie profonde qui sépare les Italiens des Allemands. Il n'en est pas de même pour les Français... Nulle ville, à mon retour, il y a deux mois, ne m'a témoigné par ses adresses plus de dévouement que Rome! — Oui, Sire, mais un préfet français à Rome, cela seul en dit assez et ne permettrait pas de douter des transports de joie qu'exciterait en Italie et de la satisfaction que donnerait à l'Autriche le rétablissement du Pape à Rome (1). » Tout conseillait donc à l'Empereur une réconciliation avec le Pape. Les revers de la campagne de Russie, la conspiration du général Malet, le réveil de l'opposition, la satiété de la guerre, l'épuisement du pays, la coalition des puissances, des trahisons secrètes ou avouées, des complots latents ou prêts à éclater un jour ou l'autre, l'avenir gros de nuées et d'orages, tout aurait dû l'amener à mettre un terme à une querelle plus impolitique encore que violente. Il finira par le comprendre et il s'y résoudra, mais à la dernière minute seulement, et lorsque nul ne lui en saura gré et que ni la France ni l'Empire n'en pourront profiter pour raffermir et sauver leur fortune chancelante.

Tandis qu'un soldat gentilhomme, plein de loyauté et d'intelligence, encourageait Napoléon à suivre la seule poli-

(1) *M. de Narbonne*, p. **274-275**.

tique digne de lui, un prélat intrigant, qui flattait l'Empereur jusqu'au jour très prochain où il l'accablerait de ses reproches et de ses sarcasmes, pensait que le Concordat de Fontainebleau était une œuvre nécessaire et réunissait tous les principes que doivent avoir les Concordats. L'abbé de Pradt voyait dans l'accord du 25 janvier la réconciliation logique du pouvoir civil et du pouvoir religieux. Grâce à cet heureux accord, l'institution canonique ne dépendrait plus que de la capacité des sujets promis à l'épiscopat. La vacance indéterminée des sièges devenait ainsi impossible. « Tout était prévu, et il était pourvu à tout par des moyens puisés dans la nature même des choses. Ce Concordat n'était que la rédaction du décret du Concile de 1811 : par conséquent, il représentait le consentement de l'Église qu'il devait régir... Jamais acte ne fut plus religieux ni mieux calculé. » Dans son surprenant éloge, M. de Pradt va jusqu'à l'enthousiasme. C'est, suivant lui, un acte de lumière favorable au monde entier, c'est un acte éminemment national. « L'État est à l'abri des conséquences et des prétentions de Rome qui l'ont tant troublé. » Et le même individu écrira à propos du même sujet : « Ce Concordat perdait la cour de Rome... » et « Jamais Rome n'avait tant perdu à la fois (1) ». Mais à quoi bon noter les contradictions et les palinodies de l'abbé de Pradt, « prêtre du dieu Mars », comme il aimait à s'appeler. Qu'il soit député aux États généraux, évêque de Poitiers, archevêque de Malines, ambassadeur en Pologne, grand chancelier de la Légion d'honneur, député de l'opposition sous Louis-Philippe, M. de Pradt, malgré tout le tapage de ses actes et de ses écrits, ne sera jamais qu'un homme médiocre

---

(1) *Les Quatre Concordats*, t. III, p. 11 à 15. Napoléon méprisait M. de Pradt et le lui laissait voir. « Un jour, dit-il, qu'il déraisonnait en ma présence et qu'il parlait de ses projets extravagants, je me contentai de fredonner une partie de ce couplet connu :

Où allez-vous, monsieur l'abbé ?
Vous allez vous casser le nez !

ce qui le déconcerta si fort qu'il ne put ajouter une parole de plus. » (O'Méara, t. II.)

et vil. M. de Narbonne a fait moins de bruit, mais il a laissé un nom honoré.

Est-il vrai maintenant, comme l'a rapporté le cardinal Pacca, que Napoléon aurait communiqué la nouvelle de la rétractation du Pape au Conseil d'État, en disant : « Si je ne fais pas sauter la tête de dessus le buste à quelqu'un de ces prêtres de Fontainebleau, les affaires ne s'arrangeront jamais (1) ? » Non, cela n'est pas vrai. En effet, le lendemain de la réception de la lettre écrite par Pie VII, Napoléon envoyait à Bigot de Préameneu des instructions qui commençaient ainsi : « Le ministre des Cultes gardera le plus grand secret sur la lettre du Pape en date du 24 mars, que je veux, selon les circonstances, pouvoir dire avoir ou n'avoir pas reçue. » Comment, après avoir indiqué ces précautions, aurait-il fait un éclat devant ses conseillers? Napoléon demandait seulement aux évêques de tenter une dernière démarche auprès du Saint-Père, et il leur faisait connaître le texte de l'Adresse qu'ils auraient à lui présenter : « Les soussignés, écrivait-il, évêques de l'Empire ou du royaume d'Italie, s'étant rendus aux ordres de Sa Majesté pour faire à Sa Sainteté nos félicitations sur un Concordat qui doit opérer le rétablissement de la paix avec l'Église, voient avec peine que Sa Sainteté n'ait point encore fait d'actes en exécution de ce traité, ce qui donne lieu à des inquiétudes, et ce qui laisse dans l'état de viduité un grand nombre d'Églises. Ils se flattent que Sa Sainteté viendra à leur secours ; que le Concordat de Fontainebleau est une inspiration de l'Esprit-Saint au chef de l'Église pour faire cesser les maux dont elle est affligée; que c'est avec peine qu'ils voient que l'on aurait depuis cherché à lui donner quelque inquiétude à ce sujet; qu'en qualité d'évêques et de théologiens ils y donnent leur assentiment et qu'ils supplient Sa Majesté de s'entendre avec le chef de l'État pour donner l'institution canonique, etc. »

Les archevêques et évêques, étant à Paris, devaient se

(1) *Mémoires de Pacca*, t. II, p. 174.

rendre en corps à Fontainebleau le 26 mars, pour porter cette Adresse. Il est vrai que Napoléon ajoutait : « Sa Majesté n'attend pas un grand effet de cette démarche; mais elle peut être, selon les circonstances, utile à produire. » Il aimait à croire que les prélats mettraient le plus grand zèle à démontrer à Pie VII qu'en signant le traité il n'avait fait que reconnaître les vrais principes. Ceci dit, les évêques retourneraient dans leurs diocèses « vu la Semaine Sainte et les devoirs qu'ils ont alors à remplir ». Le cardinal Fesch était libre de rester à Paris ou de retourner à Lyon. Les évêques de Nantes et de Trèves devaient se rendre à Paris pour assister aux séances du Conseil d'État. Quant aux cardinaux français, l'Empereur songeait à faire adresser par eux une supplique particulière au Pape. Le ministre des Cultes crut devoir répondre à Napoléon : « Il y a sans doute un grand avantage à ce que les évêques réunis présentent une adresse au Pape et qu'ils se prononcent, surtout s'ils le font avec l'énergie convenable. Mais, d'autre part, le Pape ne sera-t-il pas très content d'avoir cette occasion de faire aux évêques une réponse, soit écrite, soit même verbale, une déclaration solennelle de rétractation, ce qui ajouterait encore aux embarras et causerait à l'état actuel des choses un changement fâcheux (1). » Les embarras étaient grands, en effet. Napoléon avait compté sur le Concordat de Fontainebleau et sur la réconciliation avec le Pape pour prendre une revanche éclatante des terribles revers de 1812, pour prévenir l'action hostile de l'Autriche, ramener à lui le clergé défiant et les catholiques offensés, et assurer enfin la succession paisible du trône.

On comprend qu'il dut avoir un moment de colère en voyant ses calculs déjoués. En 1810, il eût brisé tous les obstacles. Mais il était en 1813, et les circonstances ne paraissaient pas favorables à un coup de force. Les ennemis se pressaient aux frontières de l'Empire. Il fallait organiser

(1) Archives nationales, AF^{iv} 1048.

des forces puissantes pour leur faire face, veiller à tout et se préoccuper aussi bien de l'intérieur, où de sourds grondements se faisaient entendre, que de l'extérieur menacé. Aussi, lorsque le comte de Narbonne insiste sur la nécessité d'une politique conciliante à l'égard du Pape, l'Empereur lui répond avec un demi-sourire : « Laissons pour le moment Rome et l'institution des évêques ! Ce numéro est remis dans l'urne et n'en sortira qu'après une grande bataille gagnée sur l'Elbe ou sur la Vistule ! » C'était ce qu'il avait dit en 1812 à son entrée à Moscou. La chute de la Russie lui semblait devoir être le signal de la chute définitive de la Papauté. Pour la seconde fois il allait être déçu dans ses espérances, et de quelle façon !

Cependant, il avait tenté un dernier assaut. Sur son ordre, le cardinal Maury qui s'était fait, depuis sa nomination à l'archevêché de Paris, le serviteur diligent de Napoléon, était allé le 29 mars à Fontainebleau pour donner au Pape son avis sur le traité du 25 janvier. Pie VII le reçut avec froideur. Puis, faisant semblant de croire qu'il ignorait ce qui s'était passé, il lui remit la copie de la lettre à l'Empereur et l'allocution qu'il avait adressée aux cardinaux. Maury demanda vingt-quatre heures pour étudier ces documents et revint dire au Pape que s'il persistait dans son attitude, il ferait croire au peuple qu'il préférait ses intérêts matériels aux véritables intérêts de l'Église. Il ajouta que si l'Empereur revenait triomphant de la nouvelle guerre, tout serait perdu. Le Pape indigné n'en voulut pas écouter davantage et congédia Maury.

Le ministre de la Police avait confié au commandant Lagorse le soin de le renseigner sur ce qui se passait à Fontainebleau. Voici comment cet agent l'informait le 30 mars. C'est le rapport d'un sous-officier de gendarmerie qui a fait vaille que vaille quelques lectures : « Les intentions du Pape, le but de ses fréquentes conférences avec les cardinaux, les résultats qu'elles ont produits sont encore enveloppés d'un voile malheureusement peu près d'être soulevé. Les cardinaux Fesch et Maury ont tenté vainement de remédier au mal qui s'est fait en leur absence. Tous les traits de leur politique, de leur doctrine et de la raison se sont émoussés sur la triple cuirasse de la perfidie, de la haine et du fanatisme. Je ne reproduirai point, dans cette lettre, les clauses d'un contrat dont toutes les bases sont admissibles, au dire des théologiens dont on respecte le plus l'opinion éclairée, et dont les conditions avaient dépassé l'espérance des prélats romains et l'opinion des gens du monde. La saine critique, l'histoire et les contemporains éclairés n'hésiteront pas un seul instant dans leur jugement et dans leur parti. Malheureusement, les passions, la vanité, la sottise ont aussi de nombreux sectaires, et il n'est que trop prudent de briser les ressorts qui se tendent dans leurs mains. » Et se constituant juge de la conduite du Saint-Père, Lagorse ajoutait : « Sans aucun ménagement de politique, de convenance et de délicatesse, au mépris de la foi jurée, le Pape, par une rétractation que l'Empereur connait probablement, s'est mis dans l'état où en étaient les affaires spirituelles et temporelles avant le 25 janvier dernier. On prétend et il ose dire que des remords ont suivi sa signature. Je l'ai vu souvent avant l'arrivée des cardinaux, et je vous donne ma parole qu'il n'a rien dit qui ait pu éveiller de pareils soupçons; bien loin de là ! A coup sûr, pour tous les biens présents, pour toutes les espérances de l'avenir, je ne voudrais pas que l'on pût dire de ma parole ce que je pense de celle du Pape. Il est inutile que je vous dise par quelles voies tant de secrets me sont parvenus; vous les connaitrez (1). Et c'est bien moins encore au ministre de la Police qu'au duc de Rovigo, à l'aide de camp dévoué de l'Empereur, que je révèle des faits qui m'intéresseraient très peu, si tout ce qui tient à la satisfaction personnelle de Sa Majesté ne m'occupait mille fois plus que tout ce qui me concerne.

« Avant d'agir, le Pape a connu l'opinion collective et particulière de tous les cardinaux. Plusieurs n'ont peut-être été consultés que pour la forme. Di Pietro, Consalvi, Pacca et

---

(1) C'est le secrétaire du cardinal Gabrielli qu'il a gagné. (Note de Rovigo.)

l'archevêque d'Édesse ont été très avant dans toute cette affaire. Et ceux mêmes que l'Empereur a honorés, qui ont reçu ses bienfaits, excitent ma défiance et cessent de m'intéresser. Je rends cependant cette justice au cardinal Ruffo; il m'en dit assez pour exciter mes craintes. Cette conduite est-elle de l'adresse ou de la franchise, l'avenir l'expliquera et je serais d'autant plus enclin à lui supposer des vues de raison que je le crois bon juge de la haute sagesse et de l'infaillibilité de ses collègues... Le Pape s'amuse de tous les hochets de la vanité, de la superstition et de la curiosité. Tous les dimanches, il se prête à des complaisances fatigantes. Les Sœurs Grises et de la Charité y affluent. Elles viennent par caravanes déposer leurs hommages à ses pieds, et le temps de Pâques en amènera peut-être davantage. Dimanche dernier, la Supérieure du couvent de Saint-Maur a remis un paquet au cardinal Di Pietro. Ce dernier est grand pénitencier. On vient lui demander des indulgences, des dispenses et il se prête au rétablissement de toutes les communications avec les fidèles. Puisque les relations entre la Cour de France et de Fontainebleau ne sont pas très sûres, prévenez-en les dangers, Monseigneur; la Poste est moins dangereuse mille fois que des messagers obscurs ou secrets... Je ne vous parlerai pas des vœux antifrançais qu'on forme ici, des espérances j'oserai dire anticatholiques, que le délire de la haine enfante. Nous en appelons avec confiance au Printemps et aux armes; ils assureront des succès de tout genre. Si mon destin veut que je fasse ici ma campagne, j'obéirai sans murmure, mais non pas sans alarmes. Qu'il me serait plus doux, en combattant des ennemis découverts, de donner à l'Empereur une preuve plus ostensible de mon inviolable fidélité! (1) »

L'Empereur, après avoir lu ce rapport qu'il prit au sérieux, donna au duc de Rovigo l'ordre de placer à Fontainebleau un commissaire de police intelligent. Aucun étranger ne devrait être admis dans la ville. Les Sœurs de la Charité, les

(1) Archives nationales, AF^{IV} 1048.

fidèles n'y pourraient venir non plus. A ceux qui réclameraient une audience du Saint-Père, il serait répondu qu'ils auraient d'abord à s'adresser à leurs évêques. L'adjudant du palais Lagorse ne permettrait plus à personne, laïque ou ecclésiastique, d'assister à la messe du Pape, sauf aux cardinaux et aux quatre évêques chargés de suivre les affaires du Culte. Lagorse devait aller ensuite chez les cardinaux et leur faire savoir que depuis deux mois qu'ils étaient réunis, ils n'avaient rien fait; qu'ils paraissaient au contraire chercher à profiter de leur réunion pour troubler les affaires de l'Église et de l'Empire. Aussi, Napoléon s'était-il résolu à ne les laisser à Fontainebleau que sous la condition qu'ils ne se mêleraient de rien et qu'ils n'écriraient aucune lettre. « La moindre transgression à cet égard, la moindre lettre écrite en Italie non seulement les rendraient suspects à l'Empereur, mais compromettraient leur liberté. » Ordre ensuite était donné d'enlever secrètement et de nuit le cardinal Di Pietro; de saisir tous ses papiers et de le conduire dans une petite ville de Bourgogne, éloignée de tout passage.

Lagorse devait aller le lendemain informer les cardinaux Consalvi et Pacca que le cardinal Di Pietro avait été écarté de Fontainebleau par suite de ses menées pour la transmission des Brefs. Il avait à dire que cet homme, ennemi de l'État, était une des causes principales de ce que rien n'était encore arrangé avec le Pape. Même signification devait être faite au docteur Porta et à l'archevêque d'Édesse. Enfin, il était chargé de prier les Sœurs de la Charité de se tenir tranquilles chez elles. Le commandant Lagorse était averti d'avoir à n'entrer dans aucune discussion. « Le seul raisonnement dans lequel il doit se renfermer, disait l'Empereur, est celui-ci: puisqu'on ne veut rien faire pour la religion, il faut que du moins on ne fasse rien contre l'État (1). »

Le ministre des Cultes envoyait en même temps à Lagorse plusieurs exemplaires du *Bulletin des lois* où étaient insérés

---

(1) *Lettres inédites*, t. II, p. 225.

les trois décrets sur le Concordat et sur son exécution. Il devait « laisser tomber » ces pièces entre les mains des cardinaux. Le *Bulletin des lois* (n° 488) portait le décret suivant : « Au Palais des Tuileries, le 13 février 1813. Le Concordat de Fontainebleau, dont la teneur suit, est publié comme loi de l'Empire. » Le *Bulletin des lois* (n° 490) où figuraient les lettres patentes impériales conférant, le 30 mars 1813, à l'Impératrice Marie-Louise le titre et les fonctions de Régente, contenait aussi le décret relatif à l'exécution du Concordat de Fontainebleau à la date du 25 mars. L'article 1er de ce décret stipulait que le Concordat en question était obligatoire pour les archevêques, évêques et chapitres de l'Empire. Les articles 2, 3 et 4 étaient relatifs à l'institution des évêques nommés et au droit déféré au métropolitain d'instituer, au cas où le Pape n'aurait pas donné l'institution dans les six mois. L'article 5 décidait que les cours impériales connaîtraient de toutes les affaires spécifiées sous le nom d'*appels comme d'abus*, ainsi que de toutes celles qui résulteraient de la non-exécution des lois du Concordat. L'article 6 annonçait la présentation d'un projet de loi qui déterminerait les peines applicables en la matière.

Si l'Empereur avait pu croire un court instant que, cédant à toutes ses volontés, le Pape consentirait encore à sortir de sa captivité pour venir à Notre-Dame sacrer l'Impératrice et le prince impérial en reconnaissant son titre de roi de Rome, et justifier le titre ironique de « chapelain de l'Empereur » que lui avaient donné plusieurs puissances au moment du Sacre de 1804, il s'était lourdement trompé. Aussi, dut-il se borner à proclamer la Régence de Marie-Louise à l'Élysée et à renoncer à son sacre solennel. « A cela, dit M. Frédéric Masson, se réduit ce grand dessein qui, durant trois mois, a été sans doute le plus agité par l'Empereur et à la réalisation duquel il s'est attaché davantage pour prévenir le retour d'attentats à la Malet, consolider son trône et en assurer la succession. Par là, il voulait frapper l'esprit et l'imagination des peuples et, en attirant sur son fils l'institution divine, tendre entre la nation et lui tous les liens de la religion, de l'émotion et de la pitié. Trop avancé par suite de sa confiance en la parole de Pie VII, il ne peut plus, au moment du départ, reculer devant une cérémonie dont il sent le ridicule, car où il fallait un autel, c'est un tapis vert; où il fallait un peuple, c'est une Cour; où il fallait l'armée, c'est une dizaine de femmes en robes à chérusque (1). »

Le 2 avril, Napoléon invita le général Duroc à rappeler de Fontainebleau le gouverneur du château, le général comte de Saint-Sulpice. Le commandant Lagorse suffirait désormais. Il convenait d'avertir ce dernier que l'intention de l'Empereur était de ne plus admettre personne à la messe du Pape. Napoléon ajoutait qu'on n'y recevrait plus « surtout aucune dévote (2) » ! Puis, faisant semblant de ne redouter aucune difficulté de la part de Pie VII pour l'exécution du Concordat, l'Empereur ordonnait au ministre des Cultes de lui apporter, au Conseil du 5 avril, la liste des sièges épiscopaux vacants en France et une liste de présentation contenant les noms de prêtres sûrs et bien pénétrés des principes de l'Église gallicane. L'évêque de Nantes devait être présent pour coopérer à ce travail. Parmi les sièges vacants figuraient ceux de Gand, de Tournai et de Troyes.

Dans la nuit du 5 avril, des agents firent lever de force le cardinal Di Pietro et, sans lui permettre de revêtir les insignes du cardinalat, l'obligèrent à partir immédiatement avec un officier de police qui le conduisit à Auxonne où il devait rester sous la surveillance de la police. Le matin de cet enlèvement, le commandant Lagorse entra chez le cardinal Pacca et lui signifia qu'il avait séparé, « par ordre de l'Empereur, le cardinal Di Pietro de la personne du Pape comme ennemi de l'État ». Il lui conseilla enfin de rester, lui et ses collègues, dans l'inaction la plus complète et de se borner à faire au Saint-Père des visites de convenances « sous peine de perdre leur liberté (3) ».

(1) *L'Impératrice Marie-Louise*, p. 292.
(2) *Lettres inédites*, t. II, p. 227.
(3) *Mémoires du cardinal Pacca*, t. II, p. 177.

Lagorse prenait son rôle au sérieux. Cet adjudant du palais se croyait un personnage. N'écrivait-il pas au ministre des Cultes, qui devait bien en rire, des lettres de ce genre : « Lorsqu'à Savone et à Fontainebleau mes fonctions près du Pape avaient une espèce de forme diplomatique, je m'en félicitais. J'étais un médiateur commun, un agent plus essentiel que brillant, par la voie duquel les communications, sans avoir un caractère officiel, n'en étaient pas moins sûres et moins promptes ; et je n'ai jamais rien écrit ni rien dit qui n'eût pour objet la satisfaction des deux souverains et un rapprochement que je désirais avec une espèce de partialité pour l'Empereur, partialité qui, vu mon caractère, ma façon de penser et mon état, est et sera toujours invariable. *Vous savez aussi sûrement, aussi bien que moi, quels nuages en ont un peu troublé le jour serein dont nous nous étions tous si franchement félicités.* Vous en avez conclu, avec juste raison, que des ordres nouveaux m'imposaient de nouveaux devoirs ; mais je crains que vous ne vous soyez exagéré mes relations avec le ministre de la Police. Je lui écris à peine tous les quinze jours et l'une de mes plus grandes jouissances serait qu'on publiât un jour ma correspondance. Je ne balance pas un instant à vous initier à des secrets dont vous serez, par mon canal, l'unique dépositaire. »

Lagorse, faisant ainsi l'important, révélait à Bigot de Préameneu, qui le savait d'ailleurs avant lui, que les cardinaux ne pouvaient rester à Fontainebleau qu'à la condition expresse de ne pas parler et de ne pas écrire. Lagorse eût préféré leur départ qui eût dissipé toute inquiétude. Quant au Pape, il avait lieu de croire qu'il ne ferait aucun acte de nature à troubler la tranquillité de l'État. « S'il se mettait en pareilles dispositions, *et que je les entrevisse*, je ne les souffrirais pas... Je ne ferais pas une guerre sourde qui a toujours été loin de mes principes et de mon caractère. Je me mettrais dans les rangs à découvert... Commentez ce que je viens de vous dire, Monseigneur, et vous aurez une idée de mes conversations avec les cardinaux et des termes où j'en suis avec eux... » Il ne tenait à s'occuper que de ce qui pourrait troubler la tranquillité publique. « L'extrême franchise de mes discours et de mes opinions est en harmonie avec la publicité de mon caractère. » Et l'étonnant Lagorse ajoutait, en parlant du Pape : « Au surplus, je n'ai aucun motif d'alarmes. Jamais nonnain de quatre-vingts ans, bien cagote et bien caillette, ne se fit dans sa cellule des occupations plus mystiques et plus minutieuses que celles du Pape dans le salon où il s'est retiré (1)... » C'est ainsi que cet officier de police parlait des prières de Pie VII et de sa mansuétude inouïe à l'égard de ses persécuteurs! Quoique le souvenir de la robe de moine, que Lagorse avait portée dans un couvent jusqu'à la Révolution, eût dû parfois se présenter à lui, il avait le clergé en horreur et ne pouvait dissimuler son antipathie violente contre lui (2). Napoléon n'avait d'ailleurs qu'une médiocre estime pour ce geôlier. A Sainte-Hélène, il disait à Las Cases que nombre de personnes avaient refusé d'être les gardiens du Pape et qu'il ne s'était point offensé de leur refus, car ces choses-là étaient du domaine de la délicatesse intérieure. « Nos mœurs européennes, déclarait-il, veulent que le pouvoir se trouve limité par l'honneur. » Il ajoutait que, quant à lui, comme homme et comme officier, il n'eût pas hésité à refuser de garder le Pape. Las Cases ne put alors réprimer un mouvement de surprise. Et Napoléon, qui s'en aperçut, lui dit : « Ne faut-il pas distinguer les actes du Souverain qui agit collectivement de ceux de l'homme privé que rien ne gêne dans ses sentiments? La politique admet, ordonne même à l'un ce qui demeurerait souvent sans excuse dans l'autre. » C'était toujours par la raison d'État que le despote cherchait à pallier des fautes inexcusables.

Quelques jours après, le 25 avril, Napoléon allait prendre le commandement de l'armée d'Allemagne et ne doutait pas qu'une fois victorieux il ne viendrait enfin à bout de cette Papauté intraitable. Les cardinaux, sans tenir compte des intentions menaçantes de l'Empereur et des injonctions de Lagorse,

---

(1) D'Haussonville, t. V, Pièces justificatives, p. 540.
(2) *Mémoires du cardinal Pacca*, t. II, p. 205.

supplièrent le Pape de protester contre les deux décrets qui déclaraient le Concordat de Fontainebleau obligatoire. Pie VII y consentit avec empressement et chaque cardinal reçut communication d'une allocution au Sacré-Collège, dont il dut garder copie. Le Pape l'avait écrite en entier de sa main, afin de n'être pas accusé d'avoir adhéré tacitement aux décrets et de donner aux cardinaux une arme contre les mesures qui pourraient suivre. Le Pape y rappelait d'abord ses remords d'avoir consenti à l'acte du 25 janvier, puis son désir ardent de réparer cette faute. « Quelle fut notre profonde douleur, disait-il, lorsque, à notre grande surprise et au mépris de l'accord fait entre Nous et Sa Majesté, nous vîmes publier sous le titre de Concordat ces mêmes articles qui, par leur énonciation même, ne devaient être que les préliminaires d'un arrangement futur! » Le Pape rappelait alors sa lettre de protestation et de rétractation à l'Empereur, puis son désir d'en venir à un arrangement définitif sans trahir les devoirs de son ministère et les intérêts de l'Église. « Nous attendions, ajoutait-il, avec la plus vive anxiété le résultat de notre notification à Sa Majesté, lorsque nous vîmes publier une série d'actes, tendant à présenter comme subsistant le prétendu Concordat du 25 janvier, malgré notre rétractation et les motifs sur lesquels elle était appuyée. Combien s'accrurent ensuite notre surprise et notre douleur, lorsque nous vîmes arracher d'auprès de nous le digne cardinal Di Pietro et signifier à tous les autres cardinaux de ne plus traiter désormais d'affaires avec nous, sous la menace expresse d'être, en cas de contravention, regardés comme suspects et de voir leur liberté compromise! » Pie VII dénonçait ensuite les récents décrets qui déclaraient le prétendu Concordat loi de l'Empire et obligatoire pour tous les Archevêques, Évêques et Chapitres de l'Empire et du royaume d'Italie, avec de nouvelles modifications qui en aggravaient les dispositions. Le Saint-Père faisait observer que cet état de choses devait enfanter un schisme si d'un côté on voulait faire exécuter ce prétendu Concordat, et si, de l'autre, les devoirs les plus sacrés de son ministère le forçaient à le déclarer nul et sans valeur. Pie VII n'hésitait pas. Il confiait à ceux de ses frères qui pouvaient l'entendre l'expression de ses véritables intentions avec la certitude qu'un jour ils en rendraient un éclatant témoignage. Il espérait que pas un seul métropolitain n'oublierait ni les lois de l'Église, ni ses devoirs jusqu'au point d'oser conférer l'institution canonique, après l'expiration des six mois, sachant bien que l'écrit du 25 janvier n'était pas un Concordat. En effet, un acte à peine commencé ne pouvait donner le droit de changer la discipline de l'Église sur un point capital. Et quand même il s'agirait d'un véritable Concordat, il resterait sans effet jusqu'à ce qu'une bulle pontificale l'eût rendu exécutoire, ainsi que cela avait eu lieu pour le Concordat de 1801. Le Pape terminait son allocution par ces graves paroles : « Que si, contre nos justes espérances, notre espoir se trouvait déçu, plein du sentiment de la gravité de nos devoirs nous déclarerions expressément toute institution donnée par les métropolitains nulle, les institués intrus, leurs actes de juridiction nuls, la consécration sacrilège, les institués et les consécrants schismatiques et soumis à toutes les peines voulues en pareil cas par les Canons; ce que nous ferions dans toutes les formes usitées, si nous en avions la liberté, et dans la crainte que nous ne l'ayions pas à l'avenir, nous en faisons d'avance la déclaration de la manière seule que comporte notre position (1). »

Ces instructions et ces décisions si importantes communiquées aux cardinaux, Pie VII leur enjoignit de dresser une bulle pour régler les dispositions du futur conclave en cas de sa mort, car il convenait de prévoir tous les événements. Aussi, quelques cardinaux préparèrent-ils un règlement qui pût permettre au Sacré-Collège d'échapper en pareille circonstance aux entreprises de l'Empereur. Que ne pouvait-on redouter encore de celui qui avait enlevé de Rome le Souverain Pontife, spolié les États romains et émis la prétention d'imposer ses volontés aussi bien aux cardinaux qu'au Pape lui-même?

(1) *Mémoires du cardinal Pacca*, t. II, p. 180.

CHAPITRE VIII

LES DERNIERS JOURS A FONTAINEBLEAU

Après le départ de Napoléon pour Mayence, il y eut un moment d'accalmie à Fontainebleau. Délivrés pour un certain temps de la présence fatigante du despote, le Pape et les cardinaux respirèrent. Pie VII, accoutumé à une vie dénuée de tout faste, dînait seul. Mattei, Di Pietro, Consalvi et Pacca dînaient ensemble sous la surveillance de l'officier de garde du château et du commandant Lagorse. Ils se réunissaient le soir avec leurs confrères dans la maison du cardinal Pignatelli, ou dans celle du cardinal Scotti, et là s'entretenaient des événements du jour, mais en tenant leurs portes bien closes. Les cardinaux s'étaient partagé les heures de la journée pour tenir compagnie au Pape et essayer de l'arracher à sa profonde mélancolie. Pas une fois Pie VII ne consentit à sortir de ses appartements et, comme à Savone, il fit constater à tous qu'il était réellement prisonnier. Sauf les moments où il paraissait nécessaire de parler des articles préliminaires du 25 janvier, Pacca — et c'est lui-même qui l'atteste dans ses Mémoires (1) — évitait les questions trop graves et amenait le Pape à traiter de sujets familiers qui lui rappelaient sa vie à Tivoli et à Imola. Pie VII, se souvenant qu'il avait été bénédictin, menait une existence de moine et ne s'en plaignait pas. Le duc de Rovigo ne comprenait pas la grandeur que révélait cette simplicité. Il considérait le Saint-Père comme un esprit faible et ne se gênait pas pour le dire.

(1) Tome II, p. 206.

« Le Pape, rapporte-t-il, n'ouvrait pas un livre dans toute la journée. Il s'occupait à des choses qu'on aurait de la peine à croire, si on ne l'avait vu. Il cousait et raccommodait lui-même quelques petites déchirures qui se faisaient à ses vêtements; par exemple, il remettait lui-même un bouton à sa culotte; il lavait le devant de ses simarres sur lesquelles il avait l'habitude de laisser tomber beaucoup de tabac dont il faisait un grand usage. Il fallait avoir une bonne dose d'illusion pour croire à l'infaillibilité d'un Souverain Pontife que l'on voyait si près des misères humaines. Il avait à Fontainebleau une bibliothèque superbe; mais il n'y toucha pas. »
Rovigo se trompe; le Pape lisait, mais des livres qu'il avait fait demander à M. Garnier, supérieur du séminaire de Saint-Sulpice et homme d'une grande érudition. C'est ainsi qu'il se procura les œuvres de saint Léon, la Bibliothèque de Ferrari, le droit canonique de Perringre, certains ouvrages de Fénelon et autres écrits religieux et théologiques. Quant à sa tenue si modeste et aux petits soins qu'il y donnait lui-même, en quoi cela pouvait-il faire sourire et compromettre l'infaillibilité? Le Pape consacrait encore de longs instants à la prière, et Pacca était fondé à répondre à Rovigo : « Ignorez-vous donc qu'une personne pieuse n'est jamais oisive en présence d'un crucifix et d'une image de la Sainte Vierge et que ces deux objets sacrés sont pour elle comme une vaste et précieuse bibliothèque, où elle peut puiser à toutes les heures du jour et de la nuit (1)? »

Malgré la défense de l'Empereur et les ordres du ministre des Cultes, les cardinaux trouvaient le moyen d'entretenir le Saint-Père des instructions que réclamaient, de toutes parts, des prêtres français ou étrangers, ainsi que des demandes de dispenses et autres requêtes.

Le succès de la bataille de Lutzen fit revivre les espérances de Napoléon. Il voulut que l'Empire tout entier connût cette victoire et appréciât les efforts héroïques de son armée. Il

---

(1) *Mémoires de Pacca*, t. II, p. 207.

envoya de Colditz à l'impératrice Marie-Louise une circulaire à transmettre aux évêques et où il était dit : « La victoire remportée par l'Empereur et Roi, notre très cher époux et souverain, aux champs de Lutzen, ne doit être considérée que comme une marque spéciale de la protection divine. Nous désirons que, au reçu de la présente, vous vous concertiez avec qui de droit pour faire chanter un *Te Deum* et adresser des actions de grâces au Dieu des armées, et que vous y ajoutiez les prières que vous croirez les plus convenables pour attirer la protection divine sur nos armes, surtout pour la conservation de la personne sacrée de l'Empereur, que Dieu préserve de tout danger! Sa conservation est aussi nécessaire au bonheur de l'Europe et à celui de l'Empire qu'à celui de la religion qu'il a relevée et qu'il est appelé à raffermir. Il en est le plus sincère et le plus vrai protecteur (1). »

Ainsi, au lendemain de ces nouveaux dissentiments avec le Pape et des mesures arbitraires dirigées contre le cardinal Di Pietro et d'autres prélats, l'Empereur promet de raffermir la religion et ose s'en déclarer le protecteur le plus sincère! Ce n'est pas tout. Il veut que le Pape soit instruit de sa victoire; il la lui fait annoncer par l'Impératrice comme un événement qui ne pouvait que lui être agréable, « parce qu'elle connaissait les sentiments d'amitié que Sa Sainteté nourrissait pour l'Empereur ». Certes, Pie VII ne souhaitait aucun revers à la France ni à son chef; mais il savait que le triomphe définitif de Napoléon était, dans la pensée même du vainqueur, la certitude d'un avenir peu favorable à la Papauté. Pour montrer qu'il n'était pas dupe d'une apparente cordialité et pour empêcher que le public ne crût à un accommodement facile entre lui et l'Empereur en passant sous silence les derniers et regrettables événements, Pie VII répondit à Marie-Louise par la lettre suivante dont chaque terme avait été pesé avec un soin rigoureux : « Tout en remerciant Votre Majesté de l'attention filiale qu'elle a eue de nous faire part de sa joie, à l'occasion

(1) *Lettres inédites*, t. II, p. 236.

de la victoire éclatante remportée par son auguste époux, l'Empereur et Roi, le 2 de ce mois, à la tête de ses puissantes armées, nous ne devons pas dissimuler à Sa Majesté, en sa qualité de fille dévouée et respectueuse de la Sainte Église, qu'en recevant cette dépêche nous crûmes qu'elle contenait la révocation des mesures excessivement dures qui, depuis plus d'un mois, sont dirigées contre notre personne et contre celle des cardinaux. Si Votre Majesté n'en est pas instruite, qu'Elle daigne s'en informer et rechercher comment on a pu donner des ordres si contraires aux droits de l'Église catholique, au droit des gens même et, par conséquent, en opposition, nous ne voulons pas en douter, à l'intention de l'Empereur auquel nous souhaitons les sentiments d'une paix solide qui est le meilleur fruit de la victoire. Nous prions Dieu qu'il lui inspire la salutaire pensée de protéger véritablement l'Église catholique, de nous rendre la liberté à nous et aux membres du Sacré-Collège et de pacifier au plus tôt le monde ébranlé et déchiré depuis tant d'années. Nous terminons en priant le Dispensateur de tous biens de répandre sur Votre Majesté ses bénédictions célestes (1). » Cette lettre arrêta radicalement une correspondance que Napoléon aurait voulu rétablir avec le Pape pour égarer l'opinion publique et faire croire à une réconciliation. On sait qu'avant de partir pour Mayence l'Empereur avait nommé trois nouveaux évêques au siège de Troyes, de Tournai et de Gand, dont il avait forcé les titulaires à démissionner (2). Il avait recommandé au ministre des Cultes de faire instituer les trois nouveaux prélats, sans tenir compte de ce fait capital qu'un siège épiscopal n'est vacant que si le Souverain Pontife a accepté la démission du titulaire. Les exigences de Napoléon allaient amener de nouveaux troubles au moment même où l'Empire, livré aux hasards d'une guerre décisive, avait plus que jamais besoin de tout son calme.

Le Chapitre de la cathédrale de Troyes invité à donner à

---

(1) *Mémoires du cardinal Pacca*, t. II, p. 346.
(2) A Troyes, Napoléon avait nommé M. de Cussy; à Tournai, l'abbé de Saint-Méclard, et à Gand, l'abbé de La Brue (16 avril 1813).

M. de Cussy, qui succédait à M. de Boulogne, les pouvoirs d'administrateur du diocèse, avait d'abord obéi, puis s'était rétracté. Le 25 avril 1813, il écrivit au ministre des Cultes pour savoir si la démission de M. de Boulogne avait été agréée par le Pape. Bigot de Préameneu répondit que le Chapitre n'avait pas le droit de faire cette question au gouvernement, puisqu'il ne s'agissait pas encore du caractère épiscopal dont M. de Cussy ne serait revêtu que par l'institution canonique. Il devait se contenter de savoir que, dans l'état actuel des affaires générales avec la Cour pontificale et pour l'exécution même du Concordat de Fontainebleau, la mesure provisoire, dont il s'agissait, n'était pas moins nécessaire. Quant aux pouvoirs capitulaires, il suffisait que le Chapitre connût officiellement la démission pour qu'il fût de son devoir de pourvoir aussitôt à l'administration du diocèse. Or, M. de Boulogne avait, outre sa démission, signé un acte où il prenait l'engagement d'honneur de n'entretenir aucune correspondance, aucune relation d'affaires ecclésiastiques avec son ancien diocèse. A défaut de l'évêque, c'était donc dans le Chapitre seul que résidait maintenant le principe de la juridiction spirituelle, et nul ne pouvait lui contester d'en déléguer l'exercice à M. de Cussy.

Les chanoines de Troyes, persistant à considérer le nouvel évêque comme un intrus, ce fut le ministre de la Police qui intervint. Il fit inviter par le préfet du Calvados M. de Boulogne, alors exilé à Falaise, à signer une nouvelle déclaration qui lèverait toutes les difficultés. M. de Boulogne refusa. Deux mois après, il était conduit à Vincennes. C'est là qu'il rencontra un officier hongrois, le baron de Géramb, un aventurier arrêté par la police impériale pour avoir conspiré contre l'Empereur Napoléon. Cet officier fut mené avec le vieil évêque à la prison de la Force d'où ils ne sortirent qu'à l'arrivée des alliés. Géramb, qui ne connaissait pas M. de Boulogne, avait pris pour un fou ce prisonnier blanchi et courbé par l'âge qui se disait évêque de Troyes et chapelain de l'Empereur (1).

(1) G. LENOTRE, *Vieilles maisons. Vieux papiers.* — *Temps* du 15 août 1902.

Les chanoines de Troyes, redoutant la colère de Napoléon, passèrent outre. Quant à M. Hirn, évêque de Tournai, il signa la nouvelle déclaration qu'avait refusée M. de Boulogne. Mais son Chapitre ne l'imita point. Il désigna deux chanoines pour être les mandataires de l'évêque proscrit et ne voulut pas conférer des pouvoirs au nouvel évêque nommé, l'abbé de Saint-Médard, avant que Pie VII n'eût accepté la démission de M. Hirn. Les mesures arbitraires prises par Napoléon troublaient tous les esprits en Belgique et rappelaient l'émotion causée jadis dans ce pays par les violences de la Révolution. Cependant, voici ce qu'écrivait avec une présomptueuse confiance, à la date du 14 mai, le ministre des Cultes à l'Empereur au sujet de la situation religieuse : « Tout est dans le plus grand calme, et il ne paraît même pas qu'à Fontainebleau, d'après les rapports que j'ai demandés chaque semaine, il y ait intention de troubles par des correspondances. Les cardinaux sont divisés entre eux de principes et même de société. Ceux qui ne logent pas dans ce palais ne mettent même pas beaucoup d'empressement à faire leur cour au Pape; ils n'y vont guère qu'une demi-heure tous les cinq ou six jours. Ce sont les cardinaux Pacca, Litta et Consalvi qui semblent avoir le plus la confiance du Saint-Père. Il fait peu de cas des autres et ne le dissimule pas. Les prêtres de Boulogne et de Corse ont presque tous persisté dans le refus de serment, sous le même prétexte qu'ils attendent des instructions du Pape. Je me suis occupé de mettre en possession les évêques nommés en remplacement des trois démissionnaires. Cela va tout seul pour les autres. J'ai présumé qu'il y aurait moins d'opposition à Troyes où M. de Boulogne n'était pas aimé. J'ai pressé très vivement le Chapitre qui a hésité, mais aujourd'hui même je reçois une lettre du préfet qui m'annonce la délibération par laquelle les pouvoirs spirituels sont conférés à M. de Cussy. Il doit avec M. de la Brue, évêque de Gand, prêter serment dimanche prochain. Je l'enverrai aussitôt après dans son diocèse. Je ne suis pas aussi avancé pour les évêchés de Gand et de Tournai. Les Chapitres consentent à recevoir les nouveaux évêques, à leur rendre les honneurs accoutumés; mais ils demandent avec instance à ne point conférer les pouvoirs jusqu'à ce que les démissions soient acceptées par le Pape. Il est vrai que les évêques ne peuvent être sacrés qu'au moyen d'une bulle d'institution, bulle qui sera la conséquence de l'acceptation des démissions; mais il n'est point question de l'exercice de la pleine juridiction qu'emporte le caractère épiscopal, et il serait déraisonnable de regarder le titre d'évêques nommés, comme un obstacle à ce que les Chapitres leur conférassent les pouvoirs spirituels, comme ils l'ont fait une première fois à l'époque des démissions. Les évêques de Nantes et de Trèves sont de cet avis. Les deux Chapitres de Gand et de Tournai m'opposent encore l'exemple de Malines, dont l'archevêque n'a pas cru convenable d'exiger les pouvoirs du Chapitre, et qui se borne à l'administration temporelle et à veiller sur l'administration spirituelle. Cet exemple ne peut être objecté. La nomination de M. de Pradt avait été préconisée à Rome; il a mieux aimé le parti qu'il a pris; il eût encore été plus facile, s'il eût voulu, de contraindre le Chapitre à lui donner des pouvoirs. A Gand, un chanoine est mort depuis peu. J'ai présenté M. Bast, de cette ville, dont les principes sont éprouvés. On m'annonce la démission d'un autre canonicat. Je présenterai M. de Pazzis qui était au nombre des candidats pour Troyes et que M. de la Brue désire avoir avec lui. Lorsqu'ils seront sur les lieux, je donnerai au Chapitre des ordres si motivés et si pressants que je ne saurais croire qu'ils s'y refusent, surtout après l'exemple de Troyes. Le préfet de Gand m'instruit, par une lettre reçue ce jour, que les habitants lui ont paru regretter très peu l'ancien évêque et qu'il n'y a aucun trouble à craindre. Si Votre Majesté daignait maintenant accorder aux trois évêques démissionnaires une pension de retraite qui est du tiers du traitement, elle n'entendrait plus parler d'eux (1). »

Ce n'était pas seulement le diocèse de Tournai qui allait

(1) Archives nationales, AF 1048.

soulever de grandes agitations, mais encore celui de Gand. L'ancien évêque, relégué à Beaune, avait reçu la visite du préfet de la Côte-d'Or qui lui demanda de signer la même déclaration que venait d'accepter M. Hirn. Accablé par la fatigue que suivait une longue maladie et craignant d'être renvoyé aux îles Sainte-Marguerite dont le climat avait épuisé sa santé, M. de Broglie signa la déclaration. Le Chapitre de Gand, qui connaissait la noble conduite que le prélat avait tenue précédemment, n'y voulut pas croire et consulta secrètement le cardinal Gabrielli qui fit savoir de Fontainebleau que le nouvel évêque ne devait être considéré que comme un intrus. Ce fut le signal de la révolte. A l'arrivée à Gand de M. de la Brue, le dimanche 25 juillet, le chœur de la cathédrale resta vide, les professeurs et les élèves du séminaire ayant refusé de s'y rendre. Cette protestation fit un bruit énorme. Le ministre des Cultes dut en référer à l'Empereur qui, de Dresde, le 6 août, envoya l'ordre de faire arrêter le directeur du séminaire, l'abbé Van Hemme, et de l'enfermer secrètement dans une prison d'État; de faire prendre tous les séminaristes qui avaient plus de dix-huit ans et de les envoyer à Magdebourg où ils seraient enrégimentés et feraient le service de soldats. Les autres, qui avaient moins de dix-huit ans, devaient être versés dans les meilleurs séminaires de l'ancienne France avec recommandation aux directeurs « de leur montrer les bons principes ». Les séminaristes de Gand seraient remplacés à Gand par un nombre égal de sujets « tirés des bons séminaires de France et assez instruits dans les principes de l'Église gallicane ». Il fallait ensuite aviser à avoir un bon directeur de séminaire et chasser de la ville les béguines qui se comportaient mal (1). On devait enfin arrêter le professeur Ryckerwaert et les frères De Volder, les conduire à Fenestrelles ou au fort de Joux « et les serrer de manière qu'ils ne donnent plus de leurs nouvelles et qu'ils n'aient plus de communication (2) ». Quant à Tournai, qui avait protesté

(1) *Lettres inédites*, t. II, p. 278.
(2) *Ibid.*, p. 279.

aussi, l'Empereur mandait au duc de Rovigo que si cette affaire n'était pas finie, il devait « sur-le-champ séquestrer le séminaire, arrêter les professeurs, envoyer à Magdebourg les élèves âgés de plus de dix-huit ans et répartir les autres dans les lycées en France ». Il concluait ainsi : « Le diocèse n'aura plus de séminaire (1). » L'Empereur était mécontent que le préfet de la Lys eût fait imprimer un arrêté à cet égard et donné prétexte à des manifestations. « Soyez très ferme contre cette prêtraille, recommandait-il à Rovigo, mais que ce soit sans éclat. Je suis fâché que le préfet ait pris un arrêté qu'il a fait imprimer. Qu'avait-il besoin de cela? Il fallait frapper et ne rien dire. » Ainsi agissait celui qui, tout récemment, mandait aux évêques qu'il était le plus sincère et le plus vrai protecteur de la religion!

Ne trouvant pas ces mesures encore assez sévères, Napoléon avertit, le 14 août, Bigot de Préameneu qu'il fallait donner ordre de faire arrêter tous les chanoines de Tournai, de faire prêter aux supérieurs du séminaire le serment d'enseigner les quatre propositions de l'Église gallicane et, sur leur refus, de les arrêter. Il prescrivait au ministre des Cultes de suspendre le traitement des chanoines et les bourses du séminaire de Tournai et de faire dire, par le préfet, aux principaux prêtres du diocèse qu'au premier mouvement de rébellion il supprimerait l'évêché et réunirait le diocèse de Tournai à un autre diocèse. Puis, s'adressant à Rovigo, il lui ordonnait d'envoyer les délinquants dans une prison d'État, d'arrêter avant tout les sieurs Goes, président, et Constant, qui avaient signé la délibération du Chapitre. « Quant aux autres que je suppose être des vieillards et des imbéciles, placez-les dans des séminaires, mais au sein de l'ancienne France! Envoyez, s'il est nécessaire, dans le département de Jemmapes deux cent cinquante gendarmes à pied et à cheval! » Des envois de gendarmes et de policiers, des suppressions de bourses et de traitements, des incorporations de séminaristes

---

(1) *Lettres inédites*, t. II, p. 279.

dans les régiments éloignés; des arrestations, des emprisonnements, des mises au secret; en un mot les mesures les plus arbitraires et les plus brutales, tout cela parce que deux diocèses refusaient de recevoir des évêques intrus!... Comprend-on maintenant ce que Napoléon aurait réservé à l'Église et à la Papauté si la fortune eût favorisé ses efforts et s'il fût venu à bout des alliés (1)? Mais ces violences n'abattent point le courage des braves habitants et des ecclésiastiques de Gand et de Tournai. C'est en vain qu'on leur montre le triste spectacle de voitures cellulaires emmenant, entre des escadrons de gendarmes, des centaines de prêtres ou de séminaristes, l'indignation l'emporte sur la terreur (2). Napoléon croit avoir affermi son empire par les victoires de Lutzen et de Bautzen. Mais huit mois encore et l'Empire s'écroulera, malgré l'héroïsme de ses soldats et le génie de leur chef. Un dernier conseil lui était arrivé trop tard de la part d'un évêque, son plus intime conseiller. M. Duvoisin, frappé d'un mal mortel, lui avait écrit de son lit d'agonie ces mots qui étaient l'expression d'un juste remords : « Je vous supplie de rendre la liberté au Saint-Père... Le retour de Sa Sainteté à Rome serait, je crois, nécessaire à votre bonheur! » Napoléon n'écoute rien et, comme frappé de folie, court au-devant des désastres.

A l'annonce du Congrès qui devait se tenir à Prague pendant un armistice entre l'armée française et les alliés, Pie VII, sur le conseil de Pacca et de Consalvi, adressa, le 24 juillet, une lettre à l'Empereur d'Autriche qui jouait en cette circonstance le rôle de médiateur. « Nous avons appris, disait le Pape, qu'un Congrès va s'assembler à Prague sous la média-

(1) Les prisons d'État de Saumur, Vincennes, Ham, Landskame, Pierre-Châtel, Fenestrelles et Campiano regorgeaient de prêtres et de civils enfermés pour leur résistance à la politique antireligieuse de l'Empereur. On parlait déjà d'en créer de nouvelles.
(2) Tandis que M. de Pradt à Malines s'associait aux gens de police pour surveiller et malmener son clergé, et M. Léjéas, à Liège, se montrait zélé impérialiste, l'évêque de Namur, M. Pisani de la Gaude, faisait preuve d'une noble fermeté. (Voir la *Domination française en Belgique*, par L. DE LABORIE, t. II, ch. VI et ch. VII.)

tion de Votre Majesté Impériale et Royale dans le but d'établir la paix générale et d'assurer les intérêts de tous les États. La piété et la religion de Votre Majesté, son amour de la justice, son dévouement filial à notre personne, l'intérêt qu'elle nous a témoigné par l'organe de M. le comte de Metternich dans le temps de notre détention à Savone, la part qu'elle a paru prendre à nos malheurs, sont autant de motifs puissants qui nous déterminent à nous adresser en cette occasion à Votre Majesté... » En conséquence, Pie VII réclamait nettement la restitution de l'État pontifical, dont on l'avait privé pour avoir refusé d'entrer dans une ligue purement offensive et cherché à conserver une neutralité que lui imposaient sa qualité de Père commun des fidèles et les intérêts de la religion catholique. « Loin d'avoir jamais renoncé, ajoutait-il, à notre souveraineté temporelle, nous avons au contraire, en tout temps et en tous lieux, proclamé hautement nos droits, d'autant plus légitimes qu'ils sont fondés sur une possession de plus de dix siècles, la plus longue peut-être que l'on puisse citer. Nous les réclamons encore aujourd'hui; la justice de notre cause; les intérêts sacrés de la religion, qui veulent le libre et impartial exercice de la puissance spirituelle dans l'univers catholique, nous font espérer que nous ne ferons pas entendre en vain cette réclamation. » Pie VII faisait observer que l'exercice de cette autorité intéressait tous les États; ce qui lui était arrivé à lui-même démontrait plus que jamais la nécessité de l'indépendance du chef visible de l'Église : « Qu'on juge, par ce seul exemple, si un Pape, placé entre les exigences d'un souverain dont il est sujet et les jalousies des princes étrangers, peut exercer librement son ministère apostolique, soit dans les États du premier prince, soit dans les États de ces derniers? Depuis trop longtemps, hélas! l'Église universelle n'entend même plus la voix de son premier Pasteur! » Le Pape réclamait donc pour le Saint-Siège l'indépendance et la restitution du patrimoine de Saint Pierre. Il se serait empressé d'envoyer un représentant à Prague; mais telle était sa situation qu'il n'était pas même sûr que cette lettre parvînt à l'empereur d'Autriche. Cependant, si ce prince la recevait, il le priait, en qualité de médiateur de la paix, d'obtenir du Congrès qu'il fût permis au Pape de se faire représenter et il l'invitait en même temps à défendre sa cause qui était celle de la Religion.

Il s'agissait maintenant de faire parvenir cette lettre à François II. Qui chargerait-on d'une mission aussi périlleuse ? Consalvi et Pacca pensèrent aussitôt au comte Paul Van der Vrecken, issu de l'une des familles les plus considérées de Maëstricht et qui avait dû émigrer en 1798, lors de la persécution religieuse déchaînée en Belgique. Van der Vrecken, qui avait été forcé d'interrompre ses études ecclésiastiques, se fixa provisoirement à Erfurt, puis se rendit à Venise où il fut attaché aux bureaux du secrétaire de la Propagande, Mgr Brancadoro, qu'il suivit à Rome. En 1801, Van der Vrecken renonça à l'idée d'entrer dans la sacerdoce et s'adonna à l'étude du droit. Il rentra à Maëstricht en 1803 et servit désormais, grâce à sa connaissance des langues étrangères et à son érudition, d'intermédiaire entre la Belgique et le Vatican. Il fut de ceux qui transmettaient en secret aux intéressés les instructions du Pape et des cardinaux fidèles, ne craignant pas d'y risquer leur vie, ou tout au moins leur liberté. Déguisé en marchand, il visitait les exilés et encourageait avec son ami, le vicaire général Barret, le clergé fidèle à résister à l'évêque intrus Léjeas. C'est lui qui, en 1811, apprit au cardinal Di Pietro qu'il était devenu doyen du Sacré-Collège. Au mois d'avril 1813, il s'était rendu secrètement à Fontainebleau pour exposer à Pie VII diverses requêtes du clergé belge, et c'est là qu'il fut chargé de faire répandre en Belgique la rétractation du Pape (1).

Comme le dit fort bien M. Paul Verhaegen, l'érudit qui a consacré à la mission de Van den Vrecken une étude des plus complètes, « il fallait une abnégation et un courage absolus pour rendre à la religion ces divers services ». M. Verhae-

(1) Voir P. Verhaegen, *Publications de la Société historique et archéologique de Limbourg* (Maëstricht, 1893, 30ᵉ année).

gen résume ainsi le tableau de l'Église belge en ces tristes jours : « Les évêques de Gand et de Tournai sont en exil; l'archevêché de Malines est dirigé par les vicaires généraux; à Liège, l'évêché est vacant. A Gand, Tournai et Liège, Napoléon veut imposer aux vicaires généraux et au clergé des chefs dont la nomination est contraire aux règles ecclésiastiques. Depuis les violences commises contre Pie VII et contre MM. de Broglie et Hirn, une partie du clergé belge refuse de chanter le *Domine salvum fac Imperatorem*. Déjà certains prêtres en ont fait autant lors du Concordat et des Articles organiques, et d'autres lors du Catéchisme impérial. A ces protestations des consciences, le pouvoir répond par un abus de la force. La tête du chanoine Stevens, réputé chef des opposants, qui publiait de violents pamphlets contre la politique impériale, est mise à prix pour 30,000 francs. Depuis 1810, nombre d'ecclésiastiques belges sont traînés en exil par les gendarmes et ils traversent la Belgique et la France pour se rendre aux forts lointains de Pierre-Châtel, Casal et Ham, dans l'appareil infamant des voleurs. La citadelle de Bouillon est pleine de prêtres emprisonnés; le fort de Ham en est également rempli... » Les abbés Duvivier et Van de Velde sont mis au secret à Vincennes, puis internés à Rethel et à Verviers; l'abbé de Berghem, de Bruxelles, est interné à Versailles, et l'abbé de Lantsheere conduit de Malines en Italie; l'abbé Barret, de Liège, à Besançon; MM. Van Alphen, Van Gils, Maser, Moors, du diocèse de Bois-le-Duc, sont successivement arrêtés et menés en France à pied, entre des gendarmes. A Ath, le doyen Lefebvre est emmené à Mons et y meurt. Son remplaçant, M. Defrenne, est incarcéré par mesure de haute police jusqu'en 1814. « Innombrables sont les prêtres, les religieux, les laïques emprisonnés de la même manière. Près de Sierre, en une nuit, la gendarmerie en enlève soixante et un (1). » Malgré une surveillance rigoureuse et la violation du secret des lettres, les défenseurs du

---

(1) Voir *Van der Vrecken* par Paul VERHAEGEN, et les ouvrages de CLAESSENS, DESMET, VAN DER MOERE, DAVIS et autres écrivains belges sur cette persécution.

Pape étaient nombreux et continuaient sans crainte à secourir les victimes du despotisme impérial. Van der Vrecken, comme ses compatriotes d'Oultremont, de Warfusée, Dumortier-Williamez, Van den Hecke, de Villers et nombre d'autres, consentait donc à se charger de la correspondance du Souverain Pontife et défiait tous les espions. Ce fut au mois d'août 1813 que Van der Vrecken reçut à Liège la lettre de Pie VII à François II et deux autres lettres du Pape destinées au nonce de Vienne. Ses instructions lui prescrivaient de garder l'incognito le plus absolu. S'il eût été arrêté, sa vie eût été en danger, et les rigueurs de Napoléon contre Pie VII et les cardinaux eussent redoublé de violence. L'armistice du 4 juin 1813 avait suspendu les hostilités en Allemagne. Mais dans la nuit du 10 au 11 août l'armistice fut rompu et la guerre déclarée par l'Autriche à la France.

Van der Vrecken coud ses papiers dans le large col de son manteau, franchit non sans peine la frontière à Mayence, est arrêté à Scharding, puis emmené comme prisonnier de guerre à Vienne où il arrive le 22 août. Là, il se réclame de son oncle, le colonel de Corron, qui répond de lui et lui facilite l'accès de la nonciature. Mgr Severoli le reçoit froidement et lui demande son nom. Van der Vrecken répond que son nom ne lui dira rien et ajoute : « Ayez la bonté de lire cette lettre. L'écriture de l'adresse vous en indiquera peut-être déjà l'auteur. » Severoli y jette un coup d'œil et, dans le moment même, tombe évanoui. Van der Vrecken appelle au secours. Un domestique arrive, croit à un attentat et veut le faire arrêter comme criminel. Le jeune homme se disculpe facilement et donne, avec l'assistance du domestique, des soins au nonce qui revient à lui. Seul avec Van der Vrecken, le nonce s'excuse de son trouble; puis, pris de défiance soudaine, menace le messager de le dénoncer comme escroc ou comme espion. Sur les protestations de Van der Vrecken, il lit la lettre papale et en reconnaît l'authenticité. Mais, quelques instants après, de nouveaux doutes assiègent son esprit et il parle encore d'arrestation. Van der Vrecken expose nettement sa mission et remet à Severoli une lettre personnelle du Pape ainsi conçue :

« Monseigneur le Nonce,

« Informé que le Congrès pour la paix générale doit enfin avoir lieu et s'assembler sous peu de jours à Prague, nous nous empressons, autant que notre situation le permet, de remplir les devoirs rigoureux auxquels nous sommes tenu dans cette circonstance. Une personne, qui a toute notre confiance, vous remettra cette dépêche qui renferme une lettre sans cachet pour Sa Majesté l'Empereur François, médiateur de la paix. Vous en prendrez connaissance et, après l'avoir cachetée, vous la ferez parvenir sans retard entre les mains de Sa Majesté par la voie que vous jugerez la plus sûre. Si vous avez l'occasion de parler vous-même à Sa Majesté, vous aurez soin de donner au contenu de notre lettre tous les développements convenables. La crainte de fatiguer Sa Majesté, mais plus encore notre position, nous ont forcé d'être court. Le porteur de la dépêche vous informera de notre état et de la situation des affaires. Vous pouvez lui accorder une foi entière. Vous pourrez également, par son entremise, nous communiquer tout ce que vous pouvez avoir à nous dire. Ne nous oubliez pas dans vos prières, afin que Dieu nous soutienne dans les hésitations par lesquelles il lui plait de nous visiter depuis plusieurs années. » Cette lettre était signée par le Pape et datée de Fontainebleau, le 24 juillet 1813.

Severoli est enfin convaincu. Il se rend chez le vice-chancelier, baron de Hudelist, pour concerter avec lui la remise de la lettre papale à l'Empereur. Mais le vice-chancelier est encore plus défiant que ne l'a été le nonce et menace de faire arrêter Van der Vrecken. Celui-ci parvient à le voir et, après un long entretien, persuade enfin l'obstiné ministre de l'authenticité des pièces et de la réalité de sa mission. On convient d'envoyer à Dresde, où se trouvaient l'Empereur et Metternich, un courrier porteur de la lettre du Pape, et Van der Vrecken reste à Vienne avec une carte de séjour. Il n'obtient une réponse que le 15 septembre et quitte Vienne, après avoir cousu les dépêches du nonce entre le drap et la doublure de son habit de voyage. A Passau, il ne put éviter les soupçons de la police qu'à condition de se rendre avec un agent à Munich où, grâce à l'assistance du comte de Mercy-Argenteau, son compatriote, il se dirigea sur Bâle et de là sur Coblentz. Là, il fut fouillé par des gendarmes; mais au milieu d'une tempête le vent dispersa ses papiers. Se dérobant aux sbires par une sorte de prodige, il sortit des remparts de Coblentz et trouva une voiture qui le conduisit à Bonn, puis une autre qui l'amena à Cologne. Quelques heures après, il revoyait à Houthem sa famille qui l'avait cru perdu.

Au commencement de novembre, le comte Van der Vrecken repart pour Paris et retrouve dans les galeries du Palais-Royal son ami, le comte Bernetti, qui était en rapports constants avec Fontainebleau. Il lui remet les dépêches de Vienne qui étaient restées cousues dans son habit, et lui confie les instructions verbales du nonce et de la chancellerie autrichienne. Bernetti va porter lui-même à Fontainebleau ces pièces et ces nouvelles si importantes, tandis que Van der Vrecken repart pour la Belgique, après s'être acquitté habilement et courageusement de sa très difficile mission. Il devait avoir l'honneur, en août 1814, d'être reçu et félicité à Rome par le Pape qui le remercia avec effusion de son noble dévouement. La mission de Van der Vrecken avait eu surtout pour objet de faire comprendre au Congrès de Prague que le Pape rejetait absolument les articles préliminaires du 25 janvier 1813, et spécialement ceux qui auraient pu faire croire de sa part à une renonciation aux États pontificaux. C'est pourquoi il fallait y insister. Mais tandis que Pie VII croyait pouvoir compter sur le dévouement filial de François II à sa personne et aux intérêts du Saint-Siège, celui-ci faisait peu de cas des droits du Pape sur les États de l'Église, si l'on en croit un traité secret du 27 juillet 1813 signé à Prague. En effet, une note de Metternich, adressée à Castlereagh le 26 mai 1814, vise l'article 12 de ce traité établissant « le droit incontestable de l'Empereur d'Autriche *comme roi de Rome,* aussi bien en qualité d'Empereur héréditaire et chef du Corps germanique ». Ainsi, Pie VII n'avait pas plus à compter sur la générosité de l'Autriche que sur celle de la France. Il retrouvait en 1813 les prétentions qu'il avait eu à combattre en 1800 (1).

Napoléon se faisait adresser, au cours de la campagne, par son ministre des Cultes, des nouvelles fréquentes sur la situation religieuse. Voici l'une des dernières lettres que Bigot de Préameneu lui envoya le 4 novembre 1813 : « Depuis le départ de Votre Majesté, l'état des affaires du clergé n'a présenté aucun événement remarquable. Les rapports sur Fontainebleau sont toujours les mêmes. D'une part, une grande surveillance que je recommande à M. Lagorse, surtout dans les circonstances actuelles, et, de l'autre, même silence du Pape et des cardinaux ainsi que du public à leur égard. Les évêques nommés par Votre Majesté, lors de son départ, sont tous en exercice. L'évêque de Tournai a fini par avoir des pouvoirs que lui ont donné deux chanoines qui sont venus à résipiscence, et qui ont rempli, pour la convocation des autres, les formalités d'usage. Les évêques de Troyes et de Gand sont ceux qui éprouvent maintenant le plus de difficultés dans leur administration, en raison d'un parti qu'ont toujours dans les diocèses les évêques démissionnaires. Le mal ne s'aggravant point et, le service du culte n'en souffrant pas, j'ai cru qu'en temporisant on pourrait venir à bout des obstacles. Les évêques d'Osnabruck et de Munster, dont les dépêches sont arrivées ces jours derniers comme à l'ordinaire, se montrent toujours dans les meilleurs sentiments. J'ai soumis depuis peu à Sa Majesté l'Impératrice la nomination des membres du chapitre d'Osnabruck organisé par décret du 27 septembre dernier comme ceux de l'Empire.

---

(1) La note de Metternich a été reproduite par Bianchi *(Storia documentata delle diplomazia europea in Italia)* et par Oncken *(Oesterreich und Preussen in Befreiungskriege,* t. II). Le P. Van Duerm *(Un peu de lumière sur le Conclave de Venise,* p. 551-552) cite à la date du 10 juin 1800 une lettre de Ghisilieri où celui-ci rappela à Thugut « les droits incontestables » de l'Empereur sur la ville de Rome. — Cf. Sorel, *l'Europe et la Révolution,* t. VIII, p. 162 (note).

Ma correspondance au delà des Alpes, et notamment dans les États romains, ne présente rien de nouveau.

« L'intendant du gouverneur général me témoigne une grande satisfaction du décret de Votre Majesté qui rétablit à Corneto l'ancienne maison de détention des prêtres. Il a ordonné d'y transporter sur-le-champ ceux qui étaient à Civita-Vecchia où leur présence avait un très mauvais effet. » (1) Le rétablissement d'une ancienne prison, c'était l'un des bienfaits suprêmes laissés par Napoléon au clergé italien qui, comme le clergé français, était ainsi récompensé de son dévouement à l'Église et à la Papauté. A ce moment, le bruit courut que Napoléon, se voyant dans la nécessité prochaine de traiter définitivement avec les alliés et craignant d'être réduit à restituer à Pie VII tout le patrimoine de saint Pierre, était disposé à faire quelques concessions sur les territoires qu'il avait spoliés. Pacca affirme qu'alors les cardinaux, réunis à Fontainebleau, conseillèrent énergiquement au Pape de repousser toute négociation et tout compromis. « Ce ne serait, dirent-ils, qu'à Rome, lorsqu'il s'y trouverait en pleine liberté et entouré du Sacré-Collège, qu'il pourrait accueillir les demandes qui lui seraient faites. » Cependant, l'Empereur n'hésita pas à essayer quelques ouvertures pacifiques. La marquise Anna de Brignole, dame d'honneur de Marie-Louise, se présenta un jour chez le cardinal Consalvi dont elle était connue. Elle dit au cardinal que le prince de Bénévent, après une longue conférence avec l'Empereur, l'avait chargée de se rendre à Fontainebleau pour lui faire savoir que si le Saint-Père consentait à se prêter à un accommodement, il aurait la faculté d'expédier auprès de Napoléon un négociateur muni de ses pouvoirs. Consalvi communiqua à Pie VII, puis à plusieurs de ses collègues, cette proposition faite par un messager aussi extraordinaire. La réponse fut que ni le temps ni le lieu n'étaient convenables pour négocier un nouveau traité. Napoléon ne se découragea pas.

(1) Archives nationales, AF^{IV} 1048.

Le 18 décembre 1813, le ministre des Cultes fit appeler M. de Beaumont, évêque de Plaisance nommé archevêque de Bourges, qui s'était signalé par son zèle impérialiste au Concile national. C'était de plus un gallican déterminé. Bigot de Préameneu lui proposa d'aller à Fontainebleau pour s'informer si Sa Sainteté était disposé à conclure une sorte de traité de paix avec l'Empire. Si Pie VII répondait favorablement, M. de Beaumont était autorisé à déclarer qu'il recevrait sur-le-champ les pouvoirs nécessaires pour s'entendre avec un délégué du Pape. Le 19 décembre, M. de Beaumont fit demander une audience pontificale par l'archevêque d'Édesse et Pie VII daigna la lui accorder immédiatement. Après lui avoir offert ses vœux pour la fête de Noël, le prélat lui témoigna sa douleur de le voir éloigné de Rome et de ses États, et ajouta qu'il n'était pas impossible de lever les obstacles qui s'opposaient à son retour. Pie VII répondit qu'il avait pesé devant Dieu les motifs de sa conduite et que rien ne pouvait changer ses sentiments. Il conclut en déclarant qu'il avait défendu aux cardinaux de lui parler d'aucune négociation. Puis, après quelques mots indifférents, il congédia M. de Beaumont (1) Ce fut alors que le commandant Lagorse, dont j'ai cité déjà plus d'un rapport bizarre, eut l'idée de se présenter comme le seul capable d'amener un accommodement. Il avait vu M. de Beaumont et il lui avait dit familièrement : « Vinssiez-vous offrir Rome et les États de l'Église, moins restreints qu'ils ne l'étaient avant le traité de Tolentino, je doute que des propositions aussi séduisantes tirassent le Pape de sa paisible et trop chère indolence? » Lagorse le considérait comme une sorte d'illuminé qui n'attendait son salut que d'un miracle. Suivant lui, Pie VII tenait beaucoup plus à conquérir la réputation d'un martyr que celle d'un grand prince, « parce qu'il lui était plus facile de faire des prières que des traités ». La meilleure tactique avec Pie VII était de faire répandre le bruit qu'on allait quitter Fontainebleau pour un

---

(1) *Mémoires du cardinal Pacca*, t. II, p. 230.

autre séjour. Alors, de peur de déranger ses habitudes et
« son oisive incapacité », le Pape se prêterait à un traité.
C'était, d'après Lagorse, le seul moyen « de rompre la glace
et de le faire sortir de sa léthargie ». Le ministre des Cultes
ne tint naturellement pas compte de telles divagations.

Le 2 janvier 1814, Pacca et Consalvi eurent un grave
entretien avec M. de Beaumont. Cet entretien faisait suite à
une conversation que les deux cardinaux avaient eue avec
l'ancien évêque de Plaisance, et où il avait été question de
l'intérêt pour la Papauté de se prêter à des arrangements
que les circonstances pourraient rendre avantageux. « Nous
avons communiqué, dirent Pacca et Consalvi à M. de Beaumont,
notre conversation avec vous. Elle a été méditée et
soumise à une longue et sérieuse délibération. Dans l'état
actuel des affaires de l'Europe, voici ce que nos lumières
et notre sagesse nous conseillent : Par les regrets que le
Bref de Savone et le Concordat de Fontainebleau ont causés
au Pape et par les résultats qu'ils ont produits, il est facile de
voir que des arrangements sur les affaires spirituelles ne seront
immuables et certains que lorsqu'ils seront déterminés dans un
état de parfaite indépendance. Le traité, que nous ferions
aujourd'hui, si avantageux qu'il fût, ne porterait pas ce caractère
et serait pour les autres puissances un prétexte à chicanes
et un véhicule aux prétentions. Il vaut mieux l'ajourner à une
époque plus favorable. L'Empereur sera alors satisfait de la
justice et de la modération de la Cour de Rome. Dans son
discours au Sénat il annonce la volonté de renoncer à une
partie de ses conquêtes. La restitution de Rome, que nous
avons toujours réclamée comme un acte de justice, et qui
pourrait être aujourd'hui considérée comme un acte de nécessité,
n'en serait pas moins, à nos yeux, un trait de magnificence
et de bonté. Nous la recevrons avec reconnaissance et
sans restrictions. En rentrant en Italie, fidèles à nos principes
de neutralité, nous nous déclarerions contre toute puissance
qui voudrait nous en éloigner, ou mettre des conditions à
notre souveraineté. Les négociations qui ont existé entre

M. de Champagny et le cardinal Caprara, mais plus encore la lettre de l'Empereur datée de Munich le 7 janvier de l'an 1806, sont une preuve des sacrifices que le Pape a faits à la neutralité. Père commun des fidèles, il ne se départira pas de son système et dans aucun cas. Peut-il négliger sa fille aînée, la France, si belle, si catholique, au profit d'une confédération composée de tant d'éléments hétérogènes? Par un décret qui serait un véritable titre de gloire, l'Empereur peut nous rendre Rome. Hommes d'État, nous n'entrevoyons que la paix de l'Europe. Prêtres, nous ne recherchons que la tranquillité de l'Église et nos cœurs adoptent sans peine des sentiments que notre état commande. »

A ces nobles déclarations, M. de Beaumont répondit par l'utilité qu'il y aurait d'entamer sans retard quelques négociations et de fixer certaines conditions préliminaires. Ainsi, il y avait lieu de s'occuper des sièges vacants et des besoins de l'Église. Il fallait compter avec les avantages que l'alliance de la France avait toujours offerts au Pape. Était-il impossible d'ailleurs que diverses puissances n'eussent des vues sur les États romains et ne cherchassent pas à profiter de la situation pour s'agrandir à leurs dépens?... La conversation finit par un échange d'observations courtoises et l'on se sépara sans rien conclure. Les alliés venaient de franchir le Rhin. Murat, après une défection honteuse, s'était emparé d'une partie des États romains. La situation s'aggravait d'heure en heure, et Napoléon, sans la dissimuler, écrivait au roi Joseph, le 7 janvier 1814, ces lignes qui en disaient assez : « La France est envahie. L'Europe est toute en armes contre la France, mais surtout contre moi. » Aussi va-t-il tenter une dernière démarche à Fontainebleau. M. de Beaumont s'apprêtait à partir pour Bourges, le 18 janvier, quand il reçut du duc de Bassano une lettre qui l'invitait à se rendre auprès de lui. Après une longue conférence, le ministre lui confia un projet de traité et la minute d'une lettre à écrire à Sa Sainteté. Le 19, M. de Beaumont se rendit au château de Fontainebleau. Le 20, il eut une audience de Pie VII. Il remit au Pape une lettre où il était dit que le roi de Naples, ayant conclu avec les alliés un traité dont l'un des objets était la réunion éventuelle de Rome à ses États, l'Empereur des Français jugeait conforme à la politique de son Empire de rendre les États romains à Sa Sainteté. M. de Beaumont se disait autorisé à signer un arrangement par lequel la paix serait rétablie entre le Pape et l'Empereur. « Votre Sainteté, déclarait-il, serait reconnue dans sa souveraineté temporelle, et les États romains, tels qu'ils ont été réunis à l'Empire français, seraient remis, ainsi que les forteresses, entre les mains de Votre Sainteté et de ses agents. » Ainsi, celui-là même qui avait pris les États pontificaux et enlevé le Pape, donné le nom de roi de Rome à son fils et voulu faire de Pie VII le premier de ses évêques en lui retirant sa capitale et son pouvoir temporel, se disait prêt à reconnaître sa souveraineté et à lui restituer ses États. Quelques années, quelques revers avaient suffi pour opérer une si extraordinaire conversion.

Voici le projet de traité que M. de Beaumont, jadis si empressé à réduire l'autorité et les prérogatives papales, s'estimait heureux de présenter au Saint-Père en remerciant la Providence de daigner se servir de lui pour procurer à Pie VII la consolation de retourner dans ses États et pour rendre à l'Église le grand bien d'être conduite par son chef suprême :

« ARTICLE PREMIER. — S. M. l'Empereur et Roi reconnaît Sa Sainteté le Pape Pie VII comme souverain temporel de Rome et des pays formant les ci-devant États romains et actuellement annexés à l'Empire français.

« ART. II. — En conséquence, S. M. l'Empereur et Roi fera remettre le plus tôt possible entre les mains de Sa Sainteté le Pape Pie VII, ou de ses agents, les pays et leurs forteresses.

« ART. III. — Il y aura paix perpétuelle et amitié entre Sa Majesté l'Empereur et Roi, ses héritiers et successeurs, et Sa Sainteté le Pape Pie VII et ses successeurs.

« ART. IV. — Toutes les transactions publiques et privées, les aliénations de biens et autres actes de même nature qui ont eu lieu dans les États romains en exécution des lois françaises, sont confirmés par le Pape Pie VII, comme s'ils avaient eu lieu sous son autorité.

« Art. V. — Les habitants des États romains qui, d'ici le délai d'un an, auront déclaré vouloir s'établir en France, en auront la faculté. Ils pourront également disposer, par vente ou autrement, de leurs immeubles, objets d'art, etc., ou continuer à en jouir dans lesdits États, sans être soumis à aucune imposition ou restriction auxquelles ne serait pas obligée l'universalité des citoyens.

« Art. VI. — La France continuera à jouir, dans les États du Pape, des églises, palais, hospices ou autres établissements et en général des biens, droits et prérogatives dont elle jouissait avant la réunion des États romains à l'Empire français. Elle sera, à cet égard, rétablie dans les mêmes droits qu'avant la réunion.

« Art. VII. — Le présent traité sera ratifié et les ratifications en seront échangées dans le délai de cinq jours, ou plus tôt si faire se peut. »

Donc, moyennant quelques concessions acceptables, la Papauté pouvait immédiatement rentrer dans ses droits. Mais Pie VII, qui reçoit avec bonté M. de Beaumont, lui dit qu'il ne peut se prêter à aucune négociation, parce que la restitution de ses États, étant un acte de justice, ne peut devenir l'objet d'aucun traité. D'ailleurs, tout ce qu'il ferait hors de ses États, semblerait l'effet de la violence et serait une occasion de scandale pour le monde catholique. Il ne demandait qu'à retourner à Rome le plus tôt possible; mais il était sûr que la Providence l'y conduirait elle-même. M. de Beaumont, à bout d'arguments, se permit de lui faire quelques observations sur la rigueur de la saison. Pie VII dit simplement qu'aucun obstacle ne l'arrêterait; puis il reprit gravement : « Il est possible que mes péchés me rendent indigne de revoir Rome, mais soyez sûr que mes successeurs recouvreront tous les États qui leur appartiennent! » Telles étaient l'humilité et la confiance du Saint-Père. Il n'avait jamais, au milieu des épreuves les plus terribles, désespéré de la Providence. Sa confiance allait être exaucée. Montrant jusqu'à la fin autant de générosité que de fermeté d'âme, il disait à M. de Beaumont, venu le 21 au matin solliciter sa bénédiction : « Assurez l'Empereur que je ne suis pas son ennemi. La Religion ne me le permettrait pas. J'aime la France, et lorsque je serai à Rome, on verra que je ferai tout ce qui sera convenable (1) ! »

Quelques heures après, l'Empereur mandait au duc de Rovigo : « Faites partir cette nuit (du 21 au 22 janvier), et avant cinq heures du matin, le Pape pour se rendre à Savone. Il aura dans sa voiture l'archevêque d'Edesse. L'adjudant du palais le mènera à Savone. Une autre voiture transportera les domestiques, en ayant soin de se tenir à une distance suffisante pour que le voyage soit déguisé. Les voitures passeront le Rhône au Pont Saint-Esprit et se dirigeront sur Savone par Nice, sous prétexte d'éviter les montagnes. L'adjudant du Palais dira qu'il le mène à Rome où il a l'ordre de le faire *arriver comme une bombe.* Arrivé à Savone, le Pape y sera traité comme précédemment. » (2) Quant aux cardinaux, le ministre de la Police devait se concerter avec le ministre des Cultes pour lui faire savoir où il serait nécessaire de placer chacun d'eux. La liste aussitôt arrêtée, il fallait prendre des mesures pour les faire partir de Fontainebleau, dans la nuit du 22 au 23, par des routes différentes. Ce n'était pas encore la mise en liberté du Pape et du Sacré-Collège; mais c'était, malgré des précautions pour la retarder, l'acheminement vers la délivrance. Napoléon voyait les alliés se rapprocher de Paris et menacer la capitale que son admirable stratégie ne pouvait sauver, et il craignait que le Pape ne fût soustrait à sa surveillance. Il aurait pu à cette heure, il aurait dû lui rendre une liberté immédiate. Mais son orgueil s'y oppose et le Pape sera forcé d'attendre le résultat des événements. Évidemment, si Napoléon triomphe, la lutte entre le Pape et l'Empereur recommencera avec une nouvelle violence. Si Napoléon est battu, Pie VII sera délivré de force. Mais

(1) *Mémoires du cardinal Pacca*, t. II, p. 233-234.
(2) *Lettres inédites*, t. II, p. 310.

27

l'Empereur nourrit encore l'espoir de vaincre et de contraindre les alliés à déposer les armes.

Le 22 janvier, deux voitures de poste arrivent de Paris. Elles s'arrêtent dans la cour du château de Fontainebleau. Le commandant Lagorse se rend aussitôt chez les cardinaux. Il s'adresse directement au cardinal Mattei et lui annonce une grande nouvelle : « J'ai reçu, dit-il, l'ordre de faire partir demain le Pape et de le ramener à Rome. » Les cardinaux se réjouissent d'une surprise aussi agréable ; mais Lagorse ajoute : « Pour vous, il n'y a rien de nouveau. Si vous aviez montré plus de prudence et plus de modération, toutes les affaires seraient terminées à la satisfaction des deux parties. » Mattei se borna à lui répondre que la conduite des cardinaux ne méritait pas de tels reproches ; puis Pacca courut annoncer la nouvelle au Saint-Père en lui conseillant de demander à être accompagné d'un cardinal au moins. Quelques moments après, Lagorse se présente chez Pie VII et lui notifie l'ordre du départ pour le lendemain. Il l'avertit qu'il aura dans sa voiture Mgr Bertazzoli. Lagorse le suivra avec le docteur Porta et deux camériers. Le lendemain matin, 23 janvier, le Pape, après sa messe, fit appeler tous les cardinaux et leur dit, avec une douceur presque souriante, ces paroles que son fidèle Pacca nous a conservées : « Sur le point d'être séparé de vous sans connaître le lieu de notre destination, sans savoir même si nous aurons la consolation de vous voir une seconde fois réunis autour de nous, nous avons voulu vous assembler ici pour vous manifester nos sentiments et nos intentions. Nous avons la ferme persuasion que votre conduite, soit que vous restiez réunis, soit que vous soyez de nouveau frappés de dispersion, sera conforme à votre dignité et à votre caractère. » Puis il leur recommanda de faire en sorte que, partout où ils seraient transportés, ils montrassent par leur attitude et leurs actes la juste douleur que leur causaient les maux de l'Église et la captivité de son chef. Il laissait d'ailleurs au cardinal doyen des instructions écrites de sa main qui leur serviraient de règle. Il les adjurait avec instance de fermer l'oreille à toute proposition relative à un traité quelconque sur les affaires spirituelles ou temporelles. Telle était son absolue volonté.

L'émotion des assistants était grande. Tous les cardinaux jurèrent à Pie VII fidélité et obéissance. Puis le Pape se rendit à la chapelle et, après une ardente prière, bénit les fidèles qui, dès la nouvelle de son départ, s'y étaient en toute hâte rassemblés. Il descendit ensuite dans la cour et monta dans une voiture avec Mgr Bertazzoli, donnant aux cardinaux, qui s'étaient agenouillés et pleuraient, une suprême bénédiction.

Au lendemain des héroïques efforts de Champaubert, de Montmirail, de Château-Thierry, de Vauchamps, de Nangis, de Montereau et d'Arcis-sur-Aube, derniers éclairs d'un feu qui avait ébloui le monde, c'est dans cette même cour que Napoléon, trois mois après les touchants adieux du Pape à ses cardinaux, fera lui-même ses adieux solennels aux soldats de sa vieille Garde et, ne pouvant les presser tous sur son cœur, donnera au drapeau qu'il avait tant de fois conduit à la victoire un embrassement qui a retenti dans la postérité. Dans ce même château où il a maintenu le Pape enfermé pendant dix-neuf mois et où il a cru avoir fait du Saint-Siège un instrument docile de son règne, il signera son abdication, cédant aux objurgations de ses maréchaux impatients d'en finir avec la guerre et avec lui... Comment l'historien méconnaîtrait-il les leçons qui se dégagent de ces prodigieux événements ? Comment ne verrait-il pas ici, à la lumière éclatante des faits, que le droit méconnu, vilipendé, foulé aux pieds, finit par se redresser et par se délivrer des étreintes de la force ? Qui aurait jamais cru qu'un Pontife, qui n'avait plus du souverain que le titre presque dérisoire, séquestré et dépouillé de tout, abandonné ou trahi, accablé sous le poids des plus écrasantes responsabilités, placé à toute heure entre ses devoirs inéluctables de Pape et les intérêts primordiaux de l'Église, faible jouet de la violence et de la perfidie, affaibli par la maladie et les inquiétudes, sortirait cependant vainqueur des mains d'un despote dont la France, dont l'Europe avaient subi les caprices et les volontés? Enfin, qui aurait cru que ce même despote, flatté, adulé, encensé à l'égal d'un dieu, se verrait l'objet des reniements, des trahisons, des apostasies les plus méprisables et entendrait ses propres courtisans le dénoncer ainsi aux Français : « Vous avez choisi pour chef un homme qui paraissait sur la scène du monde avec les caractères de la grandeur. Vous aviez mis en lui toutes vos espérances. Ces espérances ont été trompées. Sur les ruines de l'anarchie, il n'a fondé que le despotisme... Il ne croyait qu'à la force, et la force l'accable aujourd'hui ! » Écœuré par tant de lâchetés, blessé par tant d'outrages; délaissé par ceux qui, la veille encore, lui juraient fidélité et qui maintenant ne veulent plus sous ses ordres marcher une dernière fois à l'ennemi et lui crient : « Nous en avons assez ! », Napoléon songe à en finir avec une vie insupportable... Quel spectacle que celui de ce grand homme déprimé par le poison, le col découvert, la tête entre les deux mains, les coudes sur les genoux, répondant par des paroles incohérentes au duc de Bassano, au duc de Vicence, au duc de Tarente qui le contemplent avec stupeur! Mais bientôt il se reprend, se redresse et s'écrie : « Dieu ne l'a pas voulu... » et il signe le dernier traité par lequel lui, hier encore le maître de cent cinquante millions d'hommes, renonce à tout droit de souveraineté en France et en Europe pour accepter la petite principauté de l'île d'Elbe. C'est là qu'il consent à vivre, près de la Corse, son pays natal où il ne rentrera plus; près de l'Italie, l'une de ses plus glorieuses conquêtes où il a pris le grand nom de Rome pour le donner à son fils, qui le perdra par le même traité de Fontainebleau, pour devenir prince de Parme, de Plaisance et de Guastalla, en attendant que la pitié de François II cherche à en faire, sous le nom de duc de Reichstadt, un archiduc autrichien.

CHAPITRE IX

LE RETOUR A ROME

Les instructions écrites et données par le Pape au Sacré-Collège, en quittant Fontainebleau, étaient d'une clarté et d'une précision absolues. Pie VII enjoignait aux cardinaux de chercher à habiter le même lieu que lui et de vivre les uns près des autres. En cas de schisme, ils devraient éviter toute communication à propos des affaires religieuses avec les personnes qui auraient pris part à ce schisme. S'ils se trouvaient dans quelque diocèse où un évêque non institué exerçait la juridiction épiscopale, ils devaient ne pas assister aux offices et fuir toute occasion où leur présence pourrait être un sujet de scandale pour les fidèles. Il leur était également ordonné de n'assister à aucune cérémonie en l'honneur « du prétendu roi de Rome »; d'éviter tout acte qui parût être une reconnaissance ouverte ou tacite de la soi-disant souveraineté de l'Empereur et de ses successeurs sur les domaines de l'Église; de n'accepter, sans la permission du Pape, aucuns emplois, titres, décorations, dignités ou prébendes; de n'assister à aucun acte de réjouissance, comme le *Te Deum* ou autre cérémonie semblable; enfin de ne point figurer aux cercles, fêtes et réunions de la Cour et de refuser toute indemnité ou toute pension de l'Empereur.

Le 26 janvier 1814, un officier de gendarmerie vint prévenir les seize cardinaux qu'ils devraient quitter Fontainebleau dans quatre jours, sans escorte. Les cardinaux Mattei, Dugnani et Della Somaglia partirent les premiers. Le 27, le cardinal Pacca sortit de la ville, avec son camérier et un maréchal des logis, pour se rendre à Uzès. Le sous-officier de gendarmerie avait ordre d'inviter le sous-préfet d'Uzès à tenir ce cardinal sous la plus étroite surveillance. Le fonctionnaire était chargé de découvrir, au moyen des gens de service et de ses agents, quels étaient les discours et la conduite du cardinal, les personnes qu'il fréquentait. Défense lui serait faite d'officier en public, et de fréquenter les prêtres du diocèse. Le duc de Rovigo, qui avait donné ces ordres, engageait le sous-préfet à prévenir Pacca que le moindre motif de plainte pouvait lui faire perdre entièrement la liberté. D'autre part, le ministre de la Police osait écrire au cardinal Pacca : « J'ai prévenu les autorités d'Uzès de votre arrivée et je suis persuadé qu'elles s'empresseront de concourir à tout ce qui pourra vous en rendre le séjour agréable. » Enfin, chaque cardinal, avant de quitter Fontainebleau, avait reçu du ministre des Cultes la lettre suivante, qui était bien faite pour leur enlever tout espoir de recours auprès de lui : « J'ai l'honneur de vous prévenir que S. Exc. le ministre de la Police générale est chargé de vous notifier des ordres dont l'exécution ne peut être différée. Je ne pourrai recevoir aucune réclamation; dès lors, il serait inutile de demander un délai pour réclamer auprès de moi. Vous donnerez par votre soumission une nouvelle preuve de votre respect pour les ordres de Votre Souverain. » C'était par cette rigoureuse lettre d'exil que Bigot de Préameneu terminait sa correspondance avec les cardinaux.

Vers la fin de février, le Pape était arrivé à Savone où il avait été reçu avec empressement par le marquis de Brignole, nouveau préfet de Montenotte, qui, lui, ne traitait pas Pie VII en prisonnier, comme l'avait si rudement fait le comte de Chabrol. Le Saint-Père, à son retour, avait traversé les villes de Limoges, Brive, Montauban, Carcassonne et Montpellier au milieu d'ovations touchantes. Le commandant Lagorse, qui prévoyait maintenant la chute immédiate de l'Empire, avait témoigné les plus grands égards au Pape et avait même sollicité sa bénédiction pour les membres de sa famille. A Beaucaire, les acclamations en faveur de Pie VII et les démonstrations de vénération et d'allégresse furent si grandes que Lagorse dit avec colère aux manifestants : « Hé! que feriez-vous donc si l'Empereur venait ici? » Et ceux-ci de répondre en lui montrant le Rhône : « Nous le ferions boire (1) ! »

La conduite de Murat préoccupait Napoléon. Il le considérait justement comme un traître, et cependant, sur ses propres instances, il ne se refusait pas à se servir de lui. « Envoyez, disait-il à Eugène le 12 mars, un agent auprès de ce traître extraordinaire et faites avec lui un traité en mon nom. Ne touchez pas au Piémont ni à Gênes, et partagez le reste de l'Italie en deux royaumes. Que ce traité reste secret jusqu'à ce qu'on ait chassé les Autrichiens du pays et que, vingt-quatre heures après sa signature, le roi se déclare et tombe sur les Autrichiens. Vous pouvez tout faire dans ce sens; rien ne doit être épargné dans la situation actuelle pour ajouter à nos efforts les efforts des Napolitains. On fera ensuite ce qu'on voudra, car, après une telle ingratitude et dans de telles circonstances, rien ne lie. Voulant l'embarrasser, j'ai donné ordre que le Pape fût envoyé, par Plaisance et Parme, aux avant-postes. J'ai fait savoir au Pape que, ayant demandé comme évêque de Rome, à retourner dans son diocèse, je le lui ai permis. Ayez donc soin de ne vous engager à rien relativement au Pape, soit à le reconnaître, soit à ne pas le reconnaître (2). » Nous allons savoir ce qui avait réellement déterminé Napoléon à laisser Pie VII retourner à Rome. Les plénipotentiaires des puissances alliées, après l'échec des négociations du Congrès de Châtillon, avaient remis au duc de Vicence, le 19 mars 1814, une note par laquelle ils disaient qu'en insistant sur l'indépendance de l'Italie les cours alliées avaient l'intention de replacer le Saint-Père à Rome. Ils priaient en outre le gouvernement français de mettre à même le Saint-Père de pourvoir, par une entière indépendance, aux besoins de l'Église catholique. Les alliés faisaient valoir, au sujet de cet

(1) *Mémoires du cardinal Pacca*, t. II, p. 269.
(2) *Lettres inédites*, t. II, p. 318.

acte nécessaire de réparation, des raisons de justice, d'humanité et d'équité générales. L'Empereur, qui en fut averti par ses agents, résolut alors de devancer le vœu du Congrès et fit prescrire au commandant Lagorse de conduire en toute hâte Pie VII à Parme, ville où il le remettrait aux avant-postes napolitains. Lagorse devait dire au Pape que sur la demande faite par lui de retourner à son siège, Napoléon y avait consenti. L'Empereur cédait tout à coup à une inéluctable nécessité, et il le faisait sans mentionner, ainsi qu'il osa l'affirmer à Eugène, que le Pape avait demandé à s'en retourner comme simple évêque de Rome. Pie VII allait donc rentrer dans sa capitale en qualité de Souverain Pontife, de même qu'il en était sorti près de cinq ans auparavant. Il aurait pu quitter Savone le 17 mars; il préféra ne partir que le 19, après avoir célébré dans l'église métropolitaine la fête de Notre-Dame de la Délivrance, patronne de la ville. Le 23, Pie VII arrivait à Firenzuola occupée par les troupes de Murat et de François II. Là, il était libre. Il voulut cependant aller passer quelque temps dans sa ville natale de Cézène et dans son ancien évêché d'Imola.

J'ai dit quels furent les derniers jours de la vie militaire et politique de Napoléon en 1814. Après une lutte héroïque où il disputa pied à pied le sol de la France, c'est sous les menaces violentes de quelques misérables et aux cris de « Vivent les alliés! » poussés par une foule oublieuse et brutale, qu'il prit le chemin de Porto-Ferrajo en se disant pour toute consolation : « J'écrirai l'histoire de ce que nous avons fait. Il y a encore là des raisons de vivre. »

Le gouvernement provisoire, si habilement formé par Talleyrand, parut ignorer la mise en liberté de Pie VII et publia, le 2 avril, un arrêté par lequel, déplorant les outrages que Napoléon Bonaparte faisait subir à Sa Sainteté, il ordonnait que tout retard à son voyage cessât à l'instant même et qu'on lui rendit sur sa route les honneurs qui lui étaient dus. Cet arrêté était signé par les membres du gouvernement provisoire et par son président, M. de Talleyrand, lequel l'avait scellé de ses armes de prince de Bénévent, oubliant qu'il avait pris part à la spoliation des États pontificaux et que ce titre était une usurpation faite sur le domaine du Saint-Siège. A Césène, le Pape accorda une audience au roi Murat qui fit semblant de ne point savoir où il se rendait. « Mais nous allons à Rome, dit Pie VII; pouvez-vous l'ignorer? Il semble que rien n'est plus naturel. — Comment Votre Sainteté se détermine-t-elle à y aller, malgré les Romains? — Nous ne vous comprenons pas. Que voulez-vous dire? » Alors le roi de Naples présenta au Pape un mémoire des principaux seigneurs et des riches particuliers de Rome qui priaient le roi d'obtenir des alliés qu'ils ne fussent à l'avenir gouvernés que par un prince séculier. Pie VII prit le mémoire, le jeta dans une cheminée où brûlait un grand feu, et lorsqu'il fut consumé, dit avec calme : « Actuellement, n'est-ce pas, rien ne s'oppose plus à ce que nous allions à Rome? » Puis sans humeur, sans colère, il congédia le roi de Naples, ce même roi qui, en 1809, avait envoyé des troupes pour contribuer à son enlèvement et qui, en ce moment, n'osait plus mettre obstacle à son retour en ses États. Le 11 avril, le Pape reçut de Lucien Bonaparte une lettre très touchante, où celui-ci le félicitait de son heureuse et tardive délivrance, et disait entre autres : « Quoique persécuté injustement par l'Empereur Napoléon, le coup du Ciel qui vient de le frapper ne peut m'être indifférent. Voici depuis dix ans le seul moment où je me sens encore son frère. Je lui pardonne et je le plains. » Lucien faisait des vœux pour que Napoléon se réconciliât avec l'Église et avec celui qu'il appelait « le Père des Miséricordes » (1).

Le 12 mai, Pie VII retrouva son fidèle Pacca à Sinigaglia, puis se rendit à Ancône où il fut reçu avec enthousiasme. En route pour Osimo et Lorette, il donna des ordres pour que Madame Mère, qui sollicitait un asile à Rome, y fût bien accueillie. Quant au cardinal Fesch qui réclamait la même faveur : « Qu'il vienne, dit-il, qu'il vienne! Nous voyons

---

(1) Artaud, *Vie de Pie VII*, t. II, ch. xxvi.

encore ses grands vicaires accourus à Grenoble au-devant de nous. Pie VII ne peut oublier le courage avec lequel on a prêté le serment prescrit par Pie IV (1). » Vers la même date, le cardinal Consalvi recevait une lettre du prince de Talleyrand, écrite en sa qualité de ministre des Affaires étrangères, et qui se terminait par ces mots : « Il m'est doux de reprendre, dans un moment devenu plus heureux, une ancienne correspondance avec Votre Éminence. » Cette correspondance, qui datait du Consulat, n'avait pas toujours été fort tendre, et le prince paraissait oublier encore que, plus d'une fois sur les ordres de Bonaparte, il avait traité le Pape et son ministre avec une arrogance et une hauteur étranges. Mais en diplomatie, n'est-ce pas un art que de savoir oublier?

Un peu avant d'entrer dans la Cité sainte, Pie VII rencontra le roi et la reine d'Espagne, la reine d'Étrurie et l'infant don Ludovico qui, chassés de leurs États, venaient lui rendre hommage. Le cardinal Mattei et le cardinal Pacca étaient montés dans le carrosse du Pape qui fut arrêté sous les murs de Rome par vingt-deux orphelins vêtus de toges blanches et quarante-cinq jeunes filles du Conservatoire de la Providence tenant en main des palmes d'or et chantant l'*Hosannah*. C'est entouré de ces enfants, traîné dans son carrosse par de jeunes Romains qui avaient détaché les chevaux; c'est au milieu des cris de joie, d'ovations sans fin et des applaudissements d'un peuple en délire; précédé par les prélats et les seigneurs séculiers qui formaient le gouvernement provisoire, que Pie VII alla du pont Milvio à Saint-Pierre, passant par la porte du Peuple, tandis que les troupes qui formaient la haie étaient commandées par le général Pignatelli-Cerchiara, le même qui avait commandé les troupes postées au Château-Saint-Ange et aux ponts du Tibre, dans la funeste journée du 5 juillet 1809. « Partout où passait la voiture qui portait le Saint-Père, dit Pacca, on voyait une multitude de personnes dont les larmes de joie étouffaient les paroles et qui s'effor-

(1) ARTAUD, *Vie de Pie VII*, t. II, ch. XXVI.

çaient en vain de mêler leurs vœux aux acclamations dont Rome retentissait. Mais leurs gestes et leurs regards étaient bien plus éloquents que n'auraient pu être leurs paroles (1). »

Comment dépeindre l'émotion de Pie VII quand il entra dans la basilique de Saint-Pierre et alla s'agenouiller devant le tombeau des Apôtres et devant la statue de Pie VI, son vénérable et infortuné prédécesseur? Au-dessus du Pontife en prière la promesse du Christ *Tu es Petrus*..., tracée en grandes lettres d'or sur la frise de la coupole de Michel-Ange, s'était une fois de plus réalisée.

Pendant que l'Empereur parcourait impatiemment, d'un pied habitué à fouler le sol de l'Europe, les quelques milliers de mètres qui formaient à l'île d'Elbe sa petite principauté, le Pape rétablissait peu à peu son autorité dans les pays autrefois occupés par le roi Murat, sans pouvoir toutefois ressaisir les Légations que les Autrichiens gardaient maintenant, après en avoir écarté le prince Eugène. Dès le 23 juin 1814, le cardinal Consalvi, qui avait repris ses fonctions de Secrétaire d'État, adressait aux différentes puissances les légitimes réclamations du Saint-Siège. Il savait qu'un Congrès allait prochainement se réunir à Vienne pour rendre aux princes spoliés l'héritage de leurs ancêtres et il réclamait, au nom du Pape, les provinces et les propriétés arrachées à l'Église et qui ne lui avaient pas encore été restituées. Le cardinal Consalvi rappelait que le Saint-Père, en 1806, avait refusé à Napoléon de s'unir exclusivement avec lui, de sortir de la neutralité et d'exclure de ses frontières et de ses ports les nations qui refuseraient d'obéir aux lois impériales. Malgré les menaces et les violences de l'Empereur, Pie VII n'avait pas hésité à rejeter ces propositions contraires aux liens de l'amitié qu'il voulait conserver avec les autres puissances : « Traîné de prison en prison, condamné aux privations les plus cruelles et aux traitements les plus indignes, sans pou-

(1) *Mémoires du cardinal Pacca*, t. II, p. 338.

voir en prévoir le terme, le dévouement du Saint-Père à ses principes est toujours resté le même... Éloigné par sa réclusion des événements politiques, le Saint-Père ne doutait pas que l'instant de son retour dans les États ne serait aussi, d'après ses droits, celui de sa rentrée dans la jouissance plénière de tous les domaines du Saint-Siège... Or, c'est avec une surprise égale à sa douleur que Sa Sainteté avait vu que les provinces connues sous le nom des trois Légations, et qui depuis longtemps formaient la plus belle partie de ses États, n'étaient point encore du nombre de celles qui lui avaient été remises. » Aussi, Consalvi protestait-il énergiquement en son nom, faisant valoir la légitimité indiscutable des droits de la Papauté sur tout ce qui formait jadis l'État pontifical et la nécessité d'arranger les affaires de l'Europe d'après le bon droit, sans oublier Bénévent et Ponte-Corvo. « Sa Sainteté, ajoutait Consalvi, ayant eu connaissance du traité de Fontainebleau du 11 avril 1814, tenait à protester contre toute nouvelle dynastie qui voudrait établir des prétentions sur ces domaines de l'Église. » Pie VII ne réclamait pas ces possessions par esprit de domination, mais comme administrateur du patrimoine de Saint-Pierre, tant pour soutenir sa dignité avec décence que pour subvenir aux immenses dépenses nécessitées par les besoins des fidèles et le bien de la religion (1).

Le cardinal Consalvi paraissait d'autant mieux fondé à élever ces réclamations que les instructions de M. de Talleyrand à M. Cortois de Pressigny, notre ambassadeur à Rome, rappelaient, en les déplorant, les actes qui avaient troublé le pontificat de Pie VII. Le ministre des Affaires étrangères constatait que les orages de l'Église avaient commencé sous son prédécesseur. Pie VI avait été contraint à consentir au traité de Tolentino qui le dépouillait de sa souveraineté, et ce même Pie VI, enlevé par le Directoire, était mort en exil. (Talleyrand en devait savoir quelque chose.) Le Pape actuel

---

(1) Artaud, t. II, ch. xxvii.

avait, dans ses démarches envers Bonaparte, montré un caractère de timidité qui faisait comprendre combien était déplorable la situation du souverain de Rome. Talleyrand s'était plu à rappeler que Bonaparte, en s'élevant au Consulat, avait fait servir l'autorité du Pape à l'affermissement de son pouvoir et avait obtenu un Concordat en faisant craindre que l'affaiblissement du culte et les maux de l'Église ne devinssent irréparables. Il disait que le même Bonaparte, en échange de quelques libertés religieuses, avait forcé le Pape à lui prêter appui et à imposer des prières aux fidèles et des serments aux évêques pour le maintien de son autorité. Abusant de ces concessions, Bonaparte avait relégué dans des Articles organiques, et sans la participation du Saint-Siège, les actes qu'il n'avait pu faire insérer dans le Concordat. Il était enfin parvenu à amener le Pape de Rome à Paris pour la cérémonie du Sacre. Les lignes qui suivent, méritent d'être remarquées, quand on pense qu'elles viennent d'un ministre qui avait conseillé la destruction des Bourbons, prêté serment à l'Empereur et accablé le nouveau monarque de ses adulations. « En se faisant proclamer Empereur, Napoléon Bonaparte relevait à son insu, et par les secrètes vues de la Providence, le trône qu'il devait rendre un jour à la Maison royale. Sous ce titre d'Empereur jusqu'alors inconnu en France, il restait placé hors de la ligne de nos Rois, même en saisissant leur autorité, et l'on reconnut moins le souverain que le général dans le rang auquel il s'élevait, et qui redevenait pour lui le premier grade de l'autorité militaire. Dès ce moment, en effet, il ne se conduisit plus envers le Saint-Siège que comme le chef d'une armée. » Les instructions ministérielles rappelaient ensuite les actes violents de l'Empereur, l'occupation d'Ancône, ses prétentions à la suzeraineté de Rome, la destruction du pouvoir temporel et l'usurpation du patrimoine de Saint-Pierre. « Napoléon parvint à arracher à l'auguste captif une convention qui devait servir de base à un arrangement définitif, mais la date et le lieu de ce contrat le frappaient de nullité... Une seconde année de revers porta Napoléon à revenir au Saint-Père; trompé par l'abus de la force, il essayait encore d'autres voies. Les persécutions prirent un terme et il fut permis à Sa Sainteté de se mettre en chemin pour rentrer dans ses États; mais cette tardive expiation fut sans fruit pour son auteur. La Providence ménageait le rétablissement du Pape par d'autres voies et remettait le sceptre de France aux mains de ses anciens souverains. »

Les instructions données à M. Cortois de Pressigny portaient encore que l'invasion des États du Pape en 1797 étant l'origine de toutes les violences qui lui furent faites par la suite, tout depuis cette époque était à revoir et à réparer. « La revision du Concordat et de tous les actes depuis 1797 est attendue de l'Église gallicane; tous les évêques, les anciens, les nouveaux, ceux de toutes les dates la réclament... Il convient que ce retour aux principes soit immédiat et qu'il ne reste en vigueur aucun acte, aucune formule qui retarde et contrarie la cérémonie du Sacre dans la métropole de Reims. » Il ne devait pas plus y avoir de Sacre à Reims que de Concordat nouveau.

Le 26 septembre 1814, Pie VII réunit auprès de lui tous les cardinaux en consistoire et leur adressa un discours émouvant. « Il a brillé enfin, dit-il, le jour si désiré où il nous est donné de jouir de nouveau de votre présence. La première fois que nous sommes entré dans cette Ville sacrée, nous avons été saisi d'un tel sentiment d'amour et de joie qu'à peine nous avons pu retenir nos larmes. Ils sont donc passés, les temps acerbes de nos calamités! Après de si terribles coups, de retour sur le Siège apostolique, nous avons repris avec sérénité et dignité le gouvernail de l'Église. Vous, jetés çà et là, vous qui avez souffert toutes les douleurs, vous voilà rattachés à nos côtés, prêts à nous aider librement et intrépidement de votre œuvre et de votre conseil. » Pie VII fit un récit attendrissant des marques de tendresse, d'amour et de générosité que les provinces de l'Italie et de la France lui avaient spontanément témoignées. Il remerciait Dieu qui, au milieu des privations et de l'exil, l'avait tant consolé et amené la chute de l'homme le plus puissant de la terre (1).

Pie VII attendait de Louis XVIII une politique pratique et sage. Il fut assez surpris de voir son ambassadeur, l'ancien évêque de Saint-Malo, Cortois de Pressigny, demander des modifications au Concordat de 1801, telles que le rétablissement de tous les archevêchés et évêchés existant en 1789, sauf à prononcer ensuite la suppression de ceux dont la conservation ne serait pas jugée nécessaire. La Curie romaine répondit que le Saint-Siège ne se prêterait pas à une opération qu'il aurait à modifier après coup. « Son caractère connu, disait Cortois de Pressigny en parlant du Pape, sa fermeté qui a résisté à de longues persécutions ne laissent pas espérer de le faire revenir sur une opinion qu'il paraît avoir longtemps méditée. Il a d'ailleurs voulu le Concordat et, quels que soient aujourd'hui ses sentiments sur cet acte en lui-même, on ne peut s'attendre qu'il consente à le révoquer d'une manière directe et par une bulle qui serait regardée dans le monde entier comme un acte de résipiscence. » Le cabinet des Tuileries insista. Pie VII hésita. Il ne voulait pas se prêter à des modifications qui devaient détruire par le fait une partie de son propre ouvrage. Tout ce qu'il semblait admettre alors, c'était de rétablir les sièges dont on n'avait conservé que le titre en 1801, et non pas les 18 archevêchés et les 121 évêchés qui existaient avant la Révolution. Cortois de Pressigny écrivit le 11 février 1815 à Talleyrand, redevenu ministre des Affaires étrangères : « Il est plus que temps que le Pape prenne enfin une décision qui puisse convenir au Roi. S'il ne se détermine pas promptement, il pourra être exposé à un appel comme d'abus, plus fâcheux que ceux qui étaient autrefois si redoutés à Rome. Il n'y a plus de Parlements en France ; mais les maximes et la doctrine de Dumoulin, de Fréret, de Pithou y ont des partisans plus fâcheux pour les prétentions de ce pays-ci que ne l'étaient les magistrats élevés par Rollin dans le

---

(1) ARTAUD, t. II, ch. XXVIII.

respect pour la religion et pour les vraies prérogatives du
chef de l'Église. C'est à quoi ne pensent pas assez ceux
qui donnent des conseils au Pape (1). » Quelques jours
après, le même ambassadeur disait du cardinal Pacca et
cela sur un ton impérieux, fait pour surprendre : « Le
cardinal m'a paru hier moins bien disposé; mais qu'ils y
soient disposés ou qu'ils ne le soient pas, il faudra bien qu'ils
veuillent ce qui est de leur intérêt de vouloir, même aux
dépens de leur amour-propre. » Le comte Jaucourt, chargé
par intérim des Affaires étrangères, invite, le 27 février, Cortois de Pressigny à terminer cette négociation avant l'époque
du couronnement de Louis XVIII et l'ouverture des Chambres.
L'ambassadeur répond que le Pape et son entourage ont des
préjugés d'éducation et d'habitudes diamétralement opposés
aux prétentions des évêques non démissionnaires. Les relations, à peine rétablies entre Rome et Paris, semblent déjà
prendre une tournure fâcheuse. Mais Pie VII, qui ne s'émeut
pas plus des prétentions de Louis XVIII qu'il ne s'était ému
de celles de Napoléon, s'occupe diligemment de son petit
royaume, récompense les sujets fidèles, pardonne aux révoltés,
cherche à embellir Rome et à satisfaire aux divers besoins du
peuple, envoie des missionnaires dans le monde entier, crée
des couvents de Sœurs hospitalières et des œuvres de charité,
fait présager en somme une ère nouvelle de paix et de prospérité, et réclame au Congrès de Vienne la réparation des spoliations dont le Saint-Siège a été victime, lorsque le 1ᵉʳ mars
il apprend le départ de Napoléon de l'île d'Elbe. Rome est
consternée. Chacun s'attend à de nouveaux malheurs. Le roi
Murat demande à passer par les États pontificaux avec un
corps de douze mille hommes. Pie VII refuse et sort de la Ville
Sainte en laissant derrière lui une junte d'État composée du
cardinal Della Somaglia et des prélats Riganti, San Severino,
Falsacappa, Ercolani, Giustiniani et Rivarola. Il se dirige sur
Gènes et sa première parole, quand il revoit Cortois de Pres-

---

(1) Archives des Affaires étrangères, vol. 946.

signy qui l'a suivi, est celle-ci « Seigneur ambassadeur, n'en doutez pas! Ceci durera trois mois! »

Mais la pensée immédiate de Napoléon, en rentrant aux Tuileries, est de se remettre en relations avec Pie VII, espérant que si le chef de l'Église reconnait son pouvoir, aucune puissance n'hésitera à en faire autant. Donc, le 4 avril 1815, il fait écrire par le duc de Vicence, son nouveau ministre des Affaires étrangères, une lettre très habile au cardinal Pacca. Le ministre disait que, les espérances de la France ayant été trompées, elle avait invoqué pour libérateur celui de qui seul elle pouvait attendre la garantie de ses libertés et de son indépendance. L'Empereur avait paru, le trône royal était tombé, et c'était « sur les bras de ses peuples que Napoléon avait traversé la France depuis la pointe de la côte où il avait touché le sol jusqu'au milieu de sa capitale ». Toutes les passions généreuses, toutes les pensées libérales s'étaient ralliées autour de lui dans une solennelle unanimité. Caulaincourt se félicitait d'avoir été chargé d'annoncer cet événement au cardinal Pacca. Il déclarait que l'Empereur ne formait plus qu'un désir, c'était de répondre à l'affection du peuple français, « non plus par des trophées d'une infructueuse grandeur, mais par tous les avantages d'un honorable repos, par tous les bienfaits d'une heureuse tranquillité ». Disposé à respecter les droits des autres nations, Sa Majesté avait la douce confiance « que ceux de la nation française étaient au-dessus de toute atteinte (1) ». Cette missive était suivie d'une lettre de Napoléon à Pie VII, portant la même date du 4 avril. Elle commençait ainsi :

« Très Saint-Père,

« Vous avez appris, dans le cours du mois dernier, mon retour sur les côtes de France, mon entrée à Paris et le départ de la famille des Bourbons. La véritable nature de ces événements doit être maintenant connue de Votre Sainteté. Ils

(1) Affaires étrangères, vol. 946.

sont l'ouvrage d'une puissance irrésistible : l'ouvrage de la volonté unanime d'une grande nation qui connaît ses devoirs et ses droits. La dynastie que la force avait rendue au peuple français n'était plus faite pour lui. Les Bourbons n'ont voulu s'associer ni à ses sentiments, ni à ses mœurs. La France a dû se séparer d'eux; sa voix appelait un libérateur. » Aussi Napoléon était-il venu, mais avec la pensée de rendre son gouvernement utile à l'affermissement de la France et de l'Europe. « Assez de gloire, disait-il, a illustré tour à tour les drapeaux des diverses nations. Les vicissitudes du sort ont assez fait succéder de grands revers à de grands succès. Une plus belle arène est aujourd'hui ouverte aux souverains, et je suis le premier à y descendre. Après avoir présenté au monde le spectacle de grands combats, il sera plus doux de ne connaître d'autre rivalité que celle des avantages de la paix, d'autre lutte que la lutte sainte de la félicité des peuples. » La France n'avait donc d'autre désir que de proclamer son indépendance et de respecter celle des autres nations. « Si tels sont, ajoutait-il, comme j'en ai l'heureuse confiance, les sentiments personnels de Votre Béatitude, le calme général est assuré pour longtemps, et la Justice, assise aux confins des divers États, suffira seule pour en garder les frontières. » La Cour romaine ne répondit rien à ces communications pacifiques. Cependant, Napoléon qui s'était fait remettre, dès son retour, toutes les pièces relatives aux affaires entre le Quirinal et le gouvernement de Louis XVIII, ne désespérait pas encore d'un accommodement.

Le cardinal Fesch, qui avait été accrédité à nouveau comme ambassadeur auprès du Pape, devait insister pour obtenir l'institution canonique des évêques nommés avant le départ de Fontainebleau. Le 8 avril, un crédit de 200,000 francs lui avait été ouvert chez les banquiers Perregaux et Laffitte. Fesch avait reçu des instructions de Caulaincourt qui lui avaient été dictées par Napoléon, et où il était dit entre autres : « L'Empereur n'a plus aucune vue sur le temporel de Rome. Dès lors, il n'y a plus aucun sujet de discussion entre Sa Majesté et cette

Cour. Quant au spirituel, Sa Majesté s'en tient à la Bulle de Savone. Vous savez mieux que personne l'importance que le clergé français attache à cette Bulle. Pour le moment, l'Empereur veut s'abstenir de s'occuper d'affaires ecclésiastiques. Il a cependant à cœur que le Saint-Père donne l'institution canonique aux évêques qu'il avait nommés avant son départ; Votre Éminence doit en avoir la liste. Le désir de l'Empereur est d'écarter toutes les difficultés que des démarches mal conçues pourraient faire naître. Il veut bien vivre avec la Cour de Rome; mais, en même temps, il doit mettre du prix à ne point contrarier les justes prétentions du roi de Naples. Votre Éminence sait combien le concours de ce prince est utile à Sa Majesté. Elle emploiera tous ses soins à concilier ce double intérêt. Vous pouvez assurer le Pape de ces bons sentiments de l'Empereur, et l'engager à retourner à Rome, si toutefois le roi de Naples n'y trouve pas d'inconvénient. Sa Majesté a vu avec plaisir, par les correspondances qu'a laissées le comte de Lille, que le Saint-Père n'a point cédé sur les principes du Concordat et qu'il s'est refusé à reconnaître les évêques émigrés. »

La restriction relative à Murat était de nature à blesser singulièrement la Cour romaine. Et ce n'était pas tout. Le ministre des Affaires étrangères, au nom de son maître, se plaignait que Rome eût affiché en 1814 des prétentions contraires aux doctrines de 1682, et regrettait qu'elle se fût servie de l'abbé d'Astros que la prudence de Napoléon avait dû éloigner de Paris. Et Caulaincourt ajoutait : « On doit sentir qu'une telle manière d'agir ne peut pas plaire à l'Empereur. En général, les prêtres se sont mal conduits en France; le peuple est irrité contre eux. Le clergé a ainsi besoin de la protection de l'Empereur. Dans de telles circonstances, il est essentiel que le Pape marche franchement dans la ligne des principes de l'Église gallicane (1). » De telles déclarations étaient en désaccord avec l'affirmation portée plus haut, et par

---

(1) Affaires étrangères de Rome. Correspondance, vol. 946.

laquelle Napoléon disait vouloir s'abstenir de s'occuper d'affaires ecclésiastiques. Ces exigences surprenantes et les ménagements envers Murat, dont les troupes avaient forcé le Saint-Siège à quitter Rome, n'étaient guère de nature à concilier au gouvernement français le Pape réfugié à Gênes.

On sait que Murat, abandonné à la fin de 1813 par Napoléon qui lui préférait Eugène, avait rompu avec l'Empereur et, croyant à l'avenir d'une Italie indépendante, avait signé le 11 janvier 1814 avec le général de Neipperg, le même qui devait « monter au nid de l'aigle », un traité d'alliance qui lui assurait, de la part de l'Autriche et de l'Angleterre, l'intégrité de ses États, plus les Marches pontificales et la ville d'Ancône. Il servit la cause des alliés; mais après la première abdication, il eut de la peine à conserver son royaume que menaçait la cauteleuse diplomatie du Congrès de Vienne (1). Toujours hanté de l'idée d'assurer l'indépendance de l'Italie, de Naples à Rome et de Rome à Milan, Murat rêvait d'en faire un royaume constitutionnel sous sa protection. Au retour de Napoléon, il fut très gêné et, après avoir promis aux alliés de ne point déserter leur cause, il invita les Italiens à se proclamer indépendants et marcha contre les Autrichiens. Il les battit à Césène et entra triomphant à Bologne. Mais, après des prodiges de valeur, il fut forcé de se replier sur Florence, puis sur Césène et Rimini, puis sur Tolentino où, malgré une résistance admirable, il fut vaincu. On sait que, rentré à Naples dans la nuit du 19 au 20 mai, il n'eut que le temps de s'enfuir. Le 27, il était à Cannes et offrait son épée à Napoléon qui la

---

(1) Dans son étude sur le Congrès de Vienne (voir *Mémoires de Metternich*, t. II, p. 474), Gentz avoue cyniquement que « le véritable but du Congrès était le partage entre les vainqueurs des dépouilles du vaincu » et fait allusion à un article secret d'un arrangement entre Murat, Castlereagh et Metternich, par lequel il avait été stipulé en faveur du roi de Naples un accroissement de territoire montant à 400,000 âmes de population *à prendre sur les possessions du Pape*. En vertu de cette stipulation le roi de Naples, après avoir rendu au Pape tout le reste de ses États, continuait à occuper les Marches. Au moment du Congrès, Pie-VII, soutenu par les Bourbons, déclara à Murat qu'il ne pouvait le reconnaître comme roi avant d'être instruit de l'intention des autres puissances. Castlereagh et Metternich, embarrassés de leur rôle, attendirent les événements pour se prononcer contre Murat.

repoussa. Quelques mois après il rentrait au Pizzo et, le 13 octobre, il était fusillé sur les ordres de l'implacable Ferdinand IV. Ses rêves chimériques l'avaient perdu (1).

Malgré les supplications de Murat qui, au mois d'avril, avait engagé le Pape à rentrer à Rome, celui-ci s'y était refusé, redoutant d'être la dupe de quelque nouvelle intrigue. Le cardinal Fesch n'avait pu se rendre à Gênes, de crainte d'être capturé par la flotte anglaise, et il n'avait d'ailleurs témoigné aucun empressement pour s'acquitter d'une mission difficile et délicate entre toutes. Mais Napoléon, qui tenait particulièrement à une réconciliation éclatante entre Rome et l'Empire, avait voulu tout employer pour amener Pie VII à une entente, utile surtout à ses propres intérêts. Il s'était adressé à un auditeur de rote, M. Isoard, pour en faire l'agent accrédité de sa politique. En le conviant à demander une audience particulière à Pie VII, il l'engageait à reconnaître la position du Saint-Père et celle où il devait lui-même se placer. « Dans cet entretien, M. Isoard fera connaître au Pape les vœux de Sa Majesté, la véritable situation de la France, la manière dont l'opinion publique s'y prononce, soit pour son gouvernement actuel, soit pour le défenseur de son territoire et de son indépendance. » Les instructions impériales ajoutaient que si la Cour de Rome reconnaissait M. Isoard « comme chargé d'affaires, alors l'auditeur prendrait ostensiblement ce caractère. Que si elle ne se déterminait pas encore à cette

(1) Napoléon savait ce qu'il fallait penser de la faiblesse de Murat et il le lui avait fait connaître sans ambages, trois mois auparavant : « Je ne vous dis rien du mécontentement que je ressens de votre conduite qui a été diamétralement opposée à votre devoir, lui mandait-il en février 1814. Vous avez cédé à la faiblesse de votre nature. Vous êtes un bon soldat sur le champ de bataille; mais, hors de là, vous êtes sans vigueur et sans caractère! Profitez d'un acte de trahison que je n'attribue qu'à la crainte, pour me servir plus utilement. Je compte sur vous, sur votre repentir, sur vos promesses. S'il en était autrement, souvenez-vous que vous vous en repentirez. Je suppose que vous n'êtes pas de ceux qui s'imaginent que le lion est mort et qu'on peut lui pisser dessus !... » Et le 5 mars : « Souvenez-vous que votre royaume, qui a coûté tant de sang à la France, est à vous uniquement pour l'utilité de ceux qui vous l'ont donné... Souvenez-vous que je ne vous ai fait roi que pour l'utilité de mon système ! » (*Extraits des Documents lus par Castlereagh à la Chambre des Communes le 2 mai 1815.*)

reconnaissance dans la crainte d'exposer au ressentiment des autres puissances la sûreté de ses États, M. Isoard devait se borner à reprendre ses fonctions d'auditeur à la Rote et à faire usage de l'accès qu'elles pouvaient lui donner, soit auprès des ministres de Sa Sainteté, soit auprès du Pape lui-même « pour rétablir par degrés l'influence de la France, pour éclairer l'opinion sur sa situation intérieure, pour détruire l'effet des démarches que ferait dans un sens contraire la Légation du dernier gouvernement (1). » Ainsi Napoléon, six jours avant la bataille de Waterloo, croyait pouvoir s'entendre encore avec le Saint-Siège, et l'employer peut-être à sa propre réconciliation avec l'Europe, au cas où ses armes auraient été victorieuses.

Les Mémoires de M. de Norvins nous ont appris un fait peu connu jusqu'ici, et qui explique la singulière attitude de Murat. A la naissance du roi de Rome, Napoléon avait arrêté un dessein imaginé pendant la grossesse de Marie-Louise et dont il fit la confidence au roi de Naples, appelé à Paris pour les couches de l'Impératrice. Il lui dit qu'il voulait faire de Rome la capitale de toute la péninsule italienne dont ses États faisaient partie intégrante, et ajouta qu'il lui donnerait en compensation le duché de Berg. « On peut juger, remarque Norvins, de la violence de la réponse que fit Joachim à cette déclaration de Napoléon, par le parti qu'il prit sur-le-champ de ne pas assister au baptême de celui qui le détrônait et de repartir pour ses États... Arrivé à Naples, il pressa tellement ses préparatifs guerriers que Napoléon se crut obligé de l'avertir sévèrement de son imprudence ; et c'est à cette époque de la naissance du roi de Rome qu'il faut placer le commencement des intrigues que Joachim provoqua auprès du gouvernement anglais... Cette résolution de l'Empereur sur l'unité de l'Italie me fut connue officiellement par les instructions du ministre de la Police générale et par les ins-

---

(1) Affaires étrangères de Rome, vol. 946. — Isoard devait féliciter le Pape de son retour à Rome, ainsi que de sa volonté à maintenir le Concordat. Il devait aussi le prier de protéger les établissements français et de reprendre ses relations avec le gouvernement impérial plein de déférence et d'amitié pour lui.

tructions du gouverneur des États romains, mon supérieur direct. Il avait été autorisé, ainsi que moi, à laisser entrevoir à la ville de Rome la possibilité de devenir la capitale de toute l'Italie (1). » Ainsi, dans la pensée de Napoléon, le titre de Roi de Rome, donné par lui à son héritier, n'était pas seulement un titre honorifique. Il comptait mettre son fils, et plus tard le second fils dont il escomptait la naissance, à la tête du royaume d'Italie qui eût eu Rome pour capitale. Les événements en décidèrent autrement.

Aux Cent Jours, M. de Norvins, dans une audience qu'il eut à l'Élysée avec l'Empereur, le harangua ainsi : « Sire, Rome vous attendait avec sa gloire et avec la vôtre. Quelle impression n'eussiez-vous pas ressentie, l'un et l'autre, si enfin vous vous étiez vus? Ce tête-à-tête de vos deux immortalités aurait donné au monde un spectacle tout nouveau. Il eût peut-être changé ses destins et le vôtre ! » Devant un éloge aussi ridicule, Napoléon eut peine à garder son sang-froid. Il répondit à l'emphatique orateur qu'il avait toujours regretté de n'avoir point été à Rome; « et ce peu de mots fut encadré dans un de ces sourires significatifs qui refusait comme un objet de luxe, relativement à la situation présente, tout regard sur le passé (2) ».

Pourquoi ne relèverais-je pas, ici, le fait curieux que voici. Napoléon qui, dans sa course infatigable, avait marqué sa présence à Milan, au Caire, à Madrid, à Berlin, à Vienne, à Moscou, n'est jamais entré à Rome. Il avait cru qu'il aurait le temps d'y installer son fils. Il y rêvait une entrée triomphale comme Empereur d'Occident et maître du monde. Or, il advient que le Pape qu'il en avait enlevé, retourne à Rome et y reste,

---

(1) *Mémoires de M. de Norvins*, t. III, p. 331. — Murat ne s'attendait guère à être dépossédé de son royaume de Naples, lorsqu'il écrivait à Napoléon la curieuse lettre suivante, le 12 septembre 1810 : « Permettez-moi, Sire, d'offrir à Votre Majesté mes félicitations sur la grossesse de l'Impératrice. Puisse-t-elle vous donner un prince digne de vous! Il le sera. Il fera votre bonheur et celui de vos peuples. *Il fait déjà le mien.* J'espère encore être assez jeune pour trouver l'occasion de le servir avec le même zèle que je vous ai servi! » *Souvenirs et Mémoires* publiés par M. BONNEFOX; n° 6. (15 décembre 1898.)

(2) *Ibid.*, p. 333.

quand lui-même, après l'exil momentané de l'île d'Elbe, va pour jamais disparaître dans l'exil éternel de Sainte-Hélène! Il avait, on s'en souvient, dit superbement à Pie VII : « Votre Sainteté est souverain de Rome, mais j'en suis l'Empereur », et Pie VII lui avait répondu : « Il n'existe pas d'Empereur à Rome; il ne peut en exister sans que le Souverain Pontife soit dépouillé de l'autorité souveraine qu'il exerce à Rome. » Le Pape avait été privé pendant cinq ans de cette autorité; mais à l'étonnement de ceux qui le croyaient dépouillé et exilé pour toujours, il était revenu dans les États romains, sans accepter ce qui aurait restreint son pouvoir.

On aurait pu croire qu'à sa rentrée aux Tuileries Napoléon ne se souviendrait plus de ceux qui lui avaient courageusement tenu tête. Il n'eut pas ce généreux oubli. C'est ainsi que, le 31 mars, il constatait que le « nommé d'Astros » avait continué à s'immiscer dans les affaires de Rome contre les intérêts du roi Louis XVIII, comme il l'avait fait contre ceux de l'Empereur. Aussi, ordonnait-il à Fouché de placer « cet ultramontain enragé » dans une petite ville de la Bourgogne. « Signifiez-lui, ajoutait-il, de ne se mêler d'aucune affaire ecclésiastique! Qu'il se contente de dire sa messe! Recommandez-le à la gendarmerie pour que s'il quittait la résidence que vous lui aurez assignée, il soit remis en prison (1)! » Le 15 mai, il prescrivait encore au ministre de la Police d'envoyer en surveillance, à quarante lieues de Paris, les curés de Meudon et de Saint-Cloud. « Ce sont des individus très dangereux et qui ne doivent pas être soufferts dans les lieux où je demeure. » Puis il disait, à propos de trois autres curés de Paris : « Voyez Bigot de Préameneu pour que, dans la journée de demain, ils soient changés et remplacés par de bons ecclésiastiques (2). » Le 23, il invitait le directeur général des Cultes à obliger l'évêque de Soissons à démissionner et à retourner dans son pays.

Au moment de se rendre en Belgique, l'Empereur reçut

(1) *Lettres inédites*, t. II, p. 327.
(2) *Ibid.*, p. 344, 345.

de Caulaincourt un rapport où le ministre des Affaires étrangères l'informait de la rentrée du Pape à Rome. « Les événements qui l'en avaient éloigné, disait le duc de Vicence, sont étrangers à Votre Majesté. Elle a témoigné, dès son retour, le désir d'entretenir avec lui des relations, et la position du Pape doit le porter lui-même à s'y prêter. Le Saint-Siège est essentiellement neutre. Il ne peut, quels que soient les troubles politiques, renoncer à ses communications avec une puissance chrétienne, et ses devoirs, comme chef de l'Église, peuvent l'empêcher d'entrer dans les passions des autres puissances. » Comme on était loin du temps où Napoléon voulait obliger Pie VII à faire alliance avec lui seul, à chasser les étrangers de Rome et à fermer les ports italiens aux Anglais! « Il convient à la France, ajoutait le ministre, comme à la cour de Rome, que les relations des deux puissances ne soient pas interrompues. Elles peuvent influer sur le maintien de la tranquillité publique et avoir un salutaire ascendant sur l'opinion. Enfin, Votre Majesté doit désirer de contre-balancer, par la présence d'un chargé d'affaires à Rome, l'influence que la légation du dernier gouvernement pourrait y avoir encore et dont elle chercherait à se servir pour obtenir des Bulles ou d'autres actes contraires aux dispositions du Concordat (1). »

Cette tentative allait être la dernière. L'immense désastre de Waterloo devait porter un coup mortel à l'Empire. C'est en vain que, le 19 juin, Napoléon écrit au roi Joseph que tout n'est point perdu, qu'il lui reste 150,000 hommes, qu'il attellera l'artillerie avec des chevaux de luxe, qu'il lèvera cent mille conscrits; qu'il soulèvera le Dauphiné, le Lyonnais, la Bourgogne, la Lorraine, la Champagne, et qu'il accablera l'ennemi... Tout est fini. Les généraux, les soldats, les représentants, les fonctionnaires, les citoyens ont perdu toute espérance de victoire; c'est la paix, la paix que chacun réclame à grands cris. Trois jours après, Napoléon s'offre en sacrifice

---

(1) Artaud, t. II, ch. xxix, et Affaires étrangères, *Rome*, vol. 946.

à la haine des ennemis de la France et exprime le vœu qu'ils soient sincères dans la déclaration faite par eux de n'en vouloir qu'à sa personne. Pour lui, sa vie politique est terminée, et il proclame son fils, sous le nom de Napoléon II, empereur des Français. La Chambre ratifie cette proclamation; mais Fouché, qui est l'agent perfide de la seconde Restauration, comme Talleyrand a été celui de la première, ne tient pas compte du vote des représentants. Les Prussiens et les Cosaques entrent à Paris. Le Corps législatif est fermé. Louis XVIII remonte péniblement sur le trône. Six semaines après, Napoléon se rend de son plein gré, à bord du *Bellérophon*, où il fait appel à l'hospitalité anglaise. Mais celle-ci dispose par la force de sa personne et de sa liberté. L'Empereur dénonce cette violation à l'histoire qui répétera avec lui que le gouvernement anglais a, ce jour-là, forfait à l'honneur et flétri son pavillon.

Le 9 juin, l'Europe, après l'écrasement de celui qui l'avait si longtemps piétinée, se décidait enfin à faire quelque chose pour le Pape, qu'elle avait laissé spolier, enlever, emprisonner. Elle décrétait, par l'acte final du Congrès de Vienne, que les Marches avec Camerino et leurs dépendances, le duché de Bénévent et la principauté de Ponte-Corvo, les légations de Ravenne, de Bologne et de Ferrare seraient rendus au Saint-Siège, à l'exception de la partie du Ferrarois située sur la rive gauche du Pô. M. de Talleyrand était chargé, au nom du Roi, d'aviser le chargé d'affaires, M. de Pressigny, de cette restitution tardive. Ce qui ne manquait pas de piquant en cette affaire, c'est que le prince de Bénévent était obligé de mentionner, dans la restitution, le duché dont il portait le titre. Il redevenait de Talleyrand-Périgord et, après avoir joui pendant huit ans d'un bien et d'un titre usurpés, il lui fallait s'associer aux excuses de l'Europe (1). C'était à la diplo-

(1) Ce ne fut pas, il est vrai, sans une forte compensation pécuniaire. En effet, grâce à ses intrigues et à un article secret signé à Vienne le 12 juin 1815, Talleyrand se fit donner deux millions d'indemnité. (Voir Rinieri, *Corr. inedite de Consalvi et Pacca*, p. 574 et 739.)

matie prudente et ferme du cardinal Consalvi que Pie VII devait ce résultat inespéré. Le cardinal avait obtenu le retour des provinces et des domaines que l'on croyait perdus, le droit pour le nonce de primer les autres ambassadeurs dans toutes les cérémonies et de haranguer les souverains au nom du Corps diplomatique. Consalvi, en rentrant à Rome, pouvait dire à son maître « que les États pontificaux allaient devenir plus florissants et plus assurés qu'ils ne l'avaient été depuis Charlemagne » (1). Cependant, il crut devoir protester encore contre certaines dispositions maintenues par le Congrès de Vienne au préjudice des droits et intérêts des Églises germaniques et aussi du Saint-Siège ; mais c'était une protestation *pro formâ*. La partie la plus sérieuse de cette note était celle qui avait trait à la garnison autrichienne de Ferrare et de Comachio.

Quant au Concordat nouveau, connu sous le nom de Concordat de 1817, qui abrogeait celui de 1801 et les Articles organiques en ce qu'ils avaient de contraire aux lois et à la doctrine de l'Église, et rétablissait les sièges épiscopaux supprimés en 1801, il souleva de telles difficultés qu'il ne put jamais devenir loi de l'État. Le Concordat de 1801 continua à régir les rapports de l'État et de l'Église, ce qui prouve que, malgré ses défauts, c'était encore ce qui avait été fait de meilleur et de plus utile (2).

Au mois de mai de l'année 1818, le cardinal Fesch était venu demander au cardinal Consalvi, de la part de Napoléon, l'envoi à Sainte-Hélène d'un prêtre qui, jusque-là, lui avait été refusé. Dès la première année de sa captivité, l'Empereur s'était plaint ainsi à Montholon de n'avoir pas d'aumônier : « Entendre la messe me reposerait l'âme. J'ai toujours trouvé un charme infini à me rappeler la piété de mon enfance et ces bonnes prières que je faisais sur les genoux de notre vieil oncle, quand il nous enseignait la religion. » Le Pape, informé de cette demande si naturelle, s'empressa aussitôt de supplier

---

(1) Artaud, *Vie de Pie VII*, t. II.
(2) *Ibid.* — Archives des Affaires étrangères. *Rome*, vol. 946.

le gouvernement britannique de donner à l'illustre captif les consolations spirituelles qu'il réclamait. A ce propos, Pie VII prononça des paroles de bonté et d'intérêt qui dénotaient toute l'affection qu'il avait gardée à Napoléon, malgré les pénibles souvenirs de Savone et de Fontainebleau.

Le 20 avril 1821, l'Empereur avait manifesté à Montholon le désir de s'entretenir en particulier avec l'abbé Vignali qui lui servait d'aumônier à Sainte-Hélène. L'entretien dura une heure. Le lendemain, il fit rappeler l'abbé et lui dit en propres termes : « Je suis né dans la religion catholique. Je veux remplir les devoirs qu'elle impose et recevoir les secours qu'elle administre. » On se rappelle ses affirmations précises, à ce moment même au docteur Antomarchi sur sa croyance en Dieu. Quant à l'autre médecin, O'Meara, qui lui avait demandé un jour s'il était catholique romain : « *Ebbene*, répondit l'Empereur. *Credo tutto quel che crede la Chiesa*. Parfaitement, je crois tout ce que croit l'Église. (1) ». Et au même qui s'étonnait de le voir lire souvent des livres religieux et disait que plusieurs personnes lui avaient affirmé qu'il ne croyait à rien, Napoléon avait fait cette autre réponse : « Cela n'est pas vrai, je suis loin d'être athée. J'ai fait tout ce qui était en mon pouvoir pour rétablir la religion... Elle est une grande consolation et une grande ressource pour ceux qui en ont, et personne ne peut dire ce qu'il fera dans ses derniers moments (2). »

Il lisait à haute voix l'Ancien Testament, les Évangiles, les Actes des Apôtres et professait une haute admiration pour saint Paul. Que de fois n'a-t-il pas dit à ses compagnons d'exil : « Il y a un sentiment inné dans le cœur de l'homme qui le porte à croire. Il est impossible qu'il ne se dise pas sans cesse : D'où suis-je venu? Qui suis-je? Où vais-je?... Questions mystérieuses qui le précipitent vers la religion... Nous courons tous au-devant d'elle; notre penchant naturel nous y porte. Nous croyons à Dieu, parce que tout le proclame

(1) *Mémoires d'O'Meara*, t. Ier, p. 189.
(2) *Ibid.*, p. 421.

autour de nous. Les plus grands esprits y ont cru. Non seulement Bossuet, mais Newton, mais Leibniz. On a besoin de croire. On croit (1). » A tout instant, à Sainte-Hélène, alors que, loin des intrigues de la politique, des orages de la guerre et du tumulte des passions, il pouvait librement méditer sur lui-même, il se plaisait à aborder ces graves sujets; son esprit apaisé les traitait maintenant avec la hauteur et la dignité qui leur conviennent. Il remarquait que la plupart des hommes, en avançant en âge, revenaient aux idées religieuses. A ceux qui objectaient que, quand le corps s'affaiblit, la raison perd de sa force, il répondait : « On a tort. On devrait dire : la croyance vient avec l'étude, avec la méditation sur les merveilles de la Création. Il faut avoir étudié l'œuvre de Dieu pour en comprendre l'immensité... » (2) Et un autre jour : « La religion est une partie de la destinée. Elle forme avec le sol, les lois et les mœurs un tout sacré qu'on appelle la patrie et qu'il ne faut jamais déserter. »

Plus d'une fois évidemment des doutes sérieux avaient traversé son esprit. Il s'était même plaint que la vraie religion eût été défigurée par les imperfections des hommes et que certains prêtres se fussent plus occupés de la terre que du ciel. Il avait même paru redouter que l'indépendance de sa pensée et de ses mouvements ne fût compromise par les suggestions d'un confesseur « qui l'eût gouverné par les craintes de l'enfer » et il déclarait que les dernières années de Louis XIV eussent été bien différentes avec un autre confesseur (3). Toutefois, il répétait que c'était un grand et véritable bonheur de croire et que, malgré les tempêtes qu'avait subies son esprit, il n'avait jamais douté de Dieu.

Dans les entretiens suprêmes qu'il avait eus avec Bertrand et Montholon, il admirait le Christ et, en termes éloquents et superbes, il célébrait la pureté, la beauté et la sublimité de

---

(1) Voir *Récits de Montholon*, t. Ier, p. 354 et t. II, p. 285, et *Souvenirs de la comtesse de Montholon*, p. 65. — *Mémorial*, t. V, p. 383.
(2) *Récits de Montholon*, t. II, p. 173.
(3) *Mémorial*, t. IV, p. 209.

sa morale. Le Christ avait toujours des adorateurs; quant à lui, — et il remarquait cela sans se comparer à un Dieu, mais amené à cette réflexion par un mouvement d'amertume — où étaient ses courtisans, où étaient ses admirateurs?

Maintenant qu'il était prisonnier à Sainte-Hélène, qui songeait à ses infortunes? Qui bataillait et conquérait des empires pour lui? Qui pensait encore à lui? « Telle est, disait-il mélancoliquement, la destinée des grands hommes! Celle de César et d'Alexandre, et l'on nous oublie! Et le nom d'un conquérant, comme celui d'un Empereur, n'est plus qu'un thème de collège! Nos exploits tombent sous la férule d'un pédant qui nous loue ou nous insulte!... (1) » Aussi, instruit par une cruelle expérience, il cherchait à s'appuyer sur des soutiens moins fragiles et, dans les conseils qu'il laissait à son fils, il tenait à dire : « Les idées religieuses ont plus d'empire que ne le croient certains philosophes bornés. Elles peuvent rendre de grands services à l'humanité. » Et reconnaissant loyalement les erreurs de sa politique, il engageait son fils à s'entendre avec le Pape. Il parlait maintenant avec justice de celui qu'il avait traité avec tant d'arbitraire et de violence : « C'est un vieillard plein de tolérance et de lumière. De fatales circonstances ont brouillé nos cabinets. Je le regrette vivement (2). »

Telles étaient les dernières paroles, tels étaient les regrets de l'homme qui, en 1801, avait officiellement relevé les autels et rendu à un peuple égaré par les fantaisies des idéologues, accablé de misères morales plus encore que de misères physiques, les consolations certaines et incomparables de la religion. Aussi celle-ci venait-elle, à l'heure suprême, se pencher sur le lit de camp où agonisait loin des siens, loin de ses soldats, loin de la France, le génie qui, un moment, avait été le maître du monde. A peine avait-il jeté son dernier souffle que des mains pieuses plaçaient sur son corps, avec l'image du Christ, le manteau bleu de Marengo qui rappelait l'une

---

(1) *Ut pueris placeas et declamatio fias* (Juvénal — *Satire X*).
(2) *Récits de Montholon*, t. II, p. 527.

de ses plus radieuses victoires et le jour où il avait résolu, malgré les athées de Paris, de rendre à un pays divisé et déchiré la paix religieuse et de rasseoir sur la pierre angulaire la société ébranlée.

Quoi qu'en ait pensé lord Roseberry (1), qui a paru attacher à certains propos rapportés par le général Gourgaud une importance exagérée, Napoléon n'avait pas sérieusement affirmé que la religion musulmane lui semblait la plus belle de toutes. Il avait au contraire déclaré que l'islamisme était la religion d'un peuple dans l'enfance, et que Mahomet n'eût point été entendu s'il n'eût parlé qu'à l'esprit. Quant à la religion chrétienne, il la considérait comme la religion d'un peuple civilisé où tout était fait pour amortir les sens et non pour les exciter. Aussi, disait-il, que dès qu'il avait eu le pouvoir, il s'était empressé de la rétablir, parce qu'elle lui paraissait « l'appui de la bonne morale, des vrais principes, des bonnes mœurs (2) ». Cette préférence, que lord Roseberry lui attribue pour l'islamisme, n'est pas plus vraie que celle qu'il aurait eue pour le protestantisme et même pour le matérialisme. Ce n'est pas sérieusement non plus que l'Empereur aurait reproché au christianisme de n'être pas assez ancien et d'avoir eu le tort insigne de damner Platon et Socrate. Il ne convient pas de s'arrêter à des propos qui ne sont en réalité que des boutades. Les graves paroles que j'ai citées, et j'aurais pu en citer bien d'autres, forment une discordance absolue avec ces dires, émis la plupart du temps pour taquiner et exciter Gourgaud qui les a tous recueillis avec une étonnante crédulité. (3) C'est ce que le comte de Montholon a constaté lui-même dans ses « Récits de Sainte-Hélène ». Faisant allusion aux bizarres paradoxes que l'Empereur s'était plu à lancer dans une conversation qui avait eu

---

(1) *La Dernière Phase de Napoléon*, ch. XIII.
(2) *Mémorial de Sainte-Hélène*, t. IV, p. 205.
(3) Les éditeurs du *Journal* de Gourgaud, MM. le vicomte de Grouchy et Antoine Guillois, ont eu soin d'ailleurs de mettre leurs lecteurs en garde contre certaines exagérations évidentes de ce journal.

pour thème principal la religion, il rappelle que Napoléon lui ayant demandé son avis sur ses déclarations, il lui répondit franchement : « Je crois que Votre Majesté ne pense pas un mot de ce qu'elle vient de dire. — Ah! monsieur le coquin, repartit l'Empereur, vous croyez cela?... Eh bien, vous avez raison. C'est toujours une heure de passée (1). » Lord Roseberry a donc eu tort de croire que sur la fin de sa vie Napoléon, dans l'amertume de son cœur, était devenu hostile au christianisme.

Le testament de l'Empereur, en date du 15 avril 1821, et qui contient ses intentions suprêmes, dit au début : « Je meurs dans la religion apostolique et romaine, dans le sein de laquelle je suis né il y a plus de cinquante ans », et rien, avec les dernières paroles dites à l'abbé Vignali, ne prévaudra contre cette solennelle et dernière affirmation. Il ne convient donc pas d'attribuer à un homme qui, malgré des erreurs et des fautes énormes, était et a su rester grand, la versatilité et la médiocrité des petits esprits. C'est sur un rocher perdu dans le vaste désert des flots, loin des courtisans sceptiques et des détestables flatteurs; c'est en pleine et libre possession de lui-même que Napoléon a compris l'immense leçon que la fortune lui donnait et qu'il apparaît à nos yeux plus grand qu'il ne le fut jamais, même à l'apogée de sa gloire. C'est à Sainte-Hélène, en effet, qu'il mit en action cette parole inoubliable : « Un roi ne doit jamais descendre au-dessous du malheur! »

Le récit des derniers instants de l'Empereur émut profondément le Pape. Il avait conservé pour Napoléon, malgré les injustices et les excès de sa politique à son égard, une sincère et profonde sympathie. Il justifiait ainsi ce que l'Empereur avait dit au comte de Las Cases : « Pie VII est vraiment un agneau, un véritable homme de bien que j'estime, que j'aime beaucoup et qui, de son côté, me le rend un peu, j'en suis sûr. Vous ne le verrez pas trop se plaindre de moi, ni porter

---

(1) *Récits de Montholon*, t. II, p. 234.

surtout une accusation directe et personnelle... » Le Pape fit célébrer à Rome un service funèbre par le cardinal Fesch et il joignit avec une sincère compassion ses prières généreuses aux prières de l'Église pour celui qu'il avait sacré au nom du Dieu qui juge les peuples et les rois. Deux ans après, le 20 août 1823, la mort frappait Pie VII en pleine vieillesse, à l'âge de quatre-vingt-un ans, tandis que son terrible adversaire avait succombé dans la maturité de l'âge, à la veille de sa cinquante-deuxième année. Les derniers mots de Napoléon avaient été : « Tête... Armée ! » Les derniers mots de Pie VII furent : « Savone... Fontainebleau ! » L'Empereur résumait ainsi tout ce que son puissant génie avait voulu faire par lui-même et par ses soldats pour la gloire de la France. Le Pape, dans les noms des deux villes où il avait été retenu prisonnier en défendant les droits du Saint-Siège, résumait les douloureuses angoisses du chef de l'Église dont la puissance humaine, la plus formidable qui ait jamais existé, n'avait cependant pu venir à bout.

Après avoir examiné les vicissitudes de la politique impériale en matière religieuse, après avoir montré, à l'aide des documents authentiques et des faits, comment d'une heureuse entente avec le Saint-Siège et d'une restauration intelligente du Culte catholique, Napoléon en était venu à la violation du Concordat et à une intolérance absolue, il reste à examiner comment cet homme qui, dans un sentiment de haute politique, avait paru, dès son arrivée au pouvoir, satisfaire aux besoins primordiaux de la nation, a pu se jeter tout à coup dans une lutte pleine de périls pour la paix publique et la prospérité de son Empire. Si l'on en cherche les raisons dans l'Empereur lui-même, on découvre bientôt que ce qui l'a conduit à changer de front et à devenir un despote farouche, c'est une ambition insatiable, c'est la conscience de sa personnalité et de sa toute-puissance, c'est un immense orgueil accru encore par les flatteries intéressées de ses conseillers et par la servilité de ses courtisans qui remplissaient la France et l'Europe. Napoléon croyait pouvoir tout oser et ce qui le prouve, c'est l'aveu qu'il fit un jour à Sainte-Hélène : « Je ne désespérais pas, tôt ou tard, par un moyen ou par un autre, de finir par avoir à moi la direction du Pape et, dès lors, quelle influence, quel levier d'opinion !... J'aurais dirigé le monde religieux ainsi que le monde politique. J'aurais eu mes sessions religieuses comme mes sessions législatives. Mes conciles eussent été la représentation de la chrétienté. J'eusse ouvert et clos ces assemblées, approuvé et publié leurs décisions comme l'avaient fait Constantin et Charlemagne. » Développant ensuite ce plan extraordinaire, Napoléon essayait de justifier habilement les mesures arbitraires qu'il avait été forcé de prendre : « Mais pour en arriver là j'avais dû manœuvrer avec beaucoup d'adresse, déguiser surtout ma véritable pensée et donner tout à fait le change à l'opinion, présenter à la pâture publique des petitesses vulgaires afin de mieux leur dérober l'importance et la profondeur du but secret. » Ceci paraît tout d'abord bien subtil, bien étrange. Mais l'Empereur, qui ne cherche en somme qu'à diminuer sa responsabilité, veut que l'on croie à son machiavélisme et il ajoute : « Aussi, était-ce avec une espèce de satisfaction que je me voyais accusé de barbarie envers le Pape et de tyrannie en matière religieuse. Les étrangers surtout me servaient à leur gré en remplissant leurs mauvais libelles de ma mesquine ambition qui, selon eux, avait eu besoin de dévorer le misérable patrimoine de Saint-Pierre (1). »

Malgré tant d'adresse, Napoléon ne parvient pas à donner le change sur la portée réelle de ses procédés tyranniques. Le titre de *Summus Pontifex* qu'il avait lu un jour sur une médaille de César; ce titre pompeux, il le voulait, comme je l'ai dit, pour compléter sa puissance. Les triomphes de ses armées, ses exploits et ses victoires, les adulations dont il était l'objet universel, l'avaient ébloui et presque égaré. Entre le

---

(1) *Mémorial*, t. V, p. 401. — Cf. avec les déclarations de Napoléon citées plus haut, p. 345.

génie et la folie, il n'y a souvent, on l'a dit, que l'épaisseur d'un cheveu. Empereur des Français, Roi d'Italie, Protecteur de la Confédération du Rhin, Médiateur de la Confédération helvétique, il n'admettait pas qu'il y eût, en dehors de lui seul, un souverain quelconque. « J'ai voulu l'empire du monde, disait-il à Benjamin Constant aux Cent-Jours. Eh! qui ne l'aurait voulu à ma place? Le monde m'invitait à le régir! » Il acceptait bien un évêque de Rome; mais il entendait être empereur de Rome et avoir la direction politique des affaires religieuses, comme l'avait son frère l'Empereur de toutes les Russies sur la religion orthodoxe. S'il eût triomphé, après son entrée à Moscou, il eût osé l'aventure. N'avait-il pas dit un jour au Conseil d'État : « Je puis me regarder comme chef des ministres catholiques, puisque j'ai été sacré par le Pape (1)? » Un autre jour, il se comparait à la Providence qui remédie aux maux des mortels par des moyens à son gré, parfois violents, et sans s'inquiéter d'aucun jugement. Il voulait, comme on l'a vu, faire cadrer à ses plans les choses spirituelles et à sa pratique par l'influence des choses temporelles. Maître du Pape qu'il avait traîné de Savone à Fontainebleau, maître du Sacré Collège dont les deux tiers s'étaient rendus ou vendus à lui et l'autre tiers était relégué en exil; maître de la Daterie, de la Pénitencerie et des Archives du Vatican transportées à Paris; maître de la grande majorité du corps épiscopal et d'une partie du clergé séculier qui tremblaient sous son épée; débarrassé des religieux qu'il avait chassés de son empire, il eût vraiment essayé d'être Souverain Pontife comme il était Souverain Empereur. Il n'admettait plus de partage à cet égard et il l'avait avoué avec une amertume jalouse à M. de Fontanes, dans une discussion où était tout à coup intervenu le nom d'Alexandre le Grand : « Il a pu se déclarer le fils de Jupiter sans contredit. Moi, je trouve dans mon siècle un prêtre plus puissant que moi, car il règne sur les esprits et moi je ne règne que sur la matière! »

(1) *Opinions de Napoléon* recueillies par Pelet de la Lozère, p. 210.

Donc, sans l'action prépondérante d'un orgueil et d'un égoïsme absolus, on ne s'expliquerait guère les changements survenus si subitement dans la politique impériale à l'égard de la Papauté et de l'Église catholique. Du jour où Napoléon mit la main sur les États pontificaux et fit enlever le Pape, il se crut de force à gouverner l'Église comme il gouvernait l'Empire. On se souvient de ses aveux au comte de Narbonne et de la stupéfaction qu'ils causèrent à ce prudent conseiller. L'Empereur avait la prétention de trancher toutes les difficultés avec son épée. Il s'aperçut trop tard que l'épée la plus forte devait s'y briser. Il avait dit que l'importance politique était d'arriver au but et que les moyens ne faisaient rien à l'affaire. Ce sont au contraire les moyens arbitraires, si grandement employés par lui, qui l'empêchèrent d'arriver à son but. Il croyait avoir créé ce siècle pour lui, comme il avait été créé lui-même pour ce siècle; mais encore une fois, c'est l'orgueil qui ne lui permit pas d'en comprendre les légitimes exigences. Quelques audacieux lui parlaient de logique, et il répondait superbement : « Il s'agit bien de logique quand on organise le monde avec des baïonnettes ! La raison ne consiste pas alors à être juste, mais à être fort. » Cependant, c'est parce qu'il a méconnu la justice qu'il a été contraint de descendre du pouvoir, et cela au moment même où il surprenait encore le monde par la hardiesse et la nouveauté admirables de ses conceptions et de ses manœuvres guerrières. Il avait pris le silence de ses peuples pour une approbation de sa politique, lui qui avait dit : « Quand les peuples cessent de se plaindre, ils cessent de penser. » Et les mêmes qui se taisaient le laissèrent partir sans le regretter, sans chercher à le défendre. Quant au Pape dont il croyait avoir brisé la frêle puissance, il le vit avec stupeur refuser d'être le vassal de l'Empire. Il l'entendit lui dire : « Grandes ou petites, les souverainetés conservent toujours entre elles le même rapport d'indépendance. Autrement, on met la force à la place de la raison. »

En défendant la Papauté contre les entreprises violentes

de l'Empereur, Pie VII soutint les droits du faible contre les attaques du fort et laissa à un siècle épris de la force matérielle le souvenir impérissable de ce que peut la force morale. En vain le despote ruse, gronde, menace, frappe. Rien ne vient à bout de l'opiniâtreté héroïque de Pie VII spolié, arraché à sa capitale, emmené durement en captivité et suivant ainsi l'exemple du pape Libérius qui refusa d'obéir aux injonctions de l'empereur Constance et se laissa enlever de son siège plutôt que de consentir à condamner un évêque innocent (1). Comme le même Libérius qui rentra à Rome sans avoir prévariqué, Pie VII a donné l'exemple de ce que valent des principes et des convictions. Sans doute, à Savone et à Fontainebleau, entouré de perfides conseillers, il a paru pendant quelques heures montrer une certaine faiblesse devant le rude adversaire qui employait aussi bien l'astuce que la violence pour vaincre ses refus. Mais avec quel repentir et quel courage il s'est repris presque aussitôt, et comme il a triomphé de tous ceux qui l'avaient trompé et de celui qui croyait l'avoir enfin abattu! « L'Europe et le monde, dit Villemain, n'oublièrent jamais ce qui suivit. Le captif de Fontainebleau revit sa capitale avant même la chute de l'Empire et par le consentement de l'adversaire qu'il avait autrefois consacré sur le premier trône d'Occident... Le Pontificat romain se retrouva dans son droit essentiel et dans sa faiblesse matérielle tant de fois éprouvée, sans qu'elle eût jamais servi d'argument contre ce droit même (2). »

Un des hommes d'État qui ont servi et le plus desservi l'Empereur s'est ainsi exprimé sur sa politique religieuse : « Lorsqu'en 1801 Napoléon rétablit le culte en France, il avait fait non seulement un acte de justice, mais aussi un acte de grande habileté, car il avait immédiatement rallié à lui par ce seul fait les sympathies des catholiques du monde entier. »

Qui a dit cela? M. de Talleyrand. Et il faut d'autant

(1) Voir AMMIEN MARCELLIN, liv. XV, ch. VII.
(2) La France, l'Empire et la Papauté, p. 21.

mieux le croire qu'il n'avait pas lui-même en 1801 facilité cet acte politique, car ses rancunes d'évêque apostat l'avaient porté, comme le prouvent des documents authentiques, à tenter de faire commettre au Premier Consul une faute irréparable en le dissuadant de signer le Concordat. Mais, volontairement oublieux de ses détestables conseils, il s'indignait dans ses Mémoires des violences commises par Napoléon envers le Saint-Siège et l'Église : « Quelles sont, disait-il, les forces principales du catholicisme comme de toute puissance, si ce n'est l'unité et l'indépendance? Et ce sont précisément ces deux forces que Napoléon voulut saper et détruire le jour où, poussé par l'ambition la plus insensée, il entra en lutte avec la cour de Rome. Il s'attaqua à l'unité de l'Église catholique en voulant priver le Pape du droit d'instituer les évêques, et à son indépendance en arrachant au Saint-Siège le pouvoir temporel. L'institution des évêques par le Pape est le seul véritable lien qui rattache toutes les Églises catholiques du monde à celle de Rome. C'est celle qui maintient l'uniformité des doctrines et des règles de l'Église en ne laissant arriver à l'épiscopat que ceux reconnus capables par le Saint-Père de les soutenir et de les défendre. Supposez un moment ce lien rompu, vous tombez dans le schisme. Napoléon était d'autant plus coupable à cet égard qu'il avait été éclairé par les erreurs de l'Assemblée Constituante. Je ne crains pas de reconnaître ici, quelque part que j'ai eue dans cette œuvre, que la Constitution civile du clergé, décrétée par l'Assemblée Constituante, a été peut-être la plus grande faute politique de cette Assemblée, indépendamment des crimes affreux qui en ont été la conséquence (1). » C'est l'un des auteurs de cette Constitution, c'est le père de l'Église constitutionnelle qui parle ainsi, et l'on ne peut contester ici la franchise de ses aveux. Talleyrand concluait qu'après un pareil précédent l'Empereur n'aurait pas dû recommencer contre Pie VII les persécutions du Directoire contre Pie VI. Quant à l'excuse motivée par l'exemple

---

(1) *Mémoires*, t. II, p. 123-124.

de Papes turbulents qui auraient abusé de leur droit d'instituer les évêques, Talleyrand répondait que les gouvernements habiles s'étaient tirés de cet embarras et que d'ailleurs « c'était une mauvaise politique pour prévenir un abus possible que de créer un danger réel. » Mais Napoléon ne pouvait invoquer cet abus, puisqu'il avait rencontré dans Pie VII un Pontife prêt à lui accorder les facilités les plus complètes pour régler les affaires de l'Église, se cantonnant résolument dans le domaine religieux, évitant de pénétrer dans le domaine civil et rendant volontiers à César ce qui appartenait à César.

Du Concordat qui était en principe une œuvre d'apaisement et de réconciliation, Napoléon avait tenté peu à peu de faire un instrument de domination personnelle, et comme l'a spirituellement écrit Henri Heine : « Les grenadiers qui marchaient le fusil en main, à côté de la procession, semblaient moins être la garde d'honneur que l'escorte de la captivité de la religion. Le puissant César au sceptre de fer, voulait régner seul ; il ne voulait pas, même avec le Ciel, partager son pouvoir (1). » Celui qui avait cherché à incarner en lui tous les despotismes et à imiter Frédéric II, Philippe le Bel, Louis XIV, eut beau multiplier ses assauts contre Rome « cette grande dépouille de l'univers », il dut à la longue reconnaître l'impuissance de ses efforts. A la fin du même siècle, un homme d'État qui fut la gloire de sa patrie et qui lui donna une place prépondérante en Europe, grâce à une volonté de fer et une science profonde du gouvernement, fut, lui aussi, enivré par le succès des guerres qui avaient agrandi la Prusse et assuré l'unité de l'Allemagne. Un orgueil altier l'amena à traiter brutalement l'Église catholique, et c'est au nom de la culture de l'esprit qu'il entreprit une guerre religieuse. Il la mena avec une âpreté et une violence arrogantes pendant de longues années ; il la mena avec l'espoir certain d'abaisser le Saint-Siège et de réduire à jamais l'Église. Il prononça, comme je l'ai rappelé ailleurs (2), des

(1) *Lutèce*, p. 350.
(2) *M. de Bismarck.* (Librairie Alcan.)

paroles qui constituaient un solennel défi. Ces paroles, gravées sur le granit, existent encore, et cependant le prince de Bismarck a été le premier à les désavouer en proposant lui-même, dans l'intérêt de sa politique et dans l'intérêt de son pays, une trêve à Léon XIII, puis, bientôt après, la paix. La justice et le droit l'ont emporté. Le plus précieux des domaines, la conscience, est demeuré inviolé. C'est ce que nous a péremptoirement montré l'issue définitive de la lutte de l'Empire et de la Papauté, lutte dont je viens de retracer la dramatique histoire.

Celui qui, visitant à Rome la vieille et majestueuse basilique de Saint-Pierre, s'arrête devant le tombeau de Pie VII, y voit une œuvre admirable de Thorwaldsen, consacrée par les soins du cardinal Consalvi à la mémoire de son maître bien-aimé. Le Pape est assis sur la chaire de Pierre, levant la main pour bénir, et sa douce figure est empreinte de cette bonté inaltérable qui charmait ses contemporains. A ses côtés, deux statues représentent le Temps et l'Histoire, et deux autres, la Force et la Modération. Le Temps rappelle la patience héroïque d'un pape qui supporta sans se plaindre toutes les épreuves et tous les périls; l'Histoire enregistre les mémorables événements d'un long et pénible Pontificat; la Force s'incline devant la Modération qui trouve dans la lecture de l'Ancien et du Nouveau Testament le secret de sa vertu. Si l'esprit du lecteur qui a étudié les relations et les différends de Pie VII et de Napoléon se reporte alors vers les rives de la Seine, qu'y trouve-t-il? Le tombeau gigantesque de César qui occupe à lui seul toute une église, et que des statues pensives et des drapeaux noircis entourent comme une somptueuse garde d'honneur. Le Pape et l'Empereur ont tous deux le monument qu'ils ont mérité. Si, dans la capitale de la France, les étendards conquis sur le champ de bataille d'Austerlitz, les noms grandioses de victoires inoubliables et ceux de fidèles serviteurs rappellent la gloire d'un incomparable soldat, ainsi que le dévouement de ses derniers compagnons d'armes, le mausolée de Pie VII, entouré des nobles tombeaux de ses prédécesseurs, se dresse sous les voûtes de la haute basilique au milieu d'emblèmes où apparaissent les signes distinctifs de la Papauté, et sur les armes de Pie VII éclate ce mot PAX qui, à lui seul, résume et définit sa vie tout entière.

Ici, dans la crypte profonde de l'église des Invalides, l'immense bloc de porphyre abrite les restes du colosse qui fit trembler l'Europe, et donne l'image et l'idée même de la force. Là-bas, sous les grands piliers de l'édifice conçu par le génie de Michel-Ange, le marbre, en sa radieuse blancheur reproduisant les traits purs et calmes de l'auguste Pontife, rappelle la confiance d'une âme inébranlable dans le triomphe du droit.

FIN

TABLE DES MATIÈRES

Introduction... 1

CHAPITRE PREMIER
LE SACRE

Politique religieuse de Bonaparte. — Le Concordat. — Mobiles officiels et mobiles personnels du Premier Consul. — Appréciation de Pie VII sur le Concordat. — Utilité et conséquences de la pacification religieuse. — Considérations de Napoléon sur le Concordat. — Il n'a jamais dit que ce fut « la plus grande faute de son règne ». — Nécessité du Concordat. — Entente amicale entre le Premier Consul et le Quirinal. — Nomination de nouveaux cardinaux français. — Marques d'estime et concessions de Bonaparte au Saint-Siège. — Extension de l'apaisement religieux. — Prévisions sceptiques de Cacault. — Son remplacement par le cardinal Fesch à la légation de Rome qui devient une ambassade. — Portrait de Fesch. — M. de Chateaubriand, secrétaire d'ambassade. — Instructions de Bonaparte au cardinal Fesch. — Politique étroite et tracassière de cet ambassadeur. — Affaire des émigrés de Vernègues et de la Maisonfort. — Attitude de M. de Chateaubriand. — Dissentiments entre lui et Fesch. — Rappel de M. de Chateaubriand. — Extradition de Vernègues. — Intentions de Bonaparte relatives au Sacre. — Transformation de la politique du gouvernement consulaire à la suite de l'attentat du 21 mars 1804. — Pie VII et le duc d'Enghien. — Premiers pourparlers pour le Sacre. — Entretien de Bonaparte et de Caprara. — Rapport de ce cardinal et réponse de Consalvi. — Conditions mises par le Pape à son arrivée à Paris. — Question du serment à prêter par Napoléon le jour du Sacre. — Demande d'une lettre officielle. — Intervention du cardinal Fesch. — Appréciation de Bernier sur les Articles organiques. — Joséphine et Caprara. — Rapport de Talleyrand à l'Empereur le 13 juillet 1804. — Les lois du Concordat. — Observations sur le voyage du Pape. — Félicitations de Pie VII à Napoléon pour son avènement à l'Empire. — Le Saint-Siège et la Russie. — Le Concordat italien. — Promesses du ministre des Relations extérieures au Saint-Siège. — Lettre d'invitation de Napoléon à Pie VII. — Talleyrand et Caprara. — Adhésion du Pape au voyage en France. — Protestation de Louis XVIII contre l'Empire. — Lettre d'adhésion du cardinal Maury à l'Empire. — Opposition à Paris contre le Sacre. — Consalvi repousse la division en deux parties distinctes de la cérémonie du Sacre et du couronnement. — François II, empereur d'Autriche sous le nom de François Ier. — Nouvelle lettre du cardinal Fesch en date du 2 octobre sur les intentions de l'Empereur à l'égard de la religion. — Circulaire de Consalvi aux différents Nonces. — Réunion du Sacré Collège le 2 octobre. — Lettre de Napoléon. — Arrivée de Pie VII à Lyon. — Entrevue du Pape et de l'Empereur à Fontainebleau. — Pie VII aux Tuileries. — Joséphine et le Pape. — Mariage religieux de Joséphine et de Napoléon le 1er décembre. — Pouvoirs donnés à cet effet par le Pape au cardinal Fesch. — Légalité et validité du mariage du 1er décembre. — Napoléon et le Sénat. — Le 2 décembre 1804. — Cérémonie du Sacre à Notre-Dame. — Serment religieux de Napoléon sur les Évangiles. — Les onctions. — Les anneaux, l'épée, le manteau, le globe et le sceptre. — Napoléon prend la couronne et se la pose lui-même sur la tête. — Couronnement de l'Impératrice. — Le *Vivat Imperator!* — Le serment constitutionnel. — Splendeur et majesté de la cérémonie du Sacre. — Protestations et blâme des républicains, des philosophes et des royalistes. — *Exposé de la situation de l'Empire* au Corps législatif le 27 décembre 1804. — Séjour de Pie VII à Paris. — Déceptions et désillusions au sujet des promesses faites par l'Empereur et ses ministres. — Mémoire du cardinal Antonelli adressé à Portalis. — Réponse de Talleyrand. — Réponse de Portalis. — Minimum des concessions accordées au Saint-Siège et à l'Église de France. — Note de Pie VII à Consalvi. — Accueil enthousiaste du Pape par les fidèles de Paris. — Baptême de Napoléon-Louis à Saint-Cloud. — Départ du Pape le 4 avril 1805. — Observations de Talleyrand sur les conséquences du voyage pontifical. — Rehaussement de la dignité impériale par le Sacre. — Napoléon et Pie VII à Milan. — Rentrée du Pape à Rome le 16 mai. — Consistoire du 26 juin 1

CHAPITRE II

L'OCCUPATION DE ROME

Napoléon et les affaires religieuses. — Deux hommes différents en lui, d'après Artaud. — Lettre de Louis XIV à Clément XI, en date du 14 septembre 1693, et les Articles organiques. — Appréciation de Portalis à ce sujet. — Pie VII et Joséphine. — Couronnement de Napoléon comme roi d'Italie, le 8 mai 1805. — Décret du 8 juin sur la réorganisation du clergé régulier et séculier. — Observations de Pie VII et premiers nuages entre lui et Napoléon. — Réponse du Pape le 6 septembre. — Le Concordat français et le Concordat italien. — Incident du mariage de Jérôme Bonaparte avec Élisabeth Patterson. — Protestation de Madame Mère. — Demande d'annulation canonique dudit mariage. — Les idées de divorce et l'Empereur. — Lucien et Mme Jouberthou. — Étude du mariage de Baltimore par le Pape. — Ses conclusions en faveur de sa validité. — Blâme de l'Empereur. — L'Officialité de Paris décrète l'annulation du mariage. — Union de Joseph et de Catherine de Wurtemberg. — Napoléon et le protestantisme. — Occupation de la ville d'Ancône. — Protestation du Pape le 13 novembre 1805. — Réponse de Napoléon le 7 janvier 1806. — Sa lettre violente au cardinal Fesch. — Menaces contre Rome. — Pie VII persiste à réclamer l'évacuation d'Ancône et la remise des Trois Légations. — Lettre de Napoléon à Pie VII le 13 février 1806. — Conditions et menaces. — Réponse de Pie VII, le 21 mars 1806. — L'Empereur de Rome ou l'Empereur des Romains. — Titre de *roi de Rome* réclamé en 1798 et en 1814 par François II. — Le Pape repousse les prétentions de l'Empereur contre l'indépendance pontificale. — Charlemagne et Napoléon. — Politique inopportune de Fesch. — Ses dénonciations contre Rome. — Consalvi et Talleyrand. — Rappel de Fesch. — Son remplacement par Alquier. — Bénévent donné à Talleyrand et Ponte-Corvo à Bernadotte. — Nouvelles protestations du Pape. — Alquier et Pie VII. — Remplacement de Consalvi secrétaire d'État par le cardinal Casoni. — Arrestations de prêtres ultramontains. — Lettre de Napoléon au prince Eugène. — Contradictions de sa politique. — Le *Journal des Curés*. — La Saint-Napoléon. — Le Catéchisme impérial. — Napoléon demande la fermeture des ports romains aux Anglais. — Nouveau refus du Pape. — Alquier et Talleyrand. — Résistance invincible de Pie VII au milieu de la soumission de l'Europe. — Menaces de l'Empereur contre Rome. — Préliminaires de la querelle relative au refus de l'institution canonique. — Vacances de sièges épiscopaux dans le duché de Milan et en Vénétie. — Napoléon réclame l'institution pour des sujets nommés par lui. — Motifs du refus de la cour de Rome. — Lettre de Napoléon au vice-roi d'Italie en date du 22 juillet 1807. — Envoi du cardinal de Bayane à Paris. — M. de Champagny succède à Talleyrand comme ministre des Affaires étrangères. — Motifs de ce remplacement. — Conduite perfide de Talleyrand à Erfurt. — Bruits de la venue de Napoléon à Rome. — Ordres donnés au général Lemarois de s'emparer d'Urbino, de Macerata, de Fermo et Spolète. — Prévision d'un Concile général. — Suspension des pouvoirs donnés au cardinal de Bayane. — Prise du château Saint-Ange le 2 février 1808 par les troupes du général Miollis. — Protestations de Pie VII contre l'envahissement de sa capitale. — Remplacement du cardinal Casoni par le cardinal Doria, puis par le cardinal Gabrielli. — Partage des États pontificaux en deux départements gouvernés par Miollis et Lemarois. — Incorporation de la garde pontificale dans l'armée française. — Expulsion du gouverneur Cavalchini. — Note de Pie VII aux Puissances, en date du 25 février. — Expulsion de Rome des cardinaux napolitains. — Nouvelles protestations du Pape. — Menaces de Napoléon contre son frère Lucien et les cardinaux. — Consistoire du 16 mars 1808. — Adjurations de Pie VII à Napoléon. — Ordres donnés au général Miollis. — Note comminatoire au cardinal Caprara. — M. de Champagny et la cour de Rome. — Réunion au royaume d'Italie des provinces d'Urbino, d'Ancône, de Macerata et de Camino. — Considérants du décret du 2 avril 1808. — Réponse de Pie VII. — Violation du Quirinal. — Articles du *Journal de l'Empire*. — Interdiction des gardes civiques dans les États romains. — Instruction papale du 23 mai aux évêques italiens. — Défense d'obéir au gouvernement impérial qui vient de toucher à la souveraineté pontificale. — Pie VII et M. de Lebzeltern. — Violences dirigées contre le cardinal Gabrielli. — Remplacement de Gabrielli par le cardinal Pacca. — Lettre de Napoléon au cardinal Fesch. — Consistoire du 11 juillet. — L'Encyclique *Nova vulnera*. — Menaces du général Miollis contre Pacca. — Attitude de Pie VII en cette circonstance. — Enlèvement du cardinal Antonelli. — Circulaire de Pacca aux Puissances, en date du 30 novembre. — Lettre de Napoléon, le 1ᵉʳ janvier 1809, à M. de Champagny. — Lettre de Pie VII le 20 janvier aux cardinaux et aux évêques qui ont refusé le serment à l'Empire. — Réunion des États du Pape à l'Empire français, le 17 mai 1809. — Réponse de Pie VII. .   46

CHAPITRE III

LE CONSEIL ECCLÉSIASTIQUE DE 1809

Mesures du roi Murat contre les États pontificaux. — Bulle secrète en cas de vacance du Saint-Siège. — Occupation définitive de Rome et des États romains, le 11 juin 1809. — Bulle d'excommunication à Saint-Pierre, Sainte-Marie-Majeure, Saint-Jean de Latran et autres églises. — Analyse de cette bulle. — Notification de l'excommunication à Napoléon, le 12 juin. — Lettre de Napoléon à Murat le 20 juin. — Appel du général Étienne Radet, de Toscane à Rome. — Sa mission. — Investissement du Quirinal. — Pie VII et le général Radet. — Enlèvement du Pape le 6 juillet. — Sang-froid et fermeté de Pie VII. — Injures de Joseph de Maistre contre lui. — Relation de l'envahissement du Quirinal par le général Radet. — Sa conduite en 1814. — Affiche du 6 juillet 1809 à Rome. — Note sur Radet. — Consternation des Romains. — Exemples historiques des violences contre le Pape. — Attitude touchante des populations de Rome à Alexandrie. — Voyage précipité du Pape de Rome à Savone. — Enlèvement du cardinal Pacca qu'on emmène à la citadelle de Fénestrelles. — Pie VII veut vivre comme un simple moine. — Napoléon nie avoir ordonné l'enlèvement du Pape. — Menaces nouvelles contre Pacca. — Projets de l'Empereur sur la Papauté et l'Église. — Menaces contre Fesch. — Garde de Pie VII à Savone. — Le Cabinet noir. — Entretien de la maison du Pape. — Ce que dit Napoléon à Sainte-Hélène de ses violences contre Pie VII. — Bigot de Préameneu, ministre des Cultes. — Son opinion sur la bulle d'excommunication. — Interdiction à Saint-Sulpice des conférences de M. de Frayssinous. — Proposition d'arrangement au sujet de l'institution canonique des évêques d'Italie. — Lettre des cardinaux Fesch, Caprara et Maury à Pie VII. — Réponse du Pape au cardinal Caprara. — Autre proposition relative à la demande des bulles d'institution faite directement par le ministre des Cultes au lieu et place de l'Empereur. — Refus du Pape. — Observations de Napoléon à ce sujet. — Fermeté inébranlable de Pie VII. — Circulaire impériale aux évêques à l'occasion de la victoire de Wagram. — Considérations qui précèdent cette circulaire. — Napoléon veut faire du Pape l'évêque de Rome. — Silence et faiblesse de l'Europe. — Les délégués de la noblesse romaine aux Tuileries. — Napoléon et la ville de Rome. — Le Quirinal. — Administration du comte de Tournon. — Refus des employés du Quirinal d'obéir au général Miollis. — Mariage de Napoléon et de Marie-Louise. — Scrupules de l'archevêque de Vienne. — Complaisance de l'Officialité de Paris. — Les cardinaux Noirs. — Le Conseil ecclésiastique de 1809. — Sa composition. — Le cardinal Fesch président. — Sa nouvelle attitude. — L'abbé Émery, supérieur de Saint-Sulpice. — Son entretien à Fontainebleau avec l'Empereur. — M. de Barral. — M. Bourlier. — M. Mannay et le P. Fontana. — Questions soumises au Conseil ecclésiastique en novembre 1809. — Préambule des réponses du Conseil. — Question de la mise en liberté du Pape. — Le gouvernement de l'Église est-il arbitraire? — Le Pape peut-il, pour motif d'affaires temporelles, refuser d'intervenir dans les affaires spirituelles? — Question du Concile et de ses pouvoirs. — Le Pape peut-il se plaindre d'une violation essentielle du Concordat? — Question des Articles organiques. — État du clergé de France. — Le Pape peut-il refuser l'institution aux évêques nommés? — Définition et obligations du Concordat. — Refus d'institution fondé sur le motif politique. — Question de la souveraineté temporelle. — Droits du Pape et de l'Empereur. — Séparation du Pape d'avec les cardinaux. — Question du maintien ou de l'abrogation du Concordat. — Définition par le Conseil ecclésiastique des principes qui régissent l'Église. — Précédents relatifs à l'élection des évêques. — Les Fausses Décrétales. — Concordat de 1516 entre Léon X et François Ier. — La Pragmatique Sanction. — Question de la convocation d'un Concile national. — Note de l'évêque de Nantes. — Pouvoirs des Conciles. — Le Concile et le Pape. — Question de l'institution donnée par le métropolitain ou par le plus ancien évêque de la province. — Motifs qui décident en faveur de la mise en liberté du Pape. — Raisons du refus fait par Pie VII d'instituer les évêques nommés. — Plaintes des églises d'Allemagne. — Nouvelle circonscription d'évêchés à faire en Toscane. — Question de la Bulle d'excommunication du 10 juin. — La bulle *in Cœna Domini*. — Lettres monitoriales de Grégoire XIV en 1591. — Premier article de la Déclaration de 1682. — Concessions du Conseil ecclésiastique à Napoléon. — Jugement de Talleyrand à cet égard. — Fidélité des anciens serviteurs de Pie VII. — Ordre d'expulser tous les cardinaux qui restaient à Rome et d'envoyer en France les Archives du Saint-Siège. — Sénatus-consulto du 17 février 1810. — Exposé des motifs. — Le roi de Rome. — Nouvelles violences contre le Saint-Siège après le mariage autrichien. — Idée d'un Concile général dès la fin de 1809. — Conseils de Maury pour l'administration des diocèses vacants par les évêques non institués. — Rappel du précédent de Louis XIV. — Opinion de Bigot de Préameneu. — L'évêque Léjéas et le Chapitre de Liège. — Refus du cardinal Fesch d'aller prendre possession de l'archevêché de Paris. — L'Autriche et le Saint-Siège. — Mission de M. de Lebzeltern à Savone. — Ses instructions. — Mémoire de Napoléon confié à M. de Metternich. — Ses prétentions et ses exigences. — Audience de Bréda. — Intérêts de l'Autriche et des puissances catholiques. — Ce que Napoléon attend de l'Autriche. — Metternich et Lebzeltern. — Audience du 14 mai. — Pie VII et l'ambassadeur d'Autriche. — Déclarations du Pape. — Résumé de l'entrevue par Metternich. — Sa conversation à Saint-Cloud avec Napoléon. — Bref du 21 mai adressé à Lebzeltern. — Napoléon écarte la médiation de l'Autriche. — Ordre au ministre des Cultes d'envoyer en France les évêques italiens non assermentés et de diviser les États de Rome en trois ou quatre diocèses. — Le Pape deviendra l'un des évêques et son Chapitre sera celui du Latran. — Mesures contre les Sulpiciens. — Mission de Spina et Caselli à Savone. — Pie VII réclame de nouveau un Concile et refuse d'aller à Paris ou à Avignon. — Ordre donné par Napoléon aux évêques d'Asti, de Liège, de Poitiers et de Saint-Flour de se rendre dans leurs diocèses. — Affaire des banquiers Barthélemy et Duchesnes. — Arrestation du P. Léonardi et du P. Pacetti. — Le cardinal Maury accepte l'archevêché de Paris et M. d'Osmond celui de Florence. — Résistance du clergé italien aux ordres de Napoléon. — Appui donné au Pape par les catholiques de divers pays. — Lettre de Pie VII à Maury en date du 6 novembre 1810. — Lettre de Pie VII à l'archidiacre Corboli, vicaire capitulaire de Florence. — Pie VII déclare nulle l'administration de Maury et de d'Osmond. — Le chanoine Muzzi et la grande-duchesse Elisa...................................... 82

CHAPITRE IV

LE CONSEIL ECCLÉSIASTIQUE DE 1811.

Entretien du comte de Chabrol avec Pie VII, le 28 novembre 1810. — Le Cabinet noir à Savone. — Le cardinal Maury et l'abbé d'Astros. — Maury administrateur du diocèse de Paris. — Opposition de l'abbé d'Astros. — Il communique le bref du Pape à son cousin Portalis, puis à divers chanoines. — La police est avertie. — Elle découvre un autre bref daté du 18 décembre. — Lettre de Napoléon au préfet de Montenotte. — Invitation à la grande-duchesse Elisa de traiter sévèrement les chanoines rebelles de Florence. — Réunion du Chapitre de Notre-Dame le 31 décembre. — Réception du Chapitre aux Tuileries le jour du nouvel An. — Paroles de Napoléon à l'abbé d'Astros. — Maury, d'Astros et le duc de Rovigo. — Perquisition chez d'Astros par Réal et par l'agent Pasques. — Nouvel interrogatoire de d'Astros par Rovigo. — Envoi de d'Astros à Vincennes. — Arrestation de l'abbé de la Colprade et d'autres prêtres. — Mesures rigoureuses prises par Napoléon. — Ses lettres à Eugène et au prince Borghèse. — Menaces contre le Pape et ses serviteurs. — Agitation causée par le bref de Pie VII. — Séance du Conseil d'État, le 4 janvier 1811. — Interrogatoire de Portalis par l'Empereur. — Napoléon chasse et exile Portalis. — Intervention courageuse du préfet de police, Pasquier. — Lettres de Portalis au duc de Bassano et à Napoléon. — Regrets tardifs exprimés par l'Empereur à propos de la scène faite par lui à Portalis. — Ses ordres à Rovigo. — Portalis mis sous la surveillance de la police générale. — Lettre de Napoléon au prince Borghèse. — Nouvelles mesures de rigueur. — Perquisitions et enlèvement de papiers dans la maison du Pape. — Arrestation de l'abbé Reboul. — Surveillance de la demeure de Mme Séguier. — Expulsion du prélat Doria. — Surveillance des abords de Savone. — Violents procédés à l'égard de Pie VII. — Le manuscrit de d'Astros sur *les Évêques nommés*. — Rapport de Rovigo. — Interrogatoire des abbés Gregori, Perreau, du P. Fontana et du cardinal Di Pietro. — Le Chapitre de Notre-Dame de Paris. — Sa faiblesse. — Révocation des pouvoirs du vicaire général d'Astros. — Lecture de l'adresse du Chapitre à l'Empereur le 6 janvier. — Discours de Napoléon. — Le Chapitre de Notre-Dame ne communique pas l'Adresse au Pape. — Projet de Napoléon de prendre les divers Chapitres de France comme juges entre lui et le Saint-Siège. — Rapport demandé au Conseil d'État, puis à une commission spéciale sur le bref incriminé. — La question d'un Concile national reparait. — Formation en janvier 1811 d'un nouveau Conseil ecclésiastique. — Questions qui lui sont soumises. — A qui faut-il s'adresser, en dehors du Saint-Siège, pour obtenir les dispenses? — Quel est le moyen, à défaut du Pape, de donner l'institution canonique aux évêques nommés? — Réponses du Conseil. — Les évêques ont le pouvoir d'accorder les dispenses aux fidèles. — L'Empereur est en droit d'exiger l'institution et le Pape doit consentir, sinon abolition ou modification du Concordat. — Reproches faits par le Conseil au Saint-Siège. — Observations de Talleyrand. — Le Conseil conclut à la nécessité d'un Concile national. — Talleyrand et l'évêque de Nantes. — Nouvelle mission envoyée à Savone. — Dessein secret de Napoléon. — Propositions à faire au Pape. — Les trois négociateurs envoyés à Savone : MM. de Barral, Duvoisin et Mannay. — Lettre de dix-sept évêques au Saint-Père. — Nouvelles violences contre le clergé italien et le clergé français. — Séance du 16 mars 1811 aux Tuileries. — Napoléon et l'abbé Émery. — Question de l'autorité du Pape. — Bossuet et le Saint-Siège. — L'abbé Émery et l'institution canonique. — Mort de l'abbé Émery. — La Congrégation de Saint-Sulpice. — Résignation de Pie VII. — Intrigues et instances de M. de Chabrol. — Convocation du Concile national. — Projet de décret. — Appréciation de Consalvi. — Question de la légitimité de la convocation faite par l'Empereur. — Précédents. — Rapport de M. de Gérando sur les meilleurs moyens pour faire réussir la nouvelle mission envoyée à Savone. — Opinion de M. de Gérando sur Pie VII. — Nécessité d'employer Mgr Bertazzoli et l'abbé Mérinda. — Conseils à leur donner. — Utilité de se servir également du P. Altieri pour réduire Pie VII. — Instructions spéciales de Napoléon pour Barral, Duvoisin et Mannay. — Convention à faire signer pour l'institution des évêques et pour régler la situation du Saint-Siège et de l'Église. — Serment à imposer au Pape. — Séjour offert à Avignon. — Lettres de deux prélats à Pie VII pour lui conseiller la soumission. — Instructions pressantes envoyées à M. de Chabrol. — Arrivée des négociateurs le 9 mai 1811. — Audience papale du 10. — Pie VII et les trois évêques. — Le Pape et le Concile national. — Surveillance rigoureuse de M. de Chabrol. — Mesures prises pour démontrer à Pie VII l'inutilité d'un Concile indépendant. — Nouvelles intrigues de M. de Chabrol. — Le médecin Porta. — Résistance du Pape. — Note des évêques que Pie VII examine du 15 au 18 mai. — Rapport de Daunou à Bigot de Préameneu, en date du 31 mai 1811. — C'est par condescendance que Napoléon consentira à revenir au Concordat. — Si Pie VII ne l'aide pas, le Concordat sera aboli. — Si Pie VII persiste à ne pas instituer les évêques nommés, l'Église de France fera revivre les règles de l'ancienne discipline. — La convocation du Concile national n'a point d'autre but. — On songe à faire venir à Savone le cardinal Spina. — Clause à ajouter au Concordat pour l'institution canonique. — Pièges tendus au Saint-Père. — Accusations sans fondement dirigées contre lui. — Note envoyée par M. de Barral à Bigot de Préameneu le 19 mai. — Contenu de cette Note. — Le Saint-Père accorderait l'institution aux évêques nommés dans les formes convenues des Concordats de France et d'Italie. — Le délai de six mois expiré, le Saint-Père investirait le métropolitain et le plus ancien évêque de la province du pouvoir d'instituer. — Conditions auxquelles auraient lieu ces concessions. — La Note n'est qu'une ébauche. — Erreur ou fausseté de l'archevêque de Tours. — Machination ourdie contre Pie VII par les trois négociateurs d'accord avec M. de Chabrol. — Comment on cherche à vaincre la résistance opiniâtre du Pape. — Paroles de M. de Chabrol au docteur Porta. — Ce qu'il exige de lui. — Il faut exciter la sensibilité du Pape par tous les moyens. — État de santé de Pie VII. — Intrigues et manœuvres de M. de Chabrol. — Agissements des trois évêques du 10 au 20 mai 1811. — Objections et restrictions du Pape. — Les évêques emportent, en quittant Savone, le double de la Note laissée au Pape, sans qu'il l'ait signée. — Pie VII relit la Note et n'y voit qu'un texte préliminaire. — Il somme M. de Chabrol d'envoyer un courrier aux évêques pour les informer qu'il conteste divers articles. — M. de Chabrol veut faire croire à la démence du Pape. — Pie VII n'a jamais été fou. — Échec de la mission des évêques en raison même de la lucidité du Pape. — Talleyrand et la Note de Savone. — Erreurs de Talleyrand. — Pie VII n'a rien signé. — Opinion de Talleyrand sur M. Duvoisin et le cardinal Fesch. — Nécessité de recourir au Concile. — Observations de Consalvi sur la députation envoyée à Savone. — L'Empereur veut se passer du Pape. — Idée qu'il se fait du Concile national et rôle qu'il lui destine. — Rapport du ministre de l'Intérieur au Corps législatif. — Baptême du roi de Rome. — Discours menaçant de Napoléon, la veille de l'ouverture du Concile.. 139

CHAPITRE V

LE CONCILE NATIONAL DE 1811

Documents relatifs au Concile de 1811. — Exposition des affaires de Rome. — Discours d'ouverture du Concile confié à l'évêque de Troyes. — Convocation de 105 évêques de l'Empire français et de 44 d'Italie. — Conférence du 12 mai au ministère des Cultes. — La suppression des diocèses des États romains pour refus de serment des titulaires. — Question de savoir si les évêques qui voudraient prêter serment pourraient assister au Concile. — Indemnités de voyage et de séjour aux évêques. — Frais divers du Concile. —

L'ouverture est reportée au 17 juin. — Le *Bulletin des Évêques*. — Rapport policiers. — Plaintes des évêques nommés. — Le cardinal Fesch et les curés de Paris. — Inquiétudes de certains évêques. — Réunions chez le cardinal Fesch. — Retour de la députation de Savone. — Impression d'une mission infructueuse. — Exposé de Daunou et de Bigot de Préameneu. — Rappel des bienfaits de Napoléon à l'égard de la Papauté et de l'Église. — Question des Articles organiques. — Promesses à l'occasion du Sacre. — La bulle *Auctorem fidei*. — L'affaire d'Ancône. — Les refus d'institution canonique. — La Bulle d'excommunication. — Les Bulles d'institution. — Le précédent de 1682 à 1693 repris en 1809. — Décisions des Conseils ecclésiastiques et nécessité du Concile. — Le discours d'ouverture. — Projet de Bigot de Préameneu. — L'Empereur veut un discours plus péremptoire. — Cérémonial du Concile national et précédents à ce sujet. — Congrégations particulières, congrégations générales et sessions générales. — Objets extérieurs au Concile. — Devoirs à rendre au souverain. — Visite du Corps municipal. — Sceau et autres détails du Concile. — Présidence réclamée par Fesch comme primat des Gaules. — Observations de Consalvi à ce sujet. — Ouverture du Concile national le 17 juin. — Discours de M. de Boulogne. — Protestation d'amour et de fidélité au Saint-Siège. — Serment du Président et des Pères du Concile. — Remise au 20 juin de la seconde session. — Irritation de Napoléon. — Il reçoit le 19 à Saint-Cloud les évêques de Nantes, de Trèves et de Tours, le patriarche de Venise et le cardinal Fesch. — Il attaque le primat des Gaules et les membres du concile. — Napoléon et Charlemagne. — Nouveau projet de discours de Bigot de Préameneu sous forme de Message. — Observations de Fesch et de M. de Barral. — Corrections importantes au Message demandées par les prélats. — L'Empereur n'en admet qu'une faible partie. — Congrégation générale du 20 juin. — Lecture du décret impérial. — Bureau de police du Concile. — Nomination des membres du bureau du Concile. — Lecture du Message impérial. — Commission chargée de préparer une Adresse à l'Empereur. — Congrégation particulière du 21 juin. — Effroi causé par la lecture du Message. — Proposition faite par l'évêque de Metz d'envoyer au Pape une députation solennelle qui le prierait de venir à Paris ou de s'y faire représenter par un légat. — Bulletin de police sur le Concile à la date du 24 juin. — Notice spéciale sur les membres du Concile. — Examen de la formule d'obéissance au Pape. — Ancienne *Profession de foi* de Pie IV. — Précédents. — Observations de Napoléon à Sainte-Hélène sur l'attitude du Concile de 1811. — Composition du bureau du Concile. — Opinion de Consalvi. — But secret du Concile d'après Napoléon. — Quels étaient ses plans sur le Concile et le Saint-Siège? — Opinion de M. de Pradt sur la politique religieuse de Napoléon et sur la résistance de Pie VII. — Préparatifs de l'Adresse à l'Empereur. — Aveux de l'évêque de Nantes. — Opposition de l'évêque de Gand. — Congrégation générale du 25 juin. — Commission d'examen du Message impérial sur l'institution canonique. — Discussion de l'Adresse. — Rapport confidentiel de Bigot de Préameneu. — Question de l'admission du prince primat d'Allemagne au Concile. — Opposition de l'évêque de Montpellier. — Les évêques de Munster et de Cambrai réclament la mise en liberté du Pape. — Objections de M. de Pradt. — Vive réponse de l'évêque de Chambéry. — Le Concile exprime un vœu pour la délivrance de Pie VII. — Modifications proposées aux Articles organiques. — Congrégation générale du 27 juin. — Le projet d'adresse de l'évêque de Nantes est entièrement bouleversé. — Napoléon ne veut pas entendre la lecture d'une Adresse quelconque, ni recevoir le Concile en audience solennelle. — Rejet d'un même mandement à tous les diocèses. — La majorité de la commission du Message reconnaît l'institution canonique comme droit inaliénable du Pape. — M. d'Osmond et l'Empereur le 30 juin. — Fesch et les évêques de Nantes, Trèves et Tours veulent que le Concile statue avant l'envoi d'une nouvelle députation à Savone. — Opposition de la majorité. — L'évêque de Nantes demande si la commission croit le Concile compétent pour prononcer sur l'institution canonique. — Si le Concile prononce le rétablissement du Concordat, veut-il y réserver une clause pour interdire tout refus arbitraire de la part des Papes? — Rejet de la première proposition sur la compétence. — Discussion sur la seconde. — Observations de l'évêque de Nantes, de l'évêque de Tours et du cardinal Fesch. — L'évêque de Nantes rapporte que le Pape a dit au sujet de la Note de Savone : *Heureusement, je n'ai rien signé.* — Mémoire de l'évêque de Gand. — Les évêques de Troyes et de Trèves demandent l'envoi d'une députation au Pape. — Question insidieuse de l'évêque de Nantes. — Le cas « d'extrême nécessité ». — Lettre de Bigot de Préameneu qui ordonne à la commission de statuer par oui ou par non sur la compétence du Concile quant à l'institution canonique. — Majorité pour l'incompétence. — Rejet de l'autre proposition qui décide l'envoi d'une députation à la condition qu'au cas où le Pape refuserait les Bulles, le Concile se déclarerait compétent. — Le cardinal Fesch pose un cas *in abstracto*. — Hypothèse de la compétence du Concile. — La décision finale du 5 juillet 1811 conserve au Pape son droit d'institution. — Le Concile demande l'envoi d'une députation à Savone. — Irritation de l'Empereur. — Il dicte au secrétaire d'État du royaume d'Italie un décret que le Concile devra faire sien. — Ce décret stipule qu'après un délai de six mois le métropolitain devra procéder à l'institution canonique. — La députation envoyée à Savone remerciera le Pape d'avoir mis un terme aux maux de l'Église. — Rappel des prétendues concessions faites par Pie VII à la première députation. — Congrégation particulière du 7 juillet. — Indécision et embarras de la Commission spéciale. — La majorité se décide enfin à réclamer l'envoi d'une députation à Savone avant le vote du décret. — Fesch va à Saint-Cloud informer l'Empereur qui autorise la reprise des congrégations générales. — Il paraît approuver la résolution de la Commission qui veut une adhésion du Pape par écrit. — L'évêque de Tournai se charge du rapport à la congrégation générale du 10 juillet. — Le Concile ne statue pas encore sur la décision de la commission et l'ajourne au 12. — Colère de Napoléon. — Dissolution du Concile le 10. — Avis aux évêques le 11. — Scène à Trianon d'après M. de Pradt. — Arrestation des trois évêques de Gand, de Boulogne et de Tournai. — Opinion de Talleyrand sur cette mesure. — Son effet sur le Concile. — Intervention de la marquise de Murat auprès de Fesch en faveur de l'évêque de Gand. — Jugement de Fesch sur le Concile. — Lettre de M. de Chabrol en date du 9 juillet. — État et sentiments du Pape. — Napoléon croit pouvoir reprendre la question et venir à bout aussi bien du Pape que du Concile. — Notes envoyées par lui au Grand juge Regnier, duc de Massa. — Mesures à prendre au sujet des refus d'institution canonique. — Rapport de la commission présidée par Regnier. — Projet de loi relatif au renvoi aux Cours impériales des appels comme d'abus. — Examen de ce projet par Cambacérès. — Étude de la jurisprudence sur les appels comme d'abus. — Les légistes et le clergé. — Les évêques et les Cours d'assises. — Décret avec préambule sur les appels comme d'abus. — Cambacérès conclut à un ajournement momentané. — Lettre du cardinal Fesch à Napoléon où il refuse d'adhérer au décret qu'a rejeté le Concile. — Lettre de Bigot de Préameneu à Napoléon concernant un rapport de l'archevêque de Tours. — Consultation individuelle des membres du Concile. — Intervention du ministre de la Police. — Lettre du ministre des Cultes sur les adhésions des évêques au 20 juillet. — Réunion des archevêques et évêques adhérents le 27 juillet au ministère des Cultes. — Note de Napoléon sur la dissolution du Concile et ses conséquences. — *Mezzo termine.* — Nouvelles questions posées aux adhérents. — Le Concile est-il compétent, dans le cas de nécessité, pour décider sur l'institution des évêques? — Si le Pape refuse de confirmer le décret du Concile, y a-t-il « nécessité » ? — Parallèle de la note de l'Empereur et de la note lue par les ministres des Cultes français et italiens aux évêques. — Exagérations du rapport des ministres. — Noms des adhérents. — Différences entre l'article 5 du décret du 7 juillet et l'article 5 du nouveau décret. — Adhésions conditionnelles de certains évêques et réserves. — Deux feuilles sont présentées à la signature, l'une pour la compétence, l'autre pour le cas de nécessité. — Vingt-cinq évêques seulement signent la seconde. — Décret de Napoléon pour la réouverture du Concile national. — Observations de l'Empereur sur le Concile. — Nomination du Bureau. — Fesch accepte encore la Présidence. — Discours de Bigot de Préameneu. — Adhésion motivée de l'évêque de Troyes. — Texte du nouveau décret. — Observations du Grand Juge Regnier sur le décret et sur l'institution canonique. — Nécessité de suppléer au refus de Pie VII. — Citation des précédents. — Droits de la Couronne. — Concordat de 1516. — Appels comme d'abus des refus arbitraires du Pape. — Décret impérial y relatif. — Réunion du Concile le 5 août. — Adoption par 80 voix contre 13 des deux propositions qui reconnaissent la compétence du Concile et le cas de nécessité. — Intervention inutile de Fesch en faveur de l'évêque de Gand. — Commentaires du décret du 5 août par le comte Laumond, conseiller d'État. — Cinquième liberté de l'Église gallicane à ajouter aux autres. — Habileté avec laquelle a été conduite par Napoléon et ses agents l'affaire du Concile national. — Déplorable faiblesse des adhérents et triste souvenir que laisse cette Assemblée.. 197

CHAPITRE VI

L'INTRIGUE DE SAVONE

Pie VII et le Concile. — Sollicitations et ruses de M. de Chabrol. — Simplicité et clairvoyance du Pape. — Lettre de M. de Chabrol à Bigot de Préameneu. — Le préfet croit à une soumission prochaine de Pie VII. — Les cardinaux Ruffo, Dugnani, Roverella et Bayane demandent à aller à Savone. — Commission d'évêques et archevêques choisis par l'Empereur. — Lettre des Pères du Concile. — Elle a été rédigée par Fesch. — Départ des cardinaux le 19, et des évêques le 21 août. — Instructions impériales données aux négociateurs. — Menaces de Napoléon aux cardinaux Caselli et Spina. — Épreuves auxquelles on soumet Mgr Bertazzoli. — Son arrivée le 29 août à Savone avec le cardinal de Bayane. — Entrevue avec Pie VII. — Arrivée de Dugnani et de Ruffo. — Leur entrevue avec Pie VII le 30 août. — Le Pape réclame sa mise en liberté. — M. de Chabrol trouve que Pie VII est libre et que ce n'est pas la question. — Arrivée des évêques le 3 septembre. — Leur entrevue avec Pie VII. — Ils lui remettent le décret du 5 août. — Espérances et craintes de M. de Chabrol. — Ses observations sur les négociateurs. — Opinion du cardinal de Bayane sur ses collègues et sur le Saint-Père. — Inquiétudes et scrupules de Pie VII. — Insistance et impatience de l'archevêque de Tours. — Le Bref du Pape et le décret du Concile. — Comment Pie VII explique sa conduite et juge la première députation venue à Savone et la seconde. — Modifications qu'il réclame dans le décret. — Texte provisoirement adopté. — Ses différences avec celui du 5 août. — Le Pape veut que le métropolitain ou le plus ancien évêque, après le délai de six mois, donne l'institution au nom du Souverain Pontife, s'il n'existe aucun empêchement canonique. — Il reconnaît la soumission des prélats à l'Église romaine, mère et maîtresse de toutes les autres. — Lettre de M. de Chabrol datée du 20 septembre à Bigot de Préameneu. — Pie VII et le cardinal Maury. — Le *Requiescat in pace!* — Lettre de Pie VII à Napoléon le 23 septembre. — Lettre du comte Daru au ministre des Cultes. — L'Empereur a reçu le bref du Pape et demande à l'étudier. — Il veut dissoudre le Concile et renvoyer les évêques dans leurs diocèses. — Les députés de Savone n'ont plus qu'à demander l'institution des évêques nommés et à s'en retourner. — Napoléon préoccupé d'une guerre possible avec la Russie. — Embarras et inquiétudes des députés de Savone. — Les évêques, réunis à Paris, reçoivent le 2 octobre, l'ordre de partir chez eux. — Mécontentement que cause le Bref à Napoléon. — Il le renvoie au Conseil d'État. — Raisons du courroux impérial d'après Talleyrand et Nougarède de Fayet. — Note dictée à Sainte-Hélène sur ce sujet. — Quel était le but réel du Concile de 1811 ? — Projet d'un nouveau Concile en 1813. — Reproches faits au Concile de 1811. — Napoléon voulait faire du Pape l'évêque de Rome, vassal de l'Empire français. — Établissement de la Cour romaine à Paris. — Napoléon et l'évêque de Nantes. — Utopies et paradoxes. — Lettre de Napoléon au ministre des Cultes le 6 octobre 1811. — Son opinion sur le Bref. — Il veut que les députés lui rapportent l'institution des évêques nommés et déclarent au Pape que le décret s'applique à tous les évêques de France et d'Italie, y compris les États romains. — Embarras des négociateurs. — Ils vont prévenir le 27 octobre Pie VII qui refuse de renoncer à son droit sur la nomination. — Opinion des conseillers d'État sur le Bref du Pape. — Napoléon écrit le 26 octobre à Bigot de Préameneu, qu'il revient à l'idée de publier les deux décrets du Concile et de renoncer au Bref. — Il exige que le Pape cède à ses volontés. — M. de Chabrol reprend ses instances auprès de Pie VII. — Le Pape redemande l'appui de tout le Sacré-Collège. — Note des évêques venus à Savone. — Inutilité des nouvelles démarches de M. de Chabrol. — Note catégorique du Pape en réponse à la note des évêques. — Il refuse d'accorder la nomination des évêques romains et persiste à réclamer l'assistance d'un Conseil convenable. — Napoléon prend le parti d'ajourner ses desseins jusqu'après la campagne de Russie. — Sa visite aux Archives du Saint-Siège. — Ses paroles à Altieri. — Suppression des bourses de divers séminaires. — Refus d'exemption du service aux jeunes élèves. — Enseignement obligatoire de la déclaration de 1682. — Démissions forcées des évêques de Gand, de Tournai et de Troyes. — Menaces à ces divers Chapitres. — Exil des trois évêques. — Leur détresse pécuniaire et leurs réclamations. — Ce que l'Empereur attend de sa guerre contre la Russie. — Lettre de Napoléon pour les négociateurs de Savone. — Comment il traite le Bref de Pie VII. — Nouvelles exigences. — Le Pape refuse d'y souscrire. — Intervention inutile de Bertazzoli et du docteur Porta. — Nouvelles instances des évêques auprès du Pape. — Remise d'un *ultimatum*. — M. de Chabrol recommence ses démarches le 15 janvier 1812. — Lettre du Pape à Napoléon en date du 24 janvier, où il repousse l'extension réclamée par lui des nominations de tous les évêchés et réclame l'assistance du Sacré-Collège et sa mise en liberté. — Constance et force morale de Pie VII. — Surprise de M. de Chabrol. — Lettre de Bigot de Préameneu le 9 février, aux députés de Savone, au nom de l'Empereur. — Reproches adressés au Pape et violentes menaces de Napoléon. — Calme et sang-froid de Pie VII auquel M. de Chabrol donne connaissance de cette lettre. — Malgré le conseil de l'Empereur et l'insistance du préfet, il déclare qu'il ne se démettra jamais. — Sa confiance dans une solution pacifique et dans la Providence. — M. de Chabrol lui annonce l'abrogation des Concordats. — Pie VII répond qu'il en est affligé, mais qu'il ne peut changer d'attitude. — Sentiment de Mme de Staël sur la résistance opiniâtre du Pape. — Lettre de Napoléon au prince Borghèse le 21 mars 1812. — Ordre à M. de Chabrol de faire partir Pie VII pour Fontainebleau... 288

CHAPITRE VII

LE CONCORDAT DE FONTAINEBLEAU

Lettre du ministre des Cultes à Pie VII le 9 juin 1812. — Départ précipité de Savone. — Arrivée à Fontaineb... au 19 juin. — Les appartements du Pape. — Illusions de Napoléon sur s... uerre avec la Russie. — Les conversations avec M. de Narbonne. — De M... au Gange. — Indépendance de l'Occident et liberté des mers. — Rom... fils de Napoléon et Notre-Dame au Pape. — Ce que disent les Mémoires... Sainte-Hélène, des plans de 1812. — Napoléon escomptait la naissance d... second fils pour le couronner roi d'Italie. — Le palais archiépiscopal de Paris devenu palais pontifical. — But réel du Concile de 1811. — But secret de l'Empereur. — Raisons de la dissolution du Concile. — Nouveau concile en 1813 dont le Pape eût accepté la présidence. — Nouvelles confidences de Napoléon à M. de Narbonne. — Napoléon et Dioclétien. — Napoléon et Bossuet. — L'archevêque de Tours, les évêques de Nantes, de Trèves, d'Évreux, et certains cardinaux sont autorisés à revenir à Fontainebleau. — Conseils de ces cardinaux au Pape. — Calme et patience de Pie VII. — Premières rencontres glorieuses des Français avec les Russes, puis revers. — Lettre de Napoléon en date du 18 novembre au duc de Bassano. — Le 25, 28 et 29e bulletins. — Conjuration du général Malet. — Retour de Napoléon. — Ses avances à Pie VII le 29 décembre. — Entente du cardinal Joseph Doria avec l'évêque de Nantes. — Propositions de cet évêque communiquées au Pape. — Réponse de Pie VII. — Aggravation de la situation qui lui est faite. — Tourment moral et dénûment matériel. — Lettre du commandant Lagorse au ministre des Cultes, le 17 janvier 1813. — Arrivée de Napoléon à Fontainebleau le 19 janvier. — Motifs de sa présence. — Question du couronnement de l'Impératrice et du Roi de Rome. — Entrevue de Pie VII et de Napoléon. — Les mots attribués au Pape : *Commediante ! Tragediante !* ne sont qu'une légende. — Explication donnée à ce sujet par M. de Bismarck. — Déclarations de Pie VII au comte Van der Vecken. — Portrait du Pape. — Comment il a été amené à signer le concordat de Fontainebleau. — Ce concordat n'était qu'un avant-projet. — Sa teneur. — Déclaration de Napoléon en réponse aux inquiétudes de Pie VII. — Mise en liberté de Pacca, de Di Pietro, des détenus de Fénestrelles et des cardinaux Noirs. — Lettre de Napoléon à la grande-duchesse Élisa. — Faveurs accordées à Doria, Ruffo, Bayane, Bertazzoli et aux évêques d'Évreux, de Nantes et de Trèves. — Lettre de Marie-Louise à François II. — Lettre de Napoléon à François II. — *Te Deum* à l'occasion du Concordat. — Remords et regrets de Pie VII. — M. Isoard proposé comme commissaire provisoire du gouvernement pour les affaires religieuses de France et d'Italie. — Demande par les cardinaux graciés de la main-levée du séquestre sur leurs biens. — Arrivée du cardinal Pacca à Fontainebleau, le 18 février. — Son entrevue avec Pie VII. — État lamentable du Pape. — La venue de Pacca et de Consalvi lui rendent le calme et le courage. — Ses entretiens avec les autres cardinaux. — Il leur demande une note sur les préliminaires du 25 janvier. — Déclaration du cardinal Consalvi. — Communication du Concordat au Sénat. — Le Pape se prépare à rétracter par écrit son adhésion à cet acte. — Sa lettre du 24 mars à Napoléon. — Inquiétudes des archevêques de Tours et de Florence, des évêques de Nantes et de Trèves. — Lettre du cardinal Fesch à Pie VII. — Lettre de Bigot de Préameneu à Napoléon. — Craintes d'un retour offensif contre le Concordat envisagé seulement comme un arrangement préliminaire. — Question de l'institution canonique. — Nécessité de nommer auprès du Pape un commissaire impérial. — Modifications au serment constitutionnel proposées par l'évêque de Nantes. — Lettre de Bigot de Préameneu à cet évêque. — Le ministre n'admet pas de changements à la formule constitutionnelle. — M. de Barral se plaint de l'inaction du Pape. — Rapport du commandant Lagorse, le 14 mars, sur les faits et gestes des cardinaux. — Comment il propose de faire exécuter le nouveau Concordat. — Ce que contenait la lettre du Pape en date du 24 mars. — Rétractation formelle de la signature donnée par lui aux préliminaires du 25 janvier. — Allocution du Pape aux cardinaux. — Entretien de Napoléon avec le comte de Narbonne sur sa politique religieuse. — Conseils de Narbonne. — Napoléon lui demande une note sur la vieille querelle des Investitures. — Villemain et Fontanes. — Affaires politiques et religieuses. — Narbonne et Villemain. — Note de Narbonne qui conclut au maintien au Pape du droit d'instituer les évêques et à sa mise en liberté. — Rome et le Pape. — Opinion de M. de Pradt sur le Concordat de Fontainebleau. — Jugement sur M. de Pradt. — Lettre de Napoléon à Bigot de Préameneu au lendemain de la réception de la lettre de Pie VII. — Démarche ordonnée aux évêques le 26 mars. — Difficultés et embarras. — Réponse de Napoléon à Narbonne. — Tentative inutile du cardinal Maury auprès de Pie VII. — Rapport de Lagorse le 30 mars sur le Pape et les cardinaux. — Mesures de police prises à Fontainebleau. — Menaces faites aux cardinaux. — Enlèvement du cardinal di Pietro. — Le Concordat inséré au *Bulletin des Lois*. — Son exécution obligatoire. — Régence de Marie-Louise. — Rappel du général comte de Saint-Sulpice, gouverneur de Fontainebleau. — Communication de Lagorse au cardinal Pacca. — Lettre de Lagorse au ministre des Cultes. — Ses appréciations sur Pie VII et ses conseillers. — Napoléon et les gardiens du Pape. — Protestations de Pie VII contre les décrets qui rendent obligatoire le Concordat de Fontainebleau. — Préparation d'une Bulle pour régler les dispositions du futur Conclave.................................... 339

CHAPITRE VIII

LES DERNIERS JOURS A FONTAINEBLEAU

Départ de Napoléon pour Mayence. — Vie calme et simple de Pie VII. — Opinion du duc de Rovigo sur le Pape. — *Te Deum* prescrit pour la victoire de Lutzen. — Lettre de Marie-Louise à Pie VII. — Réponse du Pape. — Nouveaux évêques à Troyes, Tournai et Grand. — Question des pouvoirs d'administrateur à confier à M. de Cussy. — Embarras du chapitre de Troyes. — Envoi de l'ancien évêque à la prison de la Force. — Refus du chapitre de Tournai de donner des pouvoirs au nouvel évêque, M. de Saint-Médard. —

Lettre de Bigot de Préameneu le 14 mai à Napoléon sur la situation religieuse.
— Difficultés à Gand et à Tournai. — Protestation du séminaire de Gand
contre M. de la Brue, le nouvel évêque. — Arrestation du directeur Van
Hemme et incorporation des séminaristes dans un régiment à Magdebourg.
— Arrestation du professeur Ryckewaert et des frères de Volder. — Menaces
contre le séminaire de Tournai. — Lettre de Napoléon au duc de Rovigo. —
Ordre d'arrêter les chanoines de Tournai. — Envoi de gendarmes dans le
département de Jemmapes. — Nouvelles violences — Conseils de l'évêque
de Nantes à Napoléon avant de mourir. — Lettre de Pie VII à François II,
le 24 juillet, à propos du congrès de Prague. — Réclamations du Saint-Siège
concernant son patrimoine et son indépendance. — Le comte Paul Van der
Vrecken se charge de porter cette lettre. — Ses précédents services. —
Tableau des souffrances de l'Église en Belgique. — Véritable persécution. —
Résistance des opprimés. — Van der Vrecken reçoit à Liège la lettre du Pape.
— Il part pour Vienne. — Il voit le nonce Severoli. — Difficultés de faire
admettre sa mission. — Texte de la lettre papale adressée au nonce. — Severoli et le baron de Hudelist, vice-chancelier. — Van der Vrecken considéré
comme espion. — Il se fait cependant reconnaître comme envoyé du Pape et
revient avec une réponse le 15 septembre. — Difficultés à Passau et nouveaux
périls à Coblentz. — Van der Vrecken retrouve à Paris le comte Bernetti et
lui remet pour Fontainebleau les dépêches de Vienne. — Traité secret du
27 juillet 1813 à Prague. — L'empereur d'Autriche se dit *Roi de Rome*. —
Lettre de Bigot de Préameneu à Napoléon le 4 novembre 1813. — Difficultés
que les nouveaux évêques rencontrent à Troyes et à Gand. — Le chapitre
d'Osnabruck. — Rétablissement à Corneto de la maison de détention des
prêtres. — Question de la restitution à Pie VII du patrimoine de Saint-Pierre.
— Mission de la marquise de Brignole auprès de Consalvi. — Intervention
secrète du prince de Bénévent. — Mission à Fontainebleau de M. de Beaumont, archevêque nommé de Bourges. — Audience pontificale du 10 décembre.
— Le commandant Lagorse et M. de Beaumont. — Entretien de ce prélat
avec Consalvi et Pacca. — Déclaration de ces cardinaux relative à l'ajournement d'un traité entre la Papauté et l'Empire. — Nouvelle audience que
Pie VII accorde à M. de Beaumont, le 20 janvier 1814. — Texte du projet de
traité. — Réponse négative du Pape. — Ordre de départ donné par Napoléon
dans la nuit du 21 janvier. — Pie VII sera dirigé sur Savone. — Départ des
cardinaux fixé du 22 au 23. — Motifs de l'Empereur. — Adieux de Pie VII.
— Adieux de Napoléon 394

CHAPITRE IX

LE RETOUR A ROME

Instructions de Pie VII aux cardinaux en quittant Fontainebleau. — Départ de
Mattei, Dugnani, Della Somaglia et Pacca. — Lettre de Rovigo à Pacca. —
Dernière lettre de Bigot de Préameneu aux cardinaux. — Arrivée de Pie VII
à Savone. — Le marquis de Brignole préfet de Montenotte. — Ovations
en faveur du Pape. — Conduite de Murat. — Lettre de Napoléon à Eugène
le 12 mars. — Raisons qui ont poussé Napoléon à délivrer le Pape. — Note
des alliés au congrès de Châtillon. — Lagorse et Pie VII. — Le Pape à
Firenzuola. — Départ de Napoléon pour l'île d'Elbe. — Mesures du gouvernement provisoire en faveur de Pie VII. — Audience donnée par le Pape
à Murat. — Lettre de Lucien à Pie VII. — Le Pape à Ancône. — Ses ordres

pour offrir asile à Madame Mère et à Fesch. — Consalvi et Talleyrand. — Rentrée triomphale du Pape à Rome. — La basilique de Saint-Pierre et le tombeau des Apôtres. — Rétablissement de l'autorité pontificale. — Lettre de Consalvi aux puissances le 23 juin 1814 en vue du congrès de Vienne. — Réclamation des Légations. — Instructions données par Talleyrand à Cortois de Pressigny, ambassadeur de Louis XVIII près le Saint-Siège. — Le Roi et l'Empereur. — Consistoire du 26 septembre 1814. — Demandes de Cortois de Pressigny relatives à des modifications au Concordat de 1801 et au rétablissement des archevêchés et évêchés existant en 1789. — Hésitations de Pie VII. — Injonctions de l'ambassadeur français. — Exigences du comte de Jaucourt, ministre intérimaire des Affaires étrangères. — Départ de Napoléon de l'île d'Elbe. — Murat entre dans les États pontificaux. — Pie VII se retire et laisse à Rome une junte d'État. — Pie VII à Gènes. — Ses paroles à Cortois de Pressigny. — Lettre de Caulaincourt à Pacca le 4 avril 1815. — Lettre de Napoléon à Pie VII. — Le cardinal Fesch ambassadeur près le Saint-Siège. — Ses instructions. — Le roi Murat et la Cour de Rome. — Le Pape et l'Église gallicane. — Politique de Murat. — Son traité secret avec Castlereagh et Metternich. — Son attitude aux Cent Jours. — M. Isoard, auditeur de Rote, chargé d'affaires près le Saint-Siège. — Confidences de Napoléon à Murat lors des couches de Marie-Louise. — Raisons de la défection de Murat. — Le second fils de Napoléon. — La harangue de M. de Norvins à l'Élysée. — Les deux immortalités. — Napoléon n'est jamais entré à Rome. — Nouvelles poursuites contre d'Astros. — Mesures contre les curés de Meudon, Saint-Cloud et Paris, et contre l'évêque de Soissons. — Rentrée du Pape à Rome. — Rapport de Caulaincourt sur cet événement. — Dernières tentatives de réconciliation. — Désastre de Waterloo. — Seconde abdication. — Napoléon prisonnier des Anglais. — Acte du congrès de Vienne en faveur du Saint-Siège. — Diplomatie prudente de Consalvi. — Le Concordat de 1817. — Envoi d'un aumônier à Sainte-Hélène. — Sentiments religieux de Napoléon. — Ses déclarations à l'abbé Vignali, à Antomarchi, à O'Meara, à Montholon. — L'homme et la religion. — Doutes et croyances. — La morale du Christ. — Empire des idées religieuses. — Mort de Napoléon. — Jugement de lord Roseberry — Ce qu'il faut penser du Journal de Gourgaud. — Testament de l'Empereur. — Sentiments de Napoléon pour Pie VII et de Pie VII pour Napoléon. — Mort de Pie VII. — Comment Napoléon, après la conclusion du Concordat et la restauration du Culte catholique, a été amené à une politique arbitraire et intolérante? — Ce qu'il entendait faire du Pape et de l'Église. — Son ambition et ses procédés. — Action prépondérante d'un orgueil et d'un égoïsme absolus. — L'Empereur voulait gouverner l'Église comme il gouvernait l'État. — La raison du plus fort. — Défense du droit par Pie VII. — Exemple du Pape Libérius. — Jugement de Talleyrand sur la politique religieuse de Napoléon. — Issue définitive de la lutte de l'Empire et de la Papauté. — Le tombeau de Pie VII. — Le tombeau de Napoléon. 421

www.ingramcontent.com/pod-product-compliance
Lightning Source LLC
Chambersburg PA
CBHW050247230426
43664CB00012B/1859